创新医药学·研究方法系列

Clinical

Research

Science

临床研究学

- 主　编　李　宁　黄慧瑶
- 副主编　李海燕　陈　蕾　陈晓媛　唐　玉　王彩娥
　　　　　阳国平　蒋雅乐
- 编　者（按姓名拼音排序）
　　　　　崔丹丹　方　元　房　虹　韩彦杰　何翰卿
　　　　　江　宁　刘冬妍　马培文　苗会蕾　孙　超
　　　　　汤骐羽　王书航　王　鑫　吴大维　余伟杰
　　　　　俞　悦　张永明　周家伟

中国教育出版传媒集团
高等教育出版社·北京

图书在版编目（CIP）数据

临床研究学 / 李宁，黄慧瑶主编. -- 北京 : 高等教育出版社, 2025.9. -- ISBN 978-7-04-064042-7

Ⅰ. R4

中国国家版本馆CIP数据核字第20251RQ130号

北京协和医学院研究生和本科生教改项目资助教材
LINCHUANG YANJIUXUE

| 策划编辑 | 吴雪梅 高新景 | 责任编辑 | 高新景 李明洋 | 责任绘图 | 黄云燕 |
| 封面设计 | 赵 阳 | 责任印制 | 赵 佳 | | |

出版发行	高等教育出版社	网 址	http://www.hep.edu.cn
社 址	北京市西城区德外大街4号		http://www.hep.com.cn
邮政编码	100120	网上订购	http://www.hepmall.com.cn
印 刷	天津市银博印刷集团有限公司		http://www.hepmall.com
开 本	787mm×1092mm 1/16		http://www.hepmall.cn
印 张	22.5		
字 数	380千字	版 次	2025年9月第1版
购书热线	010-58581118	印 次	2025年9月第1次印刷
咨询电话	400-810-0598	定 价	78.00元

本书如有缺页、倒页、脱页等质量问题，请到所购图书销售部门联系调换
版权所有 侵权必究
物 料 号 64042-00

序言 I
—— 赫捷院士寄语

在过去几十年里，我国临床研究领域快速发展，从传统的经验总结到如今的循证医学，这是一条临床研究相关从业者从踽踽前行到人声鼎沸的道路。临床研究的本质在于探索未知、验证新知，其过程既充满挑战也蕴含机遇。

我国高度重视临床研究对医药卫生事业发展的引领和带动作用，不断优化完善临床研究的规范治理体系，不断探索并贡献更多的中国方案。通过支持发展临床医学研究，促进医工结合、医药融合，推动医学科技领域前沿技术和未来产业的创新研发，促进创新药物、疫苗和医疗设备等成果转化为临床应用。

加速临床试验的高质量发展，推进医药研发与科技创新，是建设健康中国的重要战略，是科技问题，产业问题，也是教育问题。国家癌症中心/中国医学科学院肿瘤医院作为国家临床医学研究中心，承担着促进临床试验长足发展、矢志创新的使命。这本教材作为创新医药学系列教材的第一部，不仅是对当前临床研究方法学知识的系统梳理与总结，更是对未来临床研究发展趋势的展望与引导。书中不仅涵盖了临床研究的基本概念、设计原则、实施步骤及数据分析等核心内容，还融入了最新的研究成果与前沿技术，力求为读者呈现一个全面、深入、前瞻的临床研究方法学体系。

新兴治疗和技术正在以前所未有之势，推动科学创新，改变医学实践。随着创新研发能力的逐步提升和生态体系的日臻完善，我国已跃升为全球第二大创新医药市场，全面进入全球化竞争、创新驱动发展的新时代。希望通过创新医药学系列教材的问世，传播更多临床研究知识和方法，让更多青年学者关注和加入临床试验，汇集更多的智慧和力量，助力我国成为医药创新强国，为全球患者带来获益。

赫捷

2024 年 9 月 13 日

序言 II
—— 徐兵河院士寄语

当你们——未来的临床研究者、医学创新的中坚力量——翻开这本教材时，中国临床试验已走过了关键的转型十年。作为长期致力于肿瘤学临床研究与医学教育的践行者，我愿以这段历程为脉络，与你们共同思考：如何在前人的基石上，构筑更坚实的医学证据大厦。

中国临床研究的进步不仅体现在数量与规模的飞跃，更在于质量与创新能力的显著提升。十年前，我国的临床试验仍以仿制药研究和国际多中心试验的参与为主，创新药研发的体系尚在襁褓。而今天，以 PD-1 抑制剂、ADC 药物、CAR-T 细胞疗法等为代表的中国原研成果已走向世界舞台。这一转变的背后，是政策改革的推动、研究者能力的跃升，以及患者与公众对临床研究认知的深化。我们不再仅是"跟跑者"，而是在某些领域成为"领跑者"。

而这些鲜活的素材正是最好的教学资源。这十年间，药品审评审批制度改革、研究者全球视野的形成、多中心协作体系的完善，不仅改变了临床实践，更重塑了医学教育的内涵。本书特别提炼了这些变革中的"里程碑式试验"，它们将帮助你们理解：一项优质临床试验如何从科学问题出发，贯穿设计、执行到成果转化的全链条。

临床试验的终极目标始终是解决患者的需求。我们更加重视以患者为中心的设计——从减轻患者负担到关注生存质量，从严格伦理审查到推动真实世界研究。同时，人工智能、大数据等技术的融入，让临床试验的效率与精准性迈上新台阶。然而，无论技术如何革新，科学严谨性与医学人文关怀始终是不可动摇的根基。

未来十年，中国临床试验需进一步全面融入全球创新，强化基础研究与临床的协同，并培养更多兼具国际视野与本土实践能力的青年人才。期待你们既能从这本教材中深刻体会到"质量源于设计，也源于实施"的深刻内涵，更能保持"质疑权威、验证真知"的科学精神。

徐兵河

2025 年 4 月 16 日

目录

1 绪论
- 1.1 创新医药概论 / 2
- 1.2 "有罪推定" / 9
- 1.3 信与不信 / 19

2 临床研究设计
- 2.1 研究问题 / 29
- 2.2 研究分类 / 34
- 2.3 研究的真实性风险 / 48
- 2.4 研究对象 / 56
- 2.5 对照选择 / 64
- 2.6 终点选择 / 78
- 2.7 统计推断与样本量估算 / 99

3 临床研究执行
- 3.1 伦理审查 / 114
- 3.2 研究注册与方案变更 / 130
- 3.3 方案偏离 / 141
- 3.4 安全性评估 / 151
- 3.5 数据收集 / 167
- 3.6 多区域临床试验 / 181

3.7	研究终点解读	/ 193
3.8	治疗终止与研究终止	/ 209
3.9	疗效评估	/ 217
3.10	质量控制	/ 230

4 临床研究分析

4.1	数据整理	/ 244
4.2	统计分析数据集	/ 258
4.3	期中分析与最终分析	/ 271
4.4	生存分析	/ 282
4.5	风险比	/ 302
4.6	亚组分析	/ 312
4.7	联合用药与析因分析	/ 326
4.8	偏倚评估	/ 335

1 绪论

1.1 创新医药概论

1.2 "有罪推定"

1.3 信与不信

临床研究学

1.1 创新医药概论

引导问题

"谁说医生都要做临床研究？我安安心心做好临床工作不行么？"答案是："不行，除非你不想当一名好医生。"

章节导图

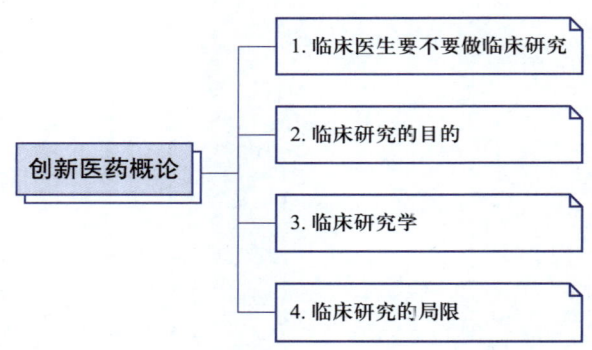

典型故事

金庸先生的武侠小说《倚天屠龙记》中，有位名医叫做胡青牛。这位神医"却当真有起死回生的能耐"，即使面对中了玄冥神掌，已经"阴毒已散入五脏六腑，胶缠固结"的主角张无忌的必死绝症，经过胡青牛医生的反复治疗下也取得了长期无病生存。但是，就是这样一位高水平医生，他仍有怨念存在。

书中有一段对他的描写，入木三分："前来求医之人虽然络绎不绝，但人人只赞他医术如神，这些奉承话他于二十年前便早已听得厌了。其实他毕生真正自负之事，还不在'医术'之精，而是于'医学'大有发明创见，道前贤者之所未道。他自知这些成就实是非同小可，却只能孤芳自赏，未免寂寞。"

一名优秀的医生，在行医道路上不断地摸索和追求，当成为一名优秀医生之后，最终的愿望和成就终将是对"医学"的进步有所贡献。而想要推动医学发展，或者只是提高自己的医术水平，临床研究都是必经之路。

主要内容

1．临床医生要不要做临床研究？

"我就是一名临床医生，我就是临床看病的，做手术的，看片子的，不要跟我说什么做研究、发文章、申课题之类的事。"这是很多医生都说过的话，特别是面对晋升的压力，唯文章论，唯课题论的时候。但其实，这里面混淆了一个概念，做临床研究和课题、文章没有什么必然联系。如果说联系，临床研究和临床实践之间的联系会更加紧密。

我们做临床医生，诊治患者是我们的职责。根据患者的症状、体征和检查结果，来进行诊断；依据我们的专业医学知识和经验，来做诊疗决策；通过我们的技术和措施来进行治疗。在这个过程中，我们依靠的专业知识和决策过程，可不是天生就有的，是通过不断的学习和经验积累而形成的。自身日常积累越多，一手的经验就越多；看书看文献越多，他人的经验汲取的就越多，我们自身的水平就越高。这也是社会上为什么会说，医生越老越吃香，经验越多水平越高，头发越白水平越高的道理。

其实，在这个经验积累过程中，我们进行的就是一种自发的临床研究，很朴素的，队列研究。我们的经验积累，就是在脑中不自主的进行推论，用这个药效果不错，用那个药不太行，下次，我还优先用这个，很朴素的，经验医学。

所以说，临床医生从来不会离开，也不能离开临床研究，因为我们从业的过程，经验积累的过程，就是不断精研的过程。如果一个医生从来不总结，从来不更新自己的知识，只是用学校学到的那些知识，只是根据说明书，只是盲从指南，做那些能够识字看懂，就能做出的决策，这样的医生绝对不是一个好医生。

2. 临床研究的目的

医学在临床实践中和知识传承过程中，有很多还不是很确定的内容。

乳腺癌手术的发展历史就很值得探讨：从公元 1 世纪，希腊就开始有医生做乳腺肿物切除术；1510 年，Pare 医生提倡进行肿块切除，只切除肿块，其他的部位不用动；1867 年，Moore 医生提出，要切除周边的正常组织作为安全界限，并首次认识到切除转移的腋窝淋巴结同样重要；1878 年，Bank 医生主张手术时将乳房和腋窝淋巴结整块切除。

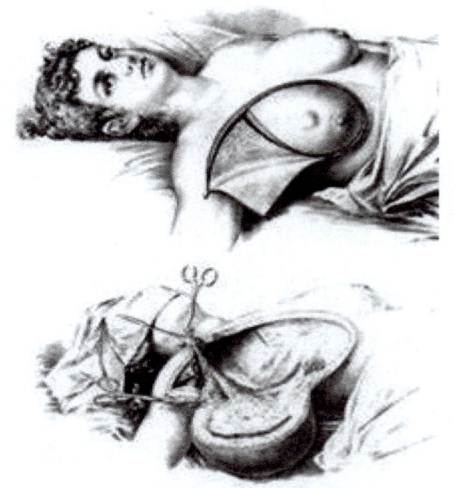

图 1　Halsted 根治术

越来越多的术后复发的病例出现，让医生们觉得，还是切除范围不够大，留下了一些肿瘤。1894 年 William 医生提出了乳腺癌根治术，切除范围除了上面的部分，还包括胸大肌、胸小肌以及锁骨下淋巴结（图 1）。这是非常大的范围了，基本胸壁外将会一扫而空，还需要植皮修补。确实疗效得到了很大的提升，术后局部复发率从 50% 多降到 6%。

在此基础上，更加"根治"的手术方式也被 Urban 医生提出，在根治术的基础上加内乳淋巴清扫，Dahl 医生提出锁骨上淋巴结清扫，Wangensteen 提出加上纵膈淋巴结清扫，形成了"扩大根治术"，切除范围从胸腔外开始进入胸腔内，手术创伤进一步扩大。

1948 年，Patey 医生提出，切除乳房，保留胸大肌；1963 年，Auchincloss 医生提出保留胸大肌胸小肌，切除全部乳房和腋窝淋巴结清扫。手术开始向着范围越来越小发展。到了 1980 年以后，乳房都不完全切除，采用乳房象限切除、腋窝淋巴结清扫结合乳腺放疗的方法被提出。到今天不但保乳手术常见，乳房再造等微创手术也进入了临床实践。

乳腺癌手术从小向大，再从大到小的过程，就说明了医学不是一成不变的。上面提到名字的这些医生，无一不是那个时代的顶尖医生，他们做的选择，也应该是当时最好的选择。但是如果今天的我们，仍然不加思考，不加改进，直接应用一代代传承下来的理念和技术，那就不只是不能为患者做好服务的事了，会被社会所淘汰的。

临床研究的目的，就是用现有最科学的方法来评价现行的、或者未来的临床实践的诊疗方案以及决策依据。一个医生的职业生涯在30~40年之间，或更长，在这么长的时间内，如果不能及时更新自己的知识和技能，那一定不会成为一名好的临床医生。

3．临床研究学

我们在临床工作中，会碰到各种各样的问题：指南上很多一线治疗标准方案，我选择哪个？吻合口为什么会长不好，是血供问题还是张力问题？术后引流管到底该怎么放，放粗管还是细管？患者有糖尿病，这个药还能不能用？这种抗生素到底要不要做皮试？太多的问题，我们只是从老师那里学来的答案，是否正确我们并没有自己的答案。

经验积累是一种方法，但是通过经验获取的知识结论并不可靠。经验和记忆是经常会被主动或被动修正的，我们记住的通常是一些有故事性的事件，记忆是有偏倚的。外科医生在归纳并发症发生原因的时候，相当一部分会归咎于解剖因素，用小概率事件去解释；内科医生通常对药物没能达到预期疗效，归咎于个体差异，用基因背景去解释。难以准确找到真正的原因，也许因为这个原因根本就没有被医生意识到，也就不会被医生通过经验总结出来。此外，个人经验的总结，还存在偏倚或偏见的可能，总结出来的结论可能并不正确。

所以，通过科学的方法来纠正个人经验的偏倚，来获得相对准确的结论，非常重要。临床研究的过程是一个科学的过程，是需要专业的科学的知识，加上临床的经验才能做好的一项科学的工作，科学将贯穿整个研究的始终。

临床研究学，不只是统计学、不只是流行病学、不只是循证医学，而是将其结合在一起，由临床医生（M.D.）主导发起进行的，以探索新方法，验证新方法为目的，以追求治疗 - 疗效因果为目标的全新的一门学科，是创新医药学的重要组成部分，是临床医学的延伸和循证基础。

4．临床研究的局限

临床研究的方式多种多样，临床研究的对象，研究参与者人群也是多种多样的，没有任何两个人是完全一样的，哪怕是同卵双胞胎，在经过环境的各种刺激后也存在不同的表观遗传表达。所以造成了临床研究的一个根本弱点——难以通过方法学证伪。即，哪怕是同样设计的一个方案，在同样时间，同样人群中，做出两个不同的结果，也是可能的；乃至于同样的数据，经过不同的研究分析，可能得到不同的结论。

腹腔镜阑尾手术，在切除阑尾后，是将阑尾放进取物袋中取出还是直接取出更好？哪种方法能够减少切口感染率？这就是一个很简单的研究。有意思的是两个研究者，使用同一个公开数据库（美国外科医师学会－国家手术质量改进数据库 ACS-NSQIP），进行了研究，却获得了不同的结论，还都发表在同一本杂志——*Surgery*（IF=4.3）上。一个纳入 11 475 例患者，分析显示使用取物袋腹腔内脓肿发生率 2.7%，未使用发生率 3.8%，差异显著（P=0.03），使用取物袋风险降低 40%。另一个研究纳入 10 357 例患者，使用取物袋的患者 3.6% 发生了手术部位感染，未使用取物袋的发生率为 4.2%，没有差异（P=0.49，表 1）。到底谁说的对？没有结论，两者都有方法学缺陷（偏倚），但不足以说结论是错误的。

表 1　腹腔镜阑尾切除术中取标本袋与手术部位感染率相关性的两项研究比较

来源标准	菲尔德斯等人，2019 年	特纳等人，2019 年
列入标准	CPT 代码 44970，无关于腹腔内脓肿的信息缺少	腹腔镜阑尾切除术，病理伴急性阑尾炎，无其他主要手术
样本量	11475	10357
主要结局	术后腹腔内脓肿	任何 SSI（手术部位感染，包括表面、深部、器官空间）
主要预测因子	回收袋的使用	回收袋的使用
包含的协变量及其操作化定义	年龄（连续）	年龄（以 65 岁为二分法）
	性别（二分法）	性别（二分法）
	体重指数（连续）	肥胖（分类：不肥胖，1/1/Ⅲ级肥胖，缺失）
	种族（分类为：白人、黑人、亚洲人、其他）	不包括在内
	糖尿病（二分法）	糖尿病（二分法）
	高血压（二分法）	不包括在内
	COPD（二分法）	不包括在内

续表

包含的协变量及其操作化定义	吸烟者（二分法）	不包括在内
	功能状态（二分法）	不包括在内
	类固醇使用（二分法）	类固醇使用（二分法）
	减肥（二分法）	不包括在内
	术前取血症（二分法）	不清楚是否包括在内
	3/4 伤口等级（二分法）	不包括在内
	复杂性阑尾炎（二分法）	2 指标变量：脓肿的存在和穿孔的存在
	ASA3/4 级（二分法）	不包括在内
	手术时间（连续）	手术时间在第 75 百分位二分法
	白细胞计数（连续）	不包括在内
主要预测因子	OR（95% 置信区间）：0.6（0.42-0.95） P 值：0.03	OR（95% 置信区间）：1.15（0.78-1.69） P 值：0.49

缩写：ASA. 美国麻醉学会；BMI. 身体质量指数；COPD. 慢性阻塞性肺疾病；CPT. 当前程序术语；OR. 比值比；SSI. 手术部位感染。

所以，面对多种多样的临床研究结果，如何去认真分析，认真研究，了解其本质，而不是简单的全盘接受其结论，A 药比 B 药好，是非常重要的。面对任何一项研究，都要带着质疑的精神，去反复推敲设计、执行、统计、结论等各方面，在每个疑问都得到充分合理的解答前，绝不承认结论的正确性。

但是，做到这点绝不容易，需要读者有着丰富的临床经验，有着临床研究的基本知识和素养，有着详细阅读文献的精力和动力，有着好奇探索的求知精神。希望本书能给大家带来基本的知识，更希望给大家带来质疑的精神，打开探索的道路，一起为医学的发展努力。

一句话概括

临床研究是每一个临床医生都要学习和掌握的基本技能，学习临床研究将对医生个人的发展和医学整体的进步大有益处。

名词解释

- 创新医药学：属于临床医学下的新兴二级学科，涵盖基础创新与临床转化、监管科学、临床研究方法学、卫生技术评估等多学科知识体系。

（李宁　阳国平）

1.2 "有罪推定"

引导问题

"做临床试验太麻烦了,那么多签字,记录那么多事,还要写时间,比临床实践麻烦太多了。为什么要做这些鸡毛蒜皮的事情,应该把精力都放到科学问题上来才对吧?"

章节导图

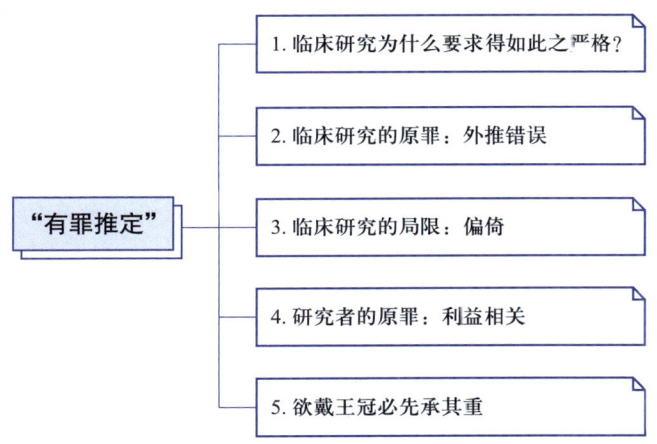

1. 临床研究为什么要求得如此之严格?
2. 临床研究的原罪:外推错误
3. 临床研究的局限:偏倚
4. 研究者的原罪:利益相关
5. 欲戴王冠必先承其重

典型故事

2015年7月22日,这是一个所有临床研究从业者,乃至所有医生、医学生都应该铭记的日子。在这一天,原国家食品药品监督管理局发出临床试验数据核查公告,要求很简单"确保临床试验数据真实、可靠,相关证据保存完整。"就是这样一个现在的眼光看来,很简单的要求,在当时成了重磅炸弹。因为惩罚措施非常严厉，公告要求：总计1 622个临床试验项目自查，如有问题主动撤回。如果在规定时间没有提交报告或撤回的，总局将进行飞行检查，一旦查出问题，"3年内不受理其申请""吊销药物临床试验机构的资格""列入黑名单"。药监局以非常认真的态度执行了公告全部的要求，先后发布了多个不予批准的公告，30个不予批准的注册申请。在2015年12月31日，主动撤回药品注册申请达1 009个，最终，撤回和不予批准的总数为1 277个，占比89.4%。国内很多的临床研究机构，因为执行项目存在或多或少的质量问题，被给予暂停整改乃至撤销试验机构资质的处罚，这里面包括了一些非常著名的医院，部分严重的情况引发了纪检组的入驻，引起了医疗行业的高度反响。

但是，这还不是最严重的惩罚措施。为依法惩治药品、医疗器械注册申请材料造假的犯罪行为，最高人民法院、最高人民检察院发布《关于办理药品、医疗器械注册申请材料造假刑事案件适用法律若干问题的解释》，其中明确，编造实验动物信息、研究参与者信息等药物非临床研究数据或者药物临床试验数据，影响药品安全性、有效性评价结果的，以"故意提供虚假证明文件"论处，最高可判五年。

这可是医疗行为最高程度的惩罚，刑法中规定的医疗事故罪，由于严重不负责任，造成就诊人死亡或者严重损害就诊人身体健康的，也只处三年以下有期徒刑或者拘役。

为什么临床试验的要求，比临床实践的要求高那么多？那是因为临床试验是关系到未来很多患者用药的关键证据，责任巨大，比临床实践中一次失误只影响一个患者造成的损害更大，所以要求会更高。

但是，这也是临床研究最有价值的地方，经过如此高标准的要求，临床研究中会获得全球质量最好的一批医疗数据，得到最有价值的临床决策，这也是临床研究从业者的骄傲。

后续报道，在7月22日之后，中国临床试验的质量有了明显的提高，在国际上都属于领先水平，这在美国FDA独立进行的全球实地核查结果中有充分的体现和数据支持。中国创新药物的临床研究也是在7月22日之后，蓬勃发展了起来。

主要内容

1. 临床研究为什么要求得如此之严格?

"上一节刚讲过,临床医生都要做点临床研究,这一节上来又恐吓一个做不好要坐牢的故事,到底临床研究要不要做?要怎么做呀?"这其实不矛盾,如果用一句话解释,就是对临床研究质量的要求,是由我们的目的决定的。

临床研究的目的是什么?申课题、发文章、作报告,这些都是附加的产出,并不是真正高水平研究的目的。临床研究的目的,是想采用科学的方法,通过总结、观察或者测试研究参与者的诊疗效果,来推断出我们希望的临床诊疗方法与治疗结果之间的关系,并把成功的经验,推广到其他的同类型患者身上,用更好的方法治疗更多的患者。

所以说,一个新的方法是否可靠,结论是否真实是否科学,会影响到其他未来的患者诊疗方式的选择。一个错误的结论,可能会影响到未来很长远的医疗临床实践和医学的发展道路。

阿尔茨海默病(AD)是一种现今仍无法治愈的严重疾病,患者会出现无可逆转的记忆力下降、定向力下降、失语、逻辑混乱等神经系统症状,对患者生存质量和尊严都产生严重的影响,更为严重的是,这种疾病会不可逆的发展,直至死亡,我们习惯上称为老年痴呆症。医学工作者一直为了研究到底是什么导致了这种可怕的疾病不断探索,在 2006 年,顶级学术期刊 *Nature* 发表了一篇 Sylvain 医生的研究,他在研究中报告,Aβ 蛋白在脑神经周围的沉寂导致了记忆障碍,并通过动物试验向小鼠脑内注射这种 Aβ 蛋白引发了小鼠记忆力缺陷进行了证实。这篇文章成为阿尔兹海默症研究的奠基石,在此之后,无数的研究都以此为基础进行,各大药厂都在争相研发针对 Aβ 蛋白的药物,这篇文章总计被引用了 2 300 次,Sylvain 医生也获得了诸多奖项。但是,在十多年的研发后,全球总计在阿尔茨海默病 Aβ 蛋白研发方面投入超过 6 000 亿美金,仍然没有获得具有临床疗效的药物。是研发技术错误还是方向上的错误呢? 2022 年,另一位神经学家 Matthew Schrag 教授与 *Science* 杂志一起成立了研究小组,针对 Sylvain 教授的研究专门进行了 6 个多月的独立调查,并在 7 月的 *Science* 上发表了结果(图 1)。调查方法和结论简单而清晰:独立图像分析师发现论文中使用的图片,有些数据图片是 PS 的,存在明显篡改痕

临床研究学

存疑的图像

在 Science 杂志发表的版本显示出剪切痕迹,暗示对展示 Aβ56 和其他蛋白的条带进行了不当篡改,这张 Western 印迹图显示了随着老年小鼠症状的出现,Aβ56(虚线框)的水平增加。但进一步分析表明,这个版本的图像包含了不当复制的条带。

1 找出相似之处
一些条带异常相似,明显的操纵在某些情况下(未显示)可使 Aβ56 看起来比实际更丰富。一个引人注目的例子(蓝框)显然显示了比 Aβ56 更晚在生命周期中出现的蛋白质。

2 对比度匹配
对两组条带的对比度进行了匹配,以便进行比较可能重复的条带。

3 着色和对齐
将背景变为黑色使条带更容易看到,然后对它们进行着色,并精确匹配它们的大小和方向。

4 合并
合并了着色的条带组。图像中显示了相同的区域。

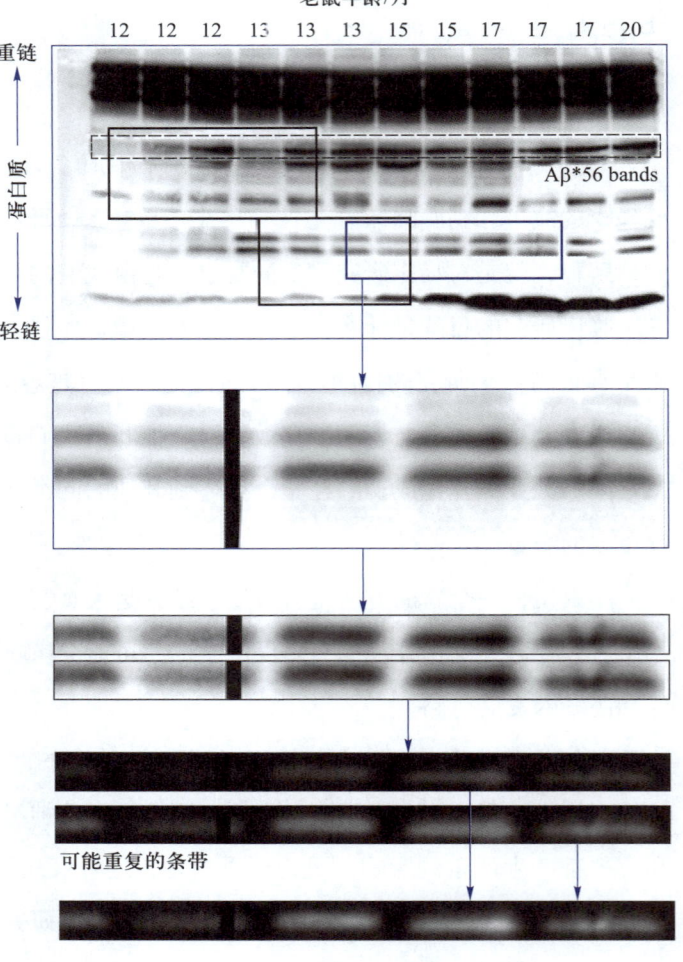

图 1 Science 杂志发表的存疑的实验结果图像

迹。16 年来,多少经费,多少努力,都在浪费在一条可能是错误/虚假的道路上了。

我们做研究、写论文、发文章,并不只是为了愉悦自己,为了毕业、为了晋升,而是这可能会成为人类医学进步上的一小块碎石,后来人可以借助其继续前进。写出来的文章,是会有人看的,是会有人相信的。所以,保持临床研究的科学性,其结果的真实性和可靠性是非常重要的。

2. 临床研究的原罪:外推错误

如果我认认真真,扎扎实实,100% 完美质量(极度理想状态)地完成了一项临床试验，是不是就可以充分相信其结果，并作为未来医学发展的基石了呢？

很抱歉，还真的不是这样。

这并不是因为医生不努力，而是由于客观因素和现有知识水平造成的。首先是因为我们的目标对象，患者的非均一性，每个患者都是不一样的基因遗传背景，不一样的合并症，不一样的病理类型，所以临床研究中纳入的这个群体，可能就不是同样一种疾病，或者同样一种疾病不同的致病机理。比如说，我们研究肺癌，里面就有小细胞肺癌、腺癌、鳞癌；我们研究肺腺癌，里面就有 *EGFR* 突变、*ALK* 突变、*MET* 突变、*KRAS* 突变；我们研究 *EGFR* 突变的肺腺癌，里面还有 *19del*、*858R*、*20ins*，非常难以达成一致。

其次，即使假设我们研究人群都是完全一样的，但是我们在做外推的时候，也是可能会产生错误的，这不是我们能力的问题，而是我们临床试验的做法的本质就是由部分去推论整体，存在产生错误的概率。推广的范围越大，错误的概率就越大。

直观地讲，我们做一项Ⅲ期确证性临床研究，通常最多也就纳入 1 000 多个患者，而我们要用这 1 000 个患者上得出的结论，去治疗每年 220 万全球新发的肺癌患者，或者是 230 万乳腺癌新发患者，每年 70 万肝癌新发患者，以如此小的局部，去描绘/推论那么大的一个整体，一定会出现错误的，只是概率大小的问题。

一个实际的案例，*KRAS* 突变是一个在肺癌中常见基因变异，Sotorasib（AMG510）是一种针对 *KRAS* 基因 *G12C* 点突变的新型靶向药物，FDA 在 2022 年批准 Sotorasib 用于 *KRAS G12C* 点突变的局部晚期或转移性 NSCLC 患者。这已经是个非常小而精准的人群了，必须是 *G12C* 突变，如果是 *G12D*、*G12S*、*G12R*、*G12V*、*G12A* 等等都不行。但是在Ⅲ期研究中又发现，同时存在多个 *KRAS* 突变位点的 9 例患者（即存在 *KRAS G12C*，同时还有其他的突变位点）都没有临床获益，PFS 不足 2 月，疗效不及单药化疗。这一部分人群，并没有从中获益，不应该应用这个药物。

所以，临床试验是有原罪的，即临床试验的结论外推到真实世界，会产生偏倚，结果并不如原先设想的那样理想。按照试验结果，理想的推广到大千真实世界中，会有很多的患者，并不会得到想象中的治疗效果。

3．临床研究的局限：偏倚

人的一生离不开两件事，死亡和纳税；临床研究也离不开两件事，偏倚和伦理。无论如何设计优秀的研究，一定会存在偏倚，选择偏倚、测量偏倚等等，也就是说这个结论的可信度并没有做到最佳。这并不是由于研究性质、方案设计以及统计方法等在文章中就能看到的因素所影响的，研究者尽全力做到最好、最理想，也会存在偏倚，乃至可能是由此产生了偏倚，使我们的结论，并不能推广应用。

2012年，*Lancet* 主刊发表了一篇外科的临床试验文章，荷兰的一些胸外科专家进行了一项关于食管癌手术方式的多中心随机对照开放标签的研究，试验组是腔镜微创手术，对照组是传统开放手术。在当时环境下，是腔镜微创手术方式刚刚开始进入临床的时代，对于手术的安全性和有效性都存在一定争议。经过56例开放手术患者和59例微创手术患者的比较，结果发现微创手术的术后肺炎发生率（9% *vs.* 29%）、肺栓塞发生率（1.7% *vs.* 14.3%）、术后在院时间（11 d *vs.* 14 d）都具有明显优势，淋巴结清扫率、R0切除率、术后并发症率、二次手术率等指标没有差异。所以，结论是食管癌微创手术是一种安全且短期疗效更好的手术方式。对这项研究外科界并没有太大的争议，一种新的微创手术方式，是每一名患者和医生都乐于看到并接受的。有了 *Lancet* 这样的大牌刊物文章作为依据，食管癌微创手术就如火如荼地在全球开展起来。

然而，在8年之后的2020年，*JCO* 杂志上，发表了一篇回顾性文章，做的也是同样的比较。只不过，不再是前瞻随机对照研究，而是一项回顾研究。作者收集分析了2011—2017年，在荷兰所进行的全部所有微创食管癌手术（2 652例）与开放食管癌（1 953例）手术，并与前面的随机对照研究进行了结果对比。令人惊讶的是，当年被认为是优势的术后肺炎发生率、肺栓塞发生率，住院时间都出现了翻转，微创手术不再占优，反而是劣势了。更为重要的，安全性因素、术后并发症发生率、再次手术率，微创手术要明显高于开放手术（图2）。

为什么会出现了这样的反转？是第一项研究有问题么？并不是第一项研究的研究者们有什么疏失，恰恰是他们非常精细造成了试验与真实世界的差异。微创食管癌手术，是一项非常复杂而有难度的手术，外科医生需要经过相当的培训和学习才能掌握。当这一术式被推广到全国的时候，很多没有足够经验的医生尝试进行更"优"更"先进"的术式，在学习曲线上攀爬的时候，就会出现微创反而并发症增加，安全性下降的整体结果。

2022年WCLC（世界肺癌大会）上发布了一项中国人的研究CTONG1901。这项研究者发起研究，头对头的采用随机分组方式，对比了进口PD-1药物帕博利珠单抗和国产 PD-1 药物信迪利单抗一线治疗非小细胞肺癌的疗效。研究的主要研究终点是 ORR，一共入组了 71 例患者，结果显示，信迪利单抗组与帕博利珠单抗组分别为 52.9% 与 32.4%。在无进展生存期（PFS）以及总生存期（OS），这两个药物的 mPFS 分别为 8.0 个月和 7.5 个月，mOS 分别为未达到和 17.5 个月（图 3）。

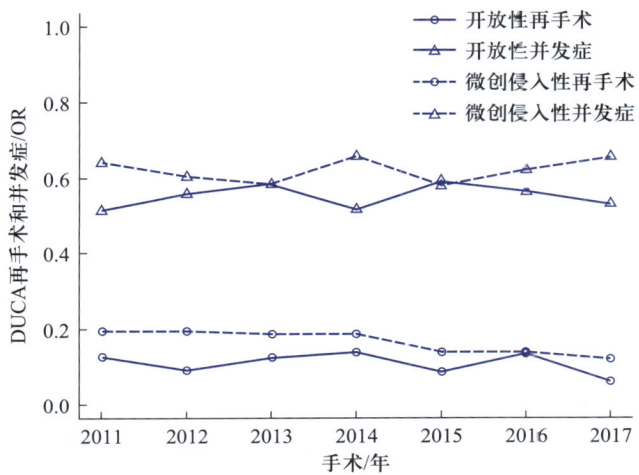

图 2　微创食管癌手术和开放性食管癌手术再手术和并发症比值比（OR）对比
（改自 Markar SR, et al., 2020）

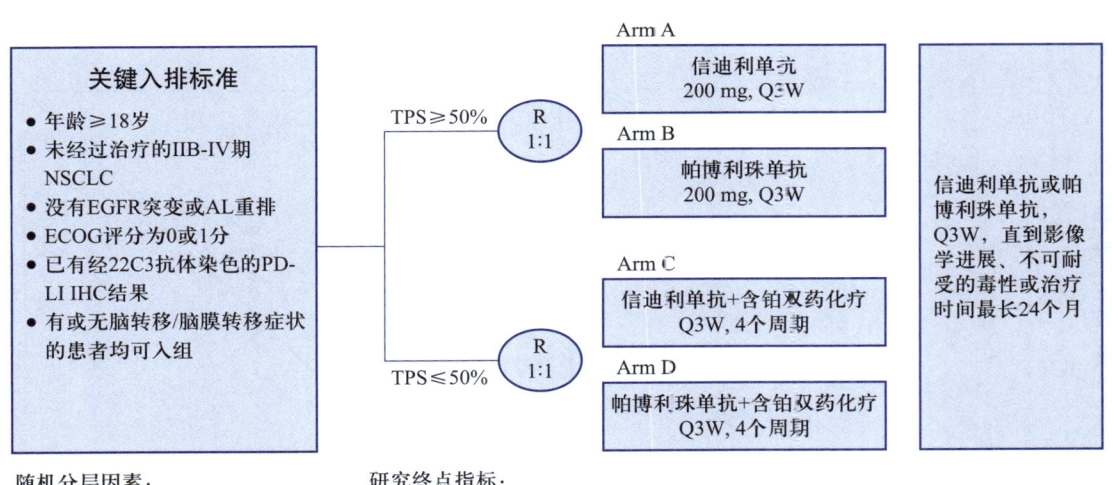

图 3　CTONG1901 临床试验研究设计

对这个结果，就产生了不同的解读。有的觉得欢欣鼓舞，国产药物以 52.9% 对比 32.4%，相差近 20 个百分点的差别，打败了进口药物，值得鼓励。有的说，这项研究入组患者太少,没有达到统计学的差异,不能得出这个结论,撑死说这两药可比,国产不差。这两种说法,其实哪个都没有错。虽然第二种说法显得客观一点,科学一点,如果是一道选择题,这个选项看起来像是正确的。

但我们假设,如果这些患者,70多例患者,都是由你这个医生,认认真真,用自己的小本子一点一点,花了2~3年时间记录收集下来的,那么,你会怎么做?会不会坚定地相信自己的经验,坚信国产药物比进口药物更好?然后在后续的工作中,每一个国产疗效好的患者,每一个进口疗效不好的患者,都会加深你的结论与自信。你能说,这是错误的么?

现在,很多Ⅱ期临床试验为了增加可信性减少单臂研究带来的偏倚,也选择了随机对照的方法进行。通过这样方式获得的结果,再进行Ⅲ期确证性临床研究,其结果,会是一致的么?一项荟萃分析,纳入了3 200项临床试验,进行筛选。从中找到了57个项目,他们的Ⅱ期和Ⅲ期都是采用随机对照方式进行的。其结果是:与Ⅲ期试验相比,普遍的Ⅱ期试验中PFS的治疗效应量平均大26%(rHR=0.74,$P < 0.001$,95%CI:0.68~0.80)。Ⅱ期试验中OS的治疗效应量比Ⅲ期试验高27%(rHR=0.73,$P < 0.001$,95%CI:0.66~0.79),也就是说,Ⅱ期的结果普遍好于Ⅲ期试验,并且,在这57个项目中,最终只有15个项目(26.3%)Ⅲ期达到了阳性结果(图4)。

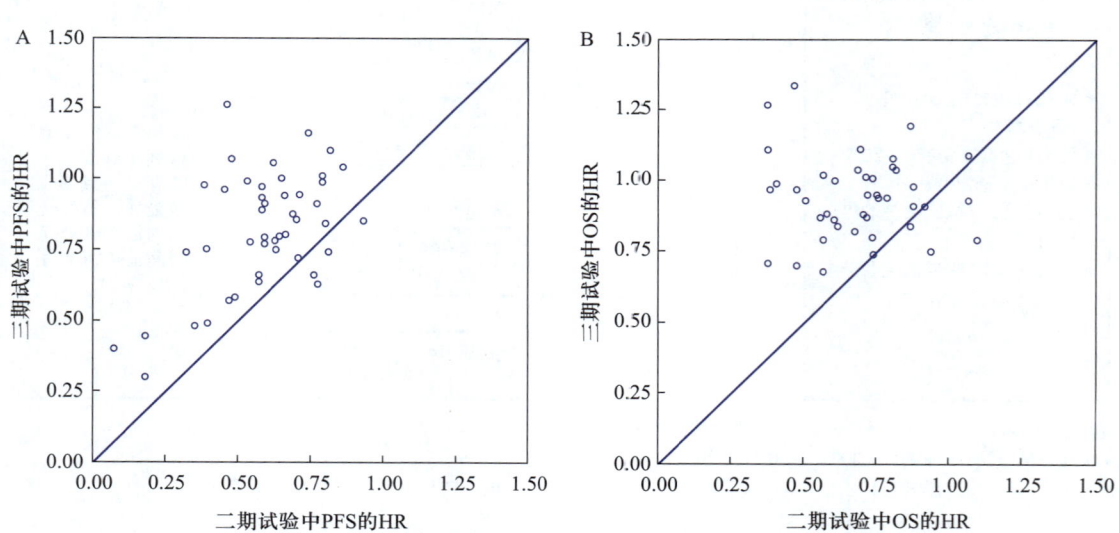

图4 比较二期试验和三期试验中报告的(A)无进展生存期和(B)总生存期的风险比
(改自 Liang F, et al., 2019)
HR,风险比;PFS,无进展生存期;OS,总生存期当Ⅱ期研究拓展到Ⅲ期项目，样本量扩大，试验机构增加，患者多样性变得更为复杂，试验的结果就会出现变化。那么Ⅲ期到Ⅳ期呢？临床试验到真实世界呢？更多的因素会产生更多的影响，我们斩钉截铁的结论，会变得，不那么肯定和可靠。

这就是偏倚，难以避免，难以证伪的临床研究方法学上的原罪。

4. 摆脱不了的利益相关

临床研究还存在一个研究者都不想承认的原始风险：每个研究者都希望自己做的是一项成功的－阳性结果的－试验组优于对照组的临床研究。

这是研究者固有的性质决定的：如果研究者不相信新的方法优于传统方法，那他就不会启动或者承接这项研究；研究者一定是希望患者获得更好的治疗的；一项阳性结果的临床研究更容易发表到高影响力的刊物，更容易被同领域专家关注，能为研究者带来更多的声望和荣誉。所以，研究者在临床研究当中，无论是研究者发起研究（IIT）还是申办方发起的注册研究（IND），并不是无关的第三方，而是利益相关者。

其实，不只是研究者、研究参与者、申办方，都存在类似的趋势。而这种趋势很早就被临床研究方法学专家所认识到。目前世界上公认的临床试验起始点，1747年5月20日，苏格兰海军军医詹姆斯·林德在索尔兹伯里号上选了12名坏血病船员，将他们分为6对，每对每天接受不同的饮食补充，例如一对中一人得到苹果酒，另一人则是海水，另一对中一个得到橙子，另一个拿到柠檬等，结果发现补充维生素C能够治疗坏血病。这就是因为林德医生提出了随机和对照两个关键概念。

如果我们细细品味和研究，高水平RCT临床试验中，相关的定语：随机、双盲、安慰剂、对照、入排条件、意向性治疗人群（ITT），每一个词，都是用来限制主观偏倚的，是用来限制研究者、申办方和研究参与者的。

2023年10月，FDA公开讨论了一个案例。Sotorasib（AMG510）如第一节所述是一种非小细胞肺癌 *KRAS G12C* 突变的靶向治疗药物，在其关键性研究 CodeBreak 200 研究中，就出现了严重偏倚。首先，由于这是40年来第一个突破性的 *KRAS* 靶向治疗药物，所以研究开始的时候，就引起了医学界和患者的重视。不负众望，在Ⅰ期单臂研究中，Sotorasib 以 36% 的 ORR，"完爆"既往 12% 左右的化疗效果，此结果经过各种学术会议报道和论文发表，引起了肿瘤圈的广泛关注，也让 FDA 通过优先审评上市。所以，在 CodeBreak 200 这项与化疗相对照进行比较的研究开始后，很多患者随机后，拒绝继续使用化疗治疗，23名分配到对照组的患者在给药前就撤回知情，要求出组，造成了患者选择的偏倚。其次，全球各地的研究者也相信Sotorasib会优于化疗，在评估肿瘤是否进展以及本研究主要研究终点PFS时，化疗组相当多的患者被更早的评判为PD进展（研究者评估与独立评估委员会盲态独立中心图片结果相比较），而在Sotorasib组，更多的患者会被研究者更晚的评估为PD进展。所以，FDA严重质疑了本项试验结论的可靠性。

某种程度上，实际操作的研究者，是临床研究结果可靠性的最大风险。

5．欲戴王冠必先承其重

本书开篇，就把临床研究最大的风险和问题告诉大家，并不是为了劝退。而是让每一个有志于从事临床研究，愿意了解学习临床研究的行业同道，可以看到我们的目标是什么，我们可以达到什么地方，我们仍然面临什么问题。

临床研究体系固然有其根本缺陷在，但是在目前的循证医学体系下，临床试验，特别是RCT试验，仍是我们能获得的最佳证据体系。临床试验产生的数据也是最佳医学决策证据。只不过，我们要知道并理解，我们现有的执行，并没有达到临床研究质量要求的金标准，我们需要用各种方面的努力，去避免造成更多的影响和偏倚，要用一切可能做到的最佳最大努力，去证明我们做到了一切能做到的事情；我们也要知道并理解，现有的金标准，并不是最理想的方法，我们希望在未来，可以探索出更加靠近理想状态的研究方法和学科体系。

临床研究是临床治疗决策的最高水平知识依据，设计完整、质量过硬的临床试验，是医学证据金字塔上的皇冠。作为医学工作者，欲戴王冠必先承其重。

一句话概括

临床试验有难以避免的问题，偏倚和外推，都会影响结论的正确。所以研究者要尽一切可能做到能做的极限来避免产生更多的不确定，来让人相信你所做的，是最好的，最可信的。

（李宁　阳国平）

1.3 信与不信

引导问题

"什么是好的临床研究？发在高分刊物上？分数越高越好？""评价的标准不是分数，是可信度，越可信，越好！"

章节导图

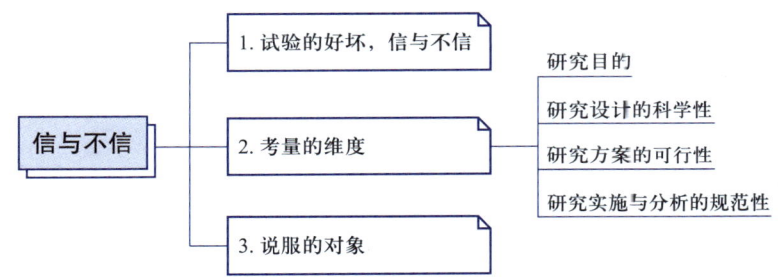

典型故事[*]

2022年6月，*NEJM evidence* 杂志上发表了一篇文章，阿比特龙（一种内分泌药物，已经获批前列腺癌一线适应证）+奥拉帕利（一种DNA修复酶RARP抑制剂，已知对BRCA突变患者有疗效，本试验的主要研究用药）用来治疗前列腺癌的文章。这是一项全球多中心、随机、安慰剂对照Ⅲ期临床研究，全球共纳入近800例患者。结果如所预期的那样，结局展现出了非常大的差异，试验组（阿比特龙+奥拉帕利）中位

---

[*] 本故事为删减易读版，部分描述不准确也并非全部内容，实际故事更加精彩，详见FDA ODAC会议报道

无进展生存时间（PFS）24.8个月，"完爆"对照组（阿比特龙+安慰剂）的16.6个月，HR=0.66，0.54~0.81。长期随访总生存时间（OS）分别为42.1个月和34.7个月，虽然未达到统计学差异（成熟度47.9%，HR=0.81，95%CI 0.67~1.00，$P=0.0544$），但其趋势与PFS相同。毫无疑问，这是一项成功的试验，能发表在《新英格兰》子刊上，也说明了学术界对其的认可（图1）。

但是，在2023年4月，申办方用上述数据向美国FDA提交申请，希望获得前列腺癌适应证的时候，审评员们却说了不。FDA认为，奥拉帕利的作用机制是针对*BRAC*突变的患者，而这项研究纳入的是全部患者。在FDA专家自己（而不是研究者）进行了亚组分析后，发现在没有*BRCA*突变的患者中（占了全部患者的50%以上），奥拉帕利并没有比安慰剂更具有治疗优势。FDA的专家认为，本项试验结果的阳性，是*BRAC*突变阳性患者所提供的差异造成的，掩盖了*BRAC*突变阴性患者无效的结果，特别是根据药物作用机制研究，奥拉帕利也不应该对这一部分患者有

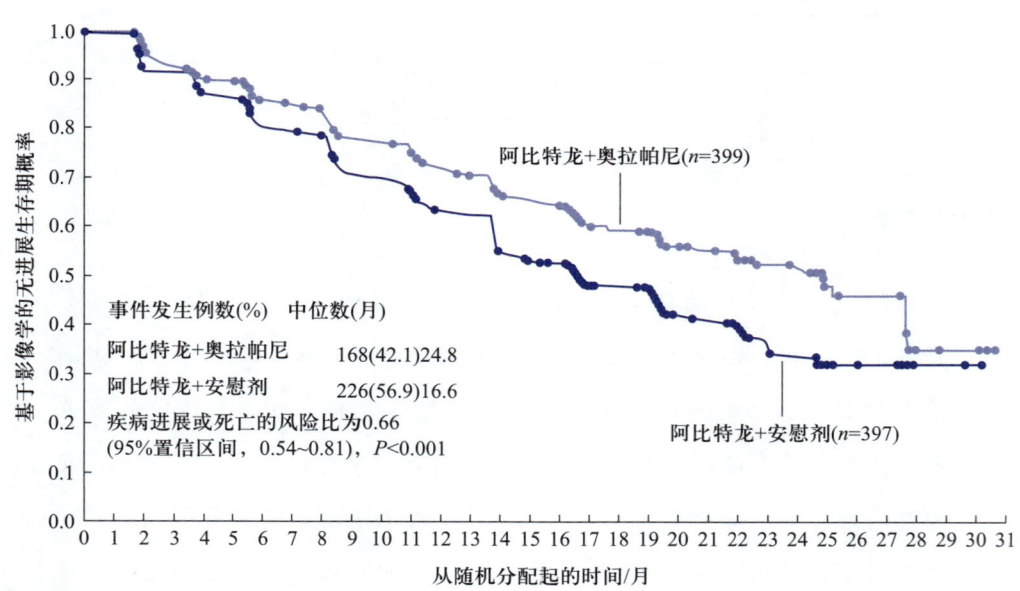

图1 基于影像学的Kaplan-Meier无进展生存期估计

效。故此，FDA 不同意给予全人群的适应证，只容许在存在 *BRAC* 突变的患者中应用。

发表在顶刊的阳性结果文章，并不意味着一定能通过监管部门的审查。

主要内容

1. 试验的好坏评价，信与不信。

作为一名普通的医生，我们很普通的梦想就是在 *NEJM*、*Lancet*、*BMJ* 等国际顶刊上发表自己临床试验的文章。于是，我们也会认为，在高影响因子刊物上发表的临床研究一定是高水平的，是可信的，是可以用来编写指南，指导临床的。毕竟高分刊物上的文章在发表前，都要经过高水平的编辑审核，也需要经过同行专家的审稿评价，这些都是非常严格的，所以，大多数人选择相信。

下面这个例子，比文章发在顶刊更高级，它获得了地球上科学最高荣誉，诺贝尔奖（1949 年生理学或医学奖）。

精神疾病患者的人格和行为会出现一系列异常，由于发病机制复杂，时至今日，以精神分裂症为典型代表的多种中枢神经系统疾病依然无法被有效治疗。古人看到有人精神异常、行为疯癫都以为是被"魔鬼"缠身，在东方会请法师用诵经、念咒等方式给病人"驱魔"，在西方有人发明了钻颅术，就是在头上钻一个窟窿企图把附在病人身上的"妖魔"释放出来。到了近代，还有人使用水疗、束缚、电击、旋转等千奇百怪的办法，都达不到理想疗效。

1935 年，一名叫做莫尼兹的神经外科医生发明了一种手术治疗方式，他专门设计一种医疗器械，用来损毁患者前脑叶与其他脑区之间联系的神经纤维，被他称为"脑白质切断器"。这个器械会在患者头颅上钻个洞，用空心针头在大脑前额叶的几个区域吸走或者旋动切断器来切除某部分物质，从而达到切断大脑神经连接的效果，来完成"前脑叶白质切除术"，以治疗各类的精神疾病。

这种做法并非没有科学依据，它是根据在英国伦敦举办的第二届神经精神学会，会上约翰·富尔顿和卡罗尔·雅克布森两位科学家的报告进行的。他们在报告中提到曾经给黑猩猩做过"两侧前连合切断术"，手术完成后黑猩猩就会变得性格温顺许多，对人类的攻击性行为也减少了。莫尼兹医生于是收到启发，接下来为

20个患者都做了"前脑叶白质切除术",这20个患者全都幸存了下来,也没有表现出很严重的后遗症。于是,莫尼兹就把相关数据和经验整理成了一项研究,这份研究报告也发表在了权威的科学刊物上。结论中认为这项手术可以让原本有暴力倾向和自杀倾向、成为家庭沉重负担的患者都变得明显安静下来。

其后,大量患者接受了这种方式或者改动方式的手术,在20世纪40—50年代的精神病院中风靡一时,仅美国就做了4万~5万例。手术方式拓展到一些非精神疾病:在美国一些地方当成了惩戒犯人的手段,一些暴力罪犯、政治犯和同性恋都没有经过仔细检查就被强行抓去做了手术,甚至在日本甚至许多儿童仅因为不听话就被父母给送去做了"前脑叶切除术"。

在1949年,经过诺贝尔奖组委会和多领域专家的评审推荐后,莫尼斯医生因为这种手术的贡献获得了的诺贝尔生理学或医学奖(图2)。

当今天的我们现在看到这项手术的概念与治疗目标的时候,自然而然会产生疑问,当我们继续深入研究,发现改良的方法居然是"冰锥疗法"(ice-pick lobotomy),这种"手术"是真正意义上的"触目"惊心——医生直接用锤子将一根大概筷子粗的钢针从患者眼球上方凿入脑内,而后徒手搅动那根钢针以摧毁患者前脑叶(图3)。

图2 获得诺贝尔奖的莫尼斯医生

在如此精密的神经系统中,采用盲操作方法进行破坏性操作,无论这种研究发在什么刊物上,哪怕是获得诺贝尔奖,现今的医生也会对此深深质疑的。在苏联精神病理学家瓦西里医生的强烈建议下,苏联政府最先宣布全面禁止前脑叶白质切除术。到20世纪70年代,绝大多数国家,包括美国许多州都已立法禁止前脑叶白质切除术实施。

所以,我们是否相信一项研究的

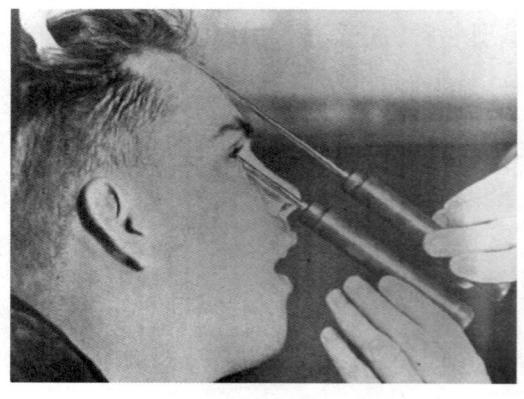

图3 "冰锥疗法"示意图

结论，并不是只看研究发表的刊物，获得的奖项，而是由我们的基础逻辑、科学知识和临床研究专业技能在共同评判的。

2．考量的维度

那么，我们需要从哪些维度来分析一项研究呢？

首先，要看这项研究的目的是什么，实施的内容是否可以去配合这项研究的目的。要仔细看看这项研究要解决的问题是什么，是治疗延长生存，还是改善症状，问题越明确，就这个问题得到的答案越可靠。当然，这个目的是要在项目开始设计的时候就要想好，并且公布出来的。所以，如果对某个项目存疑，可以去 Clinical Trials.gov 以及国家卫健委网站上进行查询，根据备案的信息来了解项目的基本情况；如果没有备案，不说是假研究，至少，不会是一项非常严谨的研究。

如果是确证性研究，一般只有一个研究目的（可以有一个以上研究终点），即使是探索性研究，也不推荐研究目的过多，逐二兔者不得一兔。还要分析根据研究目的选择的研究终点是否可靠，比如说，以治疗效果为目的的研究，终点可能是总生存时间（OS）、无进展生存时间（PFS），也有可能是肿瘤大小变化（ORR），以至病理缓解率（MPR）、临床完全缓解率（CCR）都是选择，但是选择哪个更加合适，就要根据具体情况考虑了。比如滤泡淋巴瘤这样预期寿命很长的肿瘤，就不适合用 ORR 这种短期指标，而需要考虑 OS 整体效果（详见 2.1 和 2.6）。

其次，要看这项研究设计是否科学，研究性质是否合适，参数设计是否合理。要关注这项研究设计的时候是确证性研究还是探索性研究，如果是探索性研究，哪怕得到了显著性差异的结果，也不合适作为确定的结论；如果是确证性研究，那就要关注立项假设的基本数据是否合适，试验组的疗效预估是否有道理或者前期数据支持，对照组选择的是否是目前最佳治疗方案，对照组疗效预期估算是否合理。曾有一项研究为了压缩样本量，把肺癌一线治疗 PFS 时间估算成 6 个月，那这个项目不太可能有好的结果和可信的结论。如果是一项提高生活质量，同时要达到治疗效果的非劣效研究，要关注其非劣效界值设定是否合理。

第三，要看研究方案是否可行，研究执行数据是否可靠，伦理性是否满足。要关注研究方案试验组和对照组的设计，是否可行。比如有些项目，方案中设计 6~8 次用药，结果大多数患者只完成了 2~3 次，但没有证据说明是患者因为副作用 AE 停药的。比如，有些明确的副作用在结论报告中就没有，或者发生比例相当低，比如 ADC 药物的间质性肺炎，小分子 TKI 的肝毒性，多靶点抑制剂的血压影响等等，这就要怀疑数据真实性或者执行的真实性。再比如在 PD-1 药物不但上市而且已经进入医保后，仍选用化疗作为对照组在非小细胞肺癌一线治疗中，那就不但不伦理，而且不可行。我们要理解，伦理除了是许可项目进行的一项必要程序外，还代表着患者的选择可能。AMG510 是一种 *KRAS* 基因 *G12C* 点突变抑制剂，在美国经过 FDA 审批，以突破性疗法单臂试验优先审评上市，用于治疗存在突变的 II 线以后非小细胞肺癌患者。按照法律规则，所有这类优先审评上市都需要在规定时间（一般为 3 年）内完成一项随机对照的确证性研究，来证实其疗效。按照常规做法，设计临床研究的方案就是入组 *KRAS G12C* 突变的患者，随机到试验组用 AMG510，对照组用化疗。但是在实际操作中，很多患者都拒绝参加，认为加入化疗组对自己治疗不利。在研究开始阶段，20 多名随机到化疗组的患者退出研究，直接导致研究几乎无法进行。如果一项研究，没有考量到患者的利益和选择，哪怕通过了形式上的伦理审查，患者也会用脚来进行伦理表决的。最后，这个项目经过与 FDA 沟通，削减了样本量，专门设计了化疗组患者可以在进展后交叉到 AMG510 组的方案，某种程度上，放弃了以 OS 作为科学性判断考量的设计。

第四，要看统计方案是否规范，数据纳入是否合理。统计分析部分，一般医生都是略过的，因为写法千篇一律，专业知识性过强，难以看懂。我们主要关注几个点，纳入的人群是否合理。比如说，有一项结直肠癌新辅助的研究，100 个患者签署知情，90 个进行了化疗，其中有 20 个没有做手术，剩下 70 个进行了手术，55 个做了根治术，20 个病例 CR。在进行结果分析的时候，计算病理完全缓解率，分母到底是 100 呢，还是 90 呢，还是 70 呢，还是 55 呢？涉及基本的 ITT 集、FAS 集、PP 集、SS 集等概念内容医生需要知道，否则就会被简单的结论所错误诱导。

最后，要看结论是否充分。

FDA 在其指导文件中有一段话，引用过来，可以帮助大家理解。

In order to be considered an adequate and well-controlled trial, a clinical trial should include:

a) A clear statement of objectives and methods of analysis

b) A study design that permits a valid comparison with a control

c) Adequate measures to minimize bias in subject assignment to treatment group, to assure comparability of the groups

d) Adequate measures to minimize bias on the part of subjects, observers, and analysts of the data

e) Well-defined and reliable methods to assess response

f) Adequate analysis of the results of the study to assess the effect of the drug

即，为了被认为是一项证据充分和执行良好的试验，临床试验应包括：

a）明确说明试验目标和分析方法

b）研究设计采用对照组进行有效比较

c）采取充分的措施，以尽量减少研究参与者分配到治疗组的偏倚，以确保组间的可比性

d）采取充分的措施，尽量减少研究参与者、观察者和数据分析者的偏见/偏倚

e）采用定义明确、价值可靠的方法评价治疗效果

f）对研究结果进行充分的分析，以评价药物的效果

3．说服的对象

上一节 FDA 的指导意见中，值得大家注意但常常被忽略的一个词是"被认为"。省略的补语或者从句主语是非常关键的——被谁认为。

一项临床研究在设计执行之前，就要有一个战略目标。即研究的结论让谁相信，和如何让其相信。对于不同的目标，研究的要求和需要的步骤是完全不同的，也可以说，证据等级需求不同。

通常意义来说，研究的要求从低到高分别是：①让自己相信；②让周边同行相信；③让行业同道相信；④让监管科学家们相信；⑤让临床医生相信。几个不同的层次，越高的层次，要求越多、越严格。

让自己相信，只需要做好记录，收集好信息，采用自己相信的方法进行分析，其结果不用交给其他人审核，也不用转化为文字发布，规范要求不高。这种研究也很有价值，因为除了一些客观的结果，是可以加入主观、直觉因素的，实际上很多临床内容都是不可量化的，比如说，手术方式先做什么后做什么；预防处理什么时候给予干预；并发症什么情况下给予有创干预，什么情况下观察等待，这些都是医生临床水平提高的重要途径。

让周边同行相信，就需要发表文章了。那么需要按照文章发表的要求，准备立项、伦理、资料、分析方法等等，也是我们最常见的需求和展现方式。在发表文章

的时候，我们就要充分整理好相关的内容，让专业编辑和 2～3 位同行审稿专家相信，我们的设计是合理的，我们的执行是真实的，我们的统计方法和最后结论是稳妥可靠的，如果审稿专家们不相信，那么文章就发不出来。一般来说，越专业的刊物，影响因子越高的刊物，要求会越严格。他们希望发表的是证据等级更加高的，所以证据等级高的前瞻性研究、随机对照研究、确证性研究，就比回顾性研究、观察性研究更容易发在高分刊物上。

让行业同道相信，是更高的要求，需要将研究的结果和结论纳入临床指南或者专家共识。只发文章就不行了，要么发非常高分的文章，要么在同一领域，就同一问题连续发表前后呼应连贯的文章。这个阶段，是要让很多行业顶级专家相信的，比单纯发表文章让几个专家相信更加难了。一般是需要更加稳健的结论，常常不但要求文章发表，还需要经过一段时间的真实世界应用考验，多方验证后才能纳入临床指南。

让监管科学家相信，是风险获益评估、监管科学角度最高的要求了，也是一个药物上市或者获得新适应证的必需通道。在这一关中，监管科学家们不但关注疗效报告，而且关注副作用情况，会对疗效获益–副作用风险做科学的总结分析，并不是一个药物带来了肿瘤缩小的作用效果，就会认可这个药物有效可以上市的结论（参见 FDA 与 PI3K 药物的故事）。更为关键的是，监管科学家们，除了审阅整体报告外，还会收集所有患者层面的信息，他们不止于审核申报者进行的归纳、计算、分析，他们会自己再把数据进行重新分析、计算，以验证申报人分析过程是否科学准确；在必要时，他们会重新进行分组分析，来找出申报者可能规避的科学问题或者不利结论（参见 FDA 与非 *Brac* 突变前列腺患者的故事）；此外，监管科学家们不但对科学性问题提出要求，而且要对数据的真实性进行监查，会有专门的专家组进行实地考察，审阅原始数据记录情况；更要对所提供关键数据的产生过程是否规范、合理进行要求，一些没有按照方案要求进行的研究，其结果的可靠性也会被质疑（参见 FDA 与 *KRAS G12C* 突变药物 PFS 疗效评估的故事）。

让临床医生相信，并应用于临床实践，是临床研究的终极目的。并不是每一个发表文章了、写进指南了、获得批准了的方案都会被临床医生所接受。除了科学性、安全性问题外，临床医生还要考虑实践性问题和经济性问题。比如，某种药物要连续静脉应用 14 天，这在临床上就是一个巨大的挑战，要患者连续 14 天住院，对于患者来说也是非常的不方便。比如说，某种药物获批和化疗联合应用治疗癌症，但是加上这种药物只能使患者无病生存时间延长1~2周，却需要患者每周期多付出近2万元的药费，医生也会慎重考虑是否应用的。Aduhelm是一种治疗阿尔兹海默症（AD），基于淀粉样蛋白假说研发的药物，但淀粉样蛋白假说在AD领域充满争议，而且其临床试验不完整，加上两个Ⅲ期试验数据结果截然相反，各种信息都表明Aduhelm效果并不显著，这让FDA咨询委员会的专家对其上市提出强烈反对意见，0票支持其上市。但FDA考虑到AD尚无药物可用，在2021年通过加速审评方式容许Aduhelm上市。但市场和医疗界反应冷淡，临床医生用脚投票，自2021年6月上市以来，Aduhelm销售额远低于预期，很多临床医生拒绝开具处方，患者也不愿应用。为了能进入医保扩大使用范围，厂家还将药物价格单疗程花费从5.6万美元降至2.82万美元，但是相反的，美国医疗保险和医疗补助服务中心在经过对试验数据和患者反馈的研究后，在2022年4月宣布将限制Aduhelm的覆盖范围，调整成仅限于参加临床试验的患者，对其他患者拒绝报销。相当于医生、患者和医保支付公司有了共同的选择结论，并不相信。

所以，你所做的临床研究，是想做到什么程度，想让谁相信研究的结果，决定了研究的要求、设计、方法和消耗的资源。

一句话概括

临床研究的目的是让研究结论获得更多的临床应用，就要通过研究的科学性、严谨性、规范性过程让读者、监管、医生相信结论的可靠；不同的人群，有不同的要求；不信有理，举证的责任在研究者。

（李宁　阳国平）

2 临床研究设计

2.1 研究问题

2.2 研究分类

2.3 研究的真实性风险

2.4 研究对象

2.5 对照选择

2.6 终点选择

2.7 统计推断与样本量估算

2.1 研究问题

引导问题

有言道：好的问题是成功的一半。如何在实践中提出一个值得科学研究的问题，又如何能从诸多选题中，挑选出最有价值的研究问题呢？

章节导图

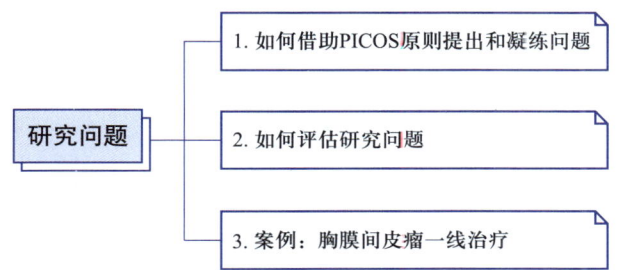

典型故事

恶性胸膜间皮瘤（malignant pleural mesothelioma，MPM）是来源于胸膜间皮的罕见原发肿瘤，MPM致死率高，患者5年生存率不足10%。MPM发病隐匿、潜伏周期可长达数十年，患者诊断时通常已是疾病晚期，难以手术切除。MPM患者晚期一线的治疗方法主要有化疗、靶向治疗和免疫治疗等（表1）。在临床实践中，培美曲塞及铂类基础上联用贝伐珠单抗本身可导致包括出血、血压升高等副作用。双免方案尽管疗效优于传统治疗，但价格高昂，副作用大，限制了其在临床的广泛使用。

如何在化疗基础上，寻找合适的协同增效药物，是实际临床实践中的迫切需求。

表 1　中国恶性胸膜间皮瘤临床诊疗指南（2021 版）

治疗线数	Ⅰ类证据	Ⅱ类证据
一线治疗	培美曲塞 + 顺铂 培美曲塞 + 顺铂 + 贝伐珠单抗 纳武利尤单抗 + 伊匹木单抗	培美曲塞 + 卡铂 ± 贝伐珠单抗 度伐利尤单抗 + 培美曲塞 + 顺铂 吉西他滨 + 顺铂 培美曲塞 长春瑞滨
二线或后线治疗	培美曲塞	长春瑞滨 吉西他滨 帕博丽珠单抗 纳武利尤单抗 ± 伊匹木单抗

化疗联合 PD-1 类药物在非小细胞肺癌、乳腺癌、胃癌等多种肿瘤治疗中显示出显著效果，那么在胸膜间皮瘤中，培美曲塞 + 铂类联合 PD-1 的方案是否能作为一线化疗选择，使患者获得获益，同时毒性可耐受呢？

主要内容

思考通常由四个阶段组成：观察—假设—实验—得出结论。而提问是对于观察的初步总结，也是引导假设的重要前提。如何提出问题并将其凝练成一个可以被科学方法检验的假设呢？临床研究领域，我们通常借用 PICOS 原则来完成这一步（表 2）。

表 2　PICOS 原则

P Population	I Intervention	C Comparison	O Outcome	S Study Design
对象	干预	对照	结局	研究设计
谁？	做了啥？	跟谁比？	结果怎么样？	做的啥研究？
eg. 疾病、年龄、性别、种族…	eg. 治疗手段、暴露因素…	eg. 对照措施	eg. 主次要结局指标…	eg. 随机对照、队列研究…

PICOS 原则可以帮我们抓住主要矛盾，初步凝练科学问题。以胸膜间皮瘤为例，如果我们想探索培美曲塞 + 铂类 + 免疫的方案的应用价值，研究对象 P 是恶性胸膜间皮瘤，拟接受晚期一线治疗患者；干预措施 I 是培美曲塞及铂类联合 PD-1 单抗治疗；对照组 C 是仅接受培美曲塞及铂类化疗的患者；结局 O 包括疗效及安全性终

点；而研究设计 S 可采用随机对照研究。通过使用 PICOS 原则，我们也能理解什么样的问题是一个好的问题：主体明确，内容具体，指向性强。

采用 PICOS 原则，我们可以很方便地整理出待研究的科学问题。但是诸多问题中，哪个是最值得优先开展的呢？那就需要对研究问题进行评估。通常，我们会从必要性 – 问题的研究价值、科学性 – 具体的研究方法，以及可行性 – 临床研究所需资源三方面来进行思考。

1．科学问题的起点——足够的研究价值

必要性考虑的是提出的科学问题是否存在足够研究价值。对于临床来说，提出的问题应当着力于未满足的临床需求。包括但不限于缺乏有效标准治疗的罕见人群诊疗策略；标准治疗耐药或不应答人群的精准预测及克服耐药方案探究；特定治疗的不良反应谱及高危人群筛选等。

选定好的方向作为基调，往往就确认了研究的目标人群。进一步需要评估的是最为关键的干预措施。如何判断问题的价值呢？可行途径包括对相应领域的既往研究背景调研、基于专业知识的积累，以及基于同行及专家评议等。

一些价值是可以通过纵向对比，也就是结合历史数据来确认的。比如说：对于晚期肺癌患者，PD-1 联合化疗是否能为复发 / 转移一线患者带来生存获益不具备足够的研究价值，因为它已经被多个 Ⅲ 期临床试验数据明确回答。而对于胸膜间皮瘤来说，它就是一个尚需回答的有价值问题。一些价值是通过横向对比来确认的，比如说在小细胞肺癌二线，如何研究药物的副反应人群精准筛选和如何开发延长总生存的药物两个问题都是具有价值的问题。但考虑到肿瘤的恶性程度，延长生存药物的研发相对而言就是更为急迫和需要解答的问题。还有一些价值是通过可行性和相关程度来评估的。对于临床医生来讲，如何筛选应答人群、减少耐药和不良反应是他们觉得有价值的问题；而同样的肿瘤，对于基础科研人员来讲，致病机制和关键通路会是他们认为更有价值的问题。

2．科学问题的关键要素——科学性和可行性

确定问题具备研究价值后，我们应当进一步评估解决这个问题所采用方法的科学性。这也是在临床试验中立项和伦理审查的重点部分。以临床试验相关例子：研究什么是一个创新小分子药物合适的起始剂量时，我们通常参照 ICH S9 相关建议，根据敏感动物重复给药毒性试验 ST10 拟定，这些是基于伦理和法律法规推荐的合理考量。首次人体试验（first-in-human, FIH）的新药，通常要设置单药的剂量限制性毒性（dose-limiting toxicity, DLT）观察期，这是基于风险控制的合理设计。某一随机对照试验允许对照组患者进展后交叉到试验组，这是基于保护患者利益的考量。某款药物存在特定的不良反应，如外周神经毒性。当我们评估什么样的不良反应会影响到这款药物的最大耐受剂量这个问题时，将一定级别的外周神经毒性提前加入 DLT 的定义中，这是对于患者药物耐受程度的合情化考量。

最后我们应当评估解决科学问题的可行性，主要是对干预措施的评估。包括以下的考量因素：①风险是否可控。有无风险管理措施、有无安全性早期数据、当前的医疗条件和能力是否能够满足安全性考量。举个例子：在研究一款 FIH 的药物如何完成临床 I 期试验时，我们一定会回顾药物的动物模型毒性数据，关注有无特定严重不良反应。如细胞治疗类临床试验需要医生对细胞因子风暴等现象的充分认知。②研究实施是否能按照计划进行。入组速度无疑是我们考虑的关键步骤。如针对某种罕见肿瘤很难开展一项大 III 期研究。同理，非小细胞肺癌等适应证改变快速的领域也是如此。2014 年前后，因临床试验推进迟缓，众多 NSCLC 二线研发药物未及在 PD-1/PD-L1 一线疗法获批前取得数据。免疫疗法一线获批后，二线治疗环境已因免疫治疗前移而彻底改变，造成后续临床应用困境。肿瘤电场疗法在 NSCLC 二线的 Lunar 研究便是典型案例。除了速度外，方案设计也是影响可行性因素之一。以 GLP-1 类药物双盲试验为例，试验组患者可能因为严重的副作用停药，而对照组可能因此猜到自己所在组别而出组，导致了"双盲"试验的不盲。此外，结局的设定等也会影响问题的可行性。例如，以抗衰老为目的的临床研究，寻找包括血清分泌组学、器官功能等替代终点显然比以自然寿命为终点可行得多。研究执行过程中的偏倚控制也是影响问题回答的一个重要因素，CodeBreak 200 的 ODAC 会议已经给我们上了严肃的一课（详见 1.3）。值得一提的是，涵盖干预措施在内诸多细节的可行性评估，既告诉了我们什么可以做、可以如何来做，同时一定程度上也告诉了我们，哪些范围无法包括、哪些问题不能回答，从而体现出研究问题的边界和局限性。

让我们再回到胸膜间皮瘤一线治疗的案例，由 PICOS 凝练问题后，我们应当思考这个问题是否是高价值的研究问题：胸膜间皮瘤一线单化疗疗效有限，双免方案临床应用变限，化疗联合 PD-1 免疫在诸多肿瘤见到获益，但胸膜间皮瘤中仍只有小样本研究探究其疗效，开展Ⅲ期研究具有研究价值。对照组选择含铂双药，是目前胸膜间皮瘤的一线治疗方案，比较合理。入组方面，选择多中心，同时以 OS 为主要终点，具备可行性。事实上，在 2023 年 11 月，该项研究（IND227）已在 *Lancet* 上发表，显示出 PD-1 联合化疗在晚期一线胸膜间皮瘤人群中的生存获益。

一句话概括

好的研究问题可以通过 PICOS 原则来凝练，并通过必要性，科学性及可行性等评价方面检验。

参考文献

[1] Ticiana L, et al. Tumor Treating Fields therapy with standard systemic therapy versus standard systemic therapy alone in metastatic non-small-cell lung cancer following progression on or after platinum-based therapy (LUNAR): a randomised, open-label, pivotal phase 3 study. The Lancet Oncology, 2023, 24(9): 1002-1017.

[2] Quincy C, et al. Pembrolizumab plus chemotherapy *versus* chemotherapy in untreated advanced pleural mesothelioma in Canada, Italy, and France: a phase 3, open-label, randomised controlled trial. The Lancet, 2023, 402(10419): 2295-2306.

延伸问题

哪些是你观察到的临床未被满足的需求？能否针对这些需求提一个科学问题，通过 PICOS 原则凝练并进行评估呢？

（马培文　唐玉）

2.2 研究分类

引导问题

想要探索 A 药对某种疾病的治疗效果，随机对照研究是我唯一的选择吗？

章节导图

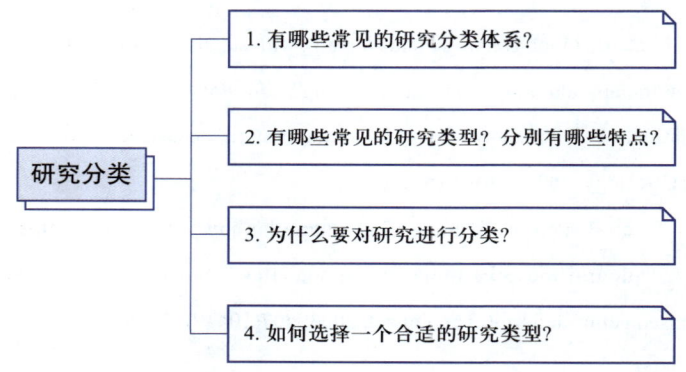

典型故事

阿司匹林是全球应用最广泛的药物之一，起初作为退热、镇痛的药物被开发并进行销售。在西班牙大流感、一战、二战的背景下，阿司匹林的市场被快速打开。到了 20 世纪 50 年代初，美国的耳鼻喉医生克雷文发现部分使用大剂量阿司匹林的患者会更频繁地出现严重的出血并发症。基于这样的观察，他提出了阿司匹林可以预防血栓形成的假设，并开始进行利用阿司匹林预防心肌梗死的研究。他让患者每天服用阿司匹林，并在两年后公布，此期间，他的患者中无人患上心肌梗死。在克雷文的非随机、无对照的研究发表后，科学家对阿司匹林与血小板间的作用机制开展了研究，证实了阿司匹林的抗血小板聚集作用。同时，临床医生也开始开展更加严谨的对照研究，对阿司匹林预防心梗的作用进行检验，其中就包括关键的随机、双盲、安慰剂对照研究——医生健康研究（The Physicians' Health Study），证明了低剂量阿司匹林对心梗的预防作用。

在整个过程中，对阿司匹林的研究经历了从总结经验提出临床问题（阿司匹林是否能够预防血栓形成），到开展探索性的研究（非随机、无对照的干预性研究），最后到开展严谨的确证性随机、双盲、安慰剂对照研究，逐步递进，完成了从提出假设到对假设的验证。整个过程中涉及了多种类型的研究方法，在假设提出和验证中起到了各自的作用，研究整体的顺利进展，离不开每一步对合适研究方法的选择。

主要内容

1. 有哪些常见的研究分类体系？

我们可以通过不同的角度对研究进行分类，包括从研究设计的角度、临床试验阶段的角度以及研究发起人的角度，等等，下面将进行逐一展开。

（1）根据研究设计进行分类

根据研究设计要素进行分类是最常使用的分类方法，也是最通用的方法，每个研究都能在这个框架下找到自己的位置。常见的设计要素包括：研究是否为干预性、是否为前瞻性、是否进行随机分组、是否有对照组设置。

干预性研究 vs. 观察性研究

研究首先可以被分为干预性和观察性。在干预性研究中，研究人员通常会在研究过程中根据试验目的，有意地对参与者施加干预作为研究的暴露因素，比如某种常规诊疗中不会使用的药物或者新的手术方式，进而探索该暴露因素对参与者的影响。而在观察性研究中，则仅进行常规的诊疗工作。虽然过程中可能也会涉及一些非常规用药，但这些药物的使用并不是经过设计而特意使用的。

举例来讲，A药是一种新药，在针对A药对肺癌治疗效果开展的研究中，研究者将会让一部分患者服用A药，对患者的常规诊疗过程进行干预，因此是干预性研究。而在另一项研究中，研究者希望探索的是肺腺癌和肺鳞癌接受某种临床常用药物治疗后的疗效是否有差异,那么在这个过程中,研究者只需要收集一定量的患者,给予他们常规的诊疗,然后对后续的疗效进行观察即可,所以是一项观察性研究。

试一试:

A 药和 B 药都是肺癌常规诊疗过程中可以使用的药物,研究人员开展了一项研究,希望对比这两个药物对肺癌治疗的效果。在研究中,患者将会被随机分至 A 药组和 B 药组。请问这项研究是干预性研究还是观察性研究?

答:在这项研究中,虽然两种药物都是常规诊疗中会用到的药物,但是患者的治疗选择是研究者根据研究方案进行的,是被设计过、被干预的,所以是干预性研究。

回顾性研究 vs. 前瞻性研究

根据数据产生时间与研究开展时间的先后顺序,我们可以将研究分为回顾性研究和前瞻性研究。通常来讲,回顾性研究的数据产生于设计、开展研究之前,研究者收集的是已经存在的数据。而前瞻性研究的数据则产生于开展研究之后,研究者先进行研究设计,计划好需要收集的信息,然后再收集数据以回答其研究问题。

举例来讲,研究者希望探索 A 药和 B 药对乳腺癌的治疗效果,以及可能影响疗效的因素。那么,一个典型的回顾性研究则是回顾过去五年中接受 A 药和 B 药治疗的乳腺癌患者的病历,收集这些患者的数据,如年龄、病理类型、药物剂量和疗程、治疗效果等,然后进行分析。而前瞻性研究则是根据研究者感兴趣的方向设计好需要采集的可能影响疗效的因素,然后分别招募使用 A 药和 B 药的患者,采集相关数据并定期随访疗效及生存,保证数据的完整性。

试一试:

一项研究中回顾性地收集了过去 5 年确诊为乳腺癌并接受 X 药治疗的患者,并对这些患者进行随访,以收集其 10 年疾病复发及生存情况。请问这项研究是回顾性研究还是前瞻性研究?

答:在这项研究中,同时涉及了回顾性的数据收集和前瞻性的随访,但其数据质量及完整性并不能如前瞻性研究一般得到很好的保证,属于双向性研究。

对照试验 vs. 单臂试验

设置有对照组的临床试验被称为对照试验，而未设置对照组、仅有一组试验组的试验则被称为单臂试验。对照组是指未接受试验组特定干预措施的研究参与者。常见的设置包括阳性对照（以已知有效的标准治疗药物作为对照）、安慰剂对照（以和试验药物外观、气味相似的"假药"作为对照）、空白对照（不给予任何干预）等，其中空白对照及安慰剂对照仅允许在无标准治疗且风险可控时使用。对照组的设置可以通过对比试验组与对照组的结果差异，帮助研究者排除疾病自然进展、安慰剂效应等干扰因素，从而更科学地评估干预措施的真实效果。

随机分组研究 vs. 非随机分组研究

如果一项研究中，患者所接受的干预措施是通过某种不能预测、不受研究者或患者意志干扰的方式决定的，那么就是随机分组的研究。相比于非随机分组的研究，随机分组的研究可以更好地平衡组间的差异，尽量保证各种已知或未知的影响因素在组间的均衡，进而减少偏倚。

其他分类

其他的分类方法还包括是否为确证性研究以及是否为真实世界研究等，他们在研究目的和数据来源方面也存在差异。

确证性研究 vs. 探索性研究

确证性研究和探索性研究最主要的区别来源于其研究目的。确证性研究主要用于对提出的假设或理论进行验证，是一种事先提出假设，并对其进行检验的有对照的试验。而探索性研究的主要目的则是探索和发现新的现象，提出新的假设。确证性研究通常采用严格的研究设计，如随机对照试验，以减少偏倚、确保结果的可靠性。相比之下，探索性研究的设计可以更加灵活，除随机对照试验以外，还可以采用观察性研究的设计，发现潜在的疗法及预后因素等。

真实世界研究 vs. 传统临床试验

真实世界研究是指针对预设的临床问题，在真实世界、未经严格控制或干预的环境下收集与研究对象有关的数据，通过分析而获得临床证据的研究过程。和传统的临床试验，即非真实世界研究相比，其主要的区别在于研究的设计及开展的场景是否贴近真实的临床实践。比如在传统的临床试验中，我们可能会限制病人的年龄、脑转移的情况、合并症的情况等，有着相对严格的入排标准，这显然与真实的临床情况不一致,导致研究结论的外推性可能受到限制。

而在真实世界研究中,对患者的限制则相对较少,人群更加多样化,更加接近于我们真实临床中所遇到的情况,因此研究结论的外推性也会更强。但是,由于真实世界研究中少了许多严格的控制,因此可能存在各种各样的偏倚。

(2)根据临床试验阶段进行分类

根据临床试验阶段,可将研究划分为Ⅰ、Ⅱ、Ⅲ、Ⅳ期临床试验,分别有着不同的研究目的,逐步递进完成对药物安全性的评估、使用方法的确定和疗效的确认(表1)。

表1　Ⅰ至Ⅳ期临床试验的主要研究目的

试验分期	主要研究目的
Ⅰ期	初步的临床药理学(如药物的吸收代谢过程)及人体安全性的评价
Ⅱ期	疗效的初步评估
Ⅲ期	疗效确证,监测副作用
Ⅳ期	上市后的研究,进一步对疗效和不良反应的评估

Ⅰ期临床试验

Ⅰ期临床试验通常是药物第一次进入人体试验阶段时所开展的研究。其主要目的一方面是通过逐步增加药物剂量,观察新药在人体中的安全性和耐受性,寻找人体可耐受的最大剂量(maximum tolerance dose,MTD);另一方面则是对药物和人体间的相互作用进行探索,如药物的吸收、代谢过程等。Ⅰ期临床试验通常会在健康研究参与者内进行,但对于部分毒性较高的药物(如抗肿瘤药物),出于伦理的考虑,则会选择在患者中开展。

Ⅱ期临床试验

Ⅱ期临床试验是药物开发的中间阶段,其主要目的是对新药的疗效进行初步评估,同时继续观察药物的安全性和耐受性。这一阶段的试验通常涉及更多的患者(相比于Ⅰ期试验),并专注于特定疾病或条件。在Ⅱ期试验中,研究者会评估药物的有效剂量范围,初步判断其治疗效果,并进一步监测可能的不良反应。这些试验的结果将决定是否继续进行更大规模的Ⅲ期试验,以全面验证药物的疗效和安全性。

Ⅲ期临床试验

Ⅲ期临床试验通常是药物上市前最后一个阶段的试验，是对于药物疗效的确证性研究，其结果决定了药物是否能够顺利上市。这些试验将涉及大量患者，目的是确认新药的疗效和监测副作用。在这一阶段，药物通常会与现有标准治疗进行比较，少部分情况下会与安慰剂进行对照，以对其疗效进行对比和评估。这些试验通常是随机的、对照的，并且可能是双盲的，以确保结果的客观性和可靠性。

Ⅳ期临床试验

Ⅳ期临床试验，也称为上市后研究。这些试验的目的是在上市后进一步评估药物的长期效果和安全性，监测罕见的或长期出现的副作用，以及评估药物在更广泛人群中的效果。Ⅳ期试验有时还会评估新的适应证、不同的剂量，以及药物与其他药物的相互作用。这些信息对于医生和患者使用药物提供了重要的指导。

（3）根据研究发起人进行分类

根据研究发起人的不同，我们可以将临床试验划分为药企发起的新药注册性临床试验（investigated new drug，IND）和研究者发起的临床研究（investigator initiated trial，IIT）。实际上，发起人的差异仅仅是这两种研究的区别中最表浅的差异，他们在研究目的、监管水平等方面都存在着很大的不同。

IND研究的目的是推动新药的上市。由于新药上市、进入临床后将对患者产生广泛的影响，所以在开展IND研究前需要完成一系列临床前研究来初步证明药物的安全性和有效性，提交给相应的监管机构进行审批后才能开展，以确保新药对人体的安全性。同时，由于新药的潜在风险和对公众健康的影响，IND研究在开展过程中，也会受到严格的监管机构监督。

相对的，IIT研究通常由研究者自主设计和实施，多为上市后的研究，目的可能包括探索现有药物的新用途、优化治疗方案或更深入地理解疾病机制。IIT研究的整体监管水平可能不如IND研究严格，但仍需符合伦理要求和科学性的要求，受到各个医院学术委员会和伦理委员会的监管。高质量的IIT研究也可以作为直接证据或者重要的参考材料支持药物适应证的扩展。比如，2018年中国国家食品药品监督管理局药品审评中心（Center for Drug Evaluation，CDE）就基于3项IIT研究的结果，批准了贝伐珠单抗（一种抗血管生成的单抗类抗肿瘤药物）联合以铂类（一类化疗药）为基础的化疗方案，用于晚期非鳞状非小细胞肺癌的一线治疗。

近些年来，药企也开始发起一些非注册性临床研究（company-initiated trial，CIT），旨在通过更多样的人群或更长的随访时间来获得更充足的证据。这些研究仍然以某种药物为核心，最终的目的是进一步证明药物的有效性，扩大药物的适应证和适用人群。举例来说，EAP-436 是一项由药企发起的、针对一种未完全上市药物（索托拉西布，一种靶向药）的全球性研究。不同于注册性研究，这项研究的入排标准更加宽松，纳入人群更加多样，更加接近真实世界的情况，因此其结果也为药物的真实世界有效性提供了更多的支持。

2. 有哪些常见的研究类型，分别有哪些特点？

根据前面所介绍的各种分类方法，我们可以分出很多种临床研究的类型。比如前瞻性开展的、干预性的、随机分组并设置对照的"随机对照临床试验"；回顾性的、观察性的、设置对照组的"回顾性队列研究"，等等。下面我们将介绍一些常用的临床研究方法，并对其特点进行简要分析。

（1）队列研究

队列研究是按照从"因"到"果"的逻辑进行的研究，从"暴露"出发（可以是治疗，可以是某种生活方式，如吸烟、饮酒等，也可以是某种疾病状态），随访至"结局"（可以是患病情况，也可以是生存情况等等），进而推断出暴露与结局之间的因果关系，比如吸烟是否会导致肺癌、服用阿司匹林是否会降低心脑血管疾病发生率。

根据暴露发生时间与研究开始时间的关系，以及是否需要继续随访以收集结局事件的情况，可以将队列研究进一步分为前瞻性队列研究（暴露发生于研究开始后）、回顾性队列研究（暴露发生于研究开始前，且随访结局已知）、和双向性队列研究（暴露发生于研究开始前，且需要继续随访结局）。

队列研究的优点包括：

- **自然环境下进行**：是获得疾病发病率及了解其自然病史的最佳方法。
- **时间顺序明确**：暴露和结局之间的先后顺序明确，可用于回答因果相关的临床问题。
- **适用性广泛**：适用于一些无法或不适合进行随机对照试验的情况，比如研究吸烟是否会导致肺癌时，不能强制研究参与者吸烟。
- **灵活性高**：可以同时观察一个暴露因素下的多种结局，比如吸烟（暴露因素）可能与肺癌的发生相关，也可能与慢性阻塞性肺病、冠心病等多种疾病的发生（结局）相关，可以在一项队列研究中同时进行观察。

队列研究的缺点包括：

- 易受混杂因素影响：在队列研究中，无法控制所有的可能与结局相关的混杂因素。比如研究吸烟与冠心病之间的关系时，吸烟的人可能在饮食习惯、糖尿病患病情况、运动习惯等方面也与不吸烟的人存在差异，而这些因素也可能与冠心病的发病相关，但这些混杂因素很难在队列研究中得到控制。也因此，队列研究对于因果关系推断的可靠性有限。

- 成本和时间：对于某些罕见性疾病，使用前瞻性队列进行研究通常需要大量的预算和长期的追踪随访，在实施上存在困难。

（2）病例 – 对照研究

与队列研究相反，病例 – 对照研究是**从"果"到"因"**的研究，即先选定我们所感兴趣的疾病，再回过头去寻找可能与该疾病发病相关的暴露因素。从定义可以看出，病例 – 对照研究注定是个回顾性的观察性研究，加之是从结果出发向前寻找相关的暴露因素，所以通常会比其他研究类型更加省时省力。但是如果想从病例 – 对照研究中得出可靠的结果，需要对研究进行良好的设计和谨慎的执行。

病例 – 对照研究的优点包括：

- 高效、节约成本：对于发病率低的疾病或者潜伏期长的疾病，使用队列研究通常需要随访很多人或者很长时间才能观察到结局，此时通过开展病例 – 对照研究，从结局出发，就可以快速收集到需要的患者和数据。

病例 – 对照研究的缺点包括：

- 回顾性本质：病例 – 对照研究作为回顾性研究，摆脱不了回顾性研究的弊端，包括数据的缺失、对暴露因素回忆的偏倚等等，进而导致研究结果的偏差。在研究过程中，需要通过各种方式尽量减少信息的偏倚和缺失。

- 对照组选择需谨慎：在病例 – 对照研究中，研究的结果与对照组的选择息息相关，一旦选择了不合适的对照组，就会得出错误的结论。理想的对照组提供的是整体人群暴露因素的基础水平，应该和病例组来源于同一个人群。但是在实际的操作中，许多研究都选择了不适当的对照组，进而得到了错误的结论。关于如何正确选择对照组，是一个相对比较复杂的问题，在此处不做过多展开，但足以看出，虽然病例-对照研究是一种省时省力的研究方式，但是要正确地开展、得出正确的结论并不十分容易。

（3）横断面研究

横断面研究是指在某一时间点或短时段内完成所有测量的研究，就像是给人群照了一张相片，**同时纳入了"因"和"果"**，目的通常是描述某种疾病在人群中的分布状况，或者分析某种因素与疾病之间的关系，为进一步的病因学研究提供线索。例如，在一段时间内对某地区的居民进行健康检查，收集关于他们血糖水平、生活方式、饮食习惯和其他健康相关因素的数据。然后，对这些数据进行分析，以确定糖尿病在地区的患病率，并探索可能与糖尿病发生有关的因素。

横断面研究的优点包括：

- 节约成本：相比于需要进行随访的研究类型，横断面研究耗时短，成本需求较低。
- 灵活性高：可以同时获得多个因素与疾病患病之间的相关性，为后续进一步的研究提供洞见。

横断面研究的缺点包括：

- 时间顺序不明确：横断面研究无法确定暴露因素是否发生于患病之前，因此只能得到相关性，而非因果关系。
- 不适用于罕见病或容易早期导致死亡的疾病：罕见病发病率低，在横断面研究中可能难以观察到足够的病例；对于容易早期导致死亡的严重疾病，在进行横断面研究时纳入的患者将无法代表全部患者，出现幸存者偏差。

（4）随机对照研究

不同于前面三种研究，随机对照研究是干预性研究，是目前临床研究中可以控制各种混杂因素的唯一已知方法。"随机"是这种研究的核心，也是其最大的优势。通过随机的过程，可以平衡试验组和对照组间的已知或未知的混杂因素，使得干预措施成为两组间主要的差异，进而最大程度地保证了干预与结果之间的因果关系。

根据是否引入盲法，即让患者或研究者不知道自己接受或给予的是试验组干预还是对照组干预，可以进一步将随机对照研究分为非盲、单盲（只有患者不知道）或双盲（患者和研究者都不知道）。盲法的引入可以进一步减少研究中的偏倚，具体的内容将会在后续章节中展开。

随机对照研究的优点包括：

- 控制混杂因素
- 可以更好地得出因果关系

随机对照研究的缺点包括：

- **某些情况不适用**：在某些情况下，开展干预性研究是不伦理的，比如对吸烟、饮酒等不良生活习惯的影响进行研究时，或是对病毒感染等有害情况进行研究时。
- **外推性有限**：一般情况下，随机对照研究纳入的都是经过相对比较严格的入排标准筛选后的研究参与者，干预过程也是经过精心设计和严格控制的，进而导致其结论不一定能适用于所有的临床情景。
- **成本高**：随机对照研究通常需要进行长期规律的随访以及严格的质量控制，因此成本一般都很高。

3．为什么要对研究进行分类？

看完前面两个部分，可能大家的脑子多少会开始有些晕了，这么多临床研究类型纠缠在一起，分不清楚哪个是哪个。这很正常，未来随着我们对各式临床研究接触的增加，分类的框架就会越来越清晰（图1）。但是为什么要把研究类型分成这么多类，搞得这么复杂呢？

实际上，分类的目的不是给研究起各种花哨的名字，而是因为不同类型的研究

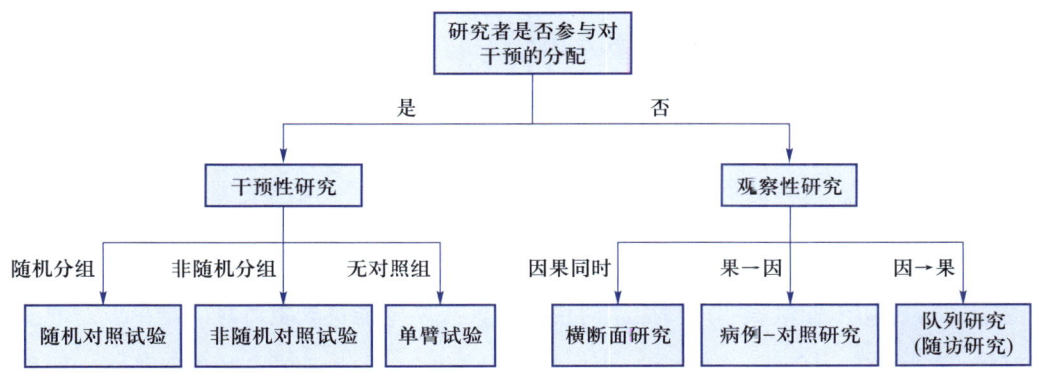

图1 常见临床研究分类体系

着实有不同的特质，适用于不同研究目的。表 2 即为对部分研究类型间主要区别的总结。

表 2　部分研究分类间的主要区别

研究分类	区别
干预性 vs. 观察性	由于干预性研究的干预措施由研究者操控，因此对比观察性研究可以得到更可靠的因果关系
前瞻性 vs. 回顾性	前瞻性研究在对研究进行设计后再开始数据收集，可以保证数据的完整性，并可以更好地对数据质量进行把控
确证性 vs. 探索性	确证性研究在设计时充分考虑了对研究所设定假设的检验能力，得到的结果更加稳健可靠
随机对照研究 vs. 非随机对照研究	随机对照研究中通过无法预测的随机分组过程，最大程度上消除了两组之间除干预措施以外的差异，可以得到最可靠的因果推断

此外，分类也可以方便大家进行交流，使得读者可以快速了解到研究的特征，提高交流效率的同时也能保证信息传递的准确性。就像菜肴可以被分为川菜、粤菜、鲁菜，说起其中一个大家都能大概有一个判断，比如川菜大概是辣的，不太适合大部分小朋友食用。临床研究的分类也有这样的作用。提起回顾性队列研究，就能大概有个初步印象：这个研究大概是对病因的探究，是从"因"到"果"的设计，数据是以前产生的，可能会存在一些偏倚等等。这样在学术交流的过程中就省去了很多解释的过程。同时，当我们能掌握各类研究的特点时，我们在产生科学问题的时候，就能够快速地找到一个合适的方法来开展研究了。

4．如何选择一个合适的研究方法？

通常来讲，选择研究方法需要取决于几个方面：①研究问题；②研究目的；③可支配的资源和时间。

首先考虑研究问题，如果问题是关于病因或疾病的危险因素，那么可以选择横断面研究、病例 – 对照研究以及队列研究。其中，横断面研究对于因果的推断性最差，仅在初步探索疾病危险因素时使用，如果期望能得到更可靠的结果、对前期研究发现的危险因素进行验证，则应该选择病例 – 对照研究或者队列研究。如果研究问题是关于疾病的患病现状，那么横断面研究则成了不二之选。

如果研究问题是关于药物的疗效或毒副作用，则通常会选择随机对照研究或队列研究。其中，经过严谨设计和良好执行的随机对照研究，可以产生更可靠的证据，适合用于以确证药物疗效为目的的研究。而队列研究和未经过严格统计检验效能设计的随机对照研究，则可以作为前期对疗效和毒副作用进行初步探索的研究方法。

此外，还有一些情况下我们希望对药物疗效进行研究，但是难以开展良好的随机对照研究，比如药物对某种罕见病的疗效，通常难以招募足够的患者开展大型的随机对照研究。在这种情况下，设计良好的无对照单臂研究也可以成为选项之一。

那么问题来了，如果希望开展一项对某药物疗效的探索性研究，那么选择队列研究或者随机对照研究都可以吗？他们最终得到的结果可靠性相同吗？答案是否定的。

实际上，不同的研究所能提供的结论的可靠性是不同的，证据的强度也不同。循证医学金字塔是用来表示不同类型医学证据强度和可靠性的一个模型（图2），在这个模型中，从底部到顶部，证据的质量和可信度逐渐提高。因此，可以看到病例-对照研究、队列研究、随机对照研究的证据水平依次递增，即结论的可靠性依次递增，与之相应的，研究的花费也是依次递增的。这里就涉及了选择研究方法时需要考虑的最后一项——可支配的资源和时间。理想情况下，每个研究者都希望

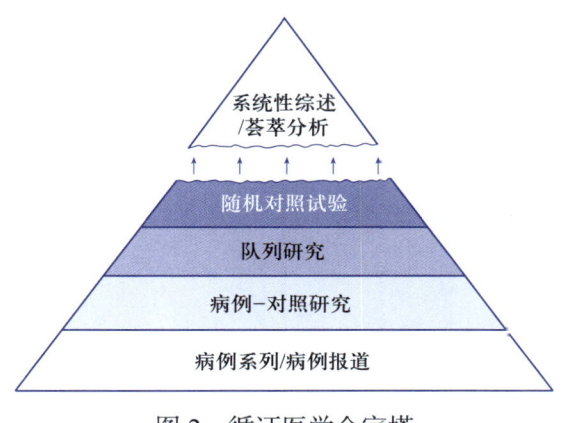

图 2　循证医学金字塔

自己能做出最可靠的研究，设计队列研究对疾病的病因进行探索，设计随机对照研究对药物的疗效和不良反应进行研究，但通常现实情况并不允许。因此，正确评估自己可及的资源，然后在能力范围内选择最优的研究方法，进行良好的设计和执行，也是关键的一步。

一句话概括

研究类型千千万，各自有各自的优点和不足，正确理解每种研究方法的特点，选择最适合的方法才能得到可靠的结论。

名词解释

- 偏倚：指在研究过程中，由于各种各样的原因，导致研究结果可能有方向地偏离真实情况的误差。
- 最大耐受剂量（maximum tolerance dose，MTD）：指不出现难以接受的毒性反应的最大药物剂量，"难以接受的毒性反应"在试验开始前进行具体定义。

参考文献

[1] Grimes DA, Schulz KF. Cohort studies: marching towards outcomes. The Lancet, 2002, 359(9303): 341-345.

[2] Schulz KF, Grimes DA. Case-control studies: research in reverse. Lancet, 2002, 359(9304): 431-434.

[3] Djulbegovic B, Guyatt GH. Progress in evidence-based medicine: a quarter century on. The Lancet, 2017, 390(10092): 415-442.

推荐阅读

Yao X, Florez ID, Zhang P, et al. Clinical research methods for treatment, diagnosis, prognosis, etiology, screening, and prevention: A narrative review. J Evidence Based Medicine, 2020, 13(2): 130-136.

Schulz K, Grimes DA. Essential Concepts in Clinical Research: Randomised Controlled Trials and Observational Epidemiology. Amsterdam: Elsevier Health Sciences, 2018.

延伸问题

1. 随机对照研究的结论一定比队列研究的结论更可靠吗？
2. 什么情况下适合选择双向性队列研究？
3. 真实世界研究最适合于回答哪些问题？

（韩彦杰　唐玉）

2.3 研究的真实性风险

引导问题

谁是临床研究结果真实性最大的威胁?

章节导图

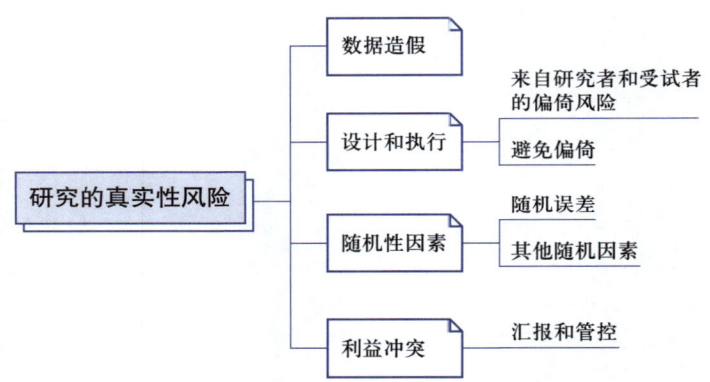

典型故事

2015年7月22日,国家药品监督管理局(NMPA,前称CFDA)发布了临床试验数据核查公告(2015年第117号),要求对已申报生产或进口的待审药品进行临床试验数据的自查和核查。公告强调以下几点:自本公告发布之日起,所有已申报并在总局待审的药品注册申请人,均须按照《药物临床试验质量管理规范》等相关要求,对照临床试验方案,对已申报生产或进口的待审药品注册申请药物临床试验情况开展自查,确保临床试验数据真实、可靠,相关证据保存完整。自查的内容包括:

核对锁定的数据库与原始数据一致性，统计分析以及总结报告数据与原始记录及数据库的一致性；数据锁定后是否有修改以及修改说明等。生物样本分析测试仪器（如 HPLC、LC-MS/MS）等主要的试验仪器设备运行和维护、数据管理软件稽查模块（audit trail）的安装及其运行等。各临床试验机构研究参与者筛选、入组和剔除情况，研究参与者入选和排除标准的符合情况，抽查核实研究参与者参加临床试验的情况。临床试验方案违背例数、剔除例数、严重不良事件例数等关键数据；医院 HIS 系统等信息系统中的研究参与者就诊信息、用药及检查化验的临床过程情况等。试验药物和对照药品的生产或购进、检验、运输、保存、返还与销毁以及相关票据、记录、留样等情况。生物样本的采集过程及运送与交接和保存等记录；生物样本分析方法确证，生物样本分析过程相关的记录以及样本留样情况。

从"722"公告发布起至 2015 年 8 月 25 日 24 时，此次药物临床试验自查涉及了 1 622 个品种。截至 2015 年 12 月 31 日，申请人主动撤回药品注册申请达到 1 009 个，涉及数百家药品企业。最终，撤回和不予批准的总数为 1 277 个，占应当核查的比例为 89.4%。

主要内容

1. "造假"是威胁研究真实可信的唯一原因吗？

2017 年 5 月 24 日，国家食品药品监督管理总局发布《关于药物临床试验数据核查有关问题处理意见的公告》，将药物临床试验数据核查中发现的有关问题的处理意见公告如下：对于数据造假的认定予以明确，具体包括以下情形：

（一）编造或者无合理解释地修改受试者信息以及试验数据、试验记录、试验药物信息；

（二）以参比制剂替代试验制剂、以试验制剂替代参比制剂或者以市场购买药品替代自行研制的试验用药品，以及以其他方式使用虚假试验用药品；

（三）隐瞒试验数据，无合理解释地弃用试验数据，以其他方式违反试验方案选择性使用试验数据；

（四）瞒报与临床试验用药相关的严重不良事件，瞒报可能与临床试验用药相关的严重不良反应事件；

（五）瞒报试验方案禁用的合并药物；

（六）故意损毁、隐匿临床试验数据或者数据存储介质；

（七）其他故意破坏药物临床试验数据真实性的情形。

显然，蓄意的数据造假会对研究结果造成严重的影响，动摇临床研究的真实可靠性。然而，临床研究的实际情形是非常复杂的，除了蓄意造假，从设计、执行层面的偏差都可能带来意想不到的效应，甚至于设计执行都没有发生问题时，由于随机分组不均衡等误差也会导致研究结果和"真实情况"发生背离。

2. 来自研究者和参与者的真实性风险

设计和执行层面的真实性风险通常可以归结为研究偏倚。关于临床研究偏倚的分类和评估，将在4.8节试验偏倚评估中有较为详细的介绍。来自研究者和研究参与者的偏倚多可归为信息偏倚，例如：研究参与者可能在汇报主观症状、生活质量、不良反应等方面存在心理因素；研究者可能因为先入为主的观念，在影像评效、不良反应判断等方面作出倾向于试验药物的判断。这些潜在的偏倚不断累积，最终导致临床研究结果的失真。除此之外，由于患者未分配到预想组别导致的失访偏倚，也常常给研究数据的解读带来困难。

案例一 Sotorasib 是首个获得 FDA 加速批准的 *KRAS G12C* 靶向疗法，用于治疗 *KRAS G12C* 突变的非小细胞肺癌患者。然而，在 2023 年 10 月 5 日的肿瘤药物咨询委员会会议（ODAC）上，FDA 对 Sotorasib 的确证性临床试验 CodeBreak 200 提出了质疑。由于 Sotorasib 在前期研究展现出的良好数据，研究参与者和研究者对 Sotorasib 有着较高的疗效预期，可能产生了潜在的偏倚。在此研究中，随机分配至化疗组的患者有高达 13% 分组后未开始治疗即退出研究（早期脱落），而 Sotorasib 组的患者仅 1%。根据研究方案，应以 BICR（盲态独立中心评估）评估的疗效指标作为主要终点，但研究也制定了研究者判断影像进展后的独立的中央进展确认（COP），导致多名患者 BICR 评估结果和 COP 评估结果不一致，其中在化疗组研究者似乎更倾向于比 BICR 更早判定疾病进展。最终，专家组以 2 票赞同，10 票反对的结果，认为 CodeBreaK 200 的主要研究终点（PFS）无法可靠地确定 Sotorasib 相比多西他赛的优效性。

案例二 NCT04707313 是一项Ⅱb 期随机、双盲、安慰剂对照、平行组、剂量范围研究，评估了达格列琼（PF-06882961）给药在肥胖和 2 型糖尿病中的疗效和安全性。研究过程中，申办方发现药物的消化系统不良反应发生率很高，高达 73% 的人出现恶心，呕吐和腹泻的发生率分别达到 47% 和 25%。值得注意的是，安慰剂组的停药率也高达 40%，可能和该类药物独特的不良反应谱，导致部分患者获知自己分组有关。

临床研究的偏倚或其他真实性风险，应尽量在设计层面就尽可能地规避。例如，随机、盲法、模拟可以最大程度地降低信息偏倚的风险，设置交叉可以有效减少对照组患者脱落的风险，选择研究终点时可选择不易发生偏倚的终点。同时，在执行过程中，也要加强研究者培训和研究参与者宣教。设计良好的临床研究中会采用多种机制有效管控潜在偏倚和执行中的方案违背，例如采用独立影像委员会进行影像学评效，引入独立审查委员会（IRB）和数据安全监察委员会（DSMB），采用监查、稽查、质控等方式对研究方案的执行情况进行质量控制。

3. 随机误差带来的真实性风险

随机误差是临床研究中普遍存在的问题，例如血压、血糖的测定，CT/MR 下肿瘤径线的评估等。测量工具 / 测量方法的不精确、不稳健，或指标在同一个体不同时间段的波动，都可能是随机误差产生的原因。与偏倚不同，随机误差与真实值的差异不可预测。

尽管随机误差无法完全消除，但可以通过多种方法将其影响减小至不威胁研究结论真实性的程度。其中常采用的方法是扩大样本量。根据大数定律，随机误差带来的影响通常可以通过扩大样本量控制在较低的范围内。对于多数肿瘤学随机对照研究，为了降低随机误差导致假阳性和假阴性的可能性，通常会通过预设假阳性率 α 和假阴性率 β 进行样本量计算，通常设置为单边 α 0.025，β 设置为 0.10~0.20，通过足够的样本量尽可能地管控假阴性和假阳性的比例。

探索性临床研究样本量通常较小，因此即使采取了双盲、随机对照等降低偏倚的措施，由于随机误差的影响，其研究结果仍然不一定能反映真实世界结果。在这种情况下，分析研究结果需要格外谨慎，不可简单认为 P 值大于 0.05 就等同于"无差异"或"差异不显著"；同样，在探索性临床研究中，有时可以发现悬殊的点估计差异和"统计学显著"的结果，对于这些结果，也需要谨慎解读，采用敏感性分析等方法判断研究结论的稳健性。

然而，随机误差也可能导致研究结果的错误估计，而扩大样本量在某些情况下不能消除随机误差，甚至反而会使有偏的点估计值看起来"精度更高"。Hutcheon等指出，暴露变量测量的随机误差会导致低估甚至完全漏掉其与结局变量的关联（图1）。例如，由于诊室测量的血压存在随机测量误差，可能会使高血压导致的心血管疾病相对风险低估高达60%。而使用24小时动态血压测量（基于多次读数取均值，因此随机误差较小）作为暴露变量估算的血压-心血管风险关联更强。这要求在临床研究设计的过程中，采用尽可能准确的测量方法，以免低估和遗漏研究结论。例如，相较随机血糖的波动而言，糖化血红蛋白更具稳定性，可以更大程度的减少随机误差对研究结论的影响，适宜作为降糖药临床研究的替代终点。除此之外，还可以采用重复测量的方法提高精确度。例如，在测量血压时，采用测量双侧血压或多次测量血压取平均值。在统计学上，可以使用Spearman-Brown公式来估算达到所需精确度水平所需的每个研究参与者重复测量的次数。

案例三 KEYNOTE-671研究是一项随机双盲的Ⅲ期临床试验，旨在评估帕博利珠单抗联合化疗新辅助治疗用于可切除的Ⅱ、ⅢA、ⅢB期非小细胞肺癌患者，并在术后接受帕博利珠单抗单药辅助治疗的疗效与安全性。研究主要终点是无事件生存期（EFS）和总生存期（OS）；关键次要终点为病理学完全缓解率（pCR）、主要病理学缓解率（mPR）。对于免疫治疗而言，PD-L1表达水平对PD-1免疫治疗疗效有着至关重要的影响，对疾病预后也一定影响；而病理学类型是重要的预后因素；肿瘤疾病分期对于预后也有较大的影响。因此，KEYNOTE-671将PD-L1表达水平、病理学类型和肿瘤疾病分期纳入了研究分层因素中。

除了测量带来的随机误差外，其他随机性因素同样也可能使得临床试验结论偏离总体人群的"真实"结果。例如，随机后出现的基线数据不均衡。尽管在确证性临床研究中，通常采用随机化的方法控制混杂因素，且样本量较大，但随机分组不能保证所有基线因素都做到完全平衡，甚至在小概率下会出现某些基线因素高度不平衡。若不平衡的基线因素非常重要，则会对临床试验结果有重大影响。例如，在肿瘤临床试验中，脑转移患者尽管入组比例较低，但预后很差，若脑转移患者两组间数量不平衡则会对生存曲线产生较大影响。在临床试验操作中，有时会将一部分对患者预后有重要影响的因素设置为分层因素，进行分层随机，以实现这些分层因素的相对均衡。

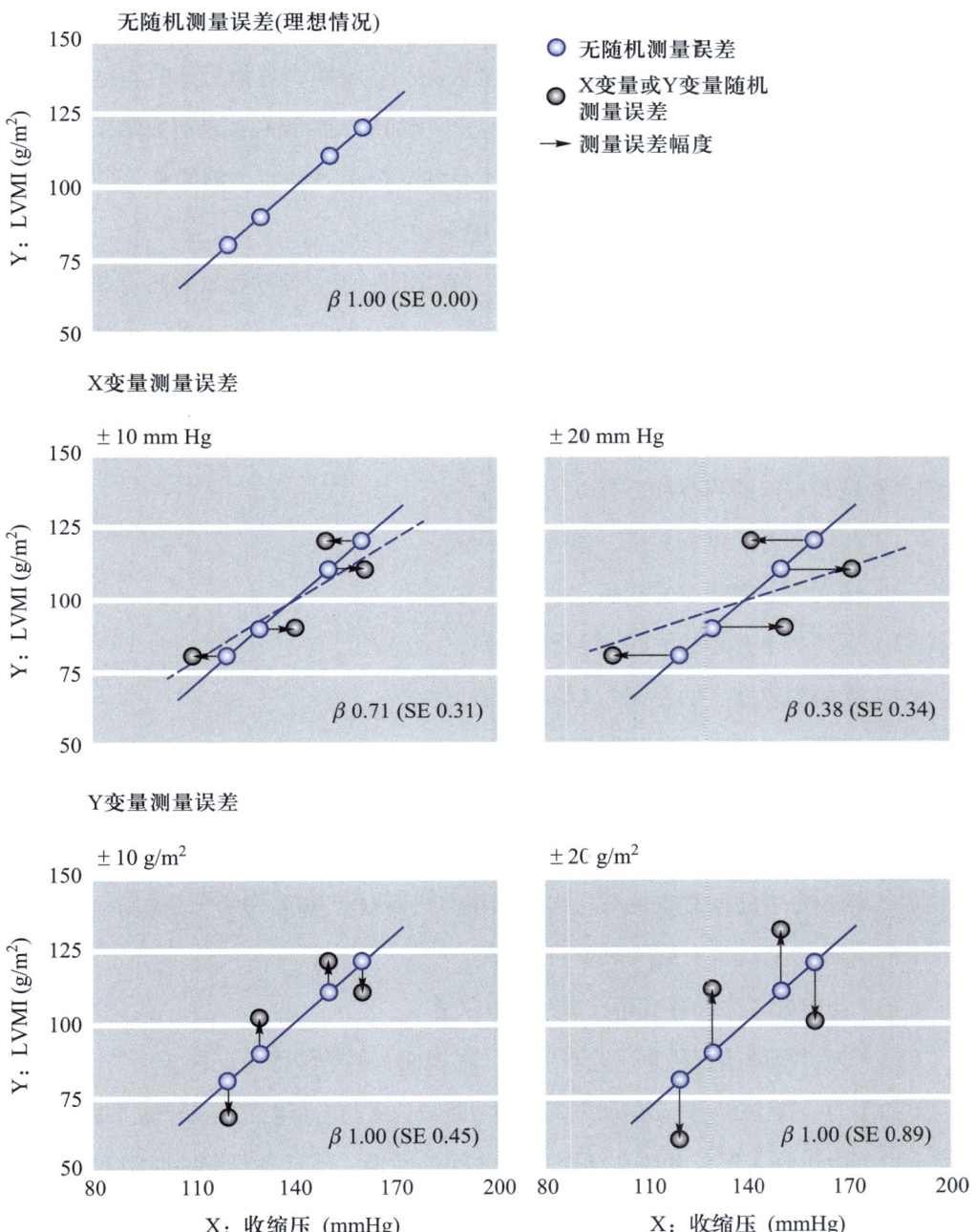

图 1　随机测量误差对收缩压与左心室质量指数（LVMI）关系的影响

无随机测量误差时，直线的斜率（β）反映了无误差时血压（X）与 LVMI（Y）之间的关联；当血压测量存在 ±10 或 ±20 毫米汞柱的随机误差时，拟合的斜率会有所下降；当 LVMI 测量存在 ±10 或 ±20 克/平方米的随机误差时，变异度增加但拟合直线斜率无变化

（改自 Hutcheon JA, et al., 2010）

4．利益冲突与汇报

利益冲突（conflict of interest）是指某人的利益或职责与他另外的利益或职责发生冲突。由于利益冲突，与某个主要利益（例如病人的福利或者研究结果的有效性）相关的专业判断，有可能会不恰当地受到某个次要利益（例如私人的经济所得、学术声望、友情亲情、地位提升等）的影响。

利益冲突的存在对临床研究的客观性、真实性、独立性同样有着不可忽视的影响，因此需要得到充分监管。利益冲突可能影响临床试验的方方面面，包括但不限于方案设计、研究参与者选择与招募、分组、知情同意过程、数据收集、统计与汇报、伦理审查等。管控利益冲突的第一步是完整地公开和披露利益冲突。以研究者为例，常见需披露的利益冲突有以下方面：

（1）与申办者的投资关系，如持有股票等；

（2）接受申办者赠予的礼品；

（3）受聘为申办者的顾问/接受顾问费；

（4）受聘为申办者的专家/接受专家咨询费；

（5）接受申办者赠予的仪器设备；

（6）近亲、伴侣与申办者存在经济利益；

（7）近亲、伴侣与申办者存在雇佣关系；

（8）与申办者之间存在购买、出售或租借任何财产和或不动产的关系；

（9）与申办者之间存在专利许可关系；

（10）与申办者之间存在科技成果转让关系；

（11）为了私利违背科学研究真实性、客观性、科学性等情况；

（12）为了获得尽可能多的研究资料而忽视研究参与者可能发生的严重不良反应；

（13）由于临床医疗和临床研究职责之间的冲突，不具备足够的时间和精力实施安全的临床研究。

在对临床试验机构/伦理委员会/研究者利益冲突充分披露和审查的基础上，应采取相应的措施，避免对研究参与者权益及临床试验结果的真实性造成损害。

一句话概括

除了数据造假外,偏倚和随机性因素同样可能对临床研究结果的真实性产生影响。

名词解释

- **偏倚**:偏倚(bias)是指因研究设计、测量、资料分析及结果解释等临床试验各个环节中所发生的系列错误,导致研究结果系统性偏离真实值的情况。
- **随机误差**:随机误差(random error)是由于在测定过程中一系列有关因素微小的随机波动而形成的具有相互抵偿性的误差。
- **利益冲突**:利益冲突(conflict of interest)是指某人的利益或职责与他另外的利益或职责发生冲突。由于利益冲突,与某个主要利益(例如病人的福利或者研究结果的有效性)相关的专业判断,有可能会不恰当地受到某个次要利益(例如私人的经济所得、学术声望、友情亲情、地位提升等)的影响。

参考文献

[1] 国家食品药品监督管理总局. 关于药物临床试验数据核查有关问题处理意见的公告.

[2] Hutcheon JA, et al. Random measurement error and regression dilution bias. Bmj, 2010, 340: c2289.

[3] FDA approves first targeted therapy for lung cancer mutation previously considered resistant to drug therapy. 2021.

[4] FDA Briefing Document Oncologic Drugs Advisory Committee Meeting. 2023.

[5] Wakelee H, Liberman M, Kato T, et al. Perioperative pembrolizumab for early-stage non-small-cell lung cancer. N Engl J Med, 2023, 389(6): 491-503.

延伸问题

在肿瘤临床试验中通常采用 RECIST 1.1 影像学标准评估疗效,你认为应主要采用研究者评估的影像学结果还是盲态独立中心 BICR 评估的影像结果,理由是什么?

(江宁 王彩娥)

2.4 研究对象

引导问题

谁是临床试验的目标，谁能够作为充分的证据说明问题，这是个关键问题。

章节导图

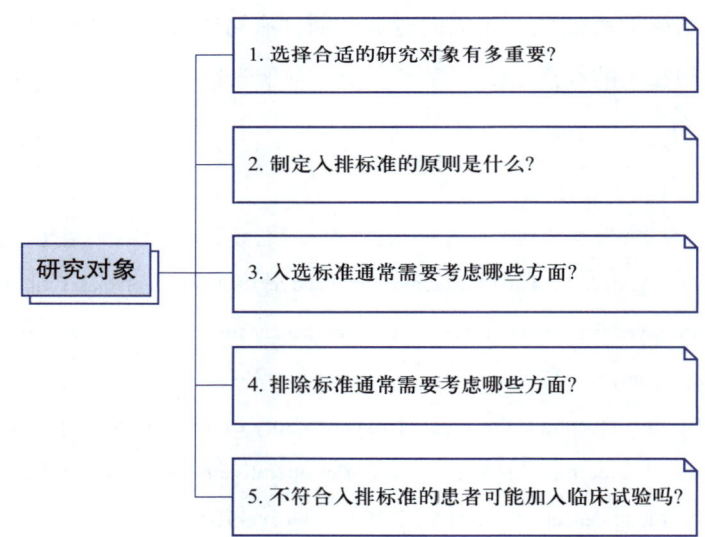

典型故事

2023 年 4 月 28 日，美国 FDA ODAC（肿瘤药物咨询委员会）会议尘埃落定，针对奥拉帕利（一款靶向 PARP 的抑制剂）联合阿比特龙（用于前列腺癌的内分泌治疗药物）用于转移性去势抵抗性前列腺癌（mCRPC）

患者初始治疗的Ⅲ期临床试验PROpel研究结果进行讨论。根据初步研究结果，阿比特龙+奥拉帕利对比阿比特龙+安慰剂的中位影像学无进展生存期（rPFS）分别为24.8个月和16.6个月（HR=0.66，95%CI 0.54～0.81，$P<0.001$）。更新的结果也保持了获益趋势。明明在整体研究参与者人群中显示出了临床优势，为何ODAC"不认"？

根源在于奥拉帕利这个药物本身。根据"合成致死"的原理，PARP抑制剂能够阻断同源重组修复缺陷（HRD）肿瘤细胞的修复路径，从而杀伤肿瘤细胞。BRCA基因是同源重组修复通路的关键基因之一，由于HRD涉及众多通路检测复杂，而BRCA是常见突变之一，因此通常以该基因突变提示HRD状态，在卵巢癌、乳腺癌等瘤种的临床试验中也已证实了BRCA突变的患者中奥拉帕利呈现更优疗效。无论从药物机制上，还是临床证据上，该生物标志物在PARP抑制剂中的疗效预测价值得到了FDA的认可。

然而在mCRPC的人群探索中，研究者们却依旧选择了不以HRD或BRCA突变划分人群，也并未将其作为预设的分层因素及亚组分析。FDA亲自出手为该研究作了事后亚组分析（更多关于亚组分析内容详见4.6节）。BRCA突变人群中（约占11%），阿比特龙+奥拉帕利组和阿比特龙+安慰剂组的中位rPFS分别为未达到和8个月（HR=0.24，95%CI 0.12～0.46）。无BRCA突变人群中，两组之间rPFS的HR为0.85（95%CI 0.66～1.11），而两组的OS结果为HR=1.06（95%CI 0.81～1.39），也就是说，在这部分亚组人群中该药物治疗方案甚至可能存在生存上的潜在危害。

当然该研究还存在其他值得商榷的问题，例如BRCA突变状态的检测中液体活检和组织活检的不一致性、主要终点尚未得到充分认可等。最终经过讨论，以压倒性的投票结果支持应将该研究中治疗方案的适应证严格限制在伴有BRCA突变的患者中。

试验设计应该"求稳"还是"求快"？研究对象的范围应该"精准"还是"全面"？这是每个临床研究或许都面临的问题。

主要内容

1. 选择合适的研究对象有多重要？

研究样本是总体人群的代表，临床试验的本质可以说就是以适当数量的样本来代表潜在的应用整体人群，基于样本所提供的信息推论总体特征和对治疗的响应。样本的数量和质量是取得监管信任的重要因素，因此选择的研究对象是否合适，很大程度上就已经为临床试验的成功与否奠定了基调。

研究对象标准的制定需要精准权衡。一方面，为了保证患者安全性和同质性，我们希望用更严格的标准使得药物在具有代表性的样本中检验，从而反映潜在目标人群的治疗响应。另一方面，在现实中为了加快入组速度，或是出于科学性考量强化结论的外推性，抑或出于伦理考量保证患者的公平性，入组标准可考虑被适当放松。

适用人群的普适性和有效人群的富集同样也是两相矛盾。在同一试验中应尽可能涵盖全部的亚组人群，从而全面评估药物在人群中的反应。

我们可以设想一下，如果研究对象选择不合理：

早期研究：某抗肿瘤药物Ⅰ期首次人体试验中纳入了较多晚期恶性程度较高、肿瘤负荷较重的患者，安全性观察结束前患者便出现了病情恶化，无法配合随访，难以区分不良事件是否为药物所致，有效性上看不到任何希望，无法为后续研究的剂量、适应证等提供有效信息。

晚期研究：某抗肿瘤药物经过安全性和有效性的初步探索，决定举公司之力进入Ⅲ期确证性研究。前期小样本中观察到可能在具有 X 突变的患者中更有效，但在无 X 突变的患者中似乎也有获益趋势，于是既没有将 X 突变作为入选标准，也没有将其作为预设的分层因素。结果Ⅲ期研究结果不尽如人意，此时再回过头通过亚组分析发现在 X 突变人群中存在一定获益。不仅浪费了成本，还可能无法获得监管的认可，赔了夫人又折兵。

2. 制定入排标准的原则是什么？

在一些肿瘤药物项目启动会上听临床研究方案介绍时，大家可能发现不同研究的入排标准似乎大同小异：第一条年龄 18 岁以上，第二条 ECOG 评分 0~1 分……

其实，临床试验方案确实大多遵循一定的套路，入排标准中有的条目在不同研究之中基本相同或略有改动，而有的条目需要根据某个研究药物的具体情况进行特别的调整和设定。考虑到入排标准是决定研究参与者能否入组接受治疗的直接因素，因此合理可行的入排是试验顺利开展和完成的前提。只有充分理解研究所涉及的疾病特征和药物特征，才能实现患者获益和产品获批的双赢局面。

为什么既要有纳入标准，又要有排除标准呢？后者仅仅是前者的否定形式而已吗？当然不是。不管是纳入标准还是排除标准，通常来说都采用肯定句的表述。如果该表述是要求研究参与者符合的，则作为纳入标准；反之，如果是希望研究参与者不具有的特征，则作为排除标准。可以认为纳入标准是"准入"条件，而排除标准则进一步剔除了不适合参加该研究的部分人群（图1）。

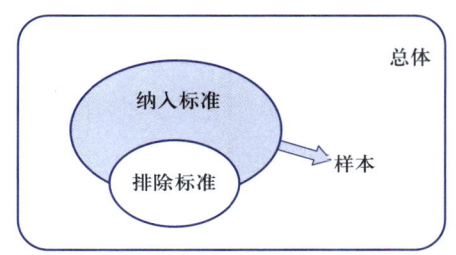

图1　研究对象、整体和入排标准的关系

3．入选标准通常需要考虑哪些方面？

（1）年龄与性别

绝大多数研究针对的是18岁以上的成年人，部分研究会选择设置一个上限（例如75或80岁）。高龄患者往往预期生存受限，一般情况更差，伴随疾病或者合并用药更复杂，相对而言不良事件的发生率可能更高。但年龄并非绝对限制，因此更多的临床试验倾向于由研究者对高龄患者作出是否适合参加研究的判断。如果所研究的疾病是在儿童及青少年中发生为主，则年龄范围会做相应的调整。国家药品监督管理局对于儿童用药的临床试验设计也多次发布文件，对于儿童与成人共患疾病，及儿童特有疾病的临床试验作出了不同的指导。

如果疾病在男女中均可发生，一般设置为性别不限。如果针对的疾病只在某种性别上发生，例如前列腺癌、妇科疾病等，则应明确设限。乳腺癌只有约1%在男性中发生，临床试验是否限制性别可根据针对疾病亚型及药物机制等进一步考量。

（2）妊娠与哺乳

研究药物对孕妇及胎儿是否存在短期或长期的影响在研究过程中都是未知数，

临床前研究中生殖毒性方面的数据仅仅能够提供部分参考。因此绝大多数临床试验要求女性研究参与者不能处于妊娠期或哺乳期，要求男女双方严格避孕。FDA 对于临床研究纳入妊娠妇女给出了指导原则：要求足够的临床前怀孕动物的研究数据，且当前缺乏任何其他有效治疗手段。治疗妊娠特定病症（如早产、先兆子痫）的药物，需在健康人群中充分验证其安全性后进一步纳入妊娠期妇女。

（3）研究参与者签署知情同意书

对研究参与者进行充分知情并签署同意书是所有临床研究开展的必要不充分前提，对于前瞻性干预性临床研究而言不存在豁免知情一说。对于无完全民事能力的患者（例如儿童或者某些精神疾病患者），须经过监护人同意并签署知情同意书。先筛选还是先签署知情同意？一般情况下在经过对患者初步的病史询问及必要的实验室检查结果，可以大致作出初步判断，在签署知情同意书后方可进一步完成筛选期的检查。

（4）疾病特征

无论是哪种疾病的临床研究都应对具体的疾病特征作出明确的描述，这部分的细节可能直接影响最终获批的适应证范围。对于肿瘤治疗来说，基于药物作用机制及临床前证据，有助于提前锁定潜在疗效最佳人群。例如埃克替尼（EGFR 抑制剂），初始研究人群则为 *EGFR* 突变的非小细胞肺癌。非肿瘤研究也适用，如司美格鲁肽作为新一代"神药"横空出世，除了降糖、减肥适应证外，因疗效优异而提前结束的国际多中心Ⅲ期 FLOW 研究将适应证探索设置为"2 型糖尿病合并慢性肾脏疾病"。

（5）肿瘤研究中常用的纳入标准

体力状态 最常用的评估标准是美国东部肿瘤协作组（Eastern Cooperative Oncology Group，ECOG）评分。对于一般状况较差，甚至生活几乎无法自理的患者而言，不一定能完成方案要求的各种流程或者随访要求，治疗带来的风险相对于获益可能反而更大。

具有可测量病灶 对于实体瘤临床研究，如果涉及疗效评估，常要求至少有一个根据该研究使用的评估标准界定的可测量病灶。

预期生存期≥3 个月 生存终点是晚期肿瘤研究最常用的终点之一。理论上研究参与者预期寿命越长，随访时间越长，收集的治疗相关信息就越充分。实践中该条目的判定主要由研究者完成，但实际上研究者也没有精准预测寿命的能力，一般基于对疾病特征及患者情况的综合理解做出判断。

充分的器官功能 既出于伦理考虑，也是为了能够充分地探究药物作用，对多数研究要求至少包括骨髓功能、心肺功能、肝肾功能，有时还会要求尿蛋白、凝血功能等。具体指标数值一般以 CTCAE 1 级作为阈值，但也可根据研究内容适应性变化。例如，如果研究药物可能存在的严重不良反应为血小板减低，则应对血小板的阈值有更严格的要求。

收集肿瘤组织 一些研究会涉及肿瘤组织的生物标志物检测，用于探索与疗效或者安全性的关系，或指导治疗方案如基因指导的个体化治疗。肿瘤组织的可及性会成为重要的限制因素。创新性的手段如液体活检在部分情境下可一定程度上代替肿瘤组织，如肺癌驱动基因的动态变化监测。

4．排除标准通常需要考虑哪些方面？

（1）既往接受过的治疗

当疗效尚不确切时，在患者存在标准治疗的前提下使用试验药物有悖伦理。因此肿瘤药物研究往往从后线治疗逐步向前推进。非肿瘤药物也是一样，如降糖药物、降压药物的研究都需要明确既往是否接受过其他治疗。有些药物研究考虑交叉耐药等因素会排除既往接受过同靶点治疗的患者，当然如果能够克服耐药则该限制无须存在。

短期内的其他治疗也是常用的排除标准之一，因其可能干扰到疗效或者安全性评估。具体要求间隔多久，一般考虑是经过 5 个半衰期洗脱或 4 周，可以时间短者计算。近期接受过重大手术治疗或者放疗也同样可能产生影响，通常也需要留出时间间隔，一方面给患者充分的恢复空间，另一方面避免影响疗效或安全性的判断。既往使用的并非以治疗所研究疾病为目的的药物也可能产生影响，如皮质类固醇或者免疫抑制剂会抑制人体的免疫功能，可能影响药物机制依赖于免疫系统反应的治疗疗效。

（2）合并疾病

临床研究往往还需要考虑合并的其他疾病，例如一般研究会要求排除间质性肺疾病、无法控制的高血压、活动性感染、有重大意义的心脑血管疾病等，主要是出于对疾病的治疗和患者状态可能存在较大干扰的考虑。肿瘤研究通常需排除其他原发性肿瘤，从而避免在肿瘤评估中病灶选取、合并用药等方面的影响。除非另一肿瘤已临床治愈或长期稳定，可考虑纳入研究。

（3）其他研究者认为不适合参加本试验的情况

排除标准不可能把所有情况都包括进来，总有一些特殊情况需要具体情况具体分析，因此该条目能够为排除研究中其他可能会导致增加研究用药的相关风险，或者影响试验依从性的情况留出余地。判断的责任和权力同样在研究者，结合对患者本人的情况了解及研究的特征作出权衡。

5．不符合入排标准的患者可能加入临床试验吗？

根据传统原则，不符合入排标准的患者不应当作为研究参与者参加临床试验，以保证研究中受试人群的同质性，避免各种混杂因素对疗效或安全性的干扰，保证统计学上的可检验性。但这也使得一部分患者因不符合入排标准失去接触前沿治疗的机会。随着临床研究观念的更迭，以患者为中心的原则逐渐得到社会和学界的重视。

2023年7月，国际医学顶刊 Nature Medicine 发表了广东省人民医院团队的一项"以患者为中心的2期临床试验"研究成果，由研究者发起探究吡咯替尼用于治疗晚期一线 HER2 突变非小细胞肺癌。该研究首发告捷，意味着这种创新性的临床试验模式得到国际认可。HER2 突变在肺癌中发生率为2%～4%，是既往较少得到关注的罕见人群，治疗选择有限，患者渴望有机会尝试新的治疗。因此在该研究中，将符合严格入组标准的研究参与者作为"严格入排队列"，携带该突变但不符合入组标准的患者作为"同情用药队列"，这两个队列均接受试验药物治疗；而不愿使用试验药物且携带该突变的患者，则进入观察性"真实世界队列"接受临床常规治疗。通过同情用药的方式让不符合部分入排标准的人群也能够更早地尝试新的治疗手段，极具前瞻性和创新性，落实深化了"以患者为中心"的理念，也为罕见人群的临床研究开创先河，提供了全新思路。

一句话概括

研究对象的标准制定是关键环节之一，需合理权衡质量、效率、伦理等多方考量；入排标准应具体情况具体分析，充分考虑适应证人群和药物自身的特征。

名词解释

- 美国东部肿瘤协作组（Eastern Cooperative Oncology Group，ECOG）评分：是一种以患者的体力来预测治疗耐受能力的指标。以0~5分划分代表不同的活动状态。正常活动能力为0分，不能从事较重的体力活动，尚能正常工作为1分，能生活自理，白天一半以上时间可以起床活动，但丧失工作能力为2分，白天一半以上时间需卧床或坐轮椅为3分，卧床不起、生活不能自理为4分，5分为死亡。一般认为2分以上的患者不适宜接受可能存在较重或未知治疗反应的药物研究。

参考文献

[1] 儿童抗肿瘤药物临床研发技术指导原则（2023）.

[2] 儿童用药（化学药品）药学开发指导原则（试行）（2020）.

[3] Pregnant Women: Scientific and Ethical Considerations for Inclusion in Clinical Trials Guidance for Industry (2018).

[4] Common Terminology Criteria for Adverse Events (CTCAE) (2021).

延伸问题

1. 如何通过临床前及早期临床试验探索潜在的研究对象？
2. 临床试验进行过程中可以对入排标准进行修改吗？什么情况下可以？

（蒋雅乐　王彩娥）

2.5 对照选择

引导问题

临床试验过程中对照组的选择应该遵循哪些原则？如何评价一个临床试验中对照组选择的优劣？

章节导图

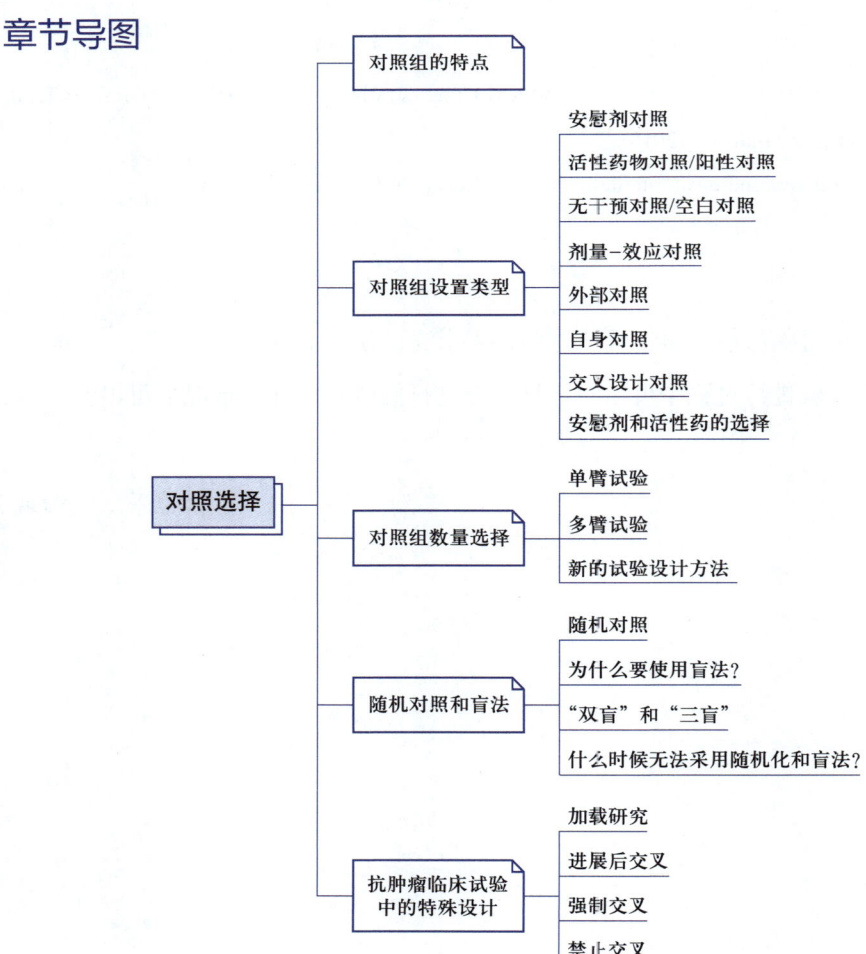

典型故事

胰高血糖素样肽-1（GLP-1）是一种肠道激素，它在调节血糖水平、食欲和能量平衡方面起着重要作用。GLP-1 受体激动剂（GLP-1RA）原本被作为一种降糖药物开发，但因为其延缓胃排空、提高饱腹感、减少食物摄入等功能，以及在前期临床试验中表现出的优秀的减重能力，成为健康减肥领域的"明星药物"。2023 年 12 月，辉瑞公布了口服 GLP-1RA 药物 Danuglipron 治疗成人肥胖症的 II 期临床试验结果，尽管这款药物延续了以往 GLP-1RA 药物在减重方面的优良表现，但由于大量高剂量组的研究参与者出现了严重的呕吐等不良反应，辉瑞不得不终止了高剂量组进入 III 期临床的计划。值得关注的是，在这个 II 期试验中，安慰剂组的研究参与者停药率竟高达 40%，而这一比例在今后 GLP-1RA 相关药物的开发中甚至可能会进一步上升。是什么导致了对照组患者的脱落率不断攀升呢？

与其他临床试验类似，GLP-1RA 的临床试验也往往选择随机双盲＋安慰剂对照这一设计方案，即随机分配患者接受没有疗效的安慰剂治疗，与接受试验药物治疗的患者进行对比，但两组患者对自己服用的是试验药还是安慰剂并不知情。然而，作为一款明星药物，GLP1-RA 的作用机制、治疗效果和不良反应等信息在社交媒体上广为流传，且服用药物后产生的减重效果也往往立竿见影，这使得患者在短时间内就可以发现自己服用的是没有不良反应、也没有疗效的安慰剂，还是有减重效果、也会导致呕吐的试验药物，从而导致整个试验在很大程度上受到患者主观期望的影响。以我们提到的 Danuglipron 的 II 期试验为例，试验组的患者因为剧烈的呕吐等不良反应退出试验，而对照组有近一半的患者因为没有感受到"期望中的不良反应"也退出了试验。随着越来越多 GLP-1RA 产品的上市，"双盲"几乎无法完成，安慰剂组患者退出的比例也会逐渐升高，使得此类药物的开发面临更大的问题。

那么，为什么申办方坚持在 Danuglipron 的临床试验中设计使用安慰剂作为对照组？有没有方法可以规避对照组患者大批退出的现象？在目前设盲困难的前提下,该如何选择对照类型和试验方案?希望在读过本节后,你可以有自己的看法。

主要内容

1. 为什么要设置对照组?对照组需要具有哪些特点?

当我们在描述一个药物,尤其是抗肿瘤药物的有效率时,往往需要与其他药物进行对比。例如,某种针对肺癌的小分子新药 A 在 3 年内的疾病控制率是 60%,我们可以认为这是一种有潜力的药物吗?在缺乏参照物的情况下,我们很难得出这 60% 的控制率是疾病自然发展的结果,还是药物干预带来的疗效。这就是设置对照组的目的之一,即,将试验治疗给患者带来的结果(如症状、体征或其他病情变化)与其他因素(如疾病的自然进展、研究者或患者的期望以及其他治疗措施等)造成的结果区分开来。

那么,如果另一种药物 B 的疾病控制率是 50%,我们能够凭借 60% > 50%,就判断 A 药的疗效更好吗?这显然是不合理的,例如,A 药针对的是局部晚期肺癌且接受过手术的患者,而 B 药针对的是存在脑转移的晚期肺癌患者,此时直接对比两种药物的有效率没有任何意义。如果想对比这两种药物的疗效,我们需要找到两组客观条件接近的患者,分别使用 A 药和 B 药,并用统一的方法对疗效进行评估,再对比得到的有效率。这就是临床试验设计中对照组的雏形,而"客观条件接近"就是我们对对照组最基本的要求。根据不同的疾病和试验药物类型,这些"客观条件"也会有不同的具体内容。对于肿瘤药物来说,我们往往要求对照组患者在年龄分布、性别比例、肿瘤类型、临床分期、实验室检查结果、基础治疗和合并用药等方面与试验组保持基本一致,而有些抗肿瘤药物的试验还会对对照组患者的种族、合并症、基因型等其他条件作出规定。

在设计临床试验时,选择对照组对试验的许多方面都会产生影响,包括:试验所能得出的结论、试验伦理的可接受性、研究实施和分析过程中把偏倚减至最小的可行性、研究参与者类型和招募速度、研究终点的选择、研究结果的科学性和公信度、监管当局对结果的接受度,以及研究实施和解读等其他方面。

2. 临床试验有哪些常见的对照组设置方式?

为了明确不同药物的优劣,我们需要科学地设置对照组,用以规避与试验药物本身无关的因素对结果的影响，从而减少潜在的混杂偏倚，获得真实的效果对比。

常见的对照组设计类型包括：

（1）安慰剂对照

在这种设计中，试验组接受试验药物的治疗，而对照组接受一个无活性成分的安慰剂。安慰剂是指设计外观、色泽、气味、制剂以及用法和用药途径均与试验药物相一致，但不含活性成分的制剂。这种设计可以有效地控制"安慰剂效应"，即患者仅因认为自己正在接受治疗而感到好转的现象。此外，安慰剂对照试验也能最大程度的区别由药物导致的不良反应和由潜在疾病或并发症造成的不良反应。

在抗肿瘤药物的临床试验中，安慰剂的使用更加灵活。对照组患者可能接受2~3种药物的综合治疗方案，其中一种是安慰剂，剩下的药物则与试验组保持一致。

使用安慰剂对照需注意：在伦理方面，当所研究的适应证尚无有效药物治疗时，使用安慰剂对照并不存在伦理问题；但是，如已有可能给患者带来一定的益处的有效治疗药物时，再用安慰剂对照就有悖伦理。当使用安慰剂对照不会延误病情和治疗时，才可以作为适合的对照选择。

需要强调的是，安慰剂组并不意味着患者没有得到任何治疗。尤其是在肿瘤相关的临床试验中，安慰剂组的患者也可以接受必要的姑息治疗，如止痛剂和最佳支持治疗，这些方案的制定需要由专门的医生或机构完成。

（2）活性药物对照/阳性对照

在这种设计中，对照组患者需要接受一种当前临床公认有效的标准治疗，而不是安慰剂。这种设计常用于判断与当前标准治疗相比，试验药物是否具有相当甚至更高的有效性和安全性。在肿瘤药物的临床试验中，出于伦理的考虑，选择活性药物对照更加普遍。如果一个药物希望作为生物类似药上市，那么临床试验往往会选择原研药作为对照，用以证明两种药物在疗效和不良反应方面不存在显著的差异。

需要注意的是，如果有多种阳性对照药物可选，则应选择对所研究的适应证现有治疗中，当前可及的最佳选择。试验药物与阳性对照药物之间的比较需要在同等条件下进行。阳性药物可以选择：①该类疾病的经典治疗药物，②指南推荐的药物，③广泛被认可的治疗方案，④同类同效药物或原研药。这些药物使用的剂量和给药方案必须是该药的最优剂量和最优方案，否则可能产生错误的结论。

阳性药物对照的优点在于这一选择符合伦理，易取得研究参与者的知情同意，且设计简单易操作。另一方面，如果结果表明试验药物优于阳性对照药物，那么基于对既往药物的疗效和安全性的认识，更能肯定试验药物的疗效和安全性。主要缺点则是由于试验药物与阳性对照药物之间的疗效差别可能很小，为达到同样的试验效能，选择阳性对照往往需要比选择安慰剂对照更大的样本量才能检出两药之间的差异。

（3）空白对照

在某些情况下，对照组可能不接受任何形式的干预（既非安慰剂也非有效治疗）。这种设计通常用于研究没有任何已知有效治疗的疾病；或用于研究两组本身差异很大的治疗，很难实现安慰剂模拟，如对比放疗与外科手术。探索新辅助治疗和辅助治疗的必要性时也可能会用到空白对照。在本节开头的案例中，Danuglipron 存在特殊的不良反应——呕吐，导致试验设盲困难，此时也可以选择空白对照。

需要注意的是，由于治疗分配对患者和研究者都是公开的，患者会意识到自己"没有接受治疗干预"，这就会影响试验的各个环节，包括患者的入选、患者依从性的管理，以及疗效观察等各个方面。当使用这种设计时，最好安排一个不知道具体治疗分配的研究者对患者的入排、疗效评估和治疗选择做出判断，数据管理与统计分析也应在盲态下进行。

（4）剂量–效应对照

这种设计涉及多个试验组，每个组接受不同剂量的治疗，或选择不同的给药方案。患者可能一开始就接受固定剂量，或逐渐增加到某一剂量，而要进行的组间比较是以最终剂量为基础的。通过比较不同剂量的疗效和安全性，可以确定最佳剂量。这种对照往往出现在Ⅰ期和Ⅱ期试验中，用以探索大规模Ⅲ期试验和药物上市后的最佳用药方案。

（5）外部对照

在这种设计中，入组的患者全部被纳入试验组，研究者使用以前同种疾病的研究或现有临床数据作为对照组。历史对照较为方便，可减少样本量，节省人力、物力，且由于所有研究参与者都会接受治疗，对患者更具吸引力。但历史对照的缺点在于它往往存在很大偏倚。这种对照在难以开展随机对照试验的情况下可能被采用，但通常被认为证据级别较低。

（6）自身对照

指在同一个研究参与者身上既能找到试验组的疾病观察点，又能找到对照组的疾病观察点。如局部用药治疗灰指甲，可随机选取一只手作为试验组，另一只手作为对照组。但在肿瘤相关的临床试验中，这种对照方法很少被应用。

（7）交叉设计对照

在这种设计中，研究参与者在不同时间点分别接受试验治疗和对照治疗，每个患者都会在研究的某个阶段成为自己的对照。这种设计有助于减少个体差异对结果的影响，在伦理层面也更占优势。关于交叉，我们会在后续第 5 部分内容中有更加详细的阐释。

（8）对照组应该选择安慰剂还是活性药？

安慰剂对照可以评价药物绝对疗效，阳性对照药只能评价相对疗效，所以阳性药对照本身的疗效必须确切，有时可能同时需要开展安慰剂对照和阳性药对照试验，比如精神领域。

评估一个临床试验的对照组应该选择安慰剂还是活性药物，需要综合考虑伦理原则、疾病特性、现有治疗方案的有效性和安全性，以及研究的科学目标。以下是一些关键因素：

①伦理原则：研究的设计不应使患者暴露于不必要的风险或剥夺他们接受已知有效治疗的机会。如果选择安慰剂作为对照组，需要充分向患者告知他们接受无效治疗的可能。

②疾病特性：对于严重或危及生命的疾病，如果存在有效治疗，通常不使用安慰剂对照。如果疾病有自发缓解的趋势，安慰剂对照可能更适合。

③现有治疗的有效性和安全性：如果存在有效的标准治疗，通常应使用活性对照而非安慰剂。如果现有治疗具有严重副作用，新治疗可能会以更好的安全性为亮点，此时对比活性药物可能更合适。

④最佳治疗的可及性：即使某适应证已存在循证医学支持的有效疗法（如已获 FDA 批准的靶向药物），这种"最佳治疗"可能在特定国家/地区无法实际获取（如未通过本地监管审批、缺乏稳定供应链或超适应证用药受法规限制）。在此情境下，研究者可依据 ICH E10 指南的"动态伦理评估"原则，在确保患者安全的前提下采用安慰剂对照。

⑤研究的科学目标：为了明确新治疗的效力，尤其是当效果可能不明显时，使用安慰剂对照可能是必要的。但如果试验目的是比较新治疗与现有治疗的相对效

果,使用活性药物对照更为合适。

⑥患者维持:如本章"典型故事"中提到的,选择无效的安慰剂可能会导致对照组患者的大量脱落。虽然使用安慰剂作为对照组似乎更容易获得阳性结果,但有时出于科学性和患者长期维持的角度考量,使用活性药物作为对照组是必需的。

3. 临床试验需要设置几个对照组?

在大多数情况下,临床试验会将患者随机分为两组——一个试验组和一个对照组,对比两组之间患者的表现,从而得出疗效差异。这也是我们常说的双臂试验(two-arm trial)。但需要注意的是,一个临床试验的对照组数可以不止一个。

(1)单臂试验

当一个临床试验采用外部对照(通常为历史对照)设计时,所有进入试验的患者属于同一个组别——即试验组,接受试验药物的治疗。这就是单臂试验(single-arm trial)。单臂设计一方面加速了临床试验的进程,显著缩短了药物的上市时间,使晚期恶性肿瘤患者可以更快地获得治疗药物,但同时也增加了试验本身的不确定性。因此,采用单臂试验支持药物上市的前提是对患者而言,获益明显大于单臂试验不确定性所带来的风险。

单臂试验有自己的适用范围,例如:

①研究人群无有效的治疗选择(如晚期难治复发肿瘤或无标准治疗的肿瘤);

②试验药物作用机制明确(致病机制清晰,药物作用机制也清晰且与致病原因相匹配);

③适应证外部对照疗效数据清晰(如历史对照、采用真实世界数据的平行对照等);

④试验药物有效性突出(通常采用客观缓解率 ORR 进行评价);

⑤安全性风险可控(如死亡率及不良事件的发生率已得到验证);

⑥罕见肿瘤(尤其是入组相对困难时)。

同时,我们需要意识到单臂试验的局限性,包括:

①人群差异(疾病定义和诊断标准可能随着医疗实践的发展而发生变化);

②评估者/评估方法的差异(临床实践中,有效性评价方法可能发生变化);

③缓解率与生存获益之间相关性的不确定(以 ORR 为主要终点,往往只能反映药物的药效学作用,难以反映最终的获益风险特征);

④临床试验中其他因素的干扰（非盲态、无随机对照等）。

（2）多臂试验

当我们想比较多种治疗方案的疗效区别，或比较不同剂量的优劣时，往往需要进行多臂试验（multi-arm trial），即在同一试验中设置多个治疗组（如不同药物、剂量或联合疗法）与一个共享对照组进行比较。多臂试验可以同时评估多种干预措施或剂量疗效，减少重复试验的时间和成本，从而更快地识别最优方案；还可以检验药物联用的协同作用或安全性。

多臂试验具有以下优点：

①资源集约化，单次试验完成多组比较；

②直接对比不同方案差异，减少批次偏倚；

③尤其适用于肿瘤等复杂疾病的个性化治疗探索。

需要注意的是，多臂研究的设计比双臂更复杂、也面临更多风险：

①多重比较风险：增加假阳性概率，需严格校正统计方法（如 Bonferroni 法）；

②样本量需求高：需保证每组足够统计效力，总样本量可能成倍增加；

③结果解读复杂：不同组间交互效应可能模糊核心结论。

（3）新的试验设计方法

随着基因组学研究的逐渐深入，癌症在基因层面上的特异性被人们所认知，针对特定致癌基因的靶向治疗也因此备受关注。在开展靶向治疗评估试验时，招募某些罕见基因亚型患者存在困难，为了解决传统试验设计成本较高、招募周期长等问题，篮式研究（basket trial）、伞式研究（umbrella trial）和平台研究（platform trial）应运而生，并逐渐在肿瘤临床试验领域崭露头角（图1）。

如果将某种靶点明确的药物看作一个篮子，我们可以将带有相同靶基因的不同癌症都放进这一个篮子里进行研究，这就是"篮式研究"，本质上就是一种药物应对不同的肿瘤，它们的共同点在于存在相同的特定基因突变。篮式研究试验最有代表性的例子就是 ALKoma。*ALK* 基因突变不但是非小细胞肺癌的驱动基因，也是包括淋巴瘤、肾癌、神经母细胞瘤等其他恶性肿瘤的驱动基因。这意味着带有这种驱动基因的不同肿瘤都能用同一种药物进行治疗。正在进行中的克唑替尼 A8081013 临床试验就是一项包括上述各种恶性肿瘤的篮式研究试验。但我们需要注意，由于不同肿瘤类型的治疗标准不同，在队列中随机匹配对照组存在困难，因而篮式研究

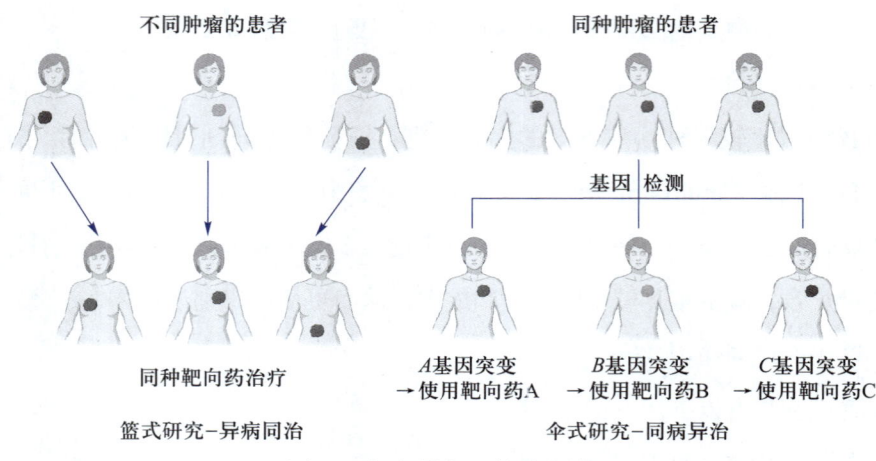

图 1　伞式研究和篮式研究

试验通常采用单臂试验。

如果将某种癌症看作一把大伞，那么不同分子分型的患者可以根据他们的突变基因选择不同的靶向药物。如 *KRAS*、*EGFR*、*ALK* 等基因突变拢聚在同一把"肺癌"雨伞之下，这把大伞，就是将不同的靶点检测在同一时间里完成，然后根据不同的靶基因分配不同的精准靶药物。伞式研究试验的最大优势在于将非常少见的突变事件集中起来，变少见事件为"常见"事件，这无论对加速少见疾病的临床试验还是对于某一个体获得精准治疗的机会，都具有特别的意义。与篮式研究试验不同，伞式研究试验的样本量估计通常是针对每一个亚组进行的。但与此同时，对队列样本的异质性需求可能会导致试验入组进度缓慢。

随着抗肿瘤新药研发加速与个体化治疗需求增长，平台研究作为动态模块化的新型临床研究范式应运而生。该设计通过共享基础设施和灵活框架，在同一平台分阶段评估多疗法/适应证，突破传统单次试验仅验证单一假设的局限。其核心优势在于动态适应性——基于实时数据调整治疗组别、入组标准或研究终点，无需终止整体试验即可实现方案迭代，极大提升研究拓展性。平台设计通过多组对照降低重复成本，实时分析加速研究进程，并借助 AI 技术构建跨病种数据模型，既推动医学创新突破，又使患者获得更精准的治疗选择。

4．临床研究中如何减少偏倚？随机化和盲法是如何实现的？

临床试验中的随机化（randomization）和盲法（blinding）是两种关键的研究

设计方法，用以增强研究的有效性和减少偏倚。

（1）随机对照

指将患者按不同的随机分配方法分成试验组与对照组，试验组给予新的治疗措施，对照组给予原有的治疗措施或标准疗法等。随机对照能最好地确保两组的受试人群相似，是各种对照中随机性最好、论证强度最高的一种，可以避免那些可能影响结果的、两组患者间已知或未知的不同之处（如年龄、性别、种族等）所带来的系统差异。

在随机对照试验过程中，除了接受的治疗不同外，各组不仅应当基线相似，医疗处理和观察方式也应尽量保持一致。

（2）为什么要使用盲法？

临床试验中启用盲法主要出于以下考量：

①使用活性药物组的患者，假如知道他们服用的是有效药物，则可能对治疗获益的期望更高，从而倾向于报告有利的结果，或者更愿意留在研究中；

②研究者可能不会判断和报告非治疗组的治疗反应，或对接受活性药物治疗患者的有利结果及不良事件更加敏感；

③了解治疗的分配情况可能会影响对研究或随访数据的收集；

④了解治疗的分配情况可能会影响患者对是否应继续接受治疗、接受伴随用药或其他辅助治疗的决定；

⑤了解治疗的分配情况可能会影响是否将某一患者的结果纳入分析的决定，也可能会影响统计分析方法的选择。

为了避免上述问题出现，临床研究有时会以"双盲"甚至"三盲"的方式进行。

（3）"双盲"和"三盲"

单盲设计的临床研究的主要设盲人群是患者群体，即患者不知道自己接受何种治疗，但医生、护士等负责治疗和评估的人员知道患者的分组情况。这可能导致他们在评估疗效（如肿瘤大小）或不良事件时产生无意识的偏见（评估偏倚），也可能影响他们对患者的照料方式。双盲设计的设盲人群包括患者和研究者/医护人员（即直接参与患者治疗、评估和决策的临床人员）。这是最常用且推荐的设盲方式，尤其是当研究终点包含主观成分时（如评估影像学缓解、症状严重程度、生活质量问卷）。它最大限度地减少了患者（报告偏倚）和研究者（评估偏倚）带来的偏倚，确保结果更客观、可靠。双盲设计的不设盲人群通常包括独立的药房或供应管理人员（知道分组以分配正确药物）、安全监查委员会（DSMB/DMC-通常需要知道分组以评估安全性）以及试验申办方的特定人员（如药物供应专员）。三盲设计是指在双盲的基础上，进一步对负责数据分析（如数据监查委员会、统计分析师）的人员设盲。他们进行疗效和安全性评估时，不知道具体哪组是试验组，哪组是对照组（数据可能以"A组"和"B组"的形式呈现）。这样可以进一步减少在数据监查和统计分析阶段引入偏倚的可能性。例如，防止DSMB因看到试验组早期疗效显著而提前终止试验（可能忽略了长期安全性问题），或防止统计分析师在分析过程中无意识地偏向某种结果。

（4）什么时候无法采用随机化和盲法？

常见的非随机对照的分组方式有两种：按照医生或者患者的意愿分配，或为了方便，研究者指定患者进入任何一组。非随机分组的方式简便易行，但研究对象未随机分配，导致组间不均衡，难以区分是研究因素还是非研究因素引起的干预措施差异，故而仅在新辅助治疗或非必要的辅助治疗时有所应用。

如果试验方案的治疗特性比较明显（如放疗、手术等），或试验药物具有特定的不良反应，研究者和患者就很可能会推断出接受的具体治疗方案，从而无法维持盲法。本章"典型故事"的例子就很好地体现了患者是如何通过不良反应判断自己是否属于对照组的。在这种情况下，我们可以选择空白对照，并通过统计学方法控制混杂因素、减少偏倚。

5．抗肿瘤临床研究中有哪些常见的特殊设计？

（1）什么是"加载研究"？

在以安慰剂作为对照的临床试验中，有时需遵循医学伦理学原则，在每个研究参与者都给予一种标准治疗药物的基础上，试验组再加用试验药物、对照组再加用安慰剂，这种方案称为"加载研究"（add-on study）。它适用于当一种标准治疗已经被证实能够降低死亡率、复发率等情况，由于研究参与者从这种标准疗法中肯定能得到好处，从而不能中断，只能继续保持。在抗肿瘤药物研究中，一种标准疗法还不是完全有效，但已证实研究参与者不能脱离这种标准疗法时，就可使用加载研究。虽然研究所表达的疗效和安全性是一种联合疗法的结果，但是当试验药物与标准疗法具有完全不同的药理机制时，加载研究的应用非常普遍。加载研究还适用于试验药物和阳性药物比较的非劣性检验难以执行或者解释起来非常困难的情况。

（2）什么是肿瘤药物试验中的"交叉"（crossover）？

在抗肿瘤药物研发的临床试验中，"交叉"是指允许对照组患者在疾病进展后接受试验组药物的治疗。如果初步数据表明新治疗显著优于标准治疗，出于伦理考虑，原本在对照组接受标准治疗的研究参与者也会被转移到新治疗上。需要特别注意的是，这里的"交叉"仅发生在肿瘤进展后，需要与传统药物试验的"交叉设计"（cross-over design）严格区分。在这里使用交叉主要出于对肿瘤患者利益的保护，更符合伦理学要求，且有助于患者全程管理和治疗依从性的提高。

（3）为什么有些试验要求强制交叉？

如果不强制交叉，早期的试验将使对照组的研究参与者面临更高的风险。考虑一个转移性肿瘤的情况，其中药物 X 是标准的二线治疗方案。一项新的临床试验启动，以测试药物 X 与标准一线治疗的优劣。该试验要求强制交叉，因为对照组患者如果在疾病进展时不接受药物 X（标准二线治疗）将会受到伤害。

一些试验方案规定"允许"交叉试验；然而，需要强调的是，仅仅"允许"是不够的。允许交叉将责任放在患者和医生身上，以积极寻求已经是标准治疗的药物，并且同一试验的实验组中的患者已经接受了这种药物，这对对照组患者并不公平。正确的做法是将强制性交叉纳入试验方案，因为这将确保对照组的患者在疾病进展时接受 X 药物治疗。例如，Palbociclib 是一种 CDK4/6 抑制剂，最初于 2015 年 2 月被 FDA 批准用于绝经后妇女转移激素受体（HR）阳性乳腺癌的一线治疗。随后在 2016 年 2 月获批内分泌治疗进展后作为同一疾病的二线治疗。MONALEESA-7 和 MONARCH 3 是两个Ⅲ期试验，测试了其他 CDK 4/6 抑制剂（分别为 Ribociclib 和 Abemaciclib）作为同一疾病的一线治疗。这些试验分别招募患者至 2016 年 8 月和 2015 年 11 月。令人遗憾的是，参加这些试验的患者大多在入组后几个月出现疾病进展。然而，这两个试验都没有强制交叉——事实上，他们的方案积极禁止交叉治疗，从而剥夺了对照组患者在疾病进展后使用二线的 CDK 4/6 抑制剂的机会。因此，这些试验对比的不是一线使用 CDK 4/6 抑制剂和二线使用的差异，而是接受 CDK 4/6 抑制剂治疗与从未接受这些药物相比的预后差异。这种方法不仅剥夺了对照组患者接受有效药物的机会，而且导致申办方不得不用一个新的临床试验 SONIA 来明确回答 CDK 4/6 抑制剂作为一线治疗与二线治疗的不同疗效的问题，增加了大量的时间和经济成本。

（4）什么情况下会禁止交叉？

如果一种药物的疗效尚未在后续的治疗中得到证实，而是直接在一线进行测试，则不应允许交叉。这种新药的疗效尚未得到证实，因此，这种药物并没有伦理授权。在这种情况下，药物完全无效的可能性是存在的，甚至可能是有害的。此外，由于强制性或可选交叉，在二线接受未经证实的药物可能会阻止或延迟对照组患者获得其他已证实的治疗的机会，从而导致较差的结果。在此类试验中，应特别禁止交叉试验。

一句话概括

随机双盲对照试验通过设置安慰剂、阳性药物、剂量反应等多样化对照方式（可单用或组合）验证药物安全有效性并控制偏倚。抗肿瘤药物临床试验有时会出现交叉，即允许对照组患者在疾病进展后转用试验药物，以平衡科学严谨性与伦理需求。这种交叉有时是强制性的。

名词解释

- 篮式试验（basket trial）：一种前瞻性的临床试验设计，涉及多种疾病中的一种或多种靶向干预措施。在篮式试验中，患有不同疾病的患者根据特定的生物标记或基因信息被组合在一起，接受同样的靶向治疗。这种设计假设相比于组织学特征，肿瘤特定的分子层面特征（如生物标记或基因突变）更能预测靶向治疗的反应。

- 伞式试验（umbrella trial）：一种前瞻性的临床试验设计，特点是针对同一类型疾病，根据患者不同的生物标志物分配相应的靶向治疗，从而同时评估多种靶向治疗的效果。尽管每组患者接受了不同的靶向治疗，但都在同一伞式试验下进行研究。伞式试验的主要优势在于它能够集中研究罕见疾病患者，为药物研发提供更有说服力的证据。

- 交叉设计（crossover design）：一种在临床试验中常用的设计方法，有效结合了自身对照和组间比较的特点。在交叉设计中，每个研究参与者被随机分配到不同的试验顺序中，从而在每个时期接受不同的处理。这种设计的主要目的是通过个体内部的比较来减少由个体差异引起的变异，同时通过不同处理组之间的比较来评估治疗效果。

参考文献

[1] ICH E10 临床试验中对照组的选择和相关问题

[2] Mano H. ALKoma: a cancer subtype with a shared target. Cancer discovery, 2012, 2(6): 495-502.

[3] Tripathy D, Im SA, Colleoni M, et al. Ribociclib plus endocrine therapy for premenopausal women with hormone-receptor-positive, advanced breast cancer (MONALEESA-7): a randomised phase 3 trial. The Lancet Oncology, 2018, 19(7): 904-915.

[4] Slamon DJ, Neven P, Chia S, et al. Ribociclib plus fulvestrant for postmenopausal women with hormone receptor-positive, human epidermal growth factor receptor 2-negative advanced breast cancer in the phase Ⅲ randomized MONALEESA-3 trial: updated overall survival. Annals of oncology, 2021, 32(8): 1015-1024.

延伸问题

1. 一个临床试验在选择对照组时还需要考量哪些因素？

2. 交叉前后的数据在统计学意义上的重要性一样吗？该如何处理交叉后的数据？

（刘冬妍　陈晓媛）

2.6 终点选择

引导问题

常用研究终点有哪些？如何选择适合的研究终点？

章节导图

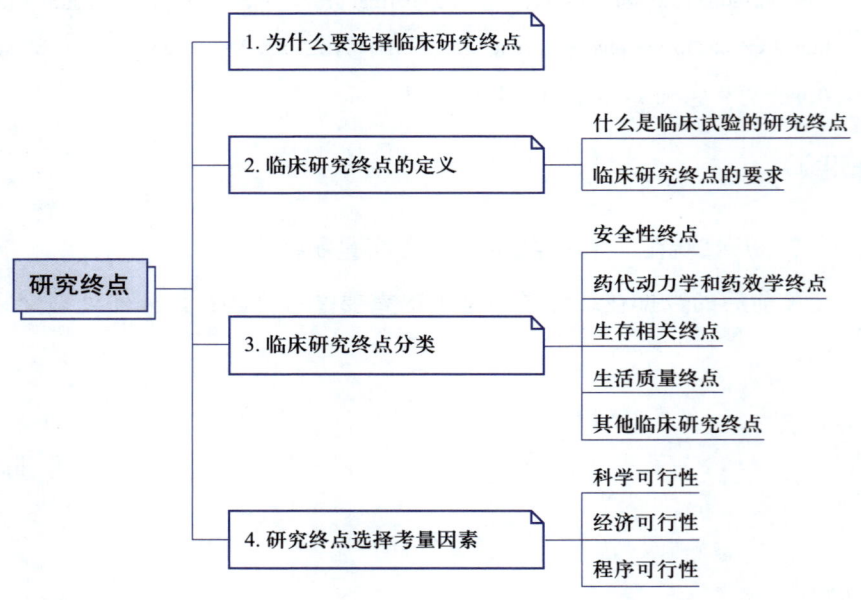

典型故事

近年来，近期疗效终点如客观缓解率（ORR）和无进展生存期（PFS）在临床试验中被广泛用于评估抗肿瘤药物的效果。然而，与此相对比，远期疗效终点，尤其是总生存期（OS），被认为更能全面反映治疗的最终效果。尽管 ORR 和 PFS 在药物研发早期能够快速提供有益信息，但大量证据表明它们与 OS 之间存在一定程度的脱钩。表1源于 FDA 药物评价与研究中心（CDER）以及肿瘤卓越中心（OCE）的专家在 JCO 发表的一篇名为"Irreconcilable Differences: The Divorce Between Response Rates, Progression-Free Survival, and Overall Survival"的文章，专家针对上述问题进行了深入讨论和思考。

表1 部分早期研究终点与总生存率不一致的临床试验

疾病	临床试验 ID	ORR 试验组 %（95%CI）	ORR 对照组 %（95%CI）	PFS, HR（95%CI）	OS, HR（95%CI）
ORR/PFS 获益但 OS 受损					
慢性淋巴细胞白血病	DUO	73（66-80）	43（38-53）	0.52（0.39-0.69）	1.09（0.79-1.51）
慢性淋巴细胞白血病	UNITY-CLL	83.3（78.1-88.6）	68.7（62.2-75.2）	0.55（0.41-0.72）	1.23（—）
非霍奇金淋巴瘤	313-0124	—	—	0.50（0.29-0.85）	4.74（0.60-37.12）
非霍奇金淋巴瘤	313-0125	—	—	0.74（0.5-1.1）	1.51（0.71-3.23）
非霍奇金淋巴瘤	CHRONOS-32	81（—）	48（—）	0.52（0.39-0.69）	1.07（0.63-1.82）
复发性卵巢癌	ARIEL4	38（32-45）	30（22-40）	0.67（0.52-0.86）	1.31（1.00-1.73）
复发性卵巢癌	NOVA	—	—	0.45（0.34-0.61）	1.06（0.81-1.37）
复发性卵巢癌	SOLO3	72.2（—）	51.4（—）	0.62（0.43-0.91）	1.07（0.76-1.49）
OS 获益但 PFS/ORR 获益不明确					
黑色素瘤	MDX010-20	5.7（3.7-8.4）	1.5（0.2-5.2）	0.811（—）	0.68（0.55-0.85）

续表

疾病	临床试验 ID	ORR 试验组 %（95%CI）	ORR 对照组 %（95%CI）	PFS, HR （95%CI）	OS, HR （95%CI）
头颈鳞癌	KEYNOTE-048	36（30.0-41.5）	36（30.7-42.3）	0.92（0.77-1.10）	0.77（0.63-0.93）
非小细胞肺癌	KEYNOTE-042	27（24-31）	27（23-30）	1.07（0.94-1.21）	0.81（0.71-0.93）
非小细胞肺癌	CHECKMATE-057	19（15-24）	12（9-17）	0.92（0.77-1.11）	0.73（0.60-0.89）

针对非霍奇金淋巴瘤（NHLs）或慢性淋巴细胞白血病（CLL）的6项随机对照试验（RCTs）提示，PFS的改善并不意味着最终的生存获益。此外，针对复发性卵巢癌的3项临床研究发现，随着随访时间的延长，最初的PFS获益与潜在的OS损害相关。相反，在一些免疫治疗参与的试验中（黑色素瘤、头颈鳞癌等），虽然OS得到改善，但PFS和/或ORR并未显著受益，强调了早期和晚期疗效终点之间的差异。

因此，短期疗效终点和长期疗效终点之间的相关性及差异引发了对临床试验终点选择的深思。在制定临床试验计划时，需要综合考虑短期和长期终点，以确保全面评估治疗的效果。短期疗效终点如ORR和PFS可以提供有关药物在疾病控制方面的信息，但它们不能充分反映治疗对患者总体生存的影响。

对于未来的临床研究，应该更加注重终点的选择，以更全面地了解药物的疗效和人群获益。临床治疗或研究最终目标都是要证明长期临床获益，活得更长或活得更好，但实操中只依赖最终临床结局不现实，因此合理选择终点有助于提高研究的临床意义，并为医学界和患者提供更可信的治疗信息。这一综合考虑的方法将有助于确保临床试验的设计更加科学，最终为患者提供更为有效的治疗方案。

主要内容

1. 什么是研究终点，为什么要设置临床研究终点？

终点是可以被客观地测量、辅助研究者决定是否接受或拒绝无效假设的指标；

在特定时限内的临床试验中，对临床结局的观测与评价：生存期、生活质量/临床症状等。

研究终点服务于研究目的，是实现研究目的的可测量指标，连同研究人群筛选准则是有效临床研究的前提，是应用统计学"客观论证"临床问题的先决条件，指导疗效及生存数据收集和分析解读规则，决定研究的评估与随访计划制定；监管机构在审核试验结果时，通常只接受事前讨论确认的预设终点研究计划的结果。

2. 什么样的研究终点是合理的？

临床研究终点作为客观反映研究目的的可测量指标，需要能够反映临床的结局，与临床结局有本质的联系，反映患者是否最终获益。同时，临床研究终点的设定需要能够满足可以进行统计学分析的要求。

（1）临床研究终点需要代表临床意义

相关性：具有临床实用性，可以直接或者间接反映生存期延长，或者生活质量/器官功能/临床症状的改善。

可测性：具备明确的测量标准，比如肿瘤的直径，生存的时间等。

有效性：可以有效地评估预期研究目标。

（2）研究终点需要具有统计学意义

- 客观性：临床研究终点需要满足可测量的条件，并且是稳定的，不容易受到主观因素的干扰。比如总生存 OS 是从研究参与者随机入组或单臂试验中开始治疗到出现死亡的时间。

- 可靠性：临床研究终点设定需要科学可行，可以通过标准的评估工具和程序获得科学客观的数据，并且恒定可重复。比如血常规，在短时间内经过标定的检验设备上多次重复检查，所获得的数据是基本相同的。

- 敏感性：选择的临床研究终点需要在经过统计学方法分析后，具备判断试验药物与对照药物在有效性或安全性方面存在差异的能力。例如空腹血糖标准，一旦测定数据达到一定的界值，诊断糖尿病的符合率比较高，可以说这个标准敏感性比较高。

- 特异性：临床研究终点对于预测研究药物的有效性或安全性需要有一定的特异性，这样才能更加准确客观地回答研究药物是否有效的问题。

- 精确性：指临床研究终点具有较小的离散趋势，是基于统计学的概念，反映所有观测值偏离中心的分布情况，能够让研究结果更客观。

3．临床研究终点的分类

通过对临床研究终点基于不同分类方法的学习，我们对临床研究终点的目的、价值、差异、优势与局限性有了初步的了解。下面我们对常用的临床研究终点进行详细介绍，为了便于理解，本书将它们分为五个类别进行学习。

（1）安全性终点

①剂量限制性毒性（DLT）

定义：最初是基于化疗在第一个周期中出现严重毒性来定义的，根据美国国家癌症研究所不良事件通用术语标准（CTCAE）进行评估，目前指在给药后出现的不可接受的毒性反应，导致无法继续增加剂量或延长给药用期。

应用：用于探索药物安全性和耐受性的Ⅰ期药物临床研究，常作为Ⅰ期研究的主要终点。

测量标准：不良事件通用术语标准（CTCAE）。

对于病种不同、药物种类不同临床研究，发生不良事件的种类、频率、时间也可能各不相同，所以不同的临床研究会制定不同的条款和范围来定义各自的剂量限制性毒性（DLT）。而且有可能增加一些特殊的访视检查项目，进行访视和测量的时间、频率也不尽相同。

优点

能够早期反映试验药物毒性程度、安全性数据、患者的耐受情况；

作为Ⅱ期临床研究确定推荐的试验药物剂量（RP2D）的依据之一；

如果出现严重毒性级患者无法耐受的情况，能够及时终止该试验药物后续的临床试验。

缺点：Ⅰ期临床研究患者样本量较小，对于试验药物安全性结局的指导存在一定局限性。

②最大耐受剂量（MTD）

定义：指人体能够耐受而不引起动物发生死亡的最高剂量。

在Ⅰ期临床试验中，人体对试验药物的耐受性程度，评估药物在人体内的作用机理，对人体是否安全需要通过"剂量爬坡"的方式进行定量的评估。获得最大耐受水平的药物使用剂量（MTD），作为Ⅱ期临床试验推荐合适的试验药物剂量

（RP2D）的依据之一。

测量标准：通过"3+3"或其他"剂量爬坡"方式计算达到剂量限制性毒性（DLT）的患者数，MTD定义为导致至少6例的患者组中≥1/3人出现剂量限制性毒性的剂量水平。

应用：用于探索药物安全性和耐受性的Ⅰ期药物临床研究。

优点：同剂量限制性毒性（DLT）。

缺点：同剂量限制性毒性（DLT）。

③不良事件通用术语标准（CTCAE）

定义：与使用癌症治疗有时间关联的任何异常临床表现，这些标准用于管理化疗实施及给药方案，并让临床试验中治疗相关毒性的定义实现标准化和一致。

应用：用于Ⅰ~Ⅳ期药物临床研究，常作为次要终点。

测量标准：通过患者报告、查体、血液、体液的实验室检查及相关影像学检查进行测量。

优点

能够较全面地反映试验药物在不同阶段临床研究的安全性指标；

能对试验药物及与对照药物安全性进行评价。

缺点

对于不同试验药物、不同病种的临床研究缺乏准确及针对性的评价指导；

在Ⅰ期临床研究中因为样本量较小，需要在后续研究中继续验证。

（2）药代动力学和药效学终点

①药代动力学终点（PK）

定义：研究体内药物浓度随时间变化的规律的量化指标，了解药物在体内的吸收、分布、代谢、和排泄过程。

应用：用于Ⅰ期药物临床研究，常作为次要终点。

测量标准：通过给药后留取患者血液、体液进行药代动力学相关实验室检测及药代动力学模型获得科学客观的数据。

优点

能够较全面地反映试验药物在体内的吸收、分布、代谢、和排泄过程；

作为Ⅱ期临床研究确定推荐的试验药物剂量（RP2D）的依据之一，同时为药物不良反应处理提供理论基础指导。

缺点：Ⅰ期临床研究纳入的患者样本量较小，患者年龄、一般状况、器官功能、疾病种类及严重程度均存在差异，对于临床研究目的结局的指导意义存在一定局限性。

②药物效应动力学终点（PD）

定义：研究药物进入人体之后的作用效果，也就是药物能够带来什么样变化、起到什么样作用的量化指标。比如药物与靶点的相互作用及后续效应，例如抑制率、受体占有率等指标。

应用：用于Ⅰ期药物临床研究，常作为次要终点。

测量标准：通过给药后留取患者血液、体液进行药物效应动力学相关实验室检测及药物效应动力学模型获得科学客观的数据。

优点

可以直观地反映试验药物在患者体内起效途径及方式；

作为Ⅱ期临床研究确定推荐的试验药物剂量（RP2D）的依据之一，同时为药物不良反应处理提供理论指导。

缺点：同药代动力学终点（PK）

（3）生存相关终点

①总生存期（OS）

定义：从患者随机化入组或单臂研究中开始治疗至（因任何原因）死亡的时间。

应用：常用于确证性Ⅲ期药物临床研究作为主要终点，Ⅳ期临床研究可作为主要终点。

测量标准：具有精确可测的死亡日期，计算简单，但需要通过某种特定方式进行确认，以保证数据客观真实。在作为主要研究终点的临床研究中，研究设计需要采用随机分组和对照研究，可以不要求盲态评估。

优点

数据获取容易，真实客观，评估无偏倚；直接反映临床获益，在肿瘤研究中通常作为关键注册试验的主要终点指标，作为评价药物疗效的金标准。

缺点

为了达到统计学要求的检验效能，需要的样本量较大；

观察到患者中位生存的时间长；增加研究费用及执行难度；

受交叉治疗和后续治疗的影响；

死亡事件包含了非肿瘤死亡的情况导致偏倚。

②生存率（OS 率）

定义：从患者治疗或随机化入组开始至（因任何原因）特定时间点仍未发生死亡事件的患者百分比（如 1 年生存率、2 年生存率、5 年生存率）。

应用：常用于确证性Ⅲ期药物临床研究作为主要终点。总生存期（OS）较长的瘤种（如乳腺癌）难以短时间内观察到终点事件的适应证，可选择生存率（OS 率）作为主要终点。

测量标准：单位时间未发生死亡事件的患者比率。作为主要研究终点的临床研究中，需要采用随机、分组和设置对照。

优点

以某一时间节点作为评价时间点，较早获得生存相关数据；

数据获取容易，真实客观，评估无偏倚；

可以作为确证性研究的主要终点；

缩短研究时长，降低研究成本。

缺点

需要较大的样本量；

临床结局受到后续和交叉治疗的影响；

死亡事件包含了非肿瘤死亡，也可能导致数据出现偏倚。

③无进展生存期（PFS）

定义：从患者治疗或随机化开始到肿瘤发生进展或死亡的时间。

应用：可作为确证性Ⅲ期临床研究的替代终点，也可作为Ⅰ～Ⅳ期临床研究的次要终点。

测量标准：应用 RECIST1.1 等评价标准及流程对肿瘤疗效进行客观测量评价，然后记录计算治疗或随机化开始到进展或死亡的时间。需要采用随机、双盲、对照进行研究，在对比性研究中优选盲法；推荐盲法审查。

优点

相对总生存，所需样本量较小，观察的时间较短，可加速到达终点；

可客观的测量，较好地反映试验药物的直接疗效；

不受交叉和后续治疗的影响，较为客观地反映了患者临床获益；

与临床结局具有相关性，可作为替代终点。

缺点

由于与临床结局的关联性并非100%，部分情况下与临床结局不吻合；

无法客观地反映生活质量；

固定访视节点无法精准确定疾病进展日期；

结果受数据删失影响较大；

需要采用随机、在对比性研究中优选盲法；推荐盲法审查。

④疾病进展时间（TTP）

定义：从患者治疗或随机化开始到肿瘤发生进展的时间，但不包括死亡。

应用：用于Ⅱ～Ⅳ期临床研究的次要终点，较少作为替代终点。

测量标准：应用RECIST1.1等评价标准进行测量，计算治疗或随机化开始到疾病进展的时间。

优点

相对总生存，所需样本量较小，观察的时间较短，可加速到达终点；

可客观的测量，较好地反映试验药物的直接疗效；

不受交叉和后续治疗的影响，较为客观地反映了患者临床获益；

缺点：不包括死亡事件，与临床终点的相关性较差，较少作为替代终点，对于临床结局的预测差于无进展生存时间PFS。

⑤无病生存期（DFS）

定义：从患者开始治疗或随机化开始至肿瘤复发或死亡的时间。

应用：用于根治性手术或根治性放疗后辅助治疗的临床研究，可作为替代终点。

测量标准：辅助治疗或随机开始到进展或死亡的时间。

优点

相对总生存，所需样本量较小，观察的时间较短，可加速到达终点；

可客观的测量，较好地反映试验药物的直接疗效；

与临床结局具有较好的相关性，可作为替代终点。

缺点

受限于阶段性复查时间，无法反映肿瘤复发的精确时间；

存在数据删失对结果产生的影响；

影像评估能力的差异等可能导致偏倚；

需要采用随机、盲法以及独立终点审查委员会盲态评估。

⑥无事件生存期（EFS）

定义：从患者治疗或从随机化开始至发生任何事件的时间，这些事件可能包括疾病进展、因任何原因停止治疗或死亡。

应用：用于肿瘤根治性手术前新辅助治疗评估或血液系统肿瘤，可作为替代终点。

测量标准：同无病生存期（DFS）。

优点：同无病生存期（DFS）。

缺点：同无病生存期（DFS）。

⑦客观缓解率（ORR）

定义：基于RECIST1.1等评价标准的完全缓解（CR）和部分缓解（PR）占所有患者的百分比。

应用

可作为Ⅰ～Ⅳ期临床研究的主要或者次要终点；

可作为加速批准或常规审批的替代终点：在预后极差没有标准治疗的肿瘤、产生显著疗效（NTRK阳性实体瘤）、基于标准治疗的显著优势和风险–获益等情况下，可作为主要终点以单臂研究批准新药上市。

测量标准：应用RECIST1.1等标准评价，需要盲法排除主观偏倚；基于测量的终点要求独立终点审查委员会盲态评估。

优点

可在单臂研究中评价（非时间依赖性终点）；

与生存研究相比，可较早并且在研究规模较小的研究中评价；

有效性归因于药物，而非疾病的自然进程。

缺点

不是临床获益的直接测量，不能完全替代临床结局；

不是对药物活性的综合测量，不能评估有效持续时间；

受益仅局限于完全缓解（CR）和部分缓解（PR），不包括疾病稳定（SD）的获益，存在一定局限性。

⑧疾病控制率（DCR）

定义：基于 RECIST1.1 等评价标准评价的完全缓解（CR）、部分缓解（PR）和疾病稳定（SD）占所有患者的百分比。

应用

常作为Ⅰ～Ⅳ期临床研究的次要研究终点；

可作为加速批准或传统审批的替代终点：在预后极差没有标准治疗的肿瘤、产生显著疗效（NTRK 阳性实体瘤）、基于标准治疗的显著优势和风险－获益等情况下，可作为主要终点以单臂研究批准新药上市；

在评估抑制肿瘤而杀伤肿瘤的新药研究中，具有一定优势。

测量标准：应用 RECIST1.1 等标准评价，需要盲法排除主观偏倚；基于测量的终点要求独立终点审查委员会盲态评估。

优点：与客观缓解率（ORR）相同。

缺点

不是临床获益的直接测量，不能完全替代临床结局；

不是对药物活性的综合测量，不能评估有效持续时间。

⑨反应持续时间（DoR）

定义：基于 RECIST1.1 等标准评价达到完全缓解（CR）或部分缓解（PR）的患者从首次评估有效到疾病进展或死亡的时间。

应用：可作为替代终点。

测量标准：与无进展生存时间（PFS）相同。

优点：与无进展生存时间（PFS）相同，差异在于不包括疾病稳定（SD）的获益。

缺点：与无进展生存时间（PFS）相同。

⑩完全缓解（CR）

定义：基于 RECIST1.1 或其他评价标准评价晚期肿瘤患者治疗后全身影像学未见肿瘤证据。

应用：血液及淋巴系统肿瘤临床研究中常用为替代终点。

测量标准：与客观缓解率（ORR）相同。

优点：与客观缓解率（ORR）相同。

缺点

不是临床获益的直接测量，不能完全替代临床结局；

不是对药物活性的综合测量，临床获益证据存在片面性；

不能区分完全缓解和部分缓解的患者；

存在影像学人为测量错误与偏差的可能。

⑪病理完全缓解（pCR）

定义：患者原发灶或转移区域的淋巴结均未见恶性肿瘤的组织学证据，部分肿瘤仅存原位癌成分也可视为病理完全缓解。

应用：乳腺癌、直肠癌术前新辅助治疗临床研究中常用为替代终点。

测量标准：病理 Miller-Payne 分级。

优点

数据来源于病理，客观科学；

可在单臂研究中评价（非时间依赖性终点）；

与生存研究相比，可较早并且在研究规模较小的研究中评价；

由于是试验药物治疗后客观科学的评估，有效性归因于药物，而非疾病的自然进程。

缺点

病理 pCR 不能完全替代临床结局，可能需要进一步的临床研究来验证；

不是对药物活性的综合测量，临床获益证据存在片面性。

⑫病理主要缓解（MPR）

定义：患者术后标本病理检测残留治疗细胞＜10%。

应用：非小细胞肺癌术前新辅助治疗临床研究常用为替代终点。

测量标准：与病理完全缓解（pCR）相同。

优点：与病理完全缓解（pCR）相同。

缺点：与病理完全缓解（pCR）相同。

⑬无转移生存期（MFS）

定义：从随机化至出现远处转移证据或任何原因死亡（以先发生者为准）的时间。

应用：MFS 常用于评估治疗效果，特别是在那些生存期较长的患者群体中，如非转移性去势抵抗性前列腺癌（nmCRPC）患者。

测量标准：从随机化开始，到出现远处转移或因任何原因死亡的时间点，以两者中先发生者为准。

优点：MFS 能够反映治疗对于延缓疾病进展至远处转移的效果。与 OS 相比，MFS 可以基于更少的样本量进行评估，有助于提高临床试验的研发效率。

缺点：确定远处转移的证据可能需要复杂的诊断程序，包括影像学检查和生物标志物检测，这增加了临床试验的复杂性和成本。明确是否复发转移的难度较大，记录比较困难。

（4）生活质量终点

①现状：因为生活质量终点容易受主观因素和混杂因素的影响，在抗肿瘤药物的临床研究特别是确证性研究中较少使用，常作为临床研究的探索性终点或次要终点进行研究。主要有患者生活质量量表，PROs（患者报告的结局）等。

②应用受限的原因

数据来源于患者主诉，容易受主观因素及混杂因素影响，很难反映最终的临床结局；

非盲的试验设计中不可避免的评价偏倚；

肿瘤进展和出现相关症状之间有间隔，导致在症状终点达到前，治疗就进行了调整，混淆了分析结果，导致偏倚；

肿瘤药物临床研究往往入组的患者症状都比较轻（ECOG 0-1），通过生活质量

图 1 常用时间研究终点示意图

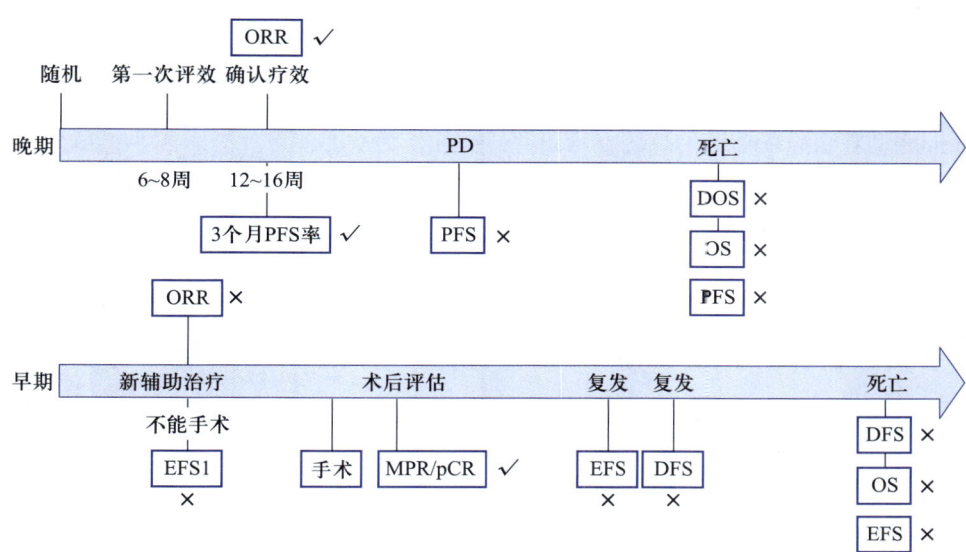

图 2　最快获得结果的研究终点（晚期肿瘤治疗中的 3 个月 PFS 率或者 ORR，早期肿瘤治疗中的 MPR 或 pCR）

指标难以获得有意义的研究结论；

部分研究药物的不良事件导致的症状与肿瘤本身导致的症状可能是相似的，难以完全区分，导致结果偏倚。

③解决办法

入组选择恰当的研究人群是关键：基线人群存在明确的症状；

进行研究前对多种症状的前瞻性数据收集，减少偏倚；

严格执行访视计划使访视完成率均衡和最大化，足以看到症状的改善，并分析关联性。

（5）其他临床研究终点

①临床获益率（CBR）：基于 RECIST1.1 等评价标准评价患者完全缓解（CR）+ 部分缓解（PR）+ 疾病稳定（SD）的持续时间≥6 个月。与 DCR 相比加入了持续时间，对药物活性的评估更完整，临床获益率（CBR）可以快速评估试验药物的抗肿瘤活性，可作为临床研究的替代终点。

②Ki67 增殖指数：主要应用于 Luminal 型乳腺癌新辅助治疗的临床研究，往往作为次要终点。

③PEPI（术前内分泌预后指数，preopevative endocrine prognostic index）评分：PEPI 是一种结合解剖学和生物学的算法，用于估计术前治疗后手术标本中残留肿

瘤的数量。PEPI 评分考虑了病理分期（肿瘤大小和淋巴结状态）、Ki67 表达，以及在内分泌治疗期间对原发肿瘤测量的 Allred 雌激素受体（ER）评分。主要应用于 Luminal 型乳腺癌新辅助治疗的临床研究，往往作为次要终点。

④RCB（残余肿瘤负荷 Residual cancer burden）评分：RCB 评分是根据新辅助治疗后肿瘤的大小以及乳腺和腋窝淋巴结中肿瘤细胞的范围来确定的。RCB 评分越高，乳腺癌和淋巴结中残留的乳腺癌越多；RCB-0 = 无残留乳腺癌；RCB-Ⅰ = 少量残留乳腺癌；RCB-Ⅱ = 中度残留乳腺癌；RCB-Ⅲ = 广泛（大量）残留乳腺癌。主要应用于 Luminal 型乳腺癌新辅助治疗的临床研究，往往作为次要终点。

⑤CA125、PSA：CA125 应用于卵巢癌的临床研究，PSA 应用于前列腺癌的临床研究。但是生物标志物不能单独作为上市批准的依据；FDA/CDE 可以接受肿瘤标志物作为复合终点的一个指标；用于确定预后因素、患者选择，以及在试验设计中需要考虑的分层因素。往往作为探索性终点，很少作为确证性终点。

⑥微小残留病灶（MRD）：MRD 已被用作急性淋巴细胞白血病治疗加速批准的替代终点；支持 MRD 作为生物标志物的临床有效性的证据因血液肿瘤类型和患者群体而异。2024 年美国 FDA 召开了 ODAC 会议讨论是否可以接受 MRD 作为替代终点支持多发性骨髓瘤加速批准，2024 年 9 月 30 日，全球首个以 MRD 阴性率为主要研究终点的上市申请成功递交至 FDA。

⑦循环肿瘤 DNA（ctDNA）：循环肿瘤 DNA（ctDNA）是一种动态生物标记物，在肿瘤中具有潜在的广泛临床和监管适用性。迄今为止，ctDNA 在转移性实体瘤诊断、靶向治疗选择、治疗反应监测和长期治疗后肿瘤监测中的应用已得到最大程度的研究。然而，对于患者来说，进一步探索 ctDNA 在早期实体瘤中的应用有很大的机会和潜在价值，包括：通过提示存在 MRD 确定辅助治疗的必要性或优化新辅助治疗方案；与现有工具（如临床影像、活检）相比，以更简单、侵入性更小的方式监测疾病复发；能够识别临床研究中复发风险更高的患者，减少患者数量以及研究的时间和成本；作为患者对治疗反应的潜在预测性生物标志物，作为预测长期生存结果的早期终点，可以更快地识别可能最有效的药物，并支持监管决策。往往作为探索性终点，很少作为确证性终点。

（6）各类终点特点总结（表2）

表2　常用肿瘤临床试验终点比较

	获得监管机构批准	研究设计	优势	不足
总生存期（OS）	常规批准（临床获益）	随机试验；盲法不是必需	作为临床获益的指标被广泛接受 可精确测量	可能需要大量患者 会受到交叉治疗和后续治疗的影响 包含非肿瘤导致的死亡
患者报告的症状终点（symptom endpoints）	常规批准（临床获益）	随机试验；盲法是必需	推荐盲法审查 比OS样本量小、时间短	盲法通常难以实现 数据常常删失或不完整 较小的改变与临床的相关性不清楚 需要多重分析 缺乏可靠的工具 经常以一组人的中位或平均值的形式而非个体数据报道
无疾病生存期（DFS）	加速批准（替代终点）	随机试验；用于辅助治疗	比OS样本量小、时间短 包括对稳定疾病的测量 不受交叉治疗或后续治疗的影响 主要基于客观、量化的测量	在多数情况下无法可靠地替代生存情况 无法精确测量 受制于评估偏倚，尤其在开放标签研究中 研究间定义不同
无进展生存期（PFS） 治疗至进展时间（time to progression） PFS2 治疗至第二次进展时间	加速批准或常规批准（替代终点）	随机试验；在对比性研究中优选盲法；推荐盲法审查	比OS样本量小、时间短 包括对稳定疾病的测量 不受交叉治疗或后续治疗的影响（PFS2比OS较少受影响） 主要基于客观、量化的测量	在多数情况下无法可靠地替代生存情况 无法可靠的反映生活质量 无法精确测量 受制于评估偏倚，尤其在开放标签研究中 研究间差异大 常需要影像学评估 治疗组间的评估时间需要协调平衡 受数据删失影响

续表

	获得监管机构批准	研究设计	优势	不足
客观缓解率（ORR）	加速批准或常规批准（替代终点）	单臂或随机试验；在对比性研究中优选盲法；推荐盲法审查。	可在单臂研究中测量 相比OS，可以更早测得，并可用于更小规模的研究 只受药物而非疾病自然病程的影响	不是临床获益的直接指标 不是药物作用的综合测量指标 无法测量临床获益的时间
完全缓解（CR）	加速批准或常规批准（替代终点）	单臂或随机试验；在对比性研究中优选盲法；推荐盲法审查。	可在单臂研究中测量 持久的完全缓解可以代表临床获益 相比OS，可以更早测得，并可用于更小规模的研究	不是临床获益的直接指标 不是药物作用的综合测量指标
临床获益率（clinical benefit rate）	不常用于获得监管机构批准	单臂或随机试验；在对比性研究中优选盲法；推荐盲法审查	可在单臂研究中测量 相比OS，可以更早测得，并可用于更小规模的研究 包括完全缓解、部分缓解、一定时间的疾病稳定状态	不是临床获益的直接指标 不是药物作用的综合测量指标 不同研究间对于疾病稳定状态持续时间的定义不同 疾病稳定状态更多反映肿瘤固有特性而非疾病活跃程度

4．基于疾病进程程度的特殊分类方式

（1）临床终点

定义：临床终点是直接关联患者疾病状态或治疗效果的终点，通常是最能体现治疗效果的主要指标。这些终点直接衡量疾病的进展、患者的生存状态或相关症状。

特点：

- 与患者的实际生存、疾病进展或症状改善等临床相关的因素紧密相关；
- 提供了对治疗效果最直接和全面的评估；
- 通常用于常规批准新药上市；
- 目前肿瘤领域最常见也是最重要的临床终点：总生存率（OS）。

（2）替代终点

定义：替代终点是作为临床终点的替代，通常是根据流行病学、治疗学、病理生理学或其他科学的证据，能够预测临床获益的指标。这些终点可能更容易测量，更具敏感性，但其与患者最终临床结果的相关性可能需要进一步验证。

特点：

- 作为临床终点的替代，用于更早、更方便地检测治疗效果；
- 包括生物学标志物、影像学测量、实验室结果等；
- 常用于早期试验、药物开发的初步阶段；
- 通常用于加速批准、附条件审批；
- 包括病理完全缓解（pCR）、无病生存期（DFS）等。

（3）二者的区别与联系

- 直接关联性：临床终点直接与患者的实际结果相关，如 OS，而替代终点则是间接衡量治疗效果的指标，如 pCR、ORR 等；
- 时间和可测性：替代终点往往可以更早产生结果，而临床终点通常需要更长时间来观察患者的生存状态；
- 验证需求：临床终点的相关性更容易验证，而替代终点需要在更广泛的患者群体中通过与临床结局的相关性分析进行验证；
- 应用领域：替代终点常用于早期试验或药物开发初期，而临床终点更常用于确认治疗效果的最终结果。

5. 主要研究终点选择考量因素

（1）科学可行性

- 科学合理性：在选择临床终点时，其科学合理性至关重要。这可能涉及确保终点与患者实际病情和治疗效果密切相关。例如，选择与生存期、生活质量或疾病进展紧密关联的终点。对于替代终点，科学合理性也包括确保其对实际临床效果有预测性。

- 测量可行性：临床终点和替代终点的测量方法应具有可行性。科学可行性要求这些终点能够被准确、可靠、客观地测量，而且测量方法在科学界应得到广泛认可。科学合理性和测量可行性的结合是确保研究科学性的重要因素。

(2)经济可行性

"又快又好"一直是临床试验所追求的目标。在选择主要研究终点时,研究者和申办方通常希望选择的终点既能充分代表患者生存获益,又能够迅速出现。然而,实际情况往往难以做到两全其美。因此,在追求这一目标的同时,经济可行性往往需要在确保科学可行性的前提下进行权衡。这包括在时间和经济成本之间找到平衡,以便在有限的资源内最大程度地推动研究的进展。这种平衡的方法有助于确保试验的快速执行,同时不牺牲对治疗效果科学准确的判断。以替代终点作为主要研究终点,通过加速审批+附条件上市(后续试验确认OS获益)是看似"又快又好"的方案。需要说明的是,只有在存在迫切临床需求且药物具备比较突出的早期疗效时,监管部门才会考虑接受这种申请方式。

(3)程序可行性

程序可行性主要关乎试验所选取的临床终点是否能够被监管机构接受,尤其是在以替代终点作为主要研究终点的试验中。以2023年2月9日FDA肿瘤咨询委员会(ODAC)审议GSK公司的PD-1抑制剂D药的情况为例,该公司提出的两项单臂试验(Study 19–288和Study 219369)探究了其在高肿瘤突变负荷的局部晚期直肠癌(LARC)新辅助治疗领域的疗效。Study 19–288选择了12个月的临床完全缓解率(cCR)作为主要研究终点。cCR在此指患者在治疗结束后不再表现任何疾病迹象,所有病变得到完全缓解,基于对治疗效果的全面评估,包括症状、体格检查、影像学和实验室检查等多方面。ODAC会议的核心议题之一是评估cCR这一替代终点是否适用于评估PD-1抑制剂在LARC新辅助治疗中的效果。最终,专家们以8∶5的投票结果支持了GSK公司的研究设计,认可了PD-1抑制剂D药在dMMR/MSI-H局部晚期直肠癌(LARC)初治领域的潜在益处和风险。从上述例子可以看出,选择的临床终点是否为监管方所接受,是否能够支持药物审批上市,也是选择主要研究终点的重要考量。

一句话概括

研究终点是临床试验设计的核心,需要能够充分反映患者的临床获益。研究终点的选择往往是科学、经济、程序可行性多方面综合考量的结果。

名词解释

- **局部晚期直肠癌**(LARC,locally advanced rectal cancer):局部晚期直肠癌是指直肠癌在初次诊断时局限于原发部位,但已侵犯到局部淋巴结或相邻组织,却尚未发生远处转移的阶段。在肿瘤分期中,LARC 通常被归类为 Ⅲ 期,表示癌症已经扩散到邻近的淋巴结,但尚未转移到远处器官。

- **PD-1 抑制剂**:programmed death-1 抑制剂是一种免疫治疗药物,属于免疫检查点抑制剂的一类。它通过抑制免疫系统中的 PD-1 受体,从而激活 T 细胞,增强机体对肿瘤细胞的免疫攻击。这类药物已参与多种癌症治疗。

- **ODAC 会议**:该委员会是由医疗专业人士组成的团体,其任务是提供对提交给 FDA 的肿瘤药品的评估和建议。委员会的建议对 FDA 药物审批起到重要的指导作用。

- **无进展生存期**(PFS,progression-free survival):指从入组或治疗开始到出现可证实的疾病进展或死亡之间的时间间隔。

- **总生存期**(OS,overall survival):指从随机化或治疗开始到患者死亡的时间间隔,反映了治疗对患者的生存时间的影响。

- **临床完全缓解**(cCR,clinical complete response):临床完全缓解是在患者接受治疗后,在临床上不再表现任何疾病迹象或症状。对于癌症治疗研究而言,cCR 通常意味着在影像学检查中不能检测到肿瘤存在,体格检查无异常,实验室检查正常。

- **病理完全缓解**(pCR,pathological complete response):病理完全缓解是指在手术切除瘤体后,在病理学上未能检测到残留肿瘤的状态。

- **复发率**(RR,recurrence rate):复发率是指在治疗后一段时间内,患者出现疾病复发的比例。它是评估治疗效果和预测疾病再次发展风险的重要指标。
- 无病生存期（DFS，disease-free survival）：无病生存期是指从治疗开始到患者再次出现疾病迹象或症状的时间间隔。它反映了治疗对患者在没有疾病复发的情况下的生存时间影响。
- 客观缓解率（ORR，objective response rate）：指患者在治疗期间达到完全缓解或部分缓解的比例，反映了治疗对肿瘤的直接影响。

参考文献

Merino M, Kasamon Y, Theoret M, et al. Irreconcilable differences: The divorce between response rates, progression-free survival, and overall survival. Journal of Clinical Oncology, 2023, 41(15): 2706-2712.

延伸问题

一个新的观测疗效的指标需要经过哪些过程才能成为公认的替代终点？

（周家伟　王书航　陈晓媛）

2.7 统计推断与样本量估算

引导问题

关于统计推断,你知道如何确定假设检验和估算样本量吗?

章节导图

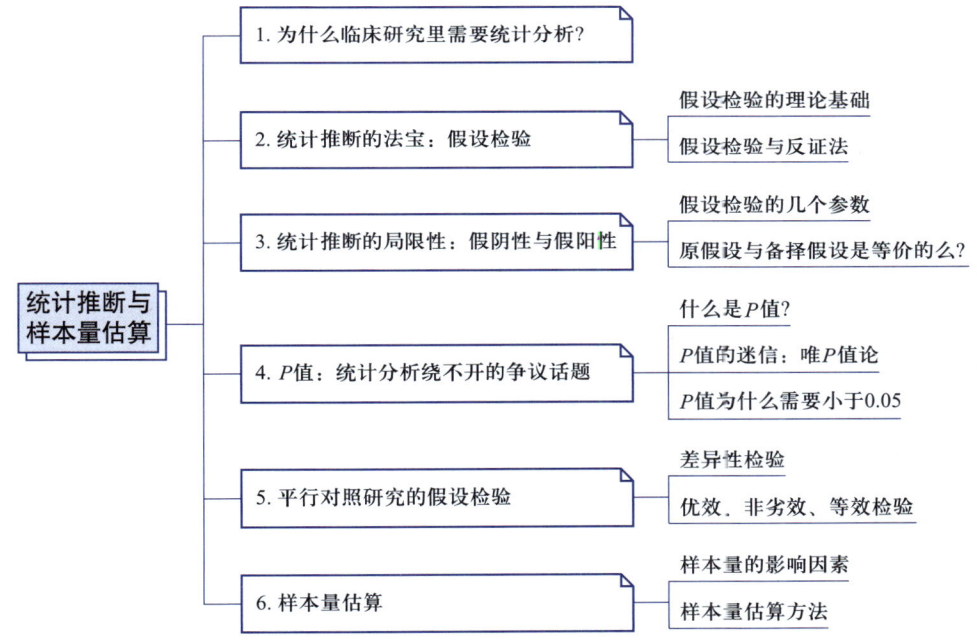

典型故事

已知一款老牌降压药 A 药的平均降压效果为 11 mmHg,某药企推出的一种新型降压药 B 正在进行临床试验,某一剂量组目前一共纳入 10 名研究参与者,血压分别下降 9.1,10.5,11.2,8.7,12.6,10.6,11.6,9.8,12.5,13.7。已知降压效果符合方差为 1 的正态分布,为了探究 B 药是否比 A 药降压效果更优秀($\alpha=0.05$,α 为显著性水平,详见本章第 3

节），研究者使用假设检验进行了统计分析。原假设 H_0：B 药效果不优于 A 药，拒绝域为 $Z \geq 1.65$，计算得实际 $Z=\frac{X-\mu_0}{\sigma\sqrt{n}}=0.095$，不在拒绝域，接受 H_0，即 B 药效果不优于 A 药。正当大家准备放弃 B 药时，其中一个统计师却得到了另一个结论。他的原假设 H_0 为：B 药效果优于 A 药，拒绝域为 $Z < -1.65$，计算得实际 $Z=0.095$，不在拒绝域，接受 H_0，即 B 药效果优于 A 药。同样的数据，不同统计方法却得到了不同的结论，到底是怎么回事呢？

主要内容

1. 为什么临床研究里需要统计分析？

统计分析在各个领域里的应用，包括在临床试验中的应用，其实都是一种人类面对大数据的妥协。

比如，我们如果要调研某种新型基因疗法在某个遗传病患者身上的疗效，应该怎么办呢？很简单，直接让这个患者使用这种基因疗法，观察其疗效就行了。那如果要调研这种基因疗法在这个患者家系里的疗效呢？可能就要稍费周折，将这个家系里所有遗传病患者找到并使用该基因疗法，再观察所有使用者的疗效。那再进一步，如果要调研这种基因疗法对这种遗传病所有患者的疗效呢？最准确直接的想法当然是调研这种遗传病所有患者使用这种基因疗法后的疗效。但显然，将所有患者收集起来统一试验的方法既不经济也不伦理，大大超出了实际可行范围，是完全不现实的。

因此，针对这样的困境，研究者想出了一个妥协的办法，既然搜集不到所有的患者进行调查，那就先搜集部分该遗传病的患者进行试验，用部分患者的疗效来估计所有患者的疗效，这种方法就叫做抽样调查。

既然涉及抽样，那自然而然地就出现了总体和样本这两个概念。总体是我们想要调查统计的理想对象，这个对象理论上存在，是我们的研究目的，但却不可测量，在上述的例子中"某种遗传病所有患者的疗效"就是我们的总体。样本是我们实际调查统计的对象，在试验中实实在在地存在，是我们研究的手段，也是实际测量的对象，上述例子中的被搜集来患者的疗效就是我们的样本。通过抽样的方法，我们偷了一个大懒，将不可测量的总体转化为可以完成的样本，成功地设计了一个可行的方案。

我们认为样本可以代替总体是因为我们认为通过随机抽样的方法，样本的特征和总体特征具有相似性，一定程度上可以反映出总体的特征，这就是抽样调查的理论基础。

但是问题来了，样本始终不是总体，样本和总体具有多大程度的相似性和差异性呢？我们怎么更好地用样本来估计总体呢？这些就是统计分析需要回答的问题。

2. 统计推断的法宝：假设检验

统计推断有两大法宝：参数估计与假设检验。

（1）假设检验的理论基础

假设检验涉及零假设、备择假设这2个重要概念，其中零假设（Null hypothesis）是试验者想收集证据予以反对的假设，也称为原假设，通常记为 H_0。备择假设（alternative hypothesis）是试验者想收集证据予以支持的假设，通常记为 H_1 或 H_a。假设检验需要先提出原假设，再利用样本数据和适当的统计学计算得到在这样的样本情况下发生原假设的概率。若概率很小，基于小概率思想（即小概率事件在一次试验中基本上不会发生），判断原假设的情况不会发生，从而推断

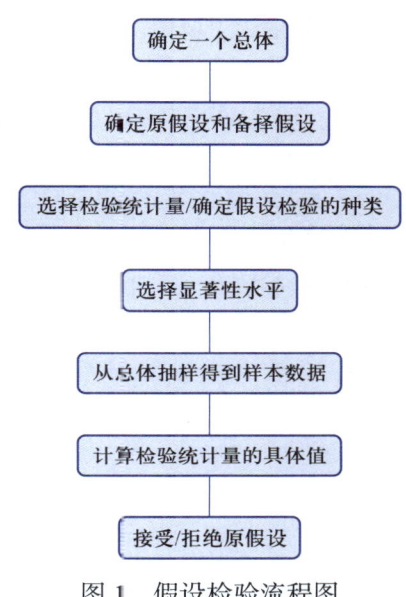

图1 假设检验流程图

与原假设相反的备择假设大概率是真命题（图1）。"大概率"是因为统计得出的结果来自于样本抽样结果，结论不是绝对的，所以我们只能根据概率上的一些证据进行相关的判断。简单来说，假设检验就是根据样本数据判断原假设是否为真的方法。

（2）假设检验与反证法

对于有些命题，证伪常常比证明更容易。比如对于"所有天鹅都是白色的"这个命题，如果要证明每一只天鹅都是白色的话非常困难，但是如果要证伪则很简单：只要找到一只不是白色的黑天鹅即可。

假设检验的逻辑也是类似：对于一个我们希望检验的结论（备择假设），我们往往会先构造一个与之相反的结论（原假设），进而通过数据来"找反例"，即通过观察到的数据来决定是否拒绝原假设。如果反对原假设的数据足够多，我们就拒绝原假设。需要特别注意的是，假设检验的结论是概率性的，并不能"证明"任何结论，只是说明观察到的数据更支持原假设还是备择假设。

3．统计推断的局限性：假阴性与假阳性

正如上文所言，假设检验可以理解为通过样本判断总体的"见微知著"，但既然样本无法完全代表总体，假设检验得出的结论也不会总是成立，自然出错的概率是客观存在且无法避免的。在假设检验里的错误可以分为2类（表1，图2）：

Ⅰ类错误（弃真错误、假阴性）：零假设为真时错误地拒绝了零假设。

Ⅱ类错误（取伪错误、假阳性）：零假设为假时错误地接受了零假设。

表1　假设检验结论的4种情况

	接受原假设 H_0	拒绝原假设 H_0
原假设 H_0 为真	正确的决定	Ⅰ类错误：弃真错误，假阴性
原假设 H_0 为假	Ⅱ类错误：取伪错误，假阳性	正确的决定

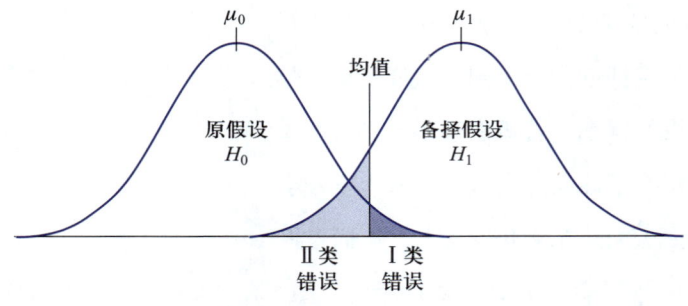

图2　Ⅰ类错误与Ⅱ类错误示意

（1）假设检验的几个参数

①显著性水平 α

我们将Ⅰ类错误的概率记作 α，也称为显著性水平（level of significance），即当原假设 H_0 为真，但我们错误地将其拒绝的概率。α 越小，我们的检验越严格，也越不容易出现假阳性结果。我们对于无效药械上市的容忍度很低，因此在临床试验中，α 往往不超过0.05。换言之，假设检验将无效药械认定为有效的概率不超过0.05。

②功效 power

我们将Ⅱ类错误的概率记作 β，并将 $1-\beta$ 定义为统计检验的功效（power），

即原假设为假并且我们正确地将其拒绝的概率。功效越大（一般为0.8，即Ⅱ类错误率为20%），我们的检验越宽容，也越不容易出现假阴性结果。我们希望尽量不要错过真正有效的药械，因此在临床试验中功效往往不低于80%，换言之，假设检验将有效药械判断为无效的概率不超过20%。

③ α、power 与样本量的关联

从上文我们得知，在假设检验的框架下，Ⅰ类与Ⅱ类错误总是存在，无法消除。同时，两类错误的概率相互关联。α 越低，检验越严格，假阳性率越低；power 越大，检验越宽容，假阳性率越高。在实际应用中，"二者不可得兼"，α 与 power 的选择取决于我们对Ⅰ类与Ⅱ类错误的容忍度。以临床试验领域为例，我们宁可错过一个有效的产品，也不希望无效产品上市，所以往往将 α 设为 0.05 或更低，而 power 则仅为 0.8（即 β 可高达 0.2）。

在样本量固定的情况下，两类错误的概率是相互关联的，即减少Ⅰ类错误发生的同时会增大Ⅱ类错误发生的概率，减少Ⅱ类错误发生的同时会增大Ⅰ类错误发生的概率。如果要同时降低两类错误的概率，只能通过增加样本容量才能解决。但是显然，无限增大样本容量是既不现实又不经济的。

所以没有任何办法同时减小 α 并增加 power 吗？当然有。我们的统计检验犯错，是因为样本并不能完全代表总体，所以只要能增加样本量，提高样本对于总体的代表性，就能减小出错的概率。但代价是更高的抽样成本。

综上所述，α，power 和样本量，三者相互关联，相互约束。临床试验假设检验参数的设定，实际上体现的是风险与成本的权衡。

（2）原假设与备择假设是等价的么？

在本节开始的故事中，同样的样本用相同的方法进行检验，在不同的假设前提下，得到的却是貌似分别支持 A 药与 B 药的完全相反的结论。看似荒谬矛盾的结论，其实暗示了假设检验更倾向于原假设，只有当证据足够强，才支持备择假设，似乎对备择假设有"有罪推定"。实际上确实如此，在上一小节中提到，我们常常将 α 设为 0.05 或更低，却允许 β 高达 0.2。虽然假设检验的框架本身并不偏向原假设或备择假设中的任何一方，但我们在使用假设检验的过程中是明确倾向于原假设的。这是因为人往往倾向于相信自己偶然的新发现(备择假设)就是事实，并且会收集有利的信息去支持自己的论点，从引入选择偏倚。为了校正这一偏倚，我们会刻意将新发现的确证门槛提高,以保护原假设。只有备择假设的支持证据压倒性超过原假设时,才会拒绝原假设而选择备择假设。

让我们回到一开始 A 药、B 药的故事。貌似选取不同原假设,得到了完全相反且互斥的结论,但貌似互斥结论的背后体现的是对假设检验结论理解的不到位。在原假设为"B 药效果不优于 A 药($\mu \leq \mu_0$)"的假设检验①中,统计检验量 Z 不在拒绝域中,落入图 3 中假设检验①接受域,此时并不代表应该接受原假设,准确说应是无法拒绝原假设,也就是说"不能认为 B 药效果优于 A 药";类似的,在原假设为"B 药效果优于 A 药($\mu > \mu_0$)"的假设检验②中,统计检验量 Z 同样不在拒绝域中,落入图 3 中假设检验②接受域,因此结论为无法拒绝原假设,也就是说"不能认为 B 药效果不优于 A 药"。那么结合两种假设检验的结论,检验统计量落在图 3 中 II 区,既不能拒绝第一种原假设,也不能拒绝第二个原假设,也就是说,既不能认为 B 药效果不优于 A 药,也不能认为 B 药效果优于 A 药。这两个结论看似相反,但实际上并不矛盾,相当于什么都不能证明,没达到具有统计学显著性的任何结论。

因此,尽管原假设和备择假设的选取是任意的,但我们依然会将我们希望成立的假设选作备择假设,以校正我们在数据收集过程中可能存在的偏倚,宁可错过一个正确的新结论,也要尽力避免让错误结论误导后续研究。

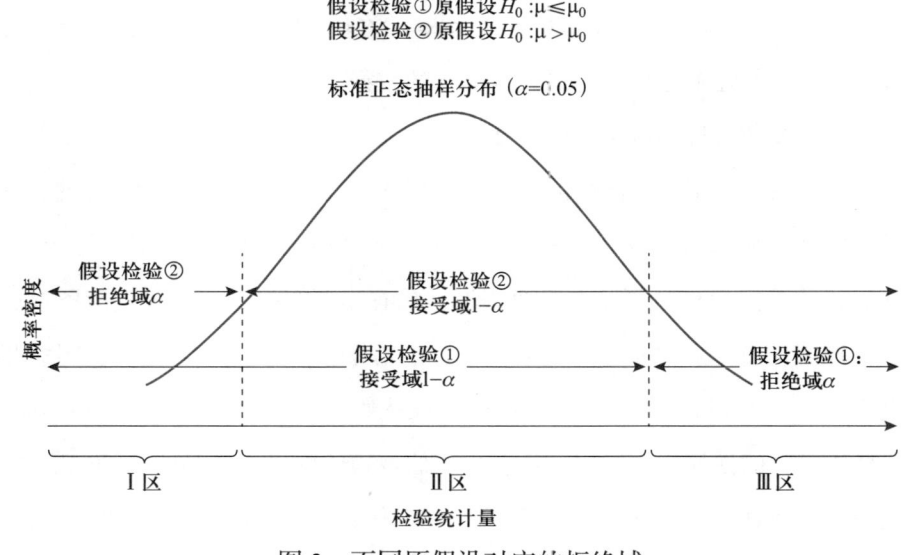

图 3 不同原假设对应的拒绝域

4．P 值：统计分析绕不开的争议话题

P 值（P value）可以说是统计分析中最常用的参数，每一个科研工作者都逃不开。根据统计学课本的定义，P 值是当原假设为真时，比所得到的样本观察结果更极端的结果出现的概率。但是最熟悉的概念未必是最了解的概念，关于 P 值的争论从理解到应用至今不休。

（1）什么是 P 值？

想必很多科研工作者都有在完成试验后关于 P 值担惊受怕的记忆。一般常见有 $P < 0.05$ 的说法，它的意义是当原假设为真时，比所得到的样本观察结果更极端的结果出现的概率小于 0.05。

当 P 值很小的时候，被认为在原假设为真的情况下获得当前样本数据这个概率很小，而这样的小概率事件是不太可能发生的，从而"反证"试验药物在总体中是有效的。而多小的概率被认为是小概率，这个小概率的界值就是显著性水平 α。如果用循证医学的语言来描述的话，就是有足够证据推翻无效假设，从而认为药物是有效的。

（2）P 值的迷信：唯 P 值论？

当 P 值大于 0.05 甚至 0.1 后，很多试验结果会被认为"没有统计学显著性"，从而惨遭拒稿。因此，对更低 P 值的追求成为常识一般的问题。那么，P 值的高低究竟意味着什么呢？是否 $P < 0.05$ 的就有意义，否则就没有意义？P 值是否越低越好呢？

通常认为 $P < 0.05$ 有统计意义，但这并不等同于具有临床意义。除了疗效的差异外，样本量、数据质量都可以影响 P 值的大小。P 值表达的仅是数据与假设的匹配程度，不能衡量假设为真的概率，也不能衡量疗效差异的大小或临床意义的重要程度。

比如糖尿病研究中，试验组与对照组较基线 HbA1c 值的变化的比较结果，差值为 0.1%，95% 置信区间（0.01%，0.19%），$P=0.024$；这个结果中，$P < 0.05$，数据有统计意义，但组间差异仅为 0.1%，是否有临床意义？这样的数据是否可以带来有价值结论，需要综合评估。另外，除了实际的疗效差异外，增大样本量也可以使得 P 值降低。

另一方面，没有得到一个小于 0.05 的 P 值，数据是否就没有意义呢？这个问

题同样要综合判断。例如在 HER-2 阳性乳腺癌临床研究中，假如其中某基因型亚组的无进展生存期结果，试验组对比对照组 HR：0.65，95% 置信区间（0.33，1.28），$P=0.243$。此结果中，$P>0.05$，没有统计学意义；但两组的 HR 点估计为 0.65，我们可以进一步结合该亚组的样本量，若样本量仅为 50，那么没有得到一个较小的 P 值可能是样本不足的原因；再结合该亚组的 Kaplan-Meier 生存曲线，也许此结果提示我们试验组与对照组在该基因型亚组患者中的结果可能存在差异，有进一步研究的价值。

综上，$P<0.05$ 是一个判断标准，但对数据的解读应当全面评估。P 值过高只能代表统计学上根据目前的数据还无法证明目标结论，并不代表目标结论的正确与错误，还可能是样本不足；而更低的 P 值也并不能代表更优秀的疗效，也许只是因为样本足够多。

（3）P 值为什么需要小于 0.05

可能不少人都会有疑问，为什么显著性水平选择 0.05？以 0.05 作为判断的分界，可以简单地认为我们的判断有 5% 犯 I 类错误的风险。当 I 类错误的风险降低到 5% 以下时，我们一般认为这样的概率足够小，足以支持我们推翻总体中疗效结果相等的原假设，即推测在总体中试验治疗和对照治疗的疗效终点结果有差异，此时一般也称作结果有统计学意义。

5. 平行对照研究的假设检验

（1）差异性检验

顾名思义，差异性检验，检验的是抽样样本分布与某给定总体分布之间是否具有差异性广泛应用于临床推断中。回顾一下差异性分析的具体检验方法：

原假设 H_0：A 药疗效 = B 药疗效

备择假设 H_1：A 药疗效 ≠ B 药疗效

结论：

若 $P>0.05$ 则说明不能拒绝 H_0 假设，表示两药物的疗效无统计学意义。

若 $P<0.05$ 则接受备择假设，表示两药物的疗效有统计学意义，

（2）优效、非劣效、等效检验

优效、非劣效、等效检验主要利用了区间假设检验的方法，以具有临床意义的差异 Δ 来进行假设检验，即非劣效、等效和优效性检验的概念和方法。这种临床意

义的差异 Δ 既可以指药物的疗效指标，也可以指安全性。通过引入了区间界值 Δ，使统计分析纳入了一部分临床意义的考量。

① 优效、非劣效、等效分析的定义

- 非劣效性检验：非劣效性检验主要研究目的是证明试验组的药物反应与对照组相比差异小于预先设定的非劣效界值 Δ。设 A 药为待确证疗效的试验药，B 药为对照药。非劣效试验的假设检验如下：

原假设 H_0：A 药疗效 −B 药疗效 ≤ −Δ

备择假设 H_1：A 药疗效 −B 药疗效 > −Δ

结论：如 $P > 0.025$，按单侧 $α=0.025$ 的检验水准不能拒绝 H_0 假设，即无法判断 A 药不差于 B 药；如 $P ≤ 0.025$，则接受 H_1 假设，可认为 A 药不差于 B 药。

- 优效性检验：优效性检验指主要研究目的是证明所研究的药物反应优于对比组，且差异大于预先设定的优效界值 Δ。优效性试验的假设检验如下：

原假设 H_0：A 药疗效 −B 药疗效 ≤ Δ

备择假设 H_1：A 药疗效 −B 药疗效 > Δ

结论：如 $P > 0.025$，按单侧 $α=0.025$ 的检验水准不能拒绝 H_0 假设，即无法判断 A 药优于 B 药；如 $P ≤ 0.025$，则接受 H_1 假设，可认为 A 药优于 B 药。

- 等效性检验：

等效性检验指主要研究目的是证明试验组的药物反应与对照组等同，即差异不超过预先设定的界值区间。等效性试验的假设检验如下：

原假设 H_0：A 药疗效 −B 药疗效 ≤ −Δ 或 A 药疗效 −B 药疗效 ≥ Δ

备择假设 H_1：−Δ < A 药疗效 −B 药疗效 < Δ

结论：如 $P_1 > 0.025$ 或 $P_2 > 0.025$，按 $2α=0.05$ 的检验水准不能拒绝 H_0 假设，即无法判断 A 药等效于 B 药；如 $P_1 ≤ 0.025$ 且 $P_2 ≤ 0.025$，则接受 H_1 假设，可认为 A 药等效于 B 药。

② 优效、非劣效、等效分析的应用场景

- 优效性检验：

对于新药或新的干预方案，预期其疗效有优势，通常进行优效设计。

以 CAMEL-sq 研究为例，目标人群为晚期或转移性鳞状非小细胞肺癌（NSCLC）未经治患者，随机分配至试验组接受卡瑞利珠单抗＋化疗治疗或对照组接受安慰剂+化疗治疗；主要终点为 PFS，评价卡瑞利珠单抗 vs. 安慰剂的 PFS 的 HR 情况：

原假设 H_0：卡瑞利珠单抗 vs. 安慰剂的 HR≥1

备择假设 H_1：卡瑞利珠单抗 vs. 安慰剂的 HR＜1

试验设计时，根据背景资料，预期卡瑞利珠单抗相对安慰剂的 HR 为 0.68；设计相当于优效界值 Δ=0 的差异性检验，Ⅰ类错误水平为双侧 0.05，即要求卡瑞利珠单抗 vs. 安慰剂 PFS 的 HR 的 95% 置信区间上限小于 1；试验结果 PFS 的 HR=0.37；95%CI（0.29，0.47）。由于 0.47＜1，优效检验成立，试验成功。

- 非劣效性检验：若预期干预方案疗效与对照组并无明显优势，但在安全性、便捷性或价格方面有优势时，可进行非劣效检验。

以阿莫西林（Moxatag）注册临床试验为例，目标人群为链球菌感染的咽炎或扁桃体炎患者，随机分配至试验组接受阿莫西林治疗，或对照组接受盘尼西林治疗；主要终点为细菌清除率，预期阿莫西林的细菌清除率不会差于盘尼西林。比较的终点为两组间的细菌清除率差，非劣效界值为 10%：

原假设 H_0：阿莫西林 vs. 盘尼西林的率差≤–10%

备择假设 H_1：阿莫西林 vs. 盘尼西林的率差＞–10%

Ⅰ类错误水平为双侧 0.05，即要求阿莫西林 vs. 盘尼西林的细菌清除率差的 95% 置信区间下限大于 –10%。试验结果率差 =1.6%；95%CI（–5.1%，8.2%）。由于 –5.1%＞–10%，非劣效成立，试验成功。

- 等效性检验：针对生物类的仿制药，常与原研药进行等效性检验。

以酒石酸唑吡坦片人体生物等效性研究为例，该研究在健康参与者中开展，随机分配至试验组接受酒石酸唑吡坦片或对照组接受思诺思；主要终点包括 Cmax、AUC0-t、AUC0-∞。

评价试验药 vs. 已上市药的生物等效性，以 C_{max} 为例：

原假设 H_0：试验药 vs. 已上市药的 C_{max} 比值＜0.8 或＞1.25

备择假设 H_1：0.8＜试验药 vs. 已上市药的 C_{max} 比值＜1.25

Ⅰ类错误水平为双侧 0.05，即要求试验药 vs. 已上市药的 C_{max} 比值的 95% 置信区间下限大于 0.8，上限小于 1.25；若试验结果 C_{max} 比值 =0.99；95%CI（0.85，1.16）。由于 0.8＜0.85，且 1.16＜1.25，则等效性成立，研究成功。

③界值的确定

非劣效、等效和优效性试验的区间检验与传统假设检验最大的不同是考虑了临床意义，以临床意义的差异 Δ 来进行假设检验。因此，如何确定这个疗效差异的判断界值就至关重要。若 Δ 太大，将把疗效远不如对照药的药物，判断为有效或等效；若 Δ 太小，则可能将本来可推广应用的有效药物，误判为无效而得不到及时上市，并且所需的样本含量可能会大得不切实际。因此，Δ 的确定应当合适，理论上应该是药效间具有临床意义的最大允许差异值，但实际确定起来往往较困难和复杂，需要根据临床意义、预期差别的监管要求等来综合考虑。

等效性界值 Δ 是一个具有临床意义的数值，该值由临床专家来确定。在生物等效性研究中，当评价两种剂型的药代动力学参数平均值是否足够接近时，两者 90% 可信区间在 80%～125% 之间成为可接受的标准。当用生物等效性试验不可能时（例如仿制的吸入药或外用药等局部用药），可进行临床等效性试验，得出双侧 95% 可信区间。

非劣效检验的 Δ 值的确定最为复杂，通常参考阳性对照药与安慰剂间的疗效差异，即阳性对照药的绝对疗效来判定，需要同时满足 2 个条件：使试验药物 A 疗效既要优于安慰剂 P 以保证药物的有效性（A–P＞0）；又要好到不差于阳性对照药 B（A–B＞–Δ）。因此，ICH 及 EMEA 等均推荐，同时包括安慰剂对照和阳性对照药的 3 个试验组设计的研究试验药必须证明在统计学意义上优于安慰剂（试验产品与安慰剂差异的双侧 95% 可信区间的下限必须大于 0），然后要用临床判断来评价所观察到的结果与安慰剂的差异是否具有临床意义。具体界值确定可参考 2020 年国家药品监督管理局发布的《药物临床试验非劣效设计指导原则》。

6. 样本量估算

统计分析的数据来源就是抽样样本，样本量是统计分析效能的重要影响因素。在统计分析中，样本量过小不能保证得出可靠的研究结论。而样本量过大则会造成不必要的人力、物力和财力的浪费，同时也会增加研究的难度。样本量估算就是保证科研结论具有一定可靠性条件下，确定的最少观察例数。需要注意的是，样本量估算应基于主要研究终点。

（1）样本量的影响因素

在样本量估算时，应明确以下几方面信息：

研究目的和试验设计类：临床研究是探索性研究还是验证性研究，研究目的是有效性验证还是安全性评价都会影响样本量估算。同时，前文提到的优效性检验、等效性检验、非劣效检验里样本量估算也有不同。研究设计里交叉的引入也会影响样本量的估计。

主要终点方类：预期主要终点的大小和变异、主要终点的类型（比率、均值、生存期、生活质量等）都是样本量估计的影响因素。

统计特征类：检验水准 α、单侧检验还是双侧检验、检验效能等。

其他类：组间样本的分配，预估脱落率的大小等也是样本量估计的影响因素。

（2）样本量估算方法

样本量的估算可以通过公式手动计算，也可以使用软件辅助计算，目前还有网站提供在线样本量估算服务。

软件可以使用 PASS（Power Analysis and Sample Size）、G-power、SAS sample size 等。

网站也有 Power and sample size 网站、Openepi 网站的 Sample size 模块可以提供在线样本量估算服务。

表2 样本量估算公式举例

	定性变量	定量变量
差异性研究	$n = \dfrac{(Z_{\alpha/2} + Z_{\beta})^2 [p_1(1-p_1) + p_2(1-p_2)]}{\delta^2}$	$n = \dfrac{2(Z_{\alpha/2} + Z_{\beta})^2 \sigma^2}{\delta^2}$
优效性研究	$n = \dfrac{(Z_{\alpha} + Z_{\beta})^2 [p_1(1-p_1) + p_2(1-p_2)]}{(\delta - \Delta)^2}$	$n = \dfrac{2(Z_{\alpha} + Z_{\beta})^2 \sigma^2}{(\delta - \Delta)^2}$
非劣效研究	$n = \dfrac{(Z_{\alpha} + Z_{\beta})^2 [p_1(1-p_1) + p_2(1-p_2)]}{(\delta + \Delta)^2}$	$n = \dfrac{2(Z_{\alpha} + Z_{\beta})^2 \sigma^2}{(\delta + \Delta)^2}$
等效性研究	$n = \dfrac{(Z_{\alpha} + Z_{\beta})^2 [p_1(1-p_1) + p_2(1-p_2)]}{(|\delta| - \Delta)^2}$	$n = \dfrac{2(Z_{\alpha} + Z_{\beta})^2 \sigma^2}{(|\delta| - \Delta)^2}$

表 2 列举了 1∶1 平行对照设计的样本量估计公式，其中 $Z_{\alpha/2}$ 为双侧 I 类错误对应的双侧标准正态分位数，Z_α 为单侧 I 类错误对应的标准正态分位数，Z_β 为 II 类错误对应的单侧标准正态分位数，p_1、p_2 为对照组、试验组的预期发生率（基于文献或预试验），$\delta = p_1 - p_2$ 为预期的两组差，Δ 为优效、非劣效、等效界值，σ 为结局变量的标准差。

一句话概括

统计分析是人类对大数据的妥协。假设检验是统计分析中利用数据判断结论是否成立的强大工具，其参数的选择是研究者对于风险与成本权衡的体现，而对其结论与指标（包括 P 值）的解读也需谨慎客观。

名词解释

- H_0：null hypothesis，零假设。试验者想收集证据予以反对的假设，也称为原假设。
- H_a/H_1：alternative hypothesis，备择假设。试验者想收集证据予以支持的假设。
- P value：P 值。在假定原假设为真的情况下，获得当前样本数据的概率。
- I 类错误：零假设为真时错误地拒绝了零假设，也被称为弃真错误、假阴性。
- II 类错误：零假设为假时错误地接受了零假设，也被称为取伪错误、假阳性。
- power：功效。指正确拒绝零假设的概率，即 $1-\beta$。
- α：level of significance，显著性水平。指的是当原假设 H_0 为真，却拒绝原假设 H_0 时，即犯 I 类错误的最大概率。

参考文献

[1] 任永泰. 关于假设检验中原假设的提出. 大学数学，2005，05：124-127.

[2] García-Berthou E, Alcaraz C. Incongruence between test statistics and P values in medical papers. BMC Med Res Methodol, 2004, 8: 4-13.

[3] 朱松涛，宋子兴. 概率论与数理统计. 4版. 杭州：浙江大学出版社，1997.

[4] 黄钦，赵明. 对临床试验统计学假设检验中非劣效、等效和优效性设计的认识. 中国临床药理学杂志，2007，1: 65-69.

推荐阅读

1. Goodman S. A dirty dozen: twelve p-value misconceptions. Semin Hematol, 2008; 45(3): 135-140.

2. 国家药品监督管理局，药物临床试验非劣效设计指导原则. 2020

延伸问题

P 值能被理解为原假设为真的概率么？

（余伟杰　何翰卿）

3 临床研究执行

3.1 伦理审查

3.2 研究注册与方案变更

3.3 方案偏离

3.4 安全性评估

3.5 数据收集

3.6 多区域临床试验

3.7 研究终点解读

3.8 治疗终止与研究终止

3.9 疗效评估

3.10 质量控制

3.1 伦理审查

引导问题

> 医生小王抱怨道:"只是回顾性分析了一些病例,写了一个小文章,杂志社居然要求伦理批件;伦理委员会居然不肯出,要求走立项、再伦理投票审查?做这个研究又没进行干预,为什么还要过伦理?伦理是不是在阻碍科学的发展?"

章节导图

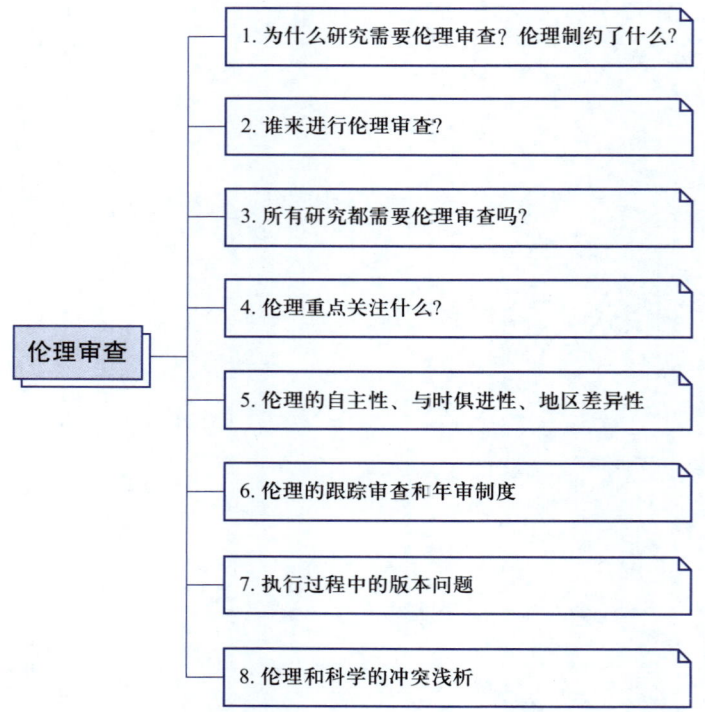

典型故事

结直肠癌是全球最常见的恶性肿瘤之一,患者总体预后差。血管生成是维持肿瘤细胞存活和侵袭性的关键事件。血管内皮生长因子A(VEGFA)是最重要的肿瘤细胞分泌的促血管生成因子之一,它的表达在结直肠癌中经常上调。

2020年5月19日,某研究团队在国际知名期刊 *Journal of Experimental & Clinical Cancer Research*(IF=11.3,Q1)发表题为"The circular RNA 001971/miR-29c-3p axis modulates colorectal cancer growth, metastasis, and angiogenesis through VEGFA"的研究论文(图1)。研究采用医院结直肠癌患者手术切除的标本,并获得了患者的书面知情同意。研究发现circ-001971/miR-29c-3p轴通过靶向VEGFA调节结直肠癌细胞增殖、侵袭和血管生成。文章一经发布,在业内引起重大反响,不到2年被引用高达50次。

> J Exp Clin Cancer Res. 2020 May 19;39(1):91. doi: 10.1186/s13046-020-01594-y.

The circular RNA 001971/miR-29c-3p axis modulates colorectal cancer growth, metastasis, and angiogenesis through VEGFA

Retraction Note | Open access | Published: 29 March 2022

Retraction Note: The circular RNA 001971/miR-29c-3p axis modulates colorectal cancer growth, metastasis, and angiogenesis through VEGFA

The Editor-in-Chief has retracted this article. Concerns were raised regarding the ethics approval as described in this article. The authors have been unable to provide documentation that confirms that the research as described in the article was approved by an IRB prior to the start of the study.

Authors have not responded to any correspondence from the publisher about this retraction.

图1 因违背伦理被撤稿的研究(Chen,2022)

然而,好景不长,2022年有读者对论文的伦理问题提出质疑。因论文对伦理审批的描述含糊其词,文中提到该研究获得了所在医院的批准,而并非医院伦理委员会的批准。论文末尾"Ethics approval"描述为"涉及患者或动物的操作遵循医院的伦理标准和赫尔辛基宣言"。如果不仔细研究，很难发现论文未明确提到研究通过了伦理审批。

于是杂志社发函给作者让澄清此事。可惜的是，作者无法提供文件证明该研究在启动前已获得伦理委员会的批准。很快，2022年3月29日，该文章被杂志社撤回，主要原因是文章涉嫌未取得适当的伦理批准。

众所周知，所有期刊都对伦理审查有严格要求。找伦理委员会改批件时间是根本不可能的，研究做完了临时补过伦理也是不被认可的。因此，伦理在临床试验中的重要性不言而喻。本次事件也给广大科研工作者敲响了一记警钟。

主要内容

1. 为什么临床研究需要伦理审查？伦理制约了什么？

君子有所为有所不为，研究也是一样。伦理审查是为了筛除给研究参与者带来的风险大于获益的研究，保证研究是科学的、伦理的、可行的，确保研究参与者的权益和安全受到保护。

临床研究最重要的准则是科学性、伦理性、可行性。但在实际研究中，三者经常无法取得一致，科学的研究不一定是伦理的，伦理的研究也不一定是科学的，某些情境中两者甚至是相悖的（图2）：

- 科学但不伦理的研究：20世纪60年代，收容在威洛布鲁克州立学校的智力障碍儿童多数都会感染肝炎。纽约大学Saul Krugman教授为了研究肝炎的治疗，其中一种研究方法是在孩子们的食物中混入肝炎病毒，刻意让学校里的数十位儿童染病，再观察病程发展的自然史。Krugman教授的研究成果对肝炎研究产生了巨大的贡献，他成功定义了不同类型的肝炎，对病毒的传播途径提供了许多资料，为乙肝疫苗的诞生奠定基础。然而，他的研究方法却突破了伦理底线。

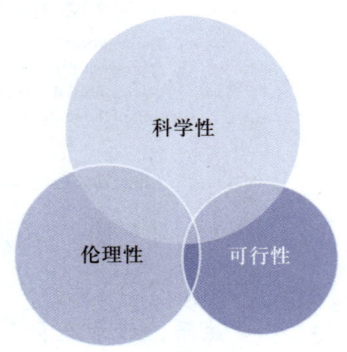

图2 科学性、伦理性、可行性的相互制约关系

- **伦理但不科学的研究**：一项在晚期鼻咽癌患者中进行的随机、开放标签、对照Ⅲ期研究，试验组接受免疫药物＋化疗，对照组接受化疗，主要终点为研究者评估的 PFS。因研究不设盲，研究者在评价 PFS 时极易产生偏倚，科学性受到影响。因此，组长单位伦理委员会否决了该研究设计。后申办方经与国家药品监督管理局药品审评中心沟通，将研究改为双盲设计，顺利通过伦理审批。

除了科学性和伦理性，研究的执行也受到许多现实因素（如人员资质、患者数量、设备、场地）的限制。因此，可行性也是伦理考量的重要因素。科学、伦理、可行三件事在临床研究中，常常是相互制约的。

伦理的存在就是要限制科学的发展？为了避免科学向极端、不可控的方向发展，伦理的出现是为了规范科学的发展。以贺建奎"基因编辑婴儿"事件为例，尽管研究推动了基因工程技术的发展，但基因编辑脱靶的不确定性以及其他巨大风险为这对双胞胎带来无法预测的个人健康风险，并且这些风险可能通过她们遗传给后代，为患者的安全性埋下巨大隐患，研究的伦理性广受诟病。最后，这一事件因严重违反了国际伦理共识和我国现行法规，贺建奎被依法追究刑事责任。该事件也被 Science 杂志评为 2018 年年度"科学崩坏"（science breakdown）事件。可见，伦理是为了制约科学向不可控的方向发展。

我国也出台了相关法规制度来保障临床研究的伦理性。2022 年 3 月我国发布了国家层面的科技伦理治理指导性文件《关于加强科技伦理治理的意见》，文件指出，"科技伦理是开展科学研究、技术开发等科技活动需要遵循的价值理念和行为规范，是促进科技事业健康发展的重要保障"，该文件的出台进一步强调了伦理审查的重要性。

2. 谁来进行伦理审查？

案例 "塔斯基吉梅毒研究"，也称为"臭名昭著的梅毒实验"，1932 至 1972 年，美国卫生部门官员征集亚拉巴马州塔斯基吉 399 名非裔男性梅毒感染者作为试验对象，研究梅毒的自然病程。为了让入组顺利进行，研究谎称患者罹患"坏血病"（bad blood）而非"梅毒"，将免费提供研究药物帮助他们治疗"坏血病"。但事实上，患者接受的是维生素或阿司匹林片，并没有得到任何有效治疗。尽管 1947 年青霉素已经成为梅毒的标准疗法，研究也故意不给患者采取有效治疗。该试验引发了严重的伦理问题，患者未被真实告知病情和治疗药物，严重违背知情同意原则。患者被隐瞒真相长达40年，直到1972年被媒体曝光后引发了巨大的公众舆论，研究才被迫终止。因错失有效治疗，许多患者死于梅毒或梅毒并发症，此外许多患者亲属也感染了梅毒。患者的健康乃至生命受损，权益被严重侵犯。

研究参与者不是小鼠，他们的权益和安全由谁来守护呢？这就涉及一个神秘的组织——伦理委员会。伦理委员会到底是何方神圣？

根据2023年出台的《涉及人的生命科学和医学研究伦理审查办法》，伦理委员会由生命科学、医学、生命伦理学、法学等领域的专家和非本机构的社会人士组成。社会人士必须和审查项目无利益关系，能从社会学角度思考问题，具有一定的代表性。

伦理委员会职责是通过独立地审查、同意、跟踪审查试验方案及相关文件、获得和记录研究参与者知情同意所用的方法和材料等，确保参与者的权益、安全受到保护。值得注意的是，伦理委员会**不是站在科学角度和人类社会的角度**，而是**站在研究参与者角度**，保障参与者的合法权益，维护参与者的尊严。

3. 所有研究都需要伦理审查吗？观察性研究需要么？队列研究需要么？转化研究需要么？

研究者："我就用病理科剩余的组织样本做检测，做的是基础研究啊，还用过临床研究伦理？"

《涉及人的生命科学和医学研究伦理审查办法》规定，以人为研究对象或者使用人的生物样本、信息数据（包括健康记录、行为等）开展的以下研究活动均需要过伦理：

①采用物理学、化学、生物学、中医药学等方法对人的生殖、生长、发育、衰老等进行研究的活动；

②采用物理学、化学、生物学、中医药学、心理学等方法对人的生理、心理行为、病理现象、疾病病因和发病机制，以及疾病的预防、诊断、治疗和康复等进行研究的活动；

③采用新技术或者新产品在人体上进行试验研究的活动；

④采用流行病学、社会学、心理学等方法收集、记录、使用、报告或者储存有关人的涉及生命科学和医学问题的生物样本、信息数据（包括健康记录、行为等）等科学研究资料的活动。

研究者:"我做的回顾性研究,病历都已经分析好准备投稿了,之前没经过伦理审查,没有批件怎么办?会受到处罚吗?"

未经伦理批准开展研究项目、发生严重不良事件未及时报告、违反知情同意原则,主要负责人将由卫生健康主管部门予以处分。

因此,无论是前瞻性、横断面或回顾性研究,无论是干预性还是观察性研究,无论是临床、转化还是基础研究,凡是涉及人的信息数据(健康记录、行为等)或者生物样本(血样、组织等),除少数情形外(详见《涉及人的生命科学和医学研究伦理审查办法》第三十二条),研究均需要伦理审批。

4. 伦理关注重点在哪里?什么情况会导致伦理不通过?

伦理审查主要考量**获益和风险**,研究的风险获益比应当合理,使研究参与者可能受到的风险最小化。主要考察研究科学性、伦理性、可行性三方面,审查的基本材料包括研究方案、知情同意书、资质和保险等。

(1)研究方案

主要考察试验设计的科学性和伦理性。

①对照组不合适

案例1 某肿瘤靶向药物Ⅲ期临床试验设计如下,是否合适?

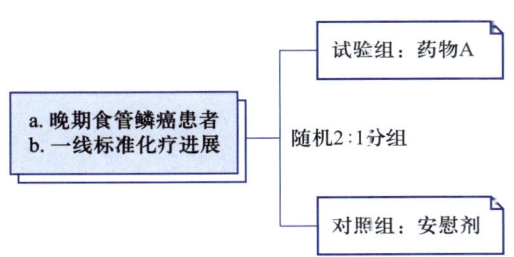

对照组设置的基本原则是优先选择当前可及的最优安全治疗。根据指南,食管鳞癌二线治疗存在有效的标准治疗药物,应该选择相应方案(PD-1单药或化疗)作为对照,使用安慰剂作对照不伦理,可能影响患者预后。

②治疗线数不合适

案例2 某肿瘤靶向药物Ⅲ期临床试验设计如下,其中药物B在胃癌中已经上市,但缺乏在胰腺癌患者中的安全性、有效性数据,请问试验设计是否合适?

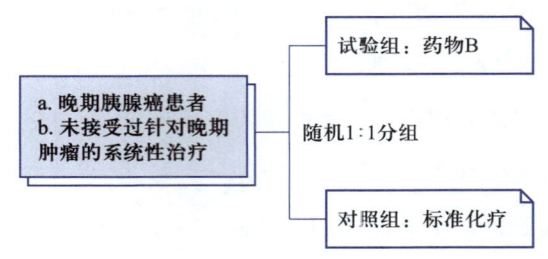

▶药物B已经上市，但缺乏在胰腺癌患者中的安全性、有效性数据

治疗线数设置不合适。药物 B 对胰腺癌患者来说属于全新疗法，对初治患者来说安全性和有效性尚不可知。根据指南，一线治疗方案推荐化疗。肿瘤新药临床研究一般从后线开始，在获得相对充分的安全性与有效性数据之后，再挑战一线标准治疗。

（2）知情同意

①知情同意书未告知全部风险

案例 1 探索某 PD-1 联合标准化疗对比标准化疗治疗晚期结直肠癌患者的疗效、安全性研究。在知情同意书的风险部分，仅描述了 PD-1 的不良事件发生情况，是否合适？

不合适，知情同意书未告知全部风险。试验组未描述 PD-1 和化疗联合方案可能产生的额外风险，此外，两个治疗组标准化疗的风险被遗漏。

②随意豁免知情同意

案例 2 某医生想收集 2013 年 1 月 1 日以后诊断为子宫内膜癌患者既往病历资料中的诊疗信息，直至患者失访或死亡。那么能否豁免全部患者的知情同意？

不能。研究需要随访患者结局，说明根据病历信息至少可以联系到部分患者，无法豁免全部患者知情同意。根据《涉及人的临床研究伦理审查委员会建设指南（2023 版）》，豁免知情同意需满足：a. 受试者可能遭受的风险不超过最低限度，如观察性研究。b. 豁免征得受试者的知情同意并不会对受试者的权益产生负面影响。c. 利用可识别身份信息的人体材料或者数据进行研究，已无法找到受试者，且研究项目不涉及个人隐私和商业利益。d. 生物样本捐献者已经签署了知情同意书，同意所捐献样本及相关信息可用于所有医学研究。e. 豁免征得知情同意，不意味着免除伦理审查委员会的审查。

（3）项目组保障措施

①研究者资质

案例 探索局部晚期非小细胞肺癌患者放化疗后使用某PD-1单抗维持治疗疗效的临床试验，研究者列表仅包含内科医生，是否合理？

不合理。研究团队需要增加放疗科医生开展前期放疗。涉及多学科综合治疗的临床试验，研究团队应包括各个学科的研究者。

②保险

临床试验保险也是伦理审查的重点之一。2020版《药物临床试验质量管理规范》第三十九条规定："申办者应当向研究者和临床试验机构提供与临床试验相关的法律上、经济上的保险或者保证，并与临床试验的风险性质和风险程度相适应。"干预性研究一般需要为研究参与者购买保险。如果参与者发生与试验相关的伤害或者死亡，伦理委员会需确保申办方具备一定的赔偿能力，以保障参与者的权益。伦理审查时会考察保险额度和研究的风险大小是否匹配。保险期限需涵盖整个试验周期。

5. 伦理自主性、与时俱进性、地区差异性

伦理审查具有自主性、与时俱进性、地区差异性，同一个研究方案不同伦理委员会可能会形成不同的审批意见。

（1）伦理自主性

伦理审查是独立的。国外伦理批了，国内不见得一定要批。组长单位批了，参加单位伦理有权批准或不批准在其机构进行研究。例如：一项评价小分子靶向口服药（试验药物A）对比克唑替尼胶囊一线治疗ALK阳性非小细胞肺癌患者的有效性和安全性的随机、对照、多中心Ⅲ期临床试验。该项目已经获得组长单位伦理批准。在某个分中心过伦理时，伦理委员会认为对照组克唑替尼在指南上虽然是一线治疗，但不是最优标准治疗，NCCN指南（Version 1.2024）对ALK重排的非小细胞肺癌一线治疗优先推荐阿来替尼、布加替尼、洛拉替尼，应调整方案，于是否决了该项目的伦理申请。最终，申办方未在该分中心开展此项目。

（2）与时俱进性

以信迪利单抗申请美国上市为例（ORIENT-11研究）（图3）：

ORIENT-11为一项国内多中心、随机、安慰剂对照Ⅲ期研究，于2018年8月

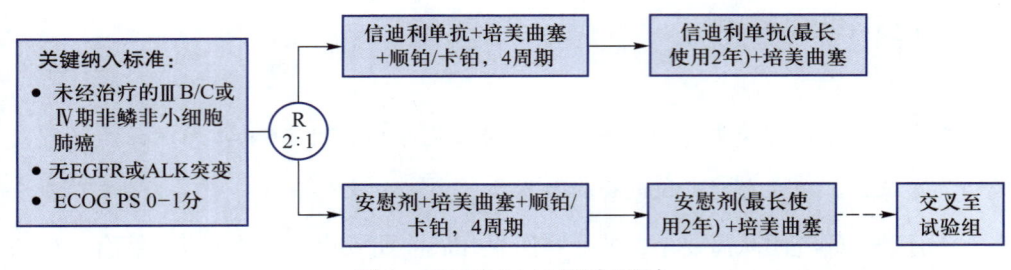

图 3 ORIENT-11 研究设计
［改自 FDA Briefing Document ODAC Meeting（2022-02-10）］

23 日正式启动。在 ORIENT-11 启动时，K 药刚进入中国市场，还未进入非小细胞肺癌治疗指南，因此国内无驱动基因突变的非鳞非小细胞肺癌的一线标准治疗方案仍然为化疗。

而在 2022 年信迪利单抗闯美申请上市时，K 药联合化疗早在 2018 年就被 FDA 批准用于非鳞非小细胞肺癌的治疗，无论 FDA 是从伦理还是科学性角度来考量，ORIENT-11 研究选择培美曲塞联合铂类治疗作为对照组的临床试验设计已经"过时"。也就是说，信迪利单抗要在美国上市，需跟其他有相同适应证的已上市 PD-1 抗体作"头对头"比较。这也是信迪利单抗在美闯关失败的重要原因。不止监管对研究的伦理审查标准是与时俱进的，伦理委员会也是如此。

（3）地区差异性

仍以 ORIENT-11 研究为例，2018 年 K 药在中国尚未进入非小细胞肺癌的一线治疗指南，对照组选择化疗，是符合当时我国的治疗标准的。因此，该项目 2018 年通过了我国伦理委员会的批准。该项目如果 2018 年就选择了美国的中心作为 site，很可能通过不了美国的伦理。因此，不同地区上市的药物、诊疗指南的不同会造成伦理审批意见的不一致。

此外，不同地区药物可及性、诊疗习惯、文化信仰等都会影响治疗方案的选择。总之，伦理审查是根据不同地方的情况、不同的能力、不同的环境来进行的，充分保证患者在当时、当地得到合理的对待。

6. 伦理跟踪审查和年审制度

2023 年，北京市卫生健康委员会对全市范围内的研究者发起的临床研究（Investigator initiated trials，IIT）项目组织开展了现场监督检查工作。根据《医疗卫生机构开展研究者发起的临床研究管理办法》，IIT 需要在国家医学研究登记备案信息系统登记。多位研究者接到通知，项目没有向伦理委员会提交年度跟踪审查（年审），因此无法在上述备案系统中上传伦理的年审批件。那么年审主要写什么？伦理委员会是否会提醒？没交项目会不会被停掉？

2020版《药物临床试验质量管理规范》规定，研究进展每年至少需向伦理汇报一次。年审主要审查内容包括：研究参与者情况（招募/纳入人数，退出人数等）、安全事件（SAE、SUSAR）、疗效（如适用）、方案违背情况等。伦理会考察方案的依从情况、对研究的风险/获益再次评估，给出同意继续研究、暂停研究、终止研究的意见。一般来说，伦理委员会定期提醒研究者递交年审。研究者若逾期提交，可能会面临研究被伦理委员会暂停或者终止的风险。

除了年审，伦理跟踪审查还有其他类型，以便及时发现和纠正问题，帮助研究者进行持续的质量管理，更好地保护患者权益。

例如：一项PD-1单抗联合化疗对比安慰剂联合化疗一线治疗复发性或转移性鼻咽癌患者的Ⅲ期、随机、双盲、安慰剂对照研究，某中心作为参与单位，部分事件时间节点如图4。

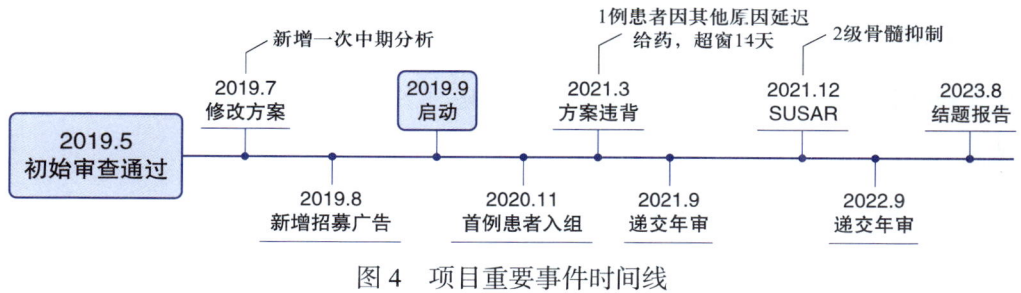

图4 项目重要事件时间线

请问上述哪些事件需要伦理审查？只要和原始方案有出入的操作，就需要递交跟踪审查吗？

总的来说，跟踪审查类型主要包括（图5）：

（1）研究方案和知情同意书等文件的变更

如修改入排标准、调整样本量、改变临床试验终点、根据实际情况调整采血量等，伦理根据修改是否影响患者的权益、研究的实施等给出审评意见。修改后的方案、知情同意书、招募广告等文件在伦理批准后才能使用。

本案例中新增一次中期分析，与患者的疗效、安全性相关；新增招募广告，涉

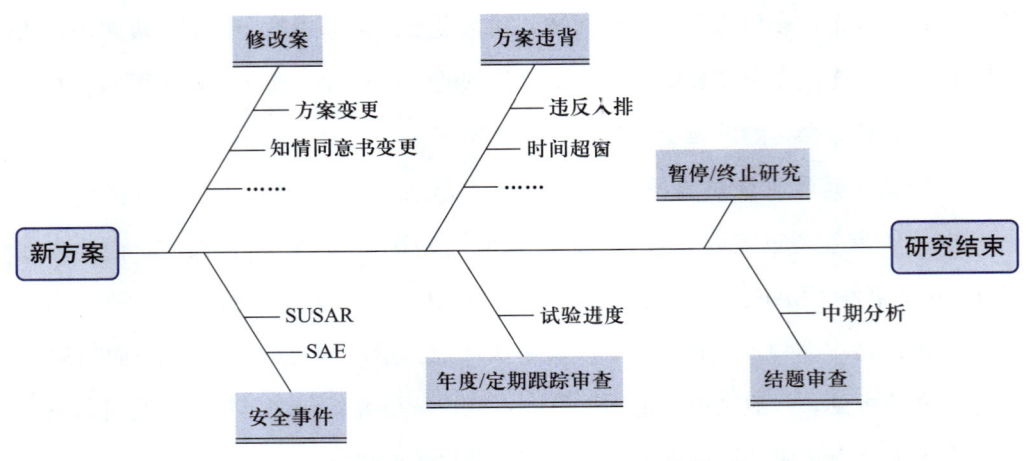

图 5　伦理跟踪审查主要内容总结

及患者隐私权、自愿原则等，都需要伦理审批。

（2）安全事件的审查

伦理会对研究中的安全性事件（SAE，SUSAR）及处理方法进行审查，特别是某类安全性事件非常严重或者重复发生，伦理会重点关注，决定是否暂停/终止该研究或讨论相关患者的后续处理方案。

本案例中患者出现 2 级骨髓抑制后，暂停 PD-1/安慰剂和化疗药，住院接受重组人粒细胞刺激因子注射液治疗直至血象恢复。该 AE 处理方法适当，伦理同意继续研究。

（3）年度/定期进展报告的审查

如前所述，研究者需要向伦理委员会提交年度报告，让伦理获知该项目的疗效、安全性数据信息。审查通过研究者才能继续研究。

本案例中，年审存在以下错误：① 2020 年虽然没有患者入组，也需要递交年审；②年审以首次通过伦理时间往后推算，而不是启动时间，故 2020.5、2021.5、2022.5、2023.5 均需提交年审。

（4）重大方案违背的审查

方案违背在研究中时常发生，对于风险小的事件可在伦理备案。对于风险较大的方案违背（显著影响患者权益和安全、研究数据的完整性/可靠性/准确性、违背患者继续参加研究的意愿等），伦理会重点关注。常见的方案违背有：①纳入的患者不符合入排标准；②新项目未过伦理就启动；③变更的方案还没经过伦理审批就执行；④伦理批件过期，继续入组或随访工作；⑤患者接受了错误的剂量或错误的药物；⑥患者服用了禁忌药；⑦患者达到退出标准，但没退出等。

本案例中 1 例患者因其他原因延迟 14 天给药，研究者判断为重大方案违背。在评估患者的整体情况后，研究者给出了后续处理措施，认为患者可以继续按原方案要求接受治疗，并将该情况上报至伦理委员会。

（5）暂停/终止研究审查

药物 SAE/SUSAR 发生率高、中期分析显示疗效不足等，申办方可能会暂停/终止研究。研究并不是说停就停，项目终止后，试验中仍在用药的患者后续是否继续用药、安全性检查是否照旧等后续措施，需要研究者和项目组妥善安排，确保患者的安全和权益。

（6）结题审查

当项目的全部患者都完成了所有与研究相关的干预措施，数据分析工作已经完成，研究者可向伦理提交结题报告。伦理会综合评估研究是否遵循方案开展、是否在研究过程中伤害了患者的权益，决定是否批准结题申请。

本案例中，中心共入组 3 例患者，2023.8 三例患者均已出组，随后研究者向伦理递交了结题报告和关中心函，伦理经过评估，同意申请。

7. 执行过程中的版本问题

（1）方案的版本

2022 年，一项探索右美托咪定辅助罗哌卡因对接受细胞减灭术的卵巢癌患者进行双侧双腹横肌平面阻滞的疗效的随机对照研究于 2022 年 1 月 12 日发表在 *BMC Anesthesiol*，不到半年，6 月 17 日文章就被撤回，杂志社给出的理由是修改后的方案没有经过伦理的批准（图 6）。由此可见，方案不管修改多少版，被执行的版本都必须经过伦理委员会的批准。

```
Retraction Note: BMC Anesthesiol 22, 20 (2022)

https://doi.org/10.1186/s12871-021-01542-z

The authors have retracted this article because they did not obtain ethics committee approval for changes to the protocol of their study.

All authors agree to this retraction.
```

图 6　方案版本问题引发的撤稿（Zhang，2022）

（2）招募广告和知情同意书的内容

一项Ⅲ期临床研究，伦理批准了 V1.0 版本的招募广告（图 7）。但发现项目组在实际操作中，虽然公开张贴的招募广告版本号未变，但悄悄地将原审批内容"招募时间：2023 年 09 月 26 日—2024 年 09 月 01 日"改为"招募时间：2023 年 09 月 26 日起"（图 8），上述做法是否合适？

```
……
招募时间：2023 年 09 月 26 日—2024 年 09 月 01 日
如果您或您的朋友至少符合上述条件，并且愿意参加本次临床研究，请联系以下医生了解更多与本研究相关的信息。
医院：_____                科室：_____
联系人：_____  电话：_____  电子邮箱：_____
```

图 7　伦理批准的招募广告

```
……
招募时间：2023 年 09 月 26 日起
如果您或您的朋友至少符合上述条件，并且愿意参加本次临床研究，请联系以下医生了解更多与本研究相关的信息。
医院：_____                科室：_____
联系人：_____  电话：_____  电子邮箱：_____
```

图 8　实际使用的招募广告

答案是否定的。对方案、知情同意书、招募广告、问卷等的任何修改，可能影响患者权益或研究实施的，需再次报请伦理委员会批准后实施。不得擅自加减文字。对于修改小的（如勘误、更换申办方联系方式等）文件，可通过备案的形式递交伦理，实质性修改则需要上会审查。

8．伦理和科学的冲突浅析

科学技术的发展具有不确定性，在一项技术成熟之前，我们很难知道它的应用会带来什么样的后果。伦理是在总结前人的经验后形成的规则，这种认知总是滞后于科研和科技发展的速度。因此，在临床研究中，科学发展中的不确定性和伦理的滞后性之间总是存在冲突，需要人为地选取一个平衡点。在实际执行中，也要合理把握两者之间的度。

例如，在研究设计中，设置盲法是为了试验设计的科学性，减少偏倚。而设盲实则损害了患者的知情权，可能会对患者的后续治疗产生影响。

案例 一项在晚期初治食管鳞癌患者中进行的免疫药物A的随机、安慰剂对照、Ⅲ期研究，将患者1∶1随机分成两组，试验组接受免疫药物A+化疗，对照组接受安慰剂+化疗，主要终点为PFS和OS。此外，方案规定不允许患者在疾病进展时揭盲，疾病进展后不允许交叉治疗。那么，本方案中患者在疾病进展后不能揭盲，是否伦理？

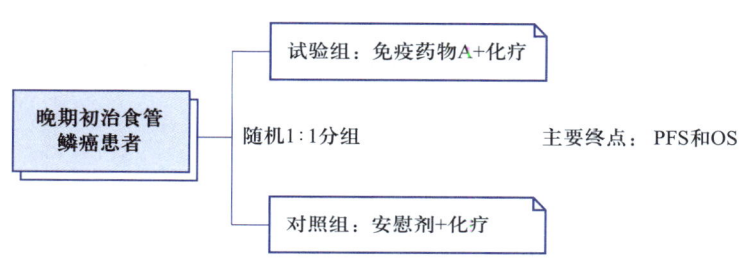

▶ 免疫药物A的随机、安慰剂对照、Ⅲ期研究
▶ 不允许患者在疾病进展时揭盲
▶ 疾病进展后不允许交叉治疗

破盲对科学的损害：对研究人员和患者实施盲法可以减少偏倚因素。一旦破盲，可能会引入偏倚。如上述以OS为主要终点的临床试验，破盲后可能倾向于给试验组患者更积极的后线治疗，或给予更积极的对症处理，可能会使试验组的OS更长；此外，对照组患者知道自己使用了安慰剂，可能会产生消极的心理暗示，使对照组OS更短，加大两组间的OS差异。

盲法对患者的损害：需考量盲法是否影响患者出组后的治疗方案。本案例中盲法影响患者的二线治疗方案，对患者来说是不伦理的，可要求揭盲。例如，患者如果被分配到安慰剂组，未接受过免疫治疗，进展后可以选择免疫治疗联合二线化疗方案。如果患者在试验组，他的治疗结果提供了患者对免疫治疗敏感性的前验参考，有利于帮助患者制定合适的后线治疗方案。

因此，揭盲是伦理、患者治疗的需求。研究中科学虽然受到了伦理的约束，但伦理也对科学做了很多的让步，两者相互制约又相互促进，形成"在博弈中前行"的局面。

近年来，随着科学技术的飞速发展，科学和伦理的对立日益尖锐。但实际上，两者谁占绝对优势都是不利的。科技发展具有不确定性，带来的风险未知。爱因斯坦曾说过："科学是一种强有力的工具，怎样用它，究竟是给人带来幸福还是带来灾难，全取决于人自己，而不取决于工具"。科学是一把双刃剑，科学的发展如果不受到伦理的约束，那么很可能失去控制，给人类带来灾难，例如基因编辑带来的未知安全风险、大数据和人工智能应用下隐私的泄露等。相反，如果伦理占绝对优势，就会在一定程度上限制科学的发展。因此，需要在两者之间取得动态平衡。

另一方面，伦理对科学的规范可以限制科学技术滥用，更好地引导科学向造福人类社会、生态环境的方向发展。同样，科学的发展虽然带来了新的伦理挑战，同时也促进了新的伦理规范形成，使伦理发展逐渐完善。因此，科学和伦理，相互制约又相互促进，共同推动人类社会健康、可持续发展。

一句话概括

涉及人的生命科学和医学研究需要经过伦理审查。伦理通过初始审查、跟踪审查等形式，考察研究参与者的获益/风险，保护参与者的权益和安全。

名词解释

- IIT（investigator initiated trials）：研究者发起的临床研究，指研究者发起的、以非上市为目的开展的临床研究。
- 跟踪审查（periodic review）：指伦理委员会对文件更改、安全性事件、方案偏离、研究暂停或结束等事件进行审查。
- SAE（serious adverse event）：严重不良事件，指研究参与者接受试验药物后出现的死亡、危及生命、永久或严重的残疾/功能丧失、需住院治疗或延长住院时间，以及先天性异常/出生缺陷等不良医学事件。
- SUSAR（suspected unexpected serious adverse reaction）：可疑且非预期严重不良反应，指接受试验药物后出现的与药物可能有关的严重不良反应，其性质或严重程度超出了试验药物研究者手册、已上市药物的说明书、产品特性摘要等已有资料信息的范围。

参考文献

[1] Chen C, Huang Z, Mo X, et al. Retraction Note: The circular RNA 001971/miR-29c-3p axis modulates colorectal cancer growth, metastasis, and angiogenesis through VEGFA. J Exp Clin Cancer Res, 2022, 41(1): 114.

[2] Zhang JP, Zhang N, Chen X, et al. Retraction Note: Efficacy of dexmedetomidine as an adjunct to ropivacaine in bilateral dual-transversus abdominis plane blocks in patients with ovarian cancer who underwent cytoreductive surgery. BMC Anesthesiol, 2022, 22(1): 188.

延伸问题

什么情况下可以豁免知情同意？什么情况下可以免除伦理审查？

（汤骐羽　吴大维）

3.2 研究注册与方案变更

引导问题

> 医生小 × 今年中了个课题，收集患者血样做个小研究。机构办公室要求他立项审核方案、做研究登记备案、上伦理会，并核实是否需要申请遗传办审批。小 × 不禁抱怨："有这功夫，我文章都写完了。为什么机构办公室有这么五花八门的要求？真的有必要么？"

章节导图

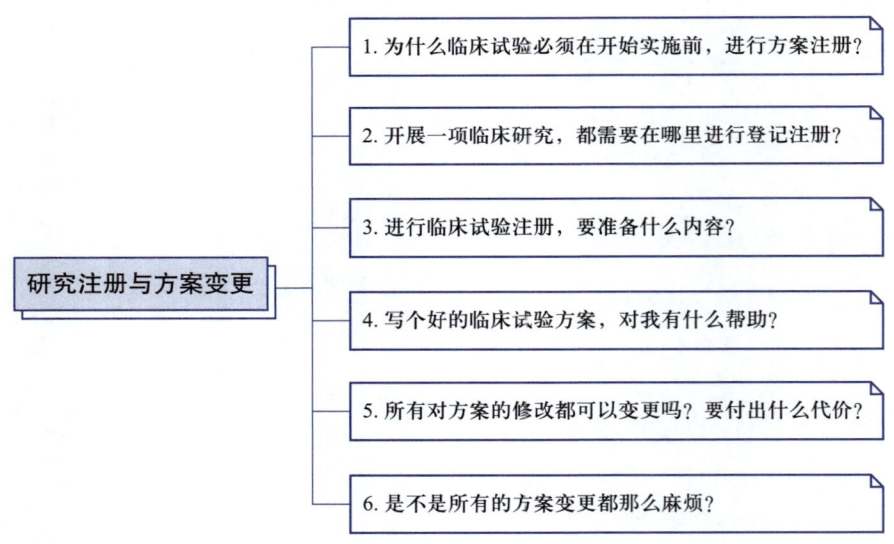

典型故事

某药企研发了一款治疗恶性肿瘤的靶向药物 A 药，在前期 I / II 期临床试验中安全性和耐受性较好，并且对乳腺癌显示了很好的临床疗效，准备开展Ⅲ期临床试验。这也是该企业同期研发的多款新药中唯一顺利进入Ⅲ期临床的项目，公司上下对此都非常重视，安排了最好的项目团队进行试验设计和执行。我们看一下他的试验总体设计。这个研究为一项随机、双盲、对照、多中心临床试验，分为两个试验组（A药单药、A药+B药联合）和一个对照组（安慰剂），共涉及约800例患者。每28天为一个治疗周期，每周期进行1次安全性评价，每3周期进行1次影像学评估和患者报告结局评估，并且在部分有条件的研究中心开展药代动力学研究。研究参与者用药直至发生符合治疗终止标准的事件，在治疗结束后，还将对研究参与者进行治疗结束访视，以及每2个月一次的生存随访……

从简单的方案描述来看，已经可以预估到这个项目在执行过程中庞大的工作量了。确实，在试验进度过半时，企业的经费投入就已经远超预算，同时因为人手不足，很多访视和记录不能按计划完成，造成很多方案违背或偏离，试验质量堪忧。为了试验能够保质保量进行，该企业计划进行方案修改，降低影像学评估及生存随访的访视频率。但在实际操作中，他们发现，事情并不是这么简单。减少访视次数或随访时间，属于对研究参与者安全性影响较大的方案变更，首先要向药审中心提出沟通交流申请，同时提交各个研究中心的伦理委员会进行审查，在多方审查通过后，还需要在临床试验注册登记网站登记更新，之后每年在《研发期间安全性更新报告》（DSUR）中向药审中心汇总报告。最重要的是，如果不能通过药审中心和伦理委员会审查，反而会暴露自己试验的问题，引起反向关注。折腾这一趟，是不是不太值得？改还是不改，研究团队陷入了进退两难，骑虎难下的境地。

那么，方案注册的根本目的是什么？一份完善的临床试验方案的价值在哪里？方案写完到底可不可以进行修改？我们一起来看下本章节的内容。

主要内容

1. 为什么临床试验必须在开始实施前，进行方案注册？

临床试验方案注册的要求最早可追溯到《赫尔辛基宣言》，《赫尔辛基宣言》是受国际广泛认可和使用的规范临床研究的基本依据，也是涉及人类研究参与者的医学研究的伦理原则，它要求每项研究在招募第一个研究参与者之前，必须在可公开访问的数据库中进行登记。这首先是对临床试验中的参与各方伦理层面的制约，患者作为研究参与者志愿参加临床试验，承担了极大的风险，要在研究参与者接受干预前，明确试验要求，严格按登记注册的方案执行对研究参与者的一切操作并实时更新，并且研究参与者有权知晓试验中可能会影响患者治疗或安全权益的相关结果。

此外，2004年，国际医学期刊编辑委员会（ICMJE）也发布公告要求临床试验在招募之前将试验的措施、简要的研究方案向公众开放并公布，并以此作为允许试验结果发表文章的必要条件。所以越来越多的期刊会要求我们在进行临床研究相关的论文投稿时，提供临床研究注册号，并且多数高水平的期刊不接受补注册试验，一定要及时注册登记，编辑会对此进行严格审查。曾经一位学者在投稿 *Lancet Oncology* 杂志时，收到的拒稿理由即是：该试验在 ClinicalTrials 网站上的登记时间晚于其首例研究参与者的知情时间，而作者对此无法做出合理的解释。辛苦产出的科研结果文章发表不了，所有的努力付诸东流，不仅如此，前期发表的该项目相关文章也可能被质疑造假，造成的严重后果是无法补救的。

各国监管机构和医学研究者们遵守国际共识，将临床试验各项关键信息进行登记注册并且不随意更改，可以确保临床试验注册工作的严谨性和权威性，保障临床研究的透明度和结果可靠性，促进整个行业的正向发展。对于研究者个人而言，在研究早期即公开相关信息，可以减少相关领域不必要的重复研究，节约资源，并且有利于大家利用登记信息进行二次研究，得到学术产出。

所以，临床研究的及时注册登记是极为必要的，也是未来发展的大势所趋。

2．开展一项临床研究，都需要在哪里进行登记注册？

通过上述介绍，我们已经了解了临床研究注册的重要性和时效性要求，那么，该如何开始临床研究登记注册呢，能注册的网站都有哪些？

2004年，世界卫生组织（WHO）牵头建立了国际临床试验注册平台（ICTRP），为临床试验注册制定了标准。其后，很多国家都先后建立了各自的临床试验登记网站，使用 ICTRP 的统一标准进行管理，并通过认证成为被 WHO 认可的注册机构，临床研究在这些网站上进行注册均具有同等效力。国内研究者们所熟知并经常使用的就是美国临床试验注册中心（ClinicalTrials）和中国临床试验注册中心（ChiCTR）（图1，图2）。

3 临床研究执行 ▸ 3.2 研究注册与方案变更

图1 美国临床试验注册中心（ClinicalTrials）

图2 中国临床试验注册中心（ChiCTR）

这个时候你可能会问，我需要在中外两个平台上都进行注册么？ChiCTR 是 WHO ICTRP 认证的一级注册机构，在 ChiCTR 进行临床试验注册后资料均可以链接到 WHO ICTRP，并能在其检索入口检索到，因此，在 ChiCTR 上进行注册了的项目是无需在国外注册中心重复注册的，可以根据研究项目实际情况自行选择注册网站。比如本研究想发表高分的 SCI 文章或者想更多地打开国际知名度，可以选择在国外注册中心注册。

除了国际约定要求，近年来，国内的法规也开始对临床试验登记注册提出要求。根据研究目的和发起人可以分为两类，首先是企业发起的，以注册为目的的临床试验，自 2013 年起所有获批的注册临床研究均应在我国国家药监局建立的药物临床试验登记与信息公示平台进行登记与信息公示，因为其主要执行者为申办方企业，这里我们不作为重点，和我们切实相关的是对于研究者发起研究的要求。

根据国家卫生健康委《医疗卫生机构开展研究者发起的临床研究管理办法》，临床研究在医疗卫生机构立项审核通过后，在我国国家卫生健康委员会建立的国家医学研究登记备案信息系统（图3）完成上传，并鼓励其在科学性审查、伦理审查等各个环节进行实时更新。该备案系统可供省级卫生健康行政部门对临床研究进行监测、评估、分析，实施监督管理，并有权叫停违规开展的临床研究，所以我们在开展研究者发起研究时，务必重视该备案系统的注册填报，在各个时间节点完整、准确的登记相应试验信息，以免接收到行政管理部门的"监管函"。

截至本章内容成稿时，国家医学研究登记备案信息系统和中国临床试验注册中心两平台正在开展对接试运行工作。现在，研究者在备案系统首次上传研究信息时，可以选择是否需在 ChiCTR 网站公开，如选择是，该研究的部分信息将在审核

图 3 国家医学研究登记备案信息系统

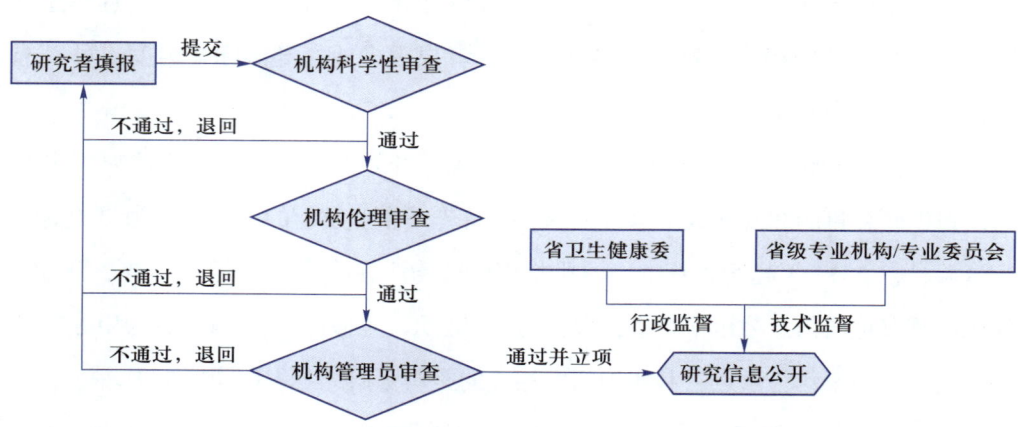

图 4 国家医学研究登记备案信息系统备案流程示意图

后同步至 ChiCTR 注册网站，由注册网站审核人员进行信息确认并对外公开，即可获得临床研究注册号，同时部分基础信息将提交至世界卫生组织国际临床试验注册平台（WHO ICTRP）。试运行结束后，ChiCTR 网站将不会再对医疗卫生机构（中华人民共和国境内大陆地区，不包括军队医疗机构）的研究者开放填写入口，这意味着研究者只需在备案网站上填写即可完成临床试验的登记和注册，大大减轻了研究者在不同信息平台重复填报的负担。

3．进行临床试验注册，需要准备什么内容？

在 ClinicalTrials 进行一个完整的临床试验方案注册，需要填写的内容几乎涵盖了临床试验的方方面面，如和临床试验设计相关的关键信息以及研究方案的各项基本信息等，其中的必备项为：

①可用于公开的方案名称和方案编号；

②研究类型：可分为干预性研究、观察性研究、拓展性应用三个选项；

③研究方案的审批情况，审批单位的名称、隶属组织、批准号等；

④监督临床试验的国际或国家卫生组织；

⑤负责执行、监管，并对整个试验负责的申办方；

⑥方案摘要，对公开方案的简要说明，便于其他研究者快速了解整个试验方案；

⑦试验状况说明，最后一次确认试验方案的日期、研究招募的状态、拓展性应用状况；

⑧研究设计，根据研究类型不同分别填写。如试验为干预性研究，则需要从研究目的、研究分期、干预措施、分组数、盲法、分组方法、研究终点、样本量等方面对试验方案进行说明。如试验为观察性研究，则需要从研究模型种类、观察时间点、生物标本的存放形式、样本量、分组数等方面对试验方案进行说明；

⑨试验分组情况和干预措施；

⑩研究对象的选择，目标人群、抽样方法、纳入以及排除标准、性别、年龄限制、是否接受健康志愿者等；

⑪研究分中心的名称、地址，研究者姓名等。

4．写个好的临床试验方案，对我有什么帮助？

上面说了这么多研究注册的相关内容，写个好的临床试验方案，除了满足相关规定，不至于违规操作外，还有什么好处？

首先，对于一些急需成果产出，或缺少研究经费的青年研究者们，好的试验方案不仅可以进行会议投稿，获得公开展示机会，还可以发表"Protocol"文章。"Protocol"即"临床研究方案"，是描述一项研究主要背景、目的和研究方法的一类文章，通常发表于临床研究开始实施之前或完成之前，在时间上，不需要真正去开展一项临床研究得到结局指标，只要是临床研究就会有研究方案，各种类型的研究，包括随机对照研究、观察性研究或者 Meta 分析都可以写成 Protocol 去发表。当然，Protocol 的发表也离不开我们本次的主题，在发表前需要经过临床试验登记注册，获得医院伦理委员会的审查通过。一项高质量临床研究，前期发表高影响力的 Protocol 文章，有利于增加后续研究的科学性和可信度。

对于项目本身而言，合理完善的方案设计是研究执行高效、试验结果可靠的根本前提。方案设计对研究执行和结果的影响贯穿本章。以入排标准的设定为例，某抗肿瘤药物临床试验方案中明确要求 25 项入排标准的收集都需要患者提供相应的既往记录作为佐证，否则不能作为入排标准的证据。患者既往记录的收集本就比较困难，完整的、可以符合临床试验记录标准的既往数据就更难得了，所以这就给项目的实际操作人员设置了很大的难题。不合理的入排标准设置导致该项目的患者筛选流程可执行性差，入组效率低下，拖慢试验进度。

综上，好的临床试验方案无论从提升自己的学术影响力还是在项目可执行性上都起到了决定性的作用，是开展一项临床研究的基础，也是体现个人临床研究水平的关键。

5. 所有对方案的修改都可以变更吗？要付出什么代价？

可以，但不一定可行。

再完美的方案也会有设计不周全的地方需要修正，并且随着医疗卫生水平的不断发展，临床试验相关设计也需要实时更新，所以方案的修改是不可避免的。我们将所有对已被审评机构认可的试验方案内容进行的修改或完善都称为"方案变更"。2022 年 6 月，国家药监局药品审评中心发布了《药物临床试验期间方案变更技术指导原则（试行）》，接下来我们结合一些实际案例和这个指导原则的要求一起来看一下，方案变更到底是如何规定和操作的。

案例 1　混淆新的临床试验申请与方案变更

B 公司在某医院伦理审查系统中提交了一份伦理备案文件，拟将该公司一项已经用药随访中的研究方案所使用的试验药物"××冻干制剂"改为"××液体制剂"。B 公司认为，通过前期的药学研究，液体制剂和冻干制剂的产品质量一致，对患者安全性不具有潜在影响，遂计划通过伦理备案的程序告知医院并实施。伦理委员会意见：拒绝该剂型变更的备案申请，要求申办者提交与药审中心的沟通记录，视沟通结果再做后续处理。

首先我们需要明确的是方案变更的基本概念，不是所有对方案的修改都是方案变更，也可能是设计了一个新的临床试验。比如：改变了试验药物的剂型或给药途径、新增了适应证、增加了与其他药物的联合用药等，这些情况不能按方案变更实施,需要向审评机构提出新的临床试验申请。

案例2 随意放宽剂量限制性毒性（DLT）标准

某免疫治疗药物的Ⅰ期临床试验,该药在作用机制上可能会引起骨髓抑制的不良反应,国外同类药有血小板减少的不良反应,方案将"4级血小板减少"定为DLT标准,但研究进行期间,第2个剂量组就有1例患者出现4级血小板减少。申办者认为该剂量水平远未达到预期的后续试验推荐剂量,故参考国外同类药物研究方案,拟放宽DLT标准,修改为"4级血小板减少,且经支持治疗2周内不能恢复至≤2级"。伦理委员会意见：本研究在低剂量组即发生严重毒性,直接放宽DLT标准将给后续入组的患者带来巨大风险,此时就进行方案修订并不合理;建议谨慎考虑毒性发生原因和剂量设置合理性,可先根据原方案在该剂量组继续纳入更多患者收集更多安全信息,再决定是否修改方案。

案例3 调整起始剂量

某靶向药物Ⅲ期关键注册试验,为试验药与标准治疗药物的随机对照、开放研究。研究过程中申办者发现试验组已纳入患者3级以上不良反应发生率过高,与主要研究者讨论后拟下调试验组起始剂量和更新试验药剂量调整规则,但新方案、知情同意书和研究者手册未提及本研究前期不良反应发生情况。伦理委员会意见：进一步完善方案、知情同意书和研究者手册,更新本研究前期安全信息。对两个剂量的安全性和有效性数据对比补充说明,若有效性数据相差较大,建议重新开始入组。若无充分的有效性数据,建议暂停Ⅲ期研究,新开Ⅰb/Ⅱ期研究探索选定剂量的毒性、安全性和有效性数据。

方案变更的性质和审查要求根据其对研究参与者安全风险、试验科学性以及数据可靠性的影响程度,分为实质性变更和非实质性变更,我们需要重点关注的是实质性变更,主要包含以下三种情形：

①对临床试验安全性研究相关内容进行修改或完善;

②对临床试验有效性研究相关内容进行修改或完善;

③修改试验方案中相关内容,以提高临床试验实施效率。

临床试验的申办方是方案变更评估的责任主体,由申办方结合非临床安全性和有效性研究、药学工艺、质量标准、稳定性研究等,以及临床试验的不同阶段和性质,对方案变更后临床试验的整体设计、实施、预期有效性结果、统计分析、风险控制、风险-获益权衡等，进行全面评估。考虑方案变更的必要性和科学合理性，判断是否对研究参与者安全风险、试验科学性以及数据可靠性产生显著性影响，尤其是可能对试验结果及研究参与者安全带来不利影响的修改，是方案变更的评估重点。

①对于临床药理学研究及探索性临床试验，因其剂量、给药方案等尚处于探索过程中，此阶段临床试验，方案变更性质的评估重点更侧重于是否显著影响研究参与者安全风险。

②对于确证性试验，方案变更性质的评估重点则应包含临床试验研究参与者的安全性、试验的科学性、试验数据的可靠性。

案例4 未按要求进行方案变更申请

某靶向药物Ⅰ期临床试验，已完成预定的剂量递增组别，申办者对各剂量组安全性、药代动力学数据分析后，拟提高最大爬坡剂量，继续剂量递增研究，且希望立即执行。由主要研究者向伦理委员会递交继续剂量递增的说明信，而未修改方案、知情同意书等文件。伦理委员会意见：本研究拟继续增加试验药物剂量，致使试验安全风险明显增加，属于实质性方案变更，不可采用说明信形式，应向药审中心提出补充申请，重新提交伦理审查，并及时提供更新版的方案、知情同意书、研究者手册等文件，详细说明变更必要性和合理性以及患者安全风险的相关依据。

方案变更的评估、审查过程为：

①方案变更实施前，申办者全面评估方案变更的必要性和科学合理性，判断是否可能产生显著性影响；

②评估完成后，申办者要根据研究中心伦理审查的相关规定和要求，提交伦理委员会审查，并且向药审中心提出沟通交流申请；对于评估后认为可能显著增加研究参与者安全风险的变更，需要按照《药品注册管理办法》等相关法规要求，提出补充申请；

③通过了伦理委员会审查和药审中心的沟通交流或补充申请后，才可以实施方案变更；

④在方案变更实施后，要及时在临床试验登记的网站上进行信息更新，定期向药审中心递交《研发期间安全性更新报告》（DSUR）。

以上几个案例，虽然伦理委员会都给出了拒绝通过的意见，但同时也给出了后续的处理建议，可见，方案变更是可以的，但是，需要有令人信服的理由和翔实的证据作为支撑，主要考虑对临床试验科学性、研究参与者的安全性的影响。

6．是不是所有的方案变更都那么麻烦？

除了上一节列举的一些实质性变更案例，还有一些变更被称为非实质性变更。那么实质性变更和非实质性变更怎么来进行区分？

首先，如果修改上一节内容的案例4的内容为：

案例 5 拟提高最大爬坡剂量

某靶向药物Ⅰ期临床试验，已完成预定的剂量递增组别，申办者对各剂量组安全性、药代动力学数据分析后，拟提高最大爬坡剂量，继续剂量递增研究。申办者指出，增加的给药剂量仍未超出前期的非临床安全性研究和已有临床研究结果提示的安全窗，并妥善修改了研究方案、研究者手册、知情同意书等文件。

基于方案变更评估的复杂性，在具体的操作中，需要针对方案变更的具体项目、程度和范围逐一进行分析。在探索性临床试验中，更侧重评估对研究参与者安全风险的影响，且已有现有证据证明，该修改并未增加研究参与者风险，这样不超过安全窗的剂量调整，可以被视作非实质性变更。

非实质性变更，在通过了伦理审查同意或备案后即可实施，无需再提交药审中心进行沟通交流或补充申请。但实施修改后的要求并未放松，依旧要在临床试验登记网站上进行登记，提交DSUR报告等。

此外，一些简单的不涉及试验方案设计的变化的小修改，也属于非实质性变更，例如：

①一些文字的打印错误、为表述更加清晰进行的微小调整；

②一些记录表格格式和内容上的非实质调整；

③变更各相关方联系人、联系方式等。

一句话概括

临床试验方案是试验执行的基准，需要在执行前经过缜密的设计，也可以在试验过程中进行调整，但需遵守相应的法规和要求。

名词解释

- 国际医学期刊编辑委员会：ICMJE，International Committee of Medicine Journal Editors
- 国际临床试验注册平台：ICTRP，International Clinical Trial Registry Platform
- 中国临床试验注册中心：ChiCTR，Chinese Clinical Trial Registry
- 剂量限制性毒性（dose-limiting toxicity, DLT）：是指在药物临床试验中，当药物剂量增加到一定程度时，出现的不可接受的、与药物相关的毒性反应，这些反应限制了药物剂量的进一步增加，影响药物的最大耐受剂量确定及临床应用。通过观察 DLT 的出现情况，可以确定药物在人体中能够耐受的最大剂量，为后续临床试验的给药方案提供关键依据。

参考文献

[1] 世界医学组织. 赫尔辛基宣言——涉及人体受试者医学研究的伦理准则. 2024.

[2] 国家食品药品监督管理总局. 关于药物临床试验信息平台的公告（第 28 号）. 2013.

[3] 国家卫生健康委，国家中医药局，国家疾控局. 关于印发医疗卫生机构开展研究者发起的临床研究管理办法的通知（国卫科教发〔2024〕32 号）. 2024.

[4] 国家药品监督管理局药品审评中心. 关于发布《药物临床试验期间方案变更技术指导原则（试行）》的通告（2022 年第 34 号）. 2022.

[5] 国家药品监督管理局药品审评中心. 关于发布《药物临床试验适应性设计指导原则（试行）》的通告（2021 年第 6 号）. 2021.

延伸问题

方案变更与适应性方案修改有何异同？

（孙超　房虹）

3.3 方案偏离

引导问题

研究执行中细节很多、意外很多，必须百分百遵守方案吗？如果偏离方案要求，研究结果还可信吗？

章节导图

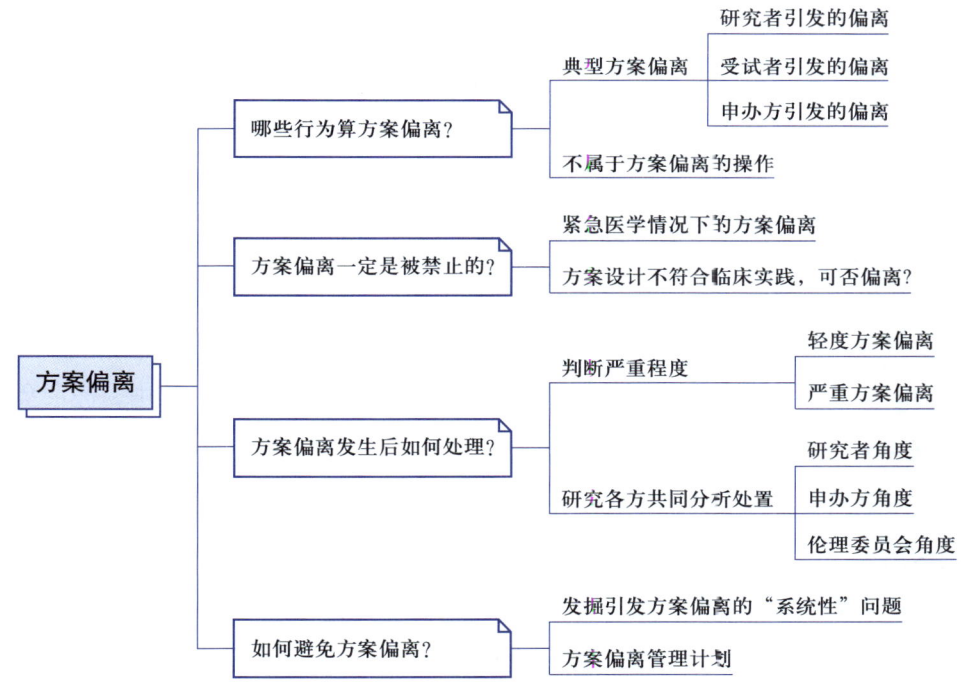

典型故事

某新型化疗药物开展临床试验，入组晚期肿瘤患者，每三周用药一次，方案规定每次用药前做血常规化验，中间不进行额外检查。

研究开展期间，医生非常严格地遵守方案规定的血常规检查要求，结果入组了五名患者，四人都在治疗期间出现了严重骨髓抑制和感染。伦理委员会获知研究进展后，请研究者当面沟通：

伦理："化疗药物一定会引起骨髓抑制、白细胞减少的，而且通常出现在用药后1~2周，中间不复查血常规，等到三周才查，太晚了，肯定要出问题呀！"

医生："委屈啊！方案规定每三周查血常规，我得遵守方案啊，不按照方案要求随便做检查，那属于方案偏离。"

伦理："不是随便做检查，而是要尊重科学和医疗规律安排检查。"

医生："冤枉啊！那我严格遵守方案，有什么错呢？"

伦理："方案设计本身也存在不当之处。这种情况下根据患者情况额外增加血常规检查频率不算方案偏离。毕竟，保护患者安全是我们一贯的目标。"

最终，伦理委员会要求研究暂停，对方案安全随访计划进行修改。

主要内容

1. 哪些行为算方案偏离？

临床研究是在申办方、研究者等多方紧密配合下，严格按照研究方案执行，最终达到研究目标。这好比登山队探险，需要按照既定设计好的路线，在规定的时间内（研究方案）达到登上山顶的最终目标（研究目标）。但登山过程中，一定会有队员偏离预定路线，这就是方案偏离。

方案偏离在临床研究，特别是肿瘤领域非常常见，一个药物临床试验全程没有方案偏离反而"不正常"。方案偏离的情况各种各样，比较复杂，通常根据责任发生的主体不同，可以分为三类：①研究者或研究机构不遵守方案或GCP原则而造成的方案偏离；②研究参与者的不依从导致的方案偏离；③申办方或"第三方"合同研究组织（CRO）不依从而导致的方案偏离。

（1）研究者或研究机构因素

临床研究法规和方案要求复杂，与医生临床常规诊疗习惯是"截然相反"的——前者必须按照"规定动作"严格执行，不能自由发挥；后者往往个性化、带有灵活。因此，研究者因为对方案理解"不到位"、方案要求不符合临床习惯、客观软硬件条件限制等原因，无意或主动不依从方案，是方案偏离的主要责任方之一：

案例1 研究方案规定女性患者入组前需要化验血妊娠试验，阴性排除妊娠后方能用药。研究者觉得临床常规不需要这样操作，实在太麻烦，没等结果出来就安排患者提前入组。

该案例研究者没有遵守研究程序要求，可能导致入组的患者不符合入排标准（如怀孕），带来巨大安全风险，属于研究者主观引起的方案偏离。

案例2 研究方案规定如果患者试验用药后心电图检查出现心律失常，应进一步完善24小时动态心电图检查，某研究中心没有动态心电图检查设备，导致一名出现了心律失常的患者无法进行检查。

该案例研究者没有主观违背方案的愿望，但因为客观因素限制无法按照方案执行，仍然属于方案偏离。

（2）研究参与者因素

相比于研究者，研究参与者可能更加难以充分理解方案中对于治疗的要求，特别是居家使用的药物。此外试验治疗缺乏疗效、毒性大、随访频繁也会导致研究参与者出现"抵触"情绪，不能很好配合：

案例3 研究方案规定试验药物治疗期间禁止合并使用其他抗肿瘤药物。某研究参与者试验中途认为试验药物"不太有效"，隐瞒研究者偷偷在其他医院开具另一种已经上市的肿瘤靶向药并每天服用。直到出现了该靶向药"特征性"的不良反应，才和研究者承认。

该案例研究参与者没有遵守研究程序要求，给自身带来安全风险，也严重影响了试验药物疗效和安全性数据分析，属于研究参与者主观引起的方案偏离。

案例4 研究方案规定患者每次用药时间允许前后调整3天（时间窗±3天），某患者因为疫情封控短期内不能及时来院，最终延迟2周给药。

与案例2类似，该案例研究参与者没有主观违背方案的愿望，因为客观因素限制无法按照方案执行，还是属于方案偏离。因此，是否主观故意并不影响方案偏离的判定。

（3）申办者因素

申办者也可能引发方案偏离，但相对比较少见：

案例 5 某肿瘤新药的随机、双盲、安慰剂对照临床试验开展期间，申办方非盲药物警戒部门意外发现某安慰剂对照组患者接受的是试验药物。经过排查，认为是随机系统配置出现错误，导致约三分之一分配到对照组的患者实际接受了试验药物治疗。

该案例是申办方负责随机系统的团队配置失误引发的方案偏离，导致用药错误，对研究参与者权益和研究结果也产生了严重不利影响。

然而，并不应该机械地认为只要临床操作和方案不一样就都是方案偏离。研究方案执行虽然与临床习惯相悖，但临床试验又是在临床常规诊疗的大背景下开展的，很多研究期间的临床常规诊疗行为不可能在方案中全部规定，这时候就给研究医生一定的自由度，可以按照临床实践进行，如此操作不能武断认为是方案偏离，除非研究方案明确禁止。

比如"典型案例"中，方案没有考虑到化疗期间血常规复查问题，但临床诊疗规范中化疗药物给药后每周至少要检查一次血常规，如果研究医生按照临床常规增加了血常规监测频率不算是方案偏离。

2．方案偏离一定是被禁止的？

如前一部分所述，方案偏离需要尽量避免，一般更不允许主动实施，但在一些特殊情况下研究者可能迫不得已偏离方案：

案例 6 某外科手术临床研究，患者按照方案规定要接受创新术式A，但手术期间出血明显增多，不得已更换回常规术式。

该案例医生为了保障患者安全，避免出现更大手术创伤，主动偏离方案。这一行为是法规允许的，因为患者利益高于一切；但仍要算作方案偏离，需要在后续考虑其对研究数据的影响。

当然，法规虽然规定研究者可以主动偏离方案去保障患者利益，但必须及时向伦理委员会和申办方进行报告，同时也不能将这种紧急情况下的主动方案偏离作为研究执行的常态。

还有一类情况，方案设计很"别扭"，不太符合临床常规，研究者也很想"偏离"，这时怎么办？我们再来看一个案例：

案例 7 研究方案规定，如果患者已知或疑似存在骨转移，应当在基线和治疗期间每2周期（6周）进行骨扫描检查，确认骨转移的存在和变化。研究者不理解:"常规骨扫描只是定性判断骨转移存在,不能定量观察对药物治疗的反应,治疗期间反复查这个有啥用呢?不查!"

然而,根据法规,不构成紧急医学情况时,研究者不能主动偏离方案。这时如果不做骨扫描,显然偏离了方案。正确的做法是,研究者和申办方对方案中"别扭"的地方进行充分沟通,在操作层面达成一致。如果需要修改方案,应该提交伦理委员会审查同意后,再次培训研究团队成员新修改的方案,就可以使用"不别扭"的方案啦。当然,这类"别扭"的方案设计是需要避免的,我们会在后面方案偏离的预防措施中进一步提及。

方案偏离如此常见、多样,很大程度上体现了"临床试验"和"临床实践"二者的相互依存和冲突。我们用图1初步总结了方案偏离和二者的联系,帮助大家深入理解方案偏离产生的本质:

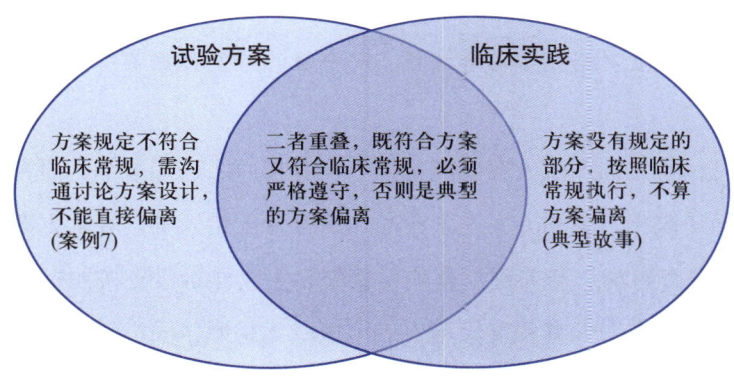

图1 方案偏离与试验方案和临床实践的关系

3. 方案偏离发生后如何处理?

发生方案偏离,往往意味着对研究参与者安全、研究数据质量和科学性产生影响,肯定要进行处理,就好比登山队长需要及时联系迷路的队员,指导他们返回规定路线,保证安全,顺利完成登山任务。处理方案偏离的第一步是辨析其严重程度,对研究到底有多大影响。

前文提到的方案偏离五花八门,性质不完全一样。通常,我们根据方案偏离是否显著影响研究参与者权益、安全性或疗效数据可靠性,来进行严重程度划分,即轻度方案偏离(minor protocol deviation)和严重方案偏离(major protocol deviation)。

让我们回顾之前的案例 1~5：

案例 1　研究者没有完成完整的筛选期检查流程就贸然让患者入组接受治疗，涉及潜在的入排标准违背，对研究参与者权益和安全性数据可靠性均有显著不利影响，属于严重方案偏离。

案例 2　由于研究中心缺少设备，导致所有常规心电图异常的研究参与者均无法完成方案规定的 24 小时心电图检查，对研究参与者权益和安全性数据均有显著不利影响，属于严重方案偏离。

案例 3　患者使用了方案明确禁止的合并用药，对安全性和疗效数据有显著不利影响，属于严重方案偏离。

案例 4　患者因为疫情封控导致用药超窗，为偶然现象，对本身权益、安全性和疗效数据都没有显著影响，属于轻度方案偏离。

案例 5　随机对照试验的随机系统配置错误，导致部分研究参与者分配到了错误的治疗组别，明显对研究参与者权益、安全性和疗效数据都有严重影响，属于严重方案偏离。

由此可见，常见的严重方案偏离包括：没有按照入选标准纳入研究参与者、大规模的安全随访缺失、使用方案违禁药品、治疗分配错误等。轻度方案偏离则主要是单纯访视/检查超窗、非关键检查项目缺失、生物样本没有按照标准处理但没有影响检测结果等。方案偏离程度轻不代表可以肆无忌惮，同类轻度方案偏离反复出现则可能被归为严重方案偏离，比如非关键的检查项目反复多次不做，就会对研究参与者安全产生影响，变成严重方案偏离了。

方案偏离的下一步处理，就是要根据严重程度，完成"程序性"和"实质性"两项任务——"程序性"任务是指方案偏离的发现方（如监查员）向其他试验方报告（如研究者、伦理委员会），这里法规原文有明确规定，不再详述；更重要的"实质性"任务则是指申办方、研究者或伦理委员会采取措施，保护患者安全，保护数据的科学、真实、可靠，尽可能弥补方案偏离造成的损失。对于严重方案偏离，后续处理要更及时、更复杂。因此，方案偏离的处理是一个"系统性"工程，需要多方共同参与，而不单单是责任人的事。

我们选取之前的部分案例，看看各方都是如何应对的：

案例 1　研究者没有完成筛选期妊娠试验就贸然让患者入组接受治疗。

研究者：立即按照方案要求，对后续筛选的育龄期女性研究参与者完善妊娠试验，结果阴性后方可入组治疗；已经入组的育龄期女性，补做妊娠试验均为阴性，因此继续试验流程，但应当严密追踪妊娠情况。

申办方：教育培训研究者筛选期检查流程；需要和研究者共同讨论判断该严重方案违背对研究参与者安全和研究数据的影响，在统计分析阶段对涉及方案偏离的病例合理划分分析集——由于相关患者后续妊娠试验均为阴性，对安全性数据没有显著影响，最后仍然划分到符合方案集（本教材数据整理和试验总结部分会进一步介绍）。

伦理委员会：经过讨论认为该方案偏离从结果角度没有对患者造成严重影响，但过程体现出研究者态度和 GCP 意识问题，应进行法规和方案的再次培训，必要时更换合适人员。

案例 2 研究中心没有 24 小时心电图设备，导致出现心律失常的研究参与者无法按方案规定接受进一步检查。

研究者：协调该患者前往临近具有设备的医院完善检查，后续与申办方协商，后面有需要的患者固定在该医疗机构做 24 小时心电图。

申办方：与研究者协调临近具有条件的医疗机构代理完成 24 小时心电图检查；再次检查其他研究中心是否具有相关设备，是否需要进一步协调。

伦理委员会：研究者能够及时协调外院检查，没有对患者安全造成不利影响，可以继续研究而不用采取特殊措施。

案例 5 随机对照试验的随机系统配置错误，导致部分安慰剂对照组研究参与者使用了试验药。

研究者：与申办方协商，暂停新患者随机，已经随机用药的患者，如涉及潜在随机错误，需要逐例揭盲了解具体治疗情况，如临床获益可继续当前治疗。

申办方：暂停新患者随机，已经随机用药的患者，如涉及潜在随机错误进行个例揭盲，帮助研究者了解其用药方案以安排后续治疗；系统性排查随机系统配置，在患者妥善处理后进行修正；由于研究假设试验药疗效优于安慰剂，安慰剂组部分患者使用试验药，对研究获得阳性结果显然不利，在统计分析阶段需要将随机错误的病例剔除出符合方案集，并且要做额外的敏感性分析，考察用药错误对最终疗效到底有多大影响。

伦理委员会：要求申办方和研究者暂停入组，对于已经随机且涉及随机错误的患者进行个例揭盲，妥善处置后续诊疗。

总结起来，处理方案偏离和严重方案偏离的过程中：①研究者主要从患者安全出发，首先保护其健康利益；②申办方从项目系统层面出发，考察方案偏离对研究数据的影响，进行分析集划分、敏感性分析等，还要考虑研究整体设计、执行和培训是否到位；③伦理委员会主要从研究参与者权益出发，考察研究者和申办方的处理是否合适，是否可以继续研究。

4．如何避免方案偏离？

前面提到的案例2中，研究机构在缺少检查设备的情况下就启动了临床研究，这是典型的"系统性"问题。方案偏离处理的最后一步，也是非常关键的环节，就是修正这些"系统性"错误，避免后续再次发生同类型偏离。

常见的导致方案偏离的"系统性"问题包括：①研究参与者因素，如医患信任问题、依从性问题；②研究者因素：对方案熟悉程度不足、机构软硬件条件限制、方案与临床常规习惯不同等；③申办方因素：方案设计不合理、供应商和第三方系统问题、质量管理不到位等。

我们继续选取之前的部分案例，看看"系统性"问题到底在哪？

案例2 研究中心没有24小时心电图设备，导致出现心律失常的研究参与者无法按方案规定接受进一步检查。

该研究选点调研阶段存在欠缺，申办方和研究中心没有充分考察硬件设备，导致启动后出现问题。为了避免后续发生类似问题，申办方需要建立选点访视的调查清单，根据清单逐项确认机构条件；研究中心也应该建立内部审核制度，在承接项目、立项审查或启动前确认硬件设施符合要求。

案例5 随机对照试验的随机系统配置错误，导致部分安慰剂对照组参与者使用了试验药。

该方案偏离提示申办方应该在系统配置时增加质量控制环节，实际入组前在模拟环境下进行系统配置检查和测试验证，在试验过程中定期对系统配置进行检验，才能避免随机错误发生。

案例7 方案规定筛选期和治疗期都要频繁进行骨扫描检查，研究者认为不符合临床常规，拒绝执行。

该案例是典型方案设计"别扭"问题，研究者和申办方需要沟通修正研究方案，再按照符合诊疗标准的方案执行。同时也反映出方案设计阶段申办方和研究者的沟通不充分，应当在方案定稿前就临床问题设置必要的讨论环节。

为避免方案偏离的发生，建议申办方制定"方案偏离管理计划"，这份文件通常由医学监查人员撰写，对方案偏离进行明确定义，制定严重方案偏离及轻度方案偏离的判断标准，同时对方案偏离的跟踪和管理进行明确规定；在临床试验中，试验方案如有更新，应该根据方案内容及时更新方案偏离的处理计划，但在数据分析前必须最终定稿。这就好比登山队出发前，队长就要对可能发生的路线偏离等种种意外做好应急预案，在登山过程中出现天气变化，也得及时修正相应计划，最终保证所有队员都能顺利登顶。

例如，案例2中，申办方在发现问题后"痛定思痛"，制定了方案偏离管理计划——将重要安全性检查的系统缺失定义为严重方案偏离，要求在严重方案偏离后进行根源分析，修正目前研究中心调研和设备管理流程，对于特殊安全性检查增加培训。这一文件将本章节方案偏离的定义、严重程度划分、处理原则和预防措施串联起来，是保障患者安全和研究质量的有力武器。

一句话概括

方案偏离在研究中难以避免，我们需要通过合理的设计、科学的分析，降低方案偏离对患者安全和试验结果的影响。

名词解释

- 方案偏离（protocol deviation，PD）：在试验方案定义的试验设计或流程上的变化，分歧或者偏离。

- 严重方案偏离（major protocol deviation，major PD）：显著影响到研究参与者权益、安全性或疗效数据可靠性的方案偏离。

- 轻度方案偏离（minor protocol deviation，minor PD）：没有显著影响到研究参与者权益、安全性或疗效数据可靠性的方案偏离。

- 方案偏离管理计划：由医学监查人员撰写的文件，对方案偏离进行明确定义，制定严重方案偏离及轻度方案偏离的判断标准，同时对方案偏离的跟踪和管理进行明确规定。

参考文献

[1] International Council for Harmonisation. ICH Harmonised Guideline: Nonclinical Evaluation of Anticancer Pharmaceuticals E6 (R2). 2016.

[2] 国家药品监督管理局，国家卫生健康委员会. 药物临床试验质量管理规范. 北京：国家药品监督管理局，国家卫生健康委员会，2020.

[3] 国家卫生健康委医学伦理专家委员会办公室，中国医院协会. 涉及人的临床研究伦理审查委员会建设指南（2020版）. 北京：国家卫生健康委医学伦理专家委员会办公室，中国医院协会，2020.

[4] 国家卫生健康委员会，教育部，科技部，国家中医药管理局. 涉及人的生命科学和医学研究伦理审查办法. 北京：国家卫生健康委员会，教育部，科技部，国家中医药管理局，2023.

[5] Transcelerate Biopharma Inc. Quality Management System Solutions

延伸问题

1. 哪些方案偏离对患者安全不利？哪些反而有益？
2. 哪些方案偏离对试验得到阳性结果不利？哪些反而有益？

（吴大维　李海燕）

3.4 安全性评估

引导问题

"是药三分毒",为何众多新药研发者还要"不惜重金"来进行安全性评估?如何进行安全性评估?为何患者进展停止治疗后半年了,研究者还需要记录不良反应?

章节导图

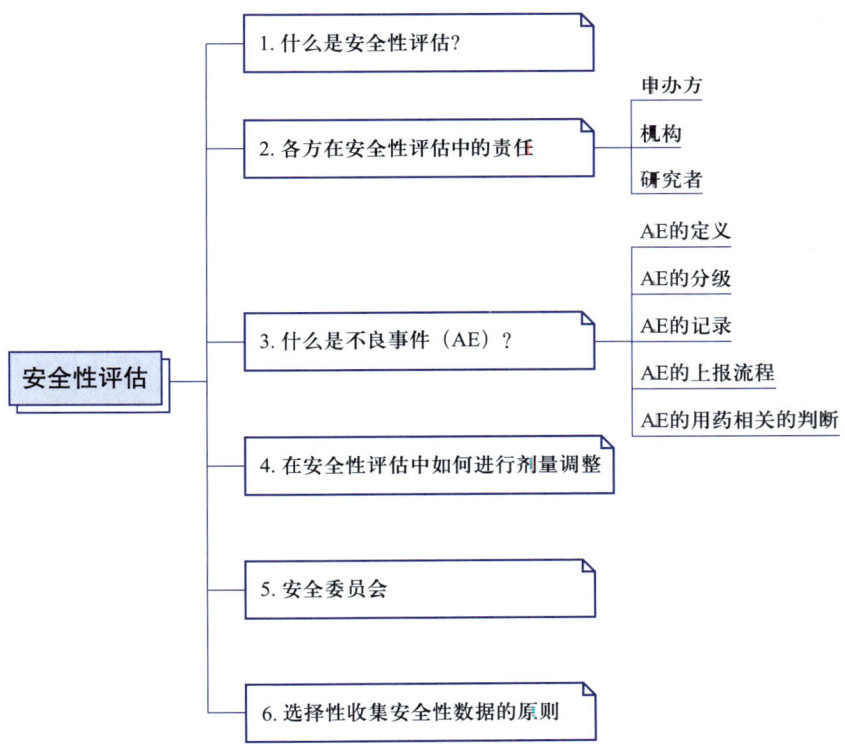

典型故事

一旦新药研发开启,安全问题就如同达摩克利斯之剑一直高悬其头顶。让我们以两个故事开启今天的安全性评估之旅。

故事一 "反应停"与"海豹儿"的启示

1952年,瑞士诺华制药的前身Ciba药厂首先合成了沙利度胺,他们本来打算开发一种新型抗菌药物,但是药理试验显示沙利度胺并无任何抑菌活性,Ciba便放弃了对它的进一步研究。在Ciba选择放弃的同时,联邦德国(西德)药厂格兰泰(Grünenthal GmbH)开始投入人力物力研究沙利度胺对中枢神经系统的作用,发现该化合物具有一定的镇静催眠作用,还能够显著抑制孕妇呕吐等妊娠反应。1957年10月,反应停正式投放欧洲市场,不久后进入日本市场,由大日本制药(现在的大日本住友制药)生产。在此后的不到一年内,反应停风靡欧洲、日本、非洲、澳洲和拉丁美洲,作为一种"没有任何副作用的抗妊娠反应药物",成为"孕妇的理想选择"。然而在美国,反应停遇到了美国食品药品监督管理局仔细而繁琐的市场准入调查,包括弗朗西斯·凯尔西(Frances Kelsey)在内的FDA官员认为,沙利度胺在动物测试中获得的药理活性和人体实验结果存在极大差异,判断从动物测试获得的毒理学数据并不可靠,最终沙利度胺没有得到进入美国市场的许可。

1960年,有医生发现欧洲新生儿畸形比率异常升高,当这一数据引起大多数人注意之后,有学者展开了流行病学调查,发现新生儿畸形的发生率与沙利度胺的销售量呈现一定的相关性,遂对反应停的安全性产生怀疑。在之后的毒理学研究显示,沙利度胺对灵长类动物有很强的致畸性。1961年11月,格兰泰撤回联邦德国市场上所有反应停,不久其他国家也相继停售,其间由于沙利度胺有万余名畸形胎儿出生。由于这一事件,格兰泰支付了1.1亿西德马克的赔偿。这一事件被称作反应停事件,该事件让科学界意识到药物的立体异构体在人体内有不同的生理活性,也对人们认识药物不良反应以及建立完善的药品审批和不良反应监测制度起到了重要作用。后来实行了"Ⅳ期临床"——即新药上市之后继续跟踪其安全性,如果副作用带来的风险超过了疗效带来的好处，还是会被退市。这样，经过药监局批准的新药，不安全的可能性大大降低了。被"充分而且设计良好的研究"所证明的有效性，也远比之前的个案或者医生病人的主观感觉要可靠。

故事二　新冠疫情下腺病毒疫苗的启示

2020年新冠病毒肆虐，世界抗击新冠疫情的形势空前严峻，全球制药行业掀起了关于新冠病毒疫苗的研发竞赛，疫苗是解决传染病的根本方法。强生的一款重组腺病毒载体疫苗于2021年2月被FDA批准紧急使用，一时间风头无两。然而好景不长，次年4月13日，美国疾病控制和预防中心（CDC）、美国食品和药物管理局（FDA）发表联合声明称，鉴于已报告6例接种强生疫苗后出现罕见且可能危及生命的血栓综合征（血栓伴血小板减少综合征，TSS），建议暂停接种强生公司的新冠疫苗。其实在此之前欧洲药品监管机构就曾提出质疑，欧洲出现的169例罕见脑静脉窦血栓形成（CVST）并同时伴有血小板减少症的病例，与阿斯利康腺病毒疫苗之间可能存在联系。

FDA STATEMENT

Joint CDC and FDA Statement on Johnson & Johnson COVID-19 Vaccine

The following statement is attributed to Dr. Peter Marks, director of the FDA's Center for Biologics Evaluation and Research and Dr. Anne Schuchat, Principal Deputy Director of the CDC

图1　针对强生疫苗的联合声明

2021年4月9日，来自德国、加拿大，以及奥地利的学者，共同在新英格兰杂志上发表了一篇关于接种腺病毒载体疫苗ChAdOx1 nCov-19（阿斯利康）后，发生血栓性血小板减少的文章，总结该组病例的临床表现和实验室特点，并将其命名为疫苗诱导的免疫性血栓性血小板减少症（vaccine-induced immune thrombotic thrombocytopenia，VITT）。11例患者中，9例发生颅内静脉血栓形成，3例为内脏静脉血栓形成，3例为肺栓塞，4例有其他血栓形成。这些患者中6例死亡。进一步研究发现，造成血栓背后都藏着PF4抗体（血小板4因子抗体）这一"凶手"。2021年4月，

《新英格兰医学杂志》报道了一名接种强生新冠疫苗患者出现血栓的案例，检测发现血清 PF4 为强阳性。

多个国家叫停两家公司的疫苗或者调整疫苗接种计划，对接种年龄进行了限制，建议成年人优先接种辉瑞或 Moderna mRNA 疫苗。

此事件生动反映了安全性对药物研发的重要性，据报道，全球创新药研发有 35%～40% 因安全性原因而研发失败。药物毒性发现得越晚，制药企业带来的经济损失就越大。因此，药物的安全性问题一直以来受到各国药品管理部门和新药研发人员广泛而高度的重视，高效、高质量的药物安全性评价技术和方法是药物研发和管理人员努力的方向。

主要内容

1. 什么是安全性评估？为什么要进行安全性评估？

安全性评估是指在临床试验中对药物、治疗方法或医疗设备的潜在不良反应进行系统性检测、分析和监测的过程，旨在评估其对患者的安全性，确保其不会引发严重的健康问题或危及生命。此评估通过对不良事件、实验室指标、生命体征等的持续跟踪，确保新治疗方案的风险可控，且符合伦理和法律要求。

在临床试验中，试验药物、对照药物或安慰剂等都有可能造成患者出现不良事件甚至毒性反应。如果研究者不及时发现、救治，很可能严重危害患者的生命健康，特别是一些早期的临床试验阶段，由于对新药的未知性以及方案设计的探索性，一个新的化合物运用到人体很可能出现非预期的毒性。因此，申办者、研究者、药监管理部门、伦理委员会等都应对患者可能出现的安全风险加以防控，做好必要的紧急预案或风险控制计划；当患者出现试验相关损害时，除医疗事故所致者外，申办者均应遵照 GCP 和合同条款约定，给予患者充分而及时的赔偿和补偿。尤其是抗肿瘤药物新机制新设计临床研究在肿瘤领域先试先行，存在非预期风险。例如，细胞治疗、肿瘤疫苗、适应性设计等；治疗性研究比例高，特别是早期试验参与者多为无有效治疗手段的晚期患者，个体差异大；肿瘤药物治疗毒性大，周期长，多药联合，情况复杂，不良事件发生频率高。因此安全性评估及上报重要性日益凸显。2017 年，我国加入国际人用药品注册技术协调会（ICH），药物不良反应评估的工作已经向药品全生命周期评估发展。

2. 各方在安全性评估中的责任（表1）

表1　试验中各方在安全性评估中的角色

申办方	SUSAR 的分析和产生	新版 GCP 第四十七条：申办者负责药物试验期间试验用药品的安全性评估。申办者应当将临床试验中发现的可能影响研究参与者安全、可能影响临床试验实施、可能改变伦理委员会同意意见的问题，及时通知研究者和临床试验机构、药品监督管理部门。 新版 GCP 第四十八条：申办者收到任何来源的安全性相关信息后，均应当立即分析评估，包括严重性、与试验药物的相关性以及是否为预期事件等。申办者应当将可疑且非预期严重不良反应快速报告给所有参加临床试验的研究者及临床试验机构、伦理委员会；申办者应当向药品监督管理部门和卫生健康主管部门报告可疑且非预期严重不良反应
机构	保护研究参与者安全	新版 GCP 第十一条：伦理委员会应当关注并明确要求研究者及时报告：临床试验实施中为消除对研究参与者紧急危害的试验方案的偏离或者修改；增加研究参与者风险或者显著影响临床试验实施的改变；所有可疑且非预期严重不良反应；可能对研究参与者的安全或者临床试验的实施产生不利影响的新信息。十二条明确：伦理委员会有权暂停、终止未按照相关要求实施，或者研究参与者出现非预期严重损害的临床试验
研究者	对研究参与者进行诊疗	新版 GCP 第二十六条：研究者收到申办者提供的临床试验的相关安全性信息后应当及时签收阅读，并考虑研究参与者的治疗，是否进行相应调整，必要时尽早与研究参与者沟通，并应当向伦理委员会报告由申办方提供的可疑且非预期严重不良反应

3. 什么是不良事件？

（1）什么是不良事件？如何去定义？

安全性评估首先要明确什么是安全性事件。2020年新版 GCP 把不良事件（AE）定义为，研究参与者接受试验用药品后出现的所有不良医学事件，可以表现为症状体征、疾病或者实验室检查异常，但不一定与试验用药品有因果关系。例如，某人在参加临床试验的过程中，为了去医院取药，而发生了车祸导致骨折，因为骨折属于医学事件，所以这也属于不良事件，虽然极大可能与用药无关。

严重不良事件（SAE）：指研究参与者接受试验用药品后出现死亡、危及生命、永久或者严重的残疾或者功能丧失、研究参与者需要住院治疗或者延长住院时间，以及先天性异常或者出生缺陷等不良医学事件。SAE 整理上报体现了一个研究者的专业水平，是一项复杂的工作。死亡本身是符合严重不良事件的一个标准，而不应该将死亡作为另一个严重不良事件上报。例如当上报致死性心肌梗死时，只应该记录心肌梗死一个不良事件，死亡是该严重不良事件的结果和严重性标准。

但如果是原因不明的死亡，则死亡可以作为单独的严重不良事件上报，但需要及时追踪问询死亡原因，包括死亡医学证明上的诊断，尸检报告、病理检查结果等。

不良反应（ADR）：指按规定剂量、正常用药的过程中，产生的有害而非所期望的、与药品应用有因果关系的反应。例如青霉素药物引起的过敏性休克。

可疑且非预期严重不良反应（SUSAR）：指临床表现的性质和严重程度超出了试验药物研究者手册、已上市药品的说明书或者产品特性摘要等已有资料信息。例如，Vioxx 是一种类风湿药物，但在 2004 年，该药物被撤回市场，因为它被发现与心脏疾病风险增加有关。增加心脏疾病风险并不在该药物不良反应中，被认为是 SUSAR。

以上定义有 4 个关键信息：

①不良事件指的是不良的医学事件，即需要判定为"不良的"，并且是"医学事件"。

②新版 GCP 强调 AE/SAE 的收集时间是在"接受试验用药物之后"，包括对照药物，预处理药物，安慰剂等，筛选期（签署知情同意书到首次药物治疗之间）发生的 AE 无需报告。但是一般情况下方案都会有更严格的要求。例如：规定在签署知情同意书之后收集，那么就应该按照方案要求执行。

③不良事件不一定与试验药物有因果关系。例如：在试验过程中，研究参与者因摔倒导致手部骨折，根据 AE 的定义，摔倒本身不属于医学事件，但骨折属于不良医学事件，就属于 AE。

④ SAE、SUSAR、ADR 具有从属关系（图 2）。SUSAR 属于严重的不良反应；SAE、SUSAR、ADR 都属于 AE。

（2）如何对 AE 进行分级？

临床试验中常见的 AE 分级标准主要有 2 种（表 2）。一是，根据 AE 的严重程度，将 AE 划分为轻、中、重 3 级。

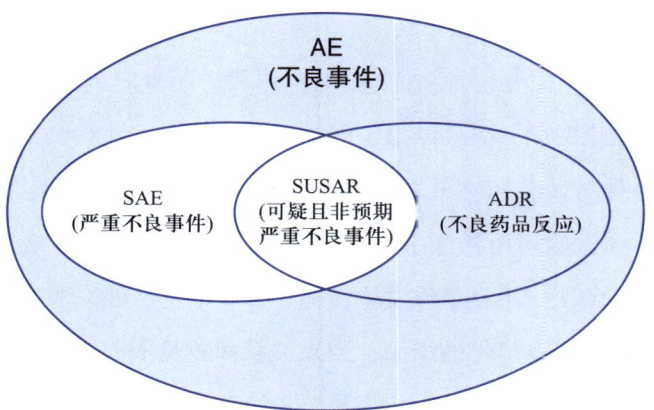

图 2　AE、SAE、ADR、SUSAR 的关系

表 2　AE 的分级（3 级）

AE 的分级		
轻度	中度	重度
容易耐受，不需要治疗，且不影响研究参与者日常活动的事件。	导致轻微不便或需要给予治疗措施，且影响研究参与者日常活动的事件。	需要全身药物治疗或其他治疗，对研究参与者日常活动有重大影响，且可能致残的事件。

二是，采用如美国国立癌症研究所不良事件通用术语标准（National Cancer Institute Common Terminology Criteria for Adverse Events，NCI CTCAE）、世界卫生组织（World Health Organization，WHO）等分级标准，根据 AE 的严重程度进行 5 级划分（表 3）。

表 3　AE 的分级（5 级）

AE 的分级	1 级	轻度，无临床症状或有轻微临床症状；或仅有临床或实验室检查异常；无需进行干预，不需对症处理，不需停药。
	2 级	中度，需要最小的、局部的或无创伤的干预；或日常生活活动受限。主诉不适，需对症处理，不需停药。
	3 级	严重或者具重要医学意义但暂时不会危及生命；导致住院或延长住院时间；致残；日常生活自理受限。主诉明显不适，需对症处理，并需暂停用药。
	4 级	危及生命，需要紧急干预。
	5 级	与 AE 相关的死亡。

（3）如何记录安全性事件？

在发生 AE 之后，需要记录和描述 AE 的过程。至少应包括以下信息：AE 的名称、开始时间、结束时间、事件结果、严重性、相关性、针对不良事件采取的治疗措施，因不良事件对试验药物采取的措施。记录和描述严重不良事件应遵循的原则：①完整性：在原始病历描述中，应包括但不限于试验和研究参与者的基本信息、试验药物使用情况、不良事件发生情况，针对不良事件采取的治疗措施，对试验药物采取的措施，不良事件的结局，因果关系判断及依据、合并用药等；②一致性：在严重不良事件报告表中，除按表格要求填写外，鉴于隐私保护，不可出现研究参与者身份识别信息，其余内容应与原始病历记录相一致；③易读性：对于医学术语等应尽量避免使用缩写，减少歧义。

（4）如何上报安全性事件？

SAE 报告：①研究参与者发生严重不良事件后，研究者应当立即（一般为获知的 24 h 内）报告申办者；②申办者收到任何来源的安全性相关信息后，应当立即对严重不良事件进行全面分析、评估和判断。如符合 SUSAR 定义的，申办者需在规定时限内向研究者发送处理后的 SUSAR 报告及随访报告；③SAE 中，引起研究参与者死亡、危及生命的情形应当予以特别关注，因为此类事件的发生都并非开展临床试验所期望的结局，因此无论是否最后判定为 SUSAR，如试验机构和伦理委员会认为有必要及时获知并采取措施控制试验风险时，可根据承接试验风险和本机构实际情况等，增加此报告要求（图3）。

SUSAR 报告：①申办者负责向所有的试验机构和伦理委员会报送 SUSAR。致死或危及生命的非预期严重不良反应，申办者在获知后首次 7 天内上报，并在随后的 8 天内报告、完善随访信息；非致死或危及生命的非预期严重不良反应，申办者在首次获知后 15 天内报告。申办者获知的当天为第 0 天。②如机构和伦理委员会可直接接收申办者 SUSAR 报告，则申办方在规定时限内将一份 SUSAR 报告递送机构、伦理委员会，另外一份经研究者阅读签收后，再次报告机构和伦理委员会；③如机构和伦理委员会只接收经研究者审阅后的 SUSAR 报告，则申办者的 SUSAR 递送和研究者审阅签收至报送机构、伦理委员会的时限需满足法规要求的时限方可；④申办者和研究者在非预期且严重的不良事件与药物因果关系判断中不能达成一致时，其中任何一方判断不能排除与试验药物相关的，都应该进行快速报

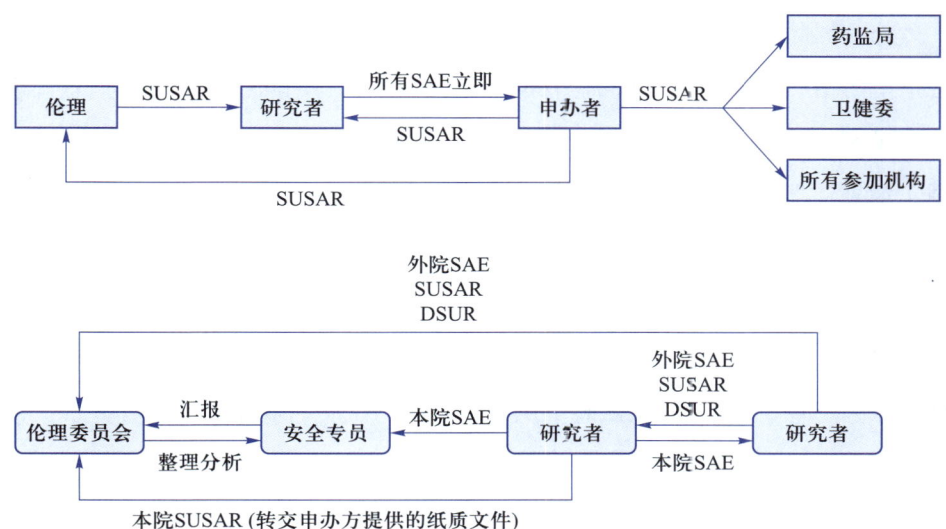

图 3 AE 上报流程图

以下情况一般不作为快速报告内容：①非严重不良事件；②严重不良事件与试验药物无关；③严重但属预期的不良反应；④当以严重不良事件为主要疗效终点时，不建议申办者以个例安全性报告（ICSR），建议在方案中明确

告。申办者应将 SUSAR 快速报告至所有参加临床试验的研究者及临床试验机构、伦理委员会、药品监督管理部门和卫生健康主管。

（5）是否所有的检查异常都与试验药物有关？什么是 CS（有临床意义）和 NCS（无临床意义）？

- 有临床意义（clinical significance，CS）：指检查数值和正常标准值有差异，对临床疾病的诊断具有一定的参考价值。
- 无临床意义（non-clinical significance，NCS）：指检查数值的异常，可能由于生理情况下出现的变化，对诊断疾病没有判断依据和价值，往往会建议患者定期复查，动态观察。本次无意义，如果有进一步演变就可能被重新认定为有意义。

（6）AE/SAE 因果关系判断标准

因果关系判断有多种可用的方法，比如：二分法、五分法、Karch 和 Lasagna 评定法、Naranjo 法，但并没有一个金标准。根据我国《药物临床试验不良事件相关性评价技术指导原则（试行）》给出的建议，一般情况下，药物临床试验个例不良事件相关性判定结果可采用五分法。

另外，国际上也有采用二分法，可以更便捷地按照国际人用药品注册技术协调会指南向相关国家/地区药品监管部门进行临床试验期间个例安全性信息快速报告。在我国开展的药品注册相关临床试验，如国际多中心临床试验或其补充试验及拟用于境外注册上市的临床试验等，也可按照统一的临床试验方案要求采用二分法：相关、不相关。

五分法根据五个评价要点（是否存在合理的时间关系，是否符合该药物已知的药物作用机制、特性或已知的不良反应，去激发结果，再激发结果，是否可用其他合理的原因解释），进行临床试验个例不良事件与试验药物相关性综合评价，按照不同情况，将判定结果分为五类：有关、很可能有关、可能有关、可能无关、无关（表4，表5）。

表4 药物临床试验不良事件相关性判定结果分类及判定依据

五分法	判定依据	二分法
有关	• 有合理的时间关系 • 符合已知的药物作用机制、特性或已知的不良反应 • 去激发阳性 • 无其他合理的原因解释 • 再激发阳性	相关
很可能有关	• 有合理的时间关系 • 符合已知的药物作用机制、特性或已知的不良反应 • 去激发阳性 • 无其他合理的原因解释 • 缺乏再激发阳性证据	
可能有关	• 有合理的时间关系； • 缺乏再激发阳性证据； • 表现为以下任何一种情况： ①符合已知的药物作用机制、特性或已知的不良反应，去激发阳性，但也可用其他合理的原因解释； ②符合已知的药物作用机制、特性或已知的不良反应，缺乏去激发阳性证据，且无其他合理的原因解释； ③不符合已知的药物作用机制、特性或已知的不良反应，去激发阳性，也有其他合理的原因解释； ④不符合已知的药物作用机制、特性或已知的不良反应，去激发阳性，也有其他合理的原因解释； ⑤不符合已知的作用机制、特性或已知的不良反应，缺乏去激发阳性证据、也无其他合理的原因解释；	

续表

五分法	判定依据	二分法
可能无关	• 有合理的时间关系 • 缺乏去激发阳性证据 • 缺乏再激发阳性证据 • 表现为以下任何一种情况： ①不符合已知的作用机制、特性或已知的不良反应，且可用其他合理的原因解释； ②符合已知的作用机制、特性或已知的不良反应，但可用其他更合理的原因解释；	不相关
无关	•（医学上认为）无合理的时间关系 • 不符合已知的药物作用机制，特性或已知的不良反应 • 缺乏去激发的阳性证据 • 缺乏再激发的阳性证据 • 可用其他合理的原因解释	

表5 药物临床试验不良事件相关性判定（五分法）

判定依据 \ 判定结果	相关					不相关	
	肯定有关	很可能有关	可能有关			可能无关	无关
是否有合理的时间关系	+	+	+			±	−
是否符合已知的药物作用机制，特性或已知的不良反应	+	+	+		−	+	−
去激发结果	+	+	+	−/？	+	−/？	−/？	−/？
再激发结果	+	−/？	−/？			−/？	−/？
是否可用其他合理的原因解释	−	−	+	−	−	++	+	+

注：+ 表示肯定，或阳性结果
− 表示否定，或阴性结果，或暂未获得结果的情况；
± 表示时间关系不能排除；
++ 表示可用其他"更加"合理的原因解释；
−/？ 表示去激发/再激发结果为阴性，或尚未进行去激发/再激发，或不适用去激发/再激发。

4．在安全性评估中如何进行剂量调整？

Ⅰ期临床是新药在人体的首次使用，研究内容之一就包括人体的初始安全性和耐受性评估，以为后续临床试验探索推荐剂量和给药方案。一般来说，随着剂量升高，疗效和毒性也随之增加。剂量爬坡试验（dose escalation study），便是通过在起始剂量到最大剂量之间，一系列包括升降或保留剂量的序贯决策过程，以找到最大耐受剂量（maximum tolerated dose，MTD）。

终止试验规则分为2个层面：个体层面和剂量组层面。无论哪个层面均应考虑AE的级别、发生频率和盲法因素。个体层面上，发生AE达到一定程度，通常为3级，即应停止剂量递增。在AE分级时有两种情况应做升级处理，一是指征变化伴相应临床症状，如2级的转氨酶升高伴1级的乏力、恶心，应判为3级；另一种是迅速恶化的指征变化，如一日内血肌酐升高超过50%、数值达到2级水平，此时应判为3级。同组中有两例及以上患者出现AE，应引起额外关注。出现2级事件或指征，应至少作为安全警示，并对其他患者进行安全评估。在剂量组层面，终止试验的决策需要考虑更多方面，包括AE的类型、分级，可监测性，可逆转性和可能的后果，发生AE的患者数量以及药物类型（安慰剂或活性药物）。剂量递增及终止试验决策方案具体方案（图4）。

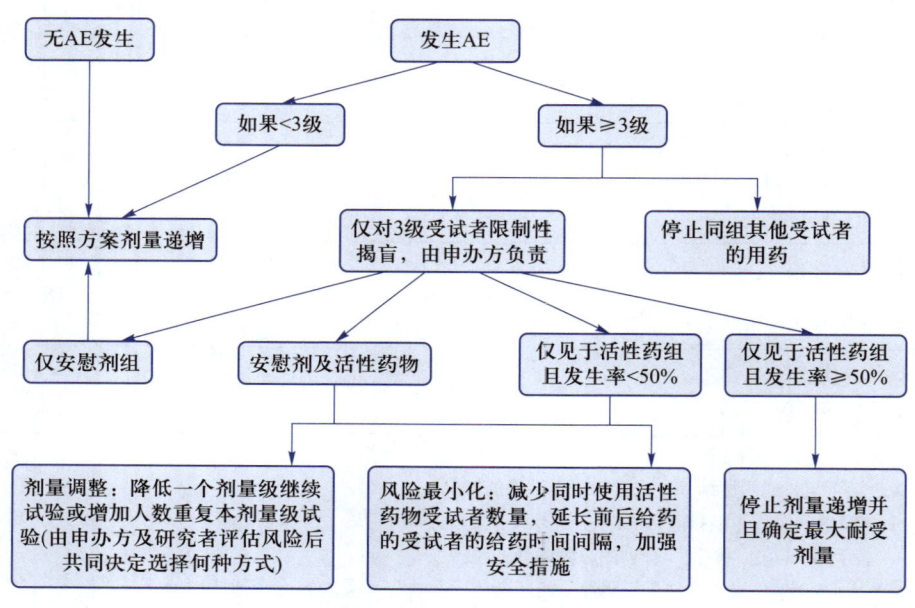

图4　剂量递增及终止试验决策方案

本节主要讲述的是药物临床试验过程中的安全性评价，然而药物上市前安全性数据不仅包括临床数据，还包括非临床数据。而且一旦药物获得批准上市并投入临床使用，其使用剂量有时会高于临床试验中的试验剂量，真实世界中的患者往往比临床试验时的研究参与者更复杂，如患有其他合并疾病、同时服用其他药物。因此，上市后安全性监测是真正全面了解药物的安全性风险重要手段。

5．安全委员会

数据安全监查委员会（Data and Safety Monitoring Board，DSMB）或独立数据监查委员会（Independent Data Monitoring Committee，IDMC），是一个独立的具有相关专业知识和经验的专家组，负责定期审阅来自一项或多项正在开展的临床试验的累积数据，从而保护研究参与者的安全性、保证试验的可靠性以及试验结果的有效性。

什么情况下需要设立 IDMC 呢？

一是确证性临床试验，特别是多国家、多中心、大样本的试验；二是观察周期长的临床试验；三是安全性风险高的试验（如方案操作过程中特别具有侵入性、或已有证据显示研究干预可能存在重大安全隐患，如严重不良反应、严重毒性等）；四是包含适应性特征的复杂设计的临床试验；五是治疗针对的是危及生命的疾病，研究参与者是死亡风险较高的人群时（例如说急性脑梗、急性心梗患者），六是研究参与者中可能存在弱势群体（如儿童、孕妇、高龄老年人，智力低下或身患绝症）的试验。如果一个临床研究存在以上一个或多个特征的话，设立 IDMC 去监测试验的有效性和安全性就显得非常必要。IDMC 提供的额外监督不仅可以进一步保护研究参与者，同时也能为申办方提供试验中期重要终点指标、重要安全性指标的评估，提前发现无效结果和高风险事件，及时对方案进行调整，减少损失。不仅盲态试验，即使是开放性试验，包括单臂试验，若有必要在试验过程中评估汇总数据，申办者也应考虑设立 IDMC。

6．选择性收集安全性数据的原则

自 2023 年 10 月 21 日起，启动的药物临床试验相关要求运用《E19：在特定的上市前后期或上市后临床试验中选择性收集安全性数据》，一旦药物获得批准，全面收集所有安全性数据所能补充提供的具有临床意义的信息有限。在这种情况下，只要试验目的和研究参与者的权益不受影响，可以采用更具选择性的方法收集安全性数据。

一般原则 1：确保研究参与者安全。选择性安全性数据收集方法是指研究者在病例报告表（CRF）中记录某些数据，以及将其报告给申办者以进行后续评价并提交给监管机构。但是否在 CRF 中记录不影响患者个体的监测和临床治疗，或病历中不良事件的记录。示例：一种安全性数据已得到充分描述的药物，其中低血糖是已知的药物不良反应，说明书中建议进行常规血糖监测。在使用选择性安全性数据收集的临床试验中，血糖的监测方式应与临床实践中的监测方式相同；但是，如果方案中未规定且与严重不良事件无关，则无需将数据记录在病例报告表中或向申办者报告。然而，如果方案中有所规定［例如作为特别关注的不良事件（AESI）］、认为具有临床相关性或与严重不良事件相关，应将血糖水平和低血糖记录在 CRF 中。

一般原则 2：选择性收集安全性数据的前提是药物的安全性特征已被充分描述，以下因素数量越多，对选择性安全性数据收集的支持就越强，但任何一个因素都不是决定性的。

①产品的监管状态：药物是否已获得监管机构的上市许可。

②了解药物的作用机制、脱靶效应的特征、相同药理学类别药物的安全性特征。

③临床安全性数据库：容量大小、监测强度、数据呈现的安全性特征的一致性。

④计划的临床试验与既往试验的相似性：给药剂量、频率、暴露时间、制剂和给药途径可比性、试验人群的相似性。

⑤临床药理学：药物 - 药物相互作用、代谢和排泄已被充分描述。

⑥非临床数据：毒理学数据被充分描述。

⑦上市后数据：上市持续时间、暴露人数、数据收集方法。

一般原则 3：选择性安全性数据收集方法不会改变由临床试验目的确定的基线数据收集的考量。

一般原则 4：通常应该收集的数据有：

①严重不良事件、重要医学事件、用药错误 / 用药过量、导致研究药物终止的不良事件、妊娠期和哺乳期的暴露和结局、方案中确定的对安全性评价至关重要的特别关注的不良事件，如果有充分的理由支持，可以考虑在这些地区选择性收集以上列出的部分数据。

②被视为有效性或安全性终点的严重不良事件，如果无需揭盲和快速报告，应事先与监管机构达成一致。

一般原则 5：可能适用于选择性收集的数据有：

①非严重不良事件。

②各种类型的实验室监测、心电图和影像学检查。

③体格检查和生命体征数据。

④基线时已记录的合并用药、合并治疗的变化。

一般原则 6：获益风险考量，非严重不良事件对药物获益 – 风险特征的贡献可能因适应证和患者特征而异。

一般原则 7：申办者考虑进行选择性安全性数据收集时应事先与监管机构达成一致，提供药物安全性特征得到充分描述的证据以及计划实施方法的细节。

选择性安全性数据收集的实际考量：

①鉴于研究者可能不熟悉选择性安全性数据收集，病例报告表的设计应优化，且研究者应接受适当的培训。

②当呈现安全性结果时，应在适当的文件中描述方法。例如：ICH E2F、ICH E3（临床研究报告的结构和内容）和 ICH M4（通用技术文件）。

③虽然选择性安全性数据收集可以提高效率，但也存在不足：如果从未收集数据，则无法探讨追溯可能出现的一些问题，例如与合并用药、实验室参数、血压等有关的问题。

④在使用选择性安全性数据收集进行临床试验的过程中可能会出现问题，这将需要加强安全性监测或转为全面安全性数据收集。此类变更可能会给研究中心、方案和数据收集表带来挑战。

⑤使用选择性安全性数据收集可能会使数据分析、呈现和总结复杂化。应在方案和相关分析计划中描述数据汇总方法。分析和总结应适合收集方法，且结果应明确指出数据汇总的解读受到收集方法的影响。

名词解释

- **不良事件**（adverse event，AE）：指研究参与者接受试验用药品后出现的所有不良医学事件，可以表现为症状体征、疾病或者实验室检查异常，但不一定与试验用药品有因果关系。

- **严重不良事件**（serious adverse event，SAE）：指研究参与者接受试验用药品后出现死亡、危及生命、永久或者严重的残疾或者功能丧失、需要住院治疗或者延长住院时间，以及先天性异常或者出生缺陷等不良医学事件。

- **药物不良反应**（adverse drug reaction，ADR）：指临床试验中发生的任何与试验用药品可能有关对人体有害或者非期望的反应。试验用药品与不良事件之间的因果关系至少有一个合理的可能性，即不能排除相关性。

- 非预期的（unexpected）：指不良事件或可疑不良反应的性质和严重程度同已有的试验药物资料不符。
- 可疑不良反应（suspected adverse reaction）：是指存在合理的可能性将其视为由药物引起的不良事件。合理可能性指有证据表明药物和不良事件之间具有因果关系。
- 可疑且非预期严重不良反应（suspected unexpected serious adverse event，SUSAR）：指临床表现的性质和严重程度超出了试验药物研究者手册、已上市药品的说明书或者产品特性摘要等已有资料信息的可疑并且非预期的严重不良反应。
- 可药物警戒（pharmacovigilance，PV）：与发现、评价、了解和预防不良反应或其他任何可能与药物有关问题的科学研究与活动。

参考文献

[1] Thrombosis and Thrombocytopenia after ChAdOx1 nCoV-19 Vaccination. N Engl J Med. 2021 Jun 3; 384(22): 2124-2130.

[2] SARS-CoV-2 Vaccine–Induced Immune Thrombotic Thrombocytopenia. N Engl J Med. 2021 Jun 10; 384(23): 2254-2256.

[3] Joint CDC and FDA Statement on Johnson & Johnson COVID-19 Vaccine.

[4] FDA. Premarketing Risk Assessment:Guidance for Industry.

[5] 国际人用药品注册技术协调会（ICH）.《M4E（R2）：人用药物注册通用技术文档：有效》.

[6] 国家药品监督管理局药品审评中心.《研究者手册中安全参考信息撰写技术指导原则》.

[7] 国家药品监督管理局药品审评中心.《申办者临床试验期间安全性评价和安全性报告技术指导原则（征求意见稿）》.

[8] 广东省药学会. 药物临床试验安全评价·广东共识（2020年版）. 今日药学，2020（11）：30.

（王鑫　李海燕）

3.5 数据收集

引导问题

"临床研究中,最受关注的是方案设计,最时髦的是统计分析,你知道投入最大、责任最大的是什么?""是数据收集!"

章节导图

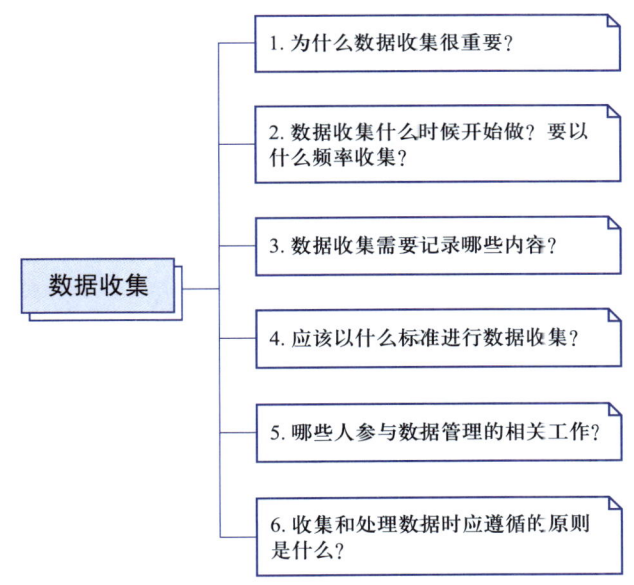

典型故事

2021年,国家药品监督管理局发布的一条公告打破了临床试验业内的平静,公告内宣称:在药监局的一次监督抽查中,发现A公司的一项

临床研究学

临床试验存在真实性问题！这是一项非常严厉的指控，直接导致这项临床试验的注册申请被拒绝，同时也责令一年内不能再次发起同个试验的申请。我们要知道完成一项临床试验需要投入大量的时间、人力和财力，而这则"丑闻"也给A公司的上市申请当头一棒，这一"造假"新闻可能会让所有努力灰飞烟灭。

那么大家不禁疑惑，究竟是多么严重的真实性问题会遭到点名批评呢？这则公告内称：医疗机构留档的电子照片拍摄时间、地点与临床试验报告中的时间、地点不一致，临床试验数据无法溯源。举个通俗的例子来解释，某人发了张三亚的照片自称正在度假，然而手机定位显示北京，类似试验中本该在院内产生的照片其照片拍摄地显示在院外其他城市。临床试验中出现这种情况有两种可能，其一是蓄意造假，其二是照片存档错误，但无论哪种情况，数据的可信程度都会下降。这则消息出来后，A公司称：他们也是受害者，临床数据存档有问题是医疗机构的问题。这一问题导致的后果很严重，不仅会使得该试验的前期投入全部"打水漂"，还有可能使试验相关方受到相应的刑事处罚。这家临床试验机构也必然要承担相应的责任，首先会被申办方索赔，其次会被药监局惩罚，如果判断为主观恶意伪造数据，主要研究者会被检查机关立案侦查，乃至受到刑事处罚的。在国际上，美国出现此类事件，存在相应问题的主要研究者可能会被FDA网络公示警告。那么，临床试验数据记录的要求与标准是什么？数据记录的责任由谁来承担？怎么做到合理、合法、合规地收集数据？这些将是我们本章讨论的主要内容。

主要内容

1. 为什么数据收集很重要？

大家都知道，对于药物注册申报的试验，数据记录的合规性尤其重要，如果被判定存在数据真实性问题，试验相关人员可能接受刑事处罚。

其实，除了申报的行政要求之外，对于研究的科学性来说数据收集也是非常重要的。记录的偏差或者缺失会影响研究结果，严重损害研究的有效性，低质量的数据收集也会损害参与试验的患者权益。数据记录是监督试验进程的一种方式，无法及时确定患者获益与损害将使患者错失治疗时机,违背伦理道德标准。因此,保证试验过程中的数据完整与质量十分重要。

我们通过下面一个例子来说明数据缺失可能会导致生存结果统计出现偏差:

假设某试验共入组 10 名患者,其中 5 名患者出现失访,那么对这 5 名患者的生存结果我们只能进行假设猜想或者剔除不予分析。图 1 为用 Kaplan-Meier 法进行生存统计,随访到第 3 年,在组的 5 名患者均已去世,曲线 A 反映的是假设失访的 5 名患者也已去世,曲线 B 反映的假设失访的 5 名患者均存活。假设真实情况是曲线 C,如果失访患者是因为疗效很好,无症状困扰所以无需至医院就诊而出现的失访,那么真实的生存曲线 C1 会更接近 B 曲线,因此,我们假设的 B 曲线偏倚会更小。如果真实情况下患者是因为身体情况糟糕(疼痛或功能恶化)而出现的失访,那么真实生存曲线 C2 会更接近曲线 A,此时假设的曲线 B 会产生很大的偏倚。这主要是由于数据缺失患者与在组患者的临床特征是不同的,患者失访往往不是随机发生的,而是拥有某一类特征的人群频繁失访,无论对失访患者做出哪种假设,都会影响最终试验结果的可靠性。当试验为随机对照研究时,试验组和对照组之间的数据缺失比例不同会进一步扰乱我们对临床试验结果的可靠性分析,得出错误结论。因此,保障数据完整性是至关重要的。

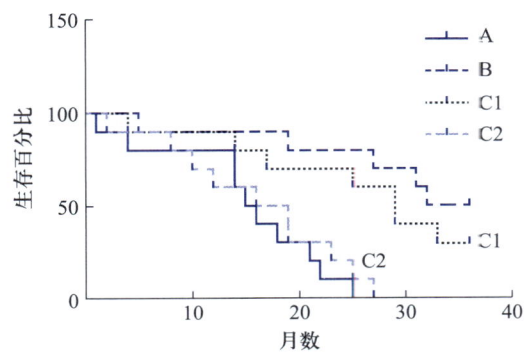

图 1　失访数据导致的生存曲线差异

2. 数据收集什么时候开始做?要以什么频率收集?

当决定开始进行临床试验时,"数据收集"也就开始了。方案设计的重要内容就包括数据收集计划,需要决定数据收集内容、数据收集频率、数据收集方式以及数据质控的方案等。

其中，数据收集的频率十分重要，这影响了试验结果和试验执行的工作量。随访的间隔时间的长短会影响主要终点的结果，比如，3个月评价一次疗效和6个月评价一次疗效最终得出的无进展生存期（progression free survival，PFS）会相差很大，具体影响可参考下面的案例。除此以外，要减少不必要的数据收集的时间点。如果一个试验有2 500名在组患者，每3个月收集一次数据，可能一年会产生10 000份表格。如果收集的频率可以减少到每6个月一次且不影响试验结果，那么将减少一半的表格填写，这可能会更好的保证数据填写的质量。

案例 数据收集的频率影响试验结果：假设一位肿瘤患者在试验开始时，胸部CT提示肺部存在2 cm的病灶（表1）。当试验设计为1个月进行一次肿瘤大小评估时，患者第一次疗效评估提示肺部病变缩小至0.5 cm，第二次提示肺部病变增加至1.5 cm，那么按照RECIST 1.1评价标准，患者治疗中达到肿瘤部分缓解（partial response，PR），但第二次评估后疾病进展，应该中止治疗，PFS为2个月（疗效评估标准详见3.9节）。表1中展示了不同肿瘤评估频率的设定对最终疗效评价结果的影响。如果试验设计为2个月进行一次肿瘤大小评估，那么患者首次评估（2月）提示肿瘤大小为1.5 cm，第二次评估（4月）发现肿瘤进展中止治疗，最佳疗效是疾病稳定（stable disease，SD），PFS为4个月，虽然患者实际上从2月第一次疗效评估后其实已无法从治疗中获益，但PFS反而比第一种评估方式长。

表1 肿瘤评估的频率对于试验结果的影响

评估内容 胸部CT	基线	肿瘤评估				结果
		1月	2月	3月	4月	
真实情况	2 cm	0.5 cm	1.5 cm	2 cm	2.5 cm	—
1月间隔随访	2 cm	0.5 cm	1.5 cm	—	—	随访2月出现进展出组最佳疗效PR，PFS 2月
2月间隔随访	2 cm	—	1.5 cm	—	2.5 cm	随访4个月出现进展出组，最佳疗效SD（缩小），PFS 4月
3月间隔随访	2 cm	—	—	2 cm		随访4个月，最佳疗效SD（稳定），疾病未进展

3．数据收集需要记录哪些内容？

理想的临床试验数据收集是采集所有的试验相关数据，最好能够通过数据重现试验。然而，这个想法在现实中往往无法实现，因为试验数据收集质量常和所要收集的信息数量呈反比。这点很容易理解，当大家完成一个很长的问卷调查时，填问卷的认真程度从开头到结尾会有一个"质"的下降。因此，我们需要采集的是和试验目的息息相关的数据，为了达成试验目的，需要有计划地进行数据收集。这些数据应该属于以下几个方面：

①支持主要或次要研究目的的数据；

②影响试验结果的患者特征相关数据；

③计划要分析的与预后有关的变量；

④入排标准相关的数据；

⑤患者接受方案拟定治疗及合并用药等变量；

⑥结果用于报告／上交时必需数据（如注册类临床试验审批时需要提供研究者、申办方等其他研究角色的相关资质信息）。

为了便于收集的数据用于后续分析，我们收集的数据常需要以表格化及结构化的形式归纳整理，其中，我们试验数据的核心就是病例报告表（case report form，CRF）。病例报告表设计的好坏对于试验的成功至关重要。不好的病例报告表可能会因数据要求不明确而导致收集到错误的数据，或者浪费资源收集不必要的数据。它在设计时需要考虑到数据收集的参与人员、收集方式、所需要的数据类型和数据收集的频率。

所有在试验中进行数据收集的人员都应参与表格的开发，包含试验负责人、数据使用者、数据获取人员、数据报告人员等，除了提供科学性问题分析，还可提供所记录数据的可用性及可行性帮助。比如一项胃癌根治术后辅助治疗的试验中，卫生经济学部分需要收集医疗机构的保险 ID 号码，然而，这个看似无害的数据点在实际操作中遇到了很大困难，因为这是各个医疗机构的高度保密信息。最终，研究小组停止要求填写此字段，并通过其他方法获取了这些数据。如果这些表格经过研究护士和研究协调员的适当审查，研究小组在发布表格之前就会意识到这个问题。除此以外，CRF 设计前需要充分评估填写的工作量。一个患者单次访视需要完成的 CRF 填写平均时长 1～2 h，这个时间随表格设计的复杂程度提高而延长，过于繁重的数据录入工作将会影响数据录入的质量，因此，决定哪些数据是需要收集的非常关键。

收集方式上目前主要分为纸质版和电子版两种，每种方式都有相对应的数据录入、数据提交和质量控制的手段。纸质版的病例报告表相对便宜、易于开发，并且易于修改，然而，目前越来越多的试验使用电子数据采集系统（electronic data capture，EDC）进行数据收集。其一，访问权限可控，电子系统可以为每个用户提供不同的访问权限，可以清晰地跟踪谁访问了数据，谁修改了数据，保证数据的真实性和可溯源性。其二，系统可对数据进行逻辑自查，比如实验室值或日期需要符合一定范围及格式，减少了录入错误发生的概率。其三，便于跨地区的不同研究中心的数据汇总，减少纸质表格邮寄出现的问题。

病例报告表并不是一张单独的表格，它是由不同子表组成的一个综合性表格。表2展示了一个肿瘤治疗临床试验不同阶段需要收集的病例报告表类型，对于肿瘤来说，通常需要收集的数据可分为三类：治疗开始前（基线期）、试验治疗中和随访期，每个试验都需要根据它的试验目的和疾病特征去针对性地设计合适的病例报告表。

表2　肿瘤临床试验中常收集的病例报告表

表格名称	治疗开始前（基线/入组时）
入组关键信息表	和关键入组标准有关的数据（如病理诊断、肿瘤分期等）
前期治疗表	患者前期的治疗史，包括时间、类型、获益情况等
基线疾病状态/肿瘤测量表	肿瘤状态相关数据记录
既往疾病/异常检验表	既往疾病或基线时存在的异常检验值
合并用药表	患者当前的其他治疗用药情况
表格名称	试验治疗中
治疗表	用药或治疗相关情况
不良反应表	试验中出现的所有不良反应
疾病状态/肿瘤测量表	肿瘤状态和治疗反应评估
合并用药表	其他疾病治疗用药情况
方案外治疗表	非试验方案内规定的其他抗肿瘤治疗
终止治疗表	终止治疗的原因

续表

表格名称	随访期
生存状态表	生存时间/死亡时间与死亡原因
不良反应表	记录不良反应，直到试验相关的不良反应全部消失或者患者开始方案外的其他抗肿瘤治疗
疾病状态/肿瘤测量表	如果随访期要做疗效评估，则需要记录肿瘤大小
方案外治疗表	非试验方案内规定的其他抗肿瘤治疗

4. 应该以什么标准进行数据收集？

在数据收集时，统一的标准可提高数据收集的效率与质量，规范的数据采集格式和结构一方面便于数据递交（比如以上市申请为目的提交给监管机构或数据审查人员），另一方面也有利于数据清晰的溯源。临床试验临床数据交换标准协会（Clinical Data Interchange Standards Consortium，CDISC）是一个面向全球的协会，它制定了国际通用的临床数据获取协调标准（Clinical Data Acquisition Standards Harmonization，CDASH），这一数据采集标准产生的最初目的是便于向监管部门递交数据，因为相当多国家的监管部门要求试验按照数据递交标准（Standard Data Tabulation Model，SDTM）完成数据递交，而CDASH的数据采集结构和格式和SDTM要求重合度很高，便于后期数据的转换。

CDASH标准为数据收集的类型划分了具体的数据域，如实验室检查结果（LB）、既往病史（MH）等，同时也对每个域具体要收集的信息进行了规定，包括问题描述、CDASH变量名称、定义等。CDASH囊括的数据变量并非都要进行采集，可以根据具体试验的需求进行选择，为了方便大家选择，CDASH将变量推荐等级划分为三级，分别为强烈推荐（HR）、推荐/有条件（R/C）、可选（O），"强烈推荐"字段一般是根据监管部门的要求，其他的可以因地制宜地进行选择。CDASH对于每个字段的描述和记录都有统一的标准，举个例子，不良事件（AE）列表中共列举了23个字段，其中"研究参与者不良事件开始日期"是强烈推荐记录的字段，CDASH变量名称"AESTDAT"，填写规范是"（DD-MM-YYYY）格式记录"。

除了数据采集标准，临床试验电子化的数据收集系统（包括但不限于EDC系统）的建设也有一些标准：

- **修改留痕**：对于录入保存的数据进行二次修改时，需要保留稽查轨迹。简单来说，初始记录内容、记录人员和时间不能被彻底删除，修改内容、修改时间、修改人员和修改原因要被充分记录。
- **人员受控**：每个人员使用的账号具有唯一性，且账号权限可以统一管理，账号的登录与操作需要留痕。
- **系统日期/时间准确**：记录人员不可随意修改数据记录时间。
- **外部管理流程**：专职人员负责系统管理，有处理账号申请和授权的流程，同时记录每个用户的授权信息，定期维护系统保证其稳定。
- **使用培训**：使用系统人员要经过充分培训，并留有培训记录。

然而，我们要了解，每个系统在不同应用场景下还有许多具体要求。比如，EDC系统需要其具有逻辑核查、质疑管理、数据锁定等功能，这一部分具体将在4.1"数据整理"中详细讨论。

涉及源数据收集的电子化系统设计更为复杂。源数据是指临床试验中的原始记录或者核证副本上记载的所有信息，包括：病历记录、实验室记录、受试者日记、药房发药记录、X射线/CT/MRI/超声影像等。CRF中记录的数据来源于源数据，但CRF本身不能作为临床试验的源数据，也就是说，数据不能直接记录在CRF上，任何在CRF上的数据都是从源数据/源文件中摘录而来的。

不同病种的临床实践过程不同，对于源数据的记录需求也不同。以肿瘤临床试验为例，患者的肿瘤病理报告单往往十分重要，但不少患者的首次病理检查并非在试验所在的医疗机构完成，然而，医院的病案系统并不负责存储外院的检查资料，这就说明源数据电子采集系统需要为这份重要的源数据提供储存空间；其次，肿瘤患者常需要记录生存状态，也代表着长期随访，然而，患者可能在试验治疗结束后就前往其他医院继续治疗，因此大多数生存随访依赖电话问询，这就导致生存随访的结果无法在医院信息管理系统中记录，因为患者并未挂号或办理住院，也代表着我们需要一个"个性化定制"的源数据采集系统方可完成生存访视的电子化记录。

因此，源数据的电子化采集系统需要因地制宜地去设计，方可满足不同疾病专业的研究者实践应用需求。通常来说，不同医疗机构会制定不同的标准操作程序来确定源数据的范围和相应电子采集系统的管理流程，试验开始前可通过源数据鉴认表来确定某一源数据在该医疗机构的来源，保障试验中数据采集的规范与质量。

5．哪些人参与数据管理的相关工作？

（1）申办者（sponsor）

试验申办者是试验数据质量的最终责任人，这里的申办者根据试验类型不同可以是药企或者发起试验的研究者所在医疗机构。申办方需要建立临床试验数据收集的方法（比如 EDC 系统）、流程以及数据质量管理体系，同时也负责所有参与数据收集成员的培训工作，确保大家明白如何填写病例报告表等数据。有时，申办者也会将工作委托给合同研究组织或者其他人员去完成数据处理与分析，但申办者最终责任人的身份不会改变。

（2）监查员（CRA）

申办者为了保证数据可靠性，常会委派监查员去医疗机构核对病例报告表录入的准确性和完整性，监查员会将收集数据与源文件进行对比，一旦发现其中有错误或差异，应通知研究者，并保证修改是由研究者本人或授权人员完成操作，并记录修改理由、修改人签名以及日期。

（3）研究者（investigator）

研究者是试验中数据录入的实际执行人或监督人，他需要对研究团队内的成员进行的数据收集工作负责，这些成员包括授权的其他医生、研究护士、研究协调员、研究药师等。首先要保证试验收集的数据都是从源文件/源数据中获得的，且是准确完整的。其次要保证研究团队内的成员具有相应的数据记录资质，比如医学判断需要医生完成记录。

（4）数据管理员（DM）

随着 EDC 系统在临床试验中的大规模使用，申办者常会委派专职的数据管理员进行临床试验数据的整体管理，其主要工作包括：参与病例报告表的设计，根据病例报告表去搭建数据库，制定合适的数据管理计划，对库里的数据进行逻辑或完整性核查并及时发出质疑，将库里数据和外部数据（比如中心实验室数据）进行一致性对比等。

（5）数据监察委员会（DMC）

上述人员很大程度上就可以完成一项临床试验的数据收集和处理工作，但有时临床试验需要成立一个独立的数据监察委员会（Data Monitoring Committee，

DMC），它由一群独立的、具有相关专业知识的专家组成，可以负责一项或多项临床试验数据的审阅工作，目的是保证受试者的安全性以及试验的可靠性。不是所有的临床试验都需要设置 DMC，但是如果安全风险比较高或者临床试验设计复杂的确证性试验，常建议设立 DMC，有时即使是单臂临床试验，如果在试验过程中需要对数据提前进行汇总分析，也应该考虑设置 DMC。

DMC 的成员组成要具有一定的独立性和多样性，需要包含临床专家和统计专家，且不能和所审阅试验的申办者以及研究团队有相关的利益冲突，无论是学术利益或者财务利益。DMC 可以在审阅数据后提出修改方案（调整样本量）、暂停试验（安全性问题）、或者提前终止试验（有效或安全性问题）等建议，但这个建议申办者不一定要采纳。DMC 与试验其他参与方之间的关系如图 2 所示，申办者向 DMC 提供它的目标和计划，独立统计团队向 DMC 提供统计分析结果及相关信息，DMC 向申办者提供建议，通常来说，DMC 不和药品监管部门直接沟通，但如果 DMC 发现重大安全隐患且申办方刻意隐瞒时，可以直接沟通。

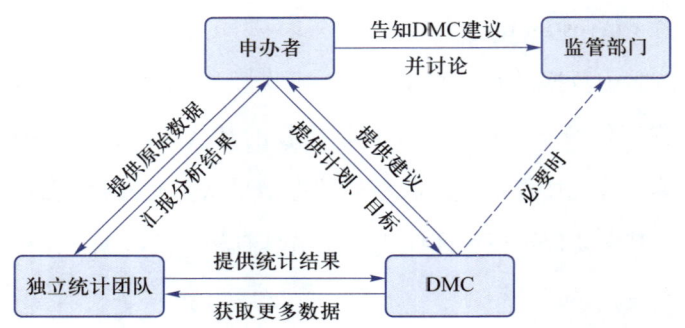

图 2 数据监察委员会（DMC）与临床试验中各方的关系

案例 在 2005 年，美国国立过敏和传染病研究所（NIAID）发起了一项对早期 HIV 感染（无症状）的婴儿进行抗病毒治疗的临床试验，主要终点是 PFS。在当时，国际上对 HIV 患者的治疗意见是 T 细胞明显下降或者有症状时再开始治疗，这也让这项试验预先设计的提前终止要求十分严格，那就是只有当期中分析 P 值 < 0.001 时，才允许提前终止试验。因为，研究者考虑治疗风险高和医疗费用支出大，需要强有力的试验结果才能给所有 HIV 感染的婴儿早期就提供治疗。随着试验进展，DMC 观察到治疗组的优势越来越大，且对照组所有发生的事件都是

死亡（并非疾病进展），但是在 18 个月期中分析时，两个治疗组和对照组的比较中（两个组别差异仅在于治疗时间长度），P 值分别为 0.008 和 0.01，并没有达到预先设定目标。但是，治疗带来的获益已经十分明显，继续进行试验将会对对照组造成更大的损害，引发伦理问题。因此，DMC 要求合并两组数据（不同治疗时长）重新分析，该比较产生的 P 值＜0.001，DMC 建议提前终止试验，最终建议被申办者采纳，而 HIV 感染婴儿的诊疗指南也随之更改，这说明 DMC 需要综合试验方案、数据以及真实情况才能做出最佳判断。

6．收集和处理数据时应遵循的原则是什么？

数据质量以及真实性是整个临床试验结果可靠性的基础。为了保证试验数据的质量，在临床试验中设置了多种检查手段进行质控，详细内容我们会在 3.10 "质量控制"中进行阐述。而为了保证数据的真实性，数据收集和处理的全流程需要保证其可溯源性。图 3 展示了临床试验数据流通的全流程，可溯源并不仅仅指某个数据能找到其产生源头是什么（比如某张化验单），也是指每个数据流通步骤之间的可追溯性。比如统计分析的变量与数据库表格之间的关系，数据库表格和源数据之间的关系。理论上来说，第三方人员可以通过数据库里的数据重现统计分析结果，那么，为了保证这一操作的顺利实现，数据在收集和处理时就需要遵循以下原则。

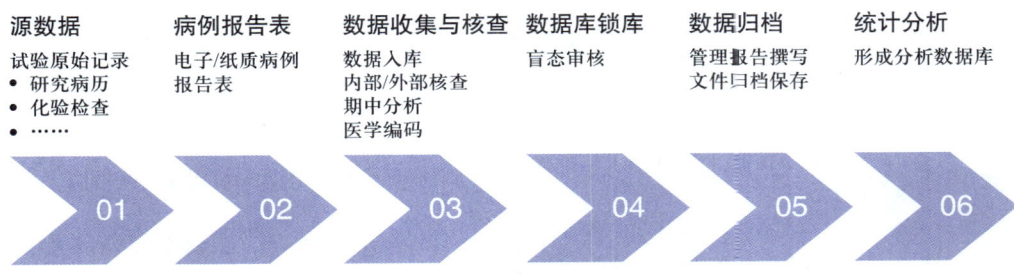

图 3　临床试验数据流通的流程

数据的 ALCOA+ 原则，即可归因性（attributable）、易读性（legible）、同时性（contemporaneous）、原始性（original）、准确性（accurate）、完整性（complete）、一致性（consistent）、持久性（enduring）和可获得性（available when needed），表 3 详细描述了 ALCOA+ 的具体含义，这个原则充分说明了临床试验数据的一些特征：

①全面；②真实；③可追责；④需要被反复查阅。这几点看似简单，但在实际操作过程中想要实现颇有难度。

因此，我们在试验开始前撰写试验方案时就应对数据收集策略做好统一的规划，保证一个试验过程中全部的数据收集质量标准统一，尽可能符合 ALCOA+ 的原则（表 3）。

表 3　ALCOA+ 原则

内容	含义	举例
可归因性	可鉴别采集数据的来源，简单来说，可以得知谁观察到，谁记录的。	Word 格式的研究病历没有修改留痕，无法得知是谁在什么时间什么原因进行修改
易读性	数据应该是可读的和可理解的，以便查看的人员可以明白其含义。	数据不能被清楚辨认或者存在术语缩写，造成录入人员理解错误
同时性	数据的记录和观察/操作同步进行，延后的数据录入可能由于记忆的偏差产生错误。	化验单评估日期发生在报告日期之前，药物回收发放记录不是当天完成
原始性	初次被记录或采集的数据，并且是最准确和可信的数据记录。	研究病历已签字打印，后发现记录错误，在 word 文档里修改后重新打印，破坏了数据原始性，应该手动修改签字，保留痕迹
准确性	所有记录都应该反映所发生的事实，分析过程应该可靠正确。	比如男性患者有月经史记录，说明记录不一致缺乏准确性
完整性	所有数据都存在，可以完整重现所有的操作和过程，记录实际发生了什么。	患者某次检验中发现指标异常并记录为不良反应，但没有记录后续处理和恢复过程，缺失了过程处理的步骤和转归
一致性	所有的事情真相只有一个，数据之间无矛盾。	在不同文件中患者知情同意时间不同
持久性	记录需要长久被保留同时可访问。	比如热敏纸打印的心电图需要及时复印，影像学资料需要刻盘储存
可获得性	一旦要求，可以及时获取以便审阅。	项目文件柜缺乏专员管理导致文件丢失

一句话概括

数据收集是试验成功的基石，需要收集和试验目的息息相关的数据，同时试验开始前完成数据管理计划，全程保证真实、全面、可溯源。

名词解释

- 临床数据获取协调标准（Clinical Data Acquisition Standards Harmonization，CDASH）：是临床数据交换标准协会建立的国际通用数据采集标准，主要是对临床研究中的数据采集提供了标准化的模式和规范，广泛应用于病例报告表的建设中。
- 病例报告表（case report form，CRF）：用于记录每个临床试验受试者的相关信息，是试验数据分析的基础，它可以是纸质版或电子版，由研究者完成记录向申办者报告。
- 数据监察委员会（data monitoring committee，DMC）：是一个独立的具有专业知识的专家组，负责审阅一项或多项临床试验数据，它的组成成员与试验申办者以及研究者都没有利益冲突，根据数据分析给予建议，比如试验提前终止、试验方案修改等。
- 电子数据采集系统（electronic data capture，EDC）：是基于计算机技术和网络构建的临床试验数据采集系统，囊括了病例报告表信息的录入、数据核查、数据锁库、数据存储等一系列功能。

参考文献

[1] Fuchs CS, Tepper JE, Niedzwiecki D, et al. Postoperative adjuvant chemoradiation for gastric or gastroesophageal junction (GEJ) adenocarcinoma using epirubicin, cisplatin, and infusional (CI) 5-FU (ECF) before and after CI 5-FU and radiotherapy (CRT) compared with bolus 5-FU/LV before and after CRT: Intergroup trial CALGB 80101. ASCO Ann Meet Proceed, 2011, 29(Suppl 15): 4003.

[2] Cotton M F, Violari A, Otwombe K, et al. Early time-limited antiretroviral therapy versus deferred therapy in South African infants infected with HIV: results from the children with HIV early antiretroviral (CHER) randomised trial. The Lancet, 2013, 382(9904): 1555-1563.

[3] 国家药监局，国家卫生健康委．药物临床试验质量管理规范．2020-4-23

[4] 国家药监局．临床试验的电子数据采集技术指导原则．2016-7-27

[5] Food and Drug Administration. Guidance for industry: computeriazed system used in clinical investigations. 2007

[6] 国家药品监督管理局药品审评中心．药物临床试验数据监查委员会指导原则（试行）． 2020-9-21

[7] European Medicine Agency. Reflection paper on expectations for electronic source data and data transcribed to electronic data collection tools in clinical trials. 2010

延伸问题

1. 如何减少数据收集中出现的漏记、错记的问题？
2. 如果数据漏记或缺失，怎么做能减少对试验结果分析的影响？

（方元　陈蕾）

3.6 多区域临床试验

引导问题

高质量的单中心随机对照研究已经是Ⅰ级证据了,为什么还要进行国际多中心临床研究?

章节导图

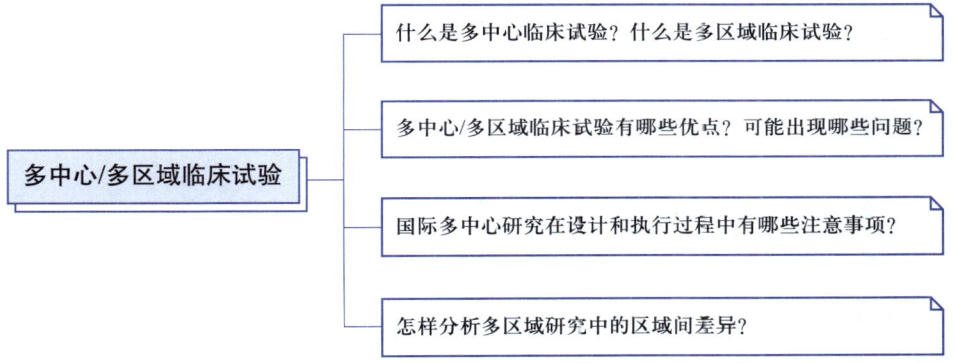

典型故事

TOPCAT(Treatment of Preserved Cardiac Function Heart Failure with an Aldosterone Antagonist,醛固酮拮抗剂治疗心功能保留性心力衰竭患者)是一项国际多中心临床研究,纳入了美国、加拿大、巴西、阿根廷、俄罗斯和格鲁吉亚等多个国家的患者,旨在分析螺内酯对左室射血分数保留的心力衰竭患者的作用,研究主要终点为心血管事件复合结局(心血管原因死亡、复苏后心脏骤停或因心衰住院治疗)。

这一研究最终没有获得阳性结果。但进一步的亚组分析显示，不同国家患者的研究结果可能是研究最终未取得阳性结果的重要原因。在欧洲国家俄罗斯和格鲁吉亚的亚组分析中，心衰患者的总体心血管事件发生率很低，且螺内酯使用组血钾水平升高幅度较小（螺内酯的药理作用可导致血清钾水平升高），结果显示相比安慰剂，螺内酯没有显著获益；而对美洲国家的分析显示，入组患者心血管事件发生率与既往经验里心衰患者的典型水平相似，而且螺内酯用药组血清钾水平有所上升，同时螺内酯相比安慰剂有获益。据此研究人员推测，俄罗斯和格鲁吉亚纳入的患者心衰疾病更轻，因此心血管事件发生数少；而血钾水平增加非常小，提示部分入组患者可能没有严格按照研究方案服用螺内酯。

由此可见，国际多中心研究在设计、执行和分析层面比单中心研究面临更多的问题。在本章节中，我们会围绕为什么要进行多中心 / 多区域临床试验，设计多中心 / 多区域临床试验需要考虑哪些方面，如何解读多中心研究的结果等问题进行介绍。

主要内容

1. 多中心临床研究和多区域临床试验的概念

多中心临床研究是由多个研究者按照同一个试验方案在不同临床试验中心和单位共同进行的临床试验。"中心"的概念可以为包括医院、卫生院、诊所在内的独立医疗机构。

多区域临床试验（multi-regional clinical trial，MRCT）是一项按照单个方案在一个以上区域实施的临床试验。其中区域指的是地理区域、国家或监管区域（比如欧盟）。

2. 高质量的单中心随机对照研究已经是 I 级证据了，为什么要进行多中心临床研究？多中心临床研究有哪些优点？

案例一 X 连锁性低磷酸盐血症（XLH）是一种罕见的遗传性多系统性疾病，在英国人群中患病率约为百万分之十四（英国全国包括儿童和成年在内的现患人数仅为几百人）。对于此类罕见疾病，在单个国家完成一项随机对照临床研究几乎是不可能的，只有通过国际多中心临床研究才能以最快的速度完成患者入组。

UX023-CL303研究是一项国际多中心、随机、双盲试验，共纳入来自日本、韩国、美国、加拿大、欧洲、澳大利亚等国家和区域的16个医学中心共计61名1~12岁XLH患儿，其中试验组使用布罗索尤单抗治疗，对照组使用传统治疗。结果显示布罗索尤单抗使用组的佝偻病影像表现较传统治疗组显著改善。基于此项国际多中心研究，以及布罗索尤单抗在成人患者中的研究，全球多个国家陆续批准了布罗索尤单抗用于XLH的治疗。

多中心临床研究在入组速度上存在优势。对于Ⅲ期临床研究，通常样本量为数百例甚至更多，单个研究中心的能力难以满足入组要求，开展多中心研究，是一种能更快地入组患者、保障研究进度的有效方法。多中心研究可以提供更大的样本量，提高统计效能，从而降低统计结果出现假阴性的可能。部分罕见疾病，年发病率小于十万分之一，单个医疗中心很难在短时间内收集足够病例参与临床研究，此时也需要多个研究中心协作，加快入组进度。

案例二 对于肝癌而言，不同国家的致癌因素存在显著差异。在我国及部分东南亚国家，肝癌病因中乙型病毒性肝炎占据重要地位，而欧美乙型肝炎发病率较低，肝癌患者绝大多数没有乙型肝炎病毒感染。IMbrave150是一项国际多中心临床研究，它同时纳入来自亚洲、美洲、欧洲多个国家和地区的肝癌患者，将患者地理区域（除日本以外的亚太地区 vs. 全球其他地区）作为分层因素，同时将肝癌病因纳入了最终疗效的亚组分析，以评估患者地域、病因学等方面对于疗效的影响。真实医学问题的复杂之处往往在于受试者群体的多样性。来自不同地区的患者，种族、遗传多态性、疾病病因、疾病临床特点、自然环境、社会文化习惯等诸多因素可能存在不同。通过多中心研究，可以从更广泛的地域纳入更多不同病因、临床类型的患者，增强人群的代表性和结果的外推性，更加全面地评估研究的影响因素。

3．多区域临床试验有怎样的意义？

案例三 泽布替尼是百济神州研发的一种靶向药物。药物希望在多个国家获批上市，如果分别开展临床研究，将有大量的花费和时间消耗。企业开展了一项国际多中心的Ⅲ期临床研究，在复发难治的慢性淋巴细胞白血病/小淋巴细胞淋巴瘤中对比试验泽布替尼和标准治疗药物伊布替尼的疗效。研究共纳入来自北美、欧洲和亚太地区15个国家的患者，最终结果显示泽布替尼治疗组的无进展生存期显著延长。基于该研究结果及其他一项Ⅲ期临床试验及其他支持性临床研究数据，美国FDA及多个其他国家的监管部门批准了泽布替尼用于治疗慢性淋巴细胞白血病/小淋巴细胞淋巴瘤的适应证，实现了通过一项试验全球多个国家上市的目的。

MRCT这一概念的提出对药物全球审批上市有着重要意义。要想让一种药物在不同国家/地区上市，必须将临床研究数据递交给各个国家/地区的药监部门审批，由此衍生出两种药物全球研发策略：①独立策略：在不同的国家/地区分别独立地开展临床试验；②全球策略：开展多区域临床试验（MRCT），兼顾各个国家地区人群特点和监管要求，通过同一项MRCT递交不同国家/地区的监管部门申请上市。

开展MRCT并纳入来自多个国家或地区的人群，可在一次临床研究中同时获取多个监管机构决策所需的有效性、安全性信息，加速药物在不同目标市场获批上市。部分国家和地区对于批准本区域上市的药物有本土入组人数/入组人群比例的要求，在设计多区域临床试验如果纳入考量可以更加符合临床试验的需求（图1，表1）。

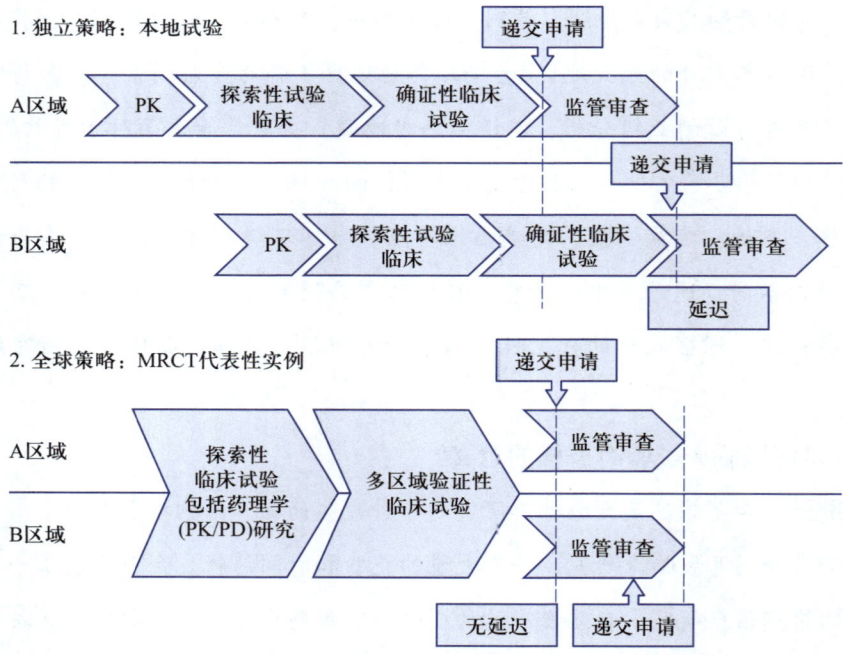

图1　药物临床试验策略：分别开展多个单区域临床试验（独立策略）和开展多区域临床试验（全球策略）（翻译、改编自ICH-E17）

表1 单中心临床研究、多中心临床研究、多中心临床试验

	单中心临床研究	多中心临床研究	多中心临床试验*
试验方案	统一试验方案	统一试验方案	统一试验方案
临床试验中心	单个	多个	多个
参与临床试验的区域	同一个区域	一个或多个区域	多个区域
注册临床试验的监管部门	单个区域的药监审评部门	一个或多个区域的药监审评部门	多个区域的药监审评部门
内部一致性	+++	++	+
研究参与者多样性	+	++	+++
参研中心间研究方案执行差异	−	+	++
考察不同人群的外推性	+	++	+++
入组速度	+	++	++
多区域同步注册	不能	需补充本土人群数据，或在其他区域再次进行临床试验	可同步递交上市

* 表中区域特指地理区域、国家或统一对药物上市进行审批的监管区域。

4. 多中心临床研究在设计和执行中面临哪些常见问题？

和单中心临床试验相比，多中心临床研究在研究方案和设计、执行和组织管理方面有着更多的要求。

（1）设计层面

- 人群差异：不同区域（比如南北方人群）、民族乃至中心纳入的患者疾病特征不同造成的研究结果异质性。
- 临床实践差异：各中心对"标准治疗"的定义不同（如化疗方案、手术技术），导致对照组与干预组的可比性降低。
- 各国法规对试验设计、数据收集、伦理审查的要求不同（如知情同意书模板、不良事件报告时限）。

（2）执行层面

- 诊疗实践的标准化问题：不同研究中心间的检验、检查、病理、实验室存在差异，研究者对于干预措施理解不一致，都可能增加执行层面出现偏差的风险。

- 如何实时收集不同中心的有效性和安全性数据，并保证不同中心的数据格式一致。
- 管理要求的复杂性。不同中心入组速度通常存在较大差异，如何分配入组人数。
- 研究实践中的执行挑战。地域文化差异影响服药依从性（如对长期用药的接受度）或失访率。各中心对不良事件的归因标准不同（如将药物相关肝损伤误判为"不明原因肝炎"）。

5. 多区域临床试验在设计和执行层面面临哪些常见问题？

尽管多中心临床试验拥有众多优势，但由于各个国家/地区之间患者状况、医学实践等方面均可能存在较大差异，因此也会带来很多单区域临床研究所不具有的问题，例如：

- 不同区域对同一疾病的定义、诊断、分期评估标准乃至研究终点的不同，如何制定纳入和排除标准。譬如针对肥胖、高血压等定义，在不同国家就存在显著差异，若多区域/多中心临床研究中不对这些疾病进行明确定义，在纳入患者时就会面临混乱。

案例四 氯吡格雷是重要的心脑血管疾病治疗药物，但其在人体内需要经过包括 CYP2C19 在内的多种酶的转化才能发挥药理活性，因此 CYP2C19 功能缺失（这部分基因型被称为氯吡格雷慢代谢型）患者使用氯吡格雷的疗效下降。在不同人群中，CYP2C19 的基因型有着较大差异，西方人群中氯吡格雷慢代谢型比例约为 1%～7%，而亚洲人群可高达 13%～23%，由此对应的氯吡格雷获益也有差异。这一例子反映了在多区域研究中，应谨慎评估区域/人群内部疗效、安全性差异的重要性。

- 不同种族人群由于遗传多态性、体重、年龄等导致药物代谢和敏感性的差异。案例四就是人群之间由于遗传因素造成药物代谢差异，从而影响药物安全性和疗效的经典案例。
- 不同地区医疗实践及治疗方面不同，如对照组未获批或适应证和剂量存在差异，给对照组的选择带来困难。例如，申办方想要在 M 国和 N 国开展一项针对非小细胞肺癌的多区域临床试验，但对照组的选择上遇到了困难。某靶向药物 X，在国家 M 已于 2022 年获批上市并成为该国的标准疗法，但在国家 N 尚未上市。这就给临床试验设计带来了问题：若开展多区域临床试验，是否可以选择靶向药物 X 作为对照组？

- 饮食、环境、文化、社会经济因素，也可能影响受试者招募、依从性及受试者保留率。

- 如何分配不同中心的入组人数。多中心临床试验通常参与研究的临床中心众多，在临床试验开展过程中，不同中心的临床研究的开始时间、招募患者速度存在差异。如果不对入组人数进行明确限定和预设，可能最终入组人数会面临较大的不平衡，甚至不能达到部分国家/区域获批上市的最低入组人数。如何分析、处理、评估不同区域之间疗效的差异性。

6. 早期试验可以采用多中心或多区域临床研究吗，有哪些优劣？

有很多研究在早期临床试验中就采用了多中心的设计。如前所述，早期临床试验，特别是Ⅰb期及Ⅱ期的剂量扩展阶段临床试验中，采用多中心试验可以加快入组速度、增强人群多样性。

不过，由于Ⅰa期临床研究主要是在小样本下考察药物的安全性及药代药效动力学特征，通常设置了 DLT 观察期后进行剂量递增的时间限制，因此在Ⅰa期临床试验中设置多中心对于研究速度的提升有限。另一方面，由于Ⅰa期研究通常采用"3+3"设计等方法进行剂量爬坡，每个剂量组人数很少，也需要根据药物安全性实时调整剂量，因此如果实行多中心研究，需要各中心对于入组进度、药物安全性监测等方面进行密切沟通协调。除此之外，Ⅰa期临床试验通常为首次人体研究，对于潜在不良反应的发生模式和处理方法了解不足，更适合经验丰富的研究者在一个或少数研究中心充分积累经验。

7. 多区域临床试验的对照组设计

对照组选择应兼顾现有标准治疗、伦理和其他因素（如国际诊疗指南），其通用原则请参考本书 2.5 章相关介绍。在 MRCT 设计过程中，应与监管部门充分沟通并征得同意，原则上在所有参与区域均应采用相同的对照组。为保障对照组药物疗效的一致性和易于分析，有以下需要注意的地方：①阳性对照原则上在所有区域的用法用量应尽量相同。②各区域应采用相同剂型的阳性对照（如口服药物、静脉输注等）。③建议所有参与区域尽量采用同样来源的阳性对照药。如对照药采用不同来源，应提供证明（例如检验报告或生物等效性或溶出度研究报告）以确保所有参与区域的对照药质量相同。

理想情况下，MRCT 中的对照组使用的是已在所有参与区域获得批准的方案。但实际情况中，基于科学信息、治疗指南以及其他相关文件，也可能采用在部分参与区域中尚未批准的药物，此时应在方案中写明使用未批准药物的依据（包括安全性考虑）。同时，还应在方案中说明未批准药物在该区域的研发状态（例如不计划研发、研发中、监管审评中）。也应考虑研究后治疗计划，包括继续使用未批准对照等情况，并在知情同意书中告知患者。

8. 多区域临床试验的研究终点设计

临床试验终点设计的通用原则，请参考 2.6 相关介绍。ICH E9 中所给出的终点选择一般原则也适用于多区域临床试验，但为了保证研究结果在各区域和各监管机构间保持一致的可解释性，主要终点应被所有研究相关的区域监管机构认可。

由于各区域间诊疗实践可能存在差异，多区域临床试验对于终点需要精准和统一的定义（例如，无进展生存期、无病生存期等的定义）。多区域临床试验也应该尽可能使用统一的次要终点。有时不同国家/地区的监管机构会根据经验提出不同次要终点，此时应在方案中进行描述。

9. 多区域临床试验的样本量分配

在单区域临床研究中适用的临床试验样本量确定的一般原则（见 ICH E9），同样适用于多中心临床试验。在多区域临床试验中，主要研究目的通常仍为考察药物在总体人群中的疗效，而总样本量需要保障主要研究结论能够得到充分验证。

同时，为了评估各区域之间疗效是否存在差异，经常会将地理区域作为分层因素。出于以下原因，多区域临床试验比单区域临床试验所需的样本量通常有所增加：①来自不同区域的患者平均疗效可能不同，将来自不同区域的患者合并成一个总体通常会使数据的分散程度增加。②不同国家/地区/区域的监管部门可能对于药物上市所需的本区域最小样本量/比例，统计学界值等存在不同监管要求，在样本量确定过程中给需要遵循最严格的界值。基于以上原因，在多区域临床试验中，目前尚无公认的或最佳样本量分配方法，常用方法如表 2：

表 2　MRCT 的常用样本量分配方法

分配方法	定义	特点
按比例分配	根据区域规模和疾病患病率，各区域按比例分配受试者	优点：缩短入组时间 缺点：部分区域受试者数量可能极少或者没有受试者，而其他区域则可能主导试验结果
平均分配	各区域分配相同数量的受试者	优点：最优化检验区域间治疗效应差异的效能 缺点：患病率或招募难度在区域间差异大时招募进度受影响
效应保留	基于保留整体治疗效应的某个特定比例，将受试者分配到一个或多个区域	当多个区域均要求保留一定比例整体治疗效应时不可行
区域显著性	分配足量受试者以达到各区域内的显著结果	多个区域同时显著将大量增加样本量，不符 MRCT 提高效率的原则
固定最小数量	对某个区域分配固定最小数量的受试者	固定最小样本量需科学论证而非任意指定

除此之外，可以预先对一些区域或亚群进行合并，减少亚组的个数，以帮助区域样本量的灵活分配。例如部分研究将加拿大与美国合并为北美洲区域，因为两国的医疗实践和合并用药使用情况相近。在一些情况下，可以跨越区域边界，按照种族进行合并，比如将生活在北美洲和亚洲的亚裔/亚洲人进行合并，也可以按照其他内在或外在因素进行跨区域合并，如按对某种基因分型的患者进行合并。

10. 多区域临床试验的数据质量保证

多中心临床试验在设计层面需要考虑比单中心临床试验更多更复杂的问题，在执行层面更加难以保证中心间研究质量的一致。在多区域临床试验中，为保障各个区域均高质量执行研究方案，需要对试验设计、研究者培训以及试验监查的质量进行充分准备。

在各个参与区域中，收集的有效性和安全性信息应当标准化，同时对研究者和工作人员进行标准化的培训。和单区域临床试验一样，多区域临床试验对于安全性的报告，应当遵循 ICH E2 系列原则，同时也要遵守各国家/地区法规的要求。

若研究终点为实验室结果或影像评效结果，通常建议使用中心实验室或中心影像。如果使用多个实验室，则应在临床样本检测前在实验室之间进行方法学交叉验证。

为确保试验正确实施且区域间结果报告无延迟，MRCT 各个中心的协调尤为重要。申办方应通过一套系统来管理 MRCT 的设计、实施、监督、记录、评价、报告及存档质量。同时，中心化和监查有助于识别多区域研究中各区域和各研究中心在方案依从性方面的差异（例如随访、研究用药依从性，不良事件报告和/或缺失数据程度方面的差异）。还可以考虑在数据采集和报告中采用电子化，使用标准化方法实时收集信息和数据。如果临床试验相关文件需要翻译成不同语言，应通过回译等方式确保文件在不同语言中保持一致。

11．多中心临床试验区域和亚组结果一致性评价

正如前面所说，不同区域之间的受试者特点通常存在着诸多差异。因此有必要评估不同区域或者不同亚群的患者疗效是否一致。评价的各种分析方法有描述性总结、图示（如森林图）和基于模型的估计，以及区域和处理交互作用的检验。

如果发现各区域的结果之间可能存在差异，应对这些差异进行探索。探索分析通常包括以下步骤：①如果区域之间在疾病严重程度、种族、医疗实践/治疗方法（如临床实践中使用不同剂量的合并用药）、遗传因素（如药物代谢酶的基因多态性）、其他受试者特征（如吸烟状况、体重指数等）已充分证明对结果有影响的差异因素，应制定计划在分析模型中进行评价。②如有预期之外的区域差异，应采用事后分析进行进一步研究。已知的预后因素在不同区域间的分布不同，可能可以解释区域间的结果差异。③如考虑到已知因素后仍无法解释区域间的结果差异，可能需要进一步地研究，以识别差异的合理原因。可以通过其他临床试验或者其他的支持证据来分析。这一步骤的典型案例详见本书亚组分析部分，吉非替尼的上市案例。

12．什么情形下更适合开展单中心临床研究而不是多中心临床研究？

部分疾病具有对于首次用于人体且技术难度较大的临床试验，通常由单个中心内具有相应资质和经验的研究者发起并完成概念验证，在进一步外推时再引入更多研究中心和受试者。对于一些地方病，难以开展多中心临床研究，只能以单中心临床试验的形式进行研究。一些样本量较小的早期探索性研究，为了保障良好的内部一致性，可能也会采取单中心临床研究的形式。

13．多中心临床试验的设计和开展，有相应的国际指导原则进行指导吗？

多中心临床试验的设计和执行不仅要具有科学性，还要满足各国监管的要求。2017年11月，ICH E17专家组修订了"多区域临床试验计划和设计的总体原则"，说明了确证性多区域临床试验计划和设计的一般原则，目的是提高多区域临床试验在全球监管递交中的可接受度（详见推荐阅读文献）。

一句话概括

多区域临床试验有助于药物在多个国家/区域同步上市，但其存在运营、科学和监管多维挑战，需要在设计、执行层面精心考虑才能在异质的"多区域"中达成一致的"好疗效"。

名词解释

- **多中心临床研究**：由多个研究者按照同一个试验方案在不同临床试验中心和单位同时进行的临床试验。
- **多区域临床试验（multi-regional clinical trial，MRCT）**：一项按照单个方案在一个以上区域实施的临床试验。其中区域指的是地理区域、国家或监管区域（比如欧盟）。
- **合并区域**：如果认为某些区域受试者的研究疾病和或药物相关的内在因素和/或外在因素具有足够的相似性，则在计划阶段合并这些地理区域、国家或监管区域。
- **合并亚群**：将一个区域的受试者子集与另外一个区域具有相似定义的受试者子集进行合并，这些受试者需要具有一个或一个以上对药物研发项目非常重要的相同内在或外在因素。合并的亚群被认为是与种族相关的亚组，这在MRCT中尤为重要。

参考文献

[1] Hawley S, Shaw NJ, Delmestri A, et al. Prevalence and mortality of individuals with X-linked hypophosphatemia: A United Kingdom real-world data analysis. J Clin Endocrinol Metab, 2020, 105 (3): e871-878.

[2] Chung KC, Song JW. A guide to organizing a multicenter clinical trial. Plast Reconstr Surg, 2010, 126 (2): 515-523.

[3] Imel EA, Glorieux FH, Whyte MP, et al. Burosumab versus conventional therapy in children with X-linked hypophosphataemia: a randomised, active-controlled, open-label, phase 3 trial. Lancet, 2019, 393 (10189): 2416-2427.

[4] Brown JR, Eichhorst B, Hillmen P, et al. Zanubrutinib or Ibrutinib in relapsed or refractory chronic lymphocytic leukemia. N Engl J Med, 2023, 388 (4): 319-332.

[5] Pfeffer MA, Claggett B, Assmann S F, et al. Regional variation in patients and outcomes in the treatment of preserved cardiac function heart failure with an Aldosterone Antagonist (TOPCAT) trial. Circulation, 2015, 131 (1): 34-42.

推荐阅读

1. ICH-E17：多区域临床试验计划与设计的一般原则
2. ICH E5（R1）：影响接受国外临床资料的种族因素
3. Chung K C，Song J W. A guide to organizing a multicenter clinical trial. Plast Reconstr Surg，2010, 126 (2): 515-523.

延伸问题

1. 什么情况下优先选择单区域研究，而不是多区域研究？

2. 假如你是一名医生，为患者选择治疗方案。在回顾文献过程中，你发现一项大规模国际多中心随机对照临床试验结果的亚组分析显示药物 A 在不同国家患者之间疗效存在差异，其中你所在国家的人群疗效不显著。你计划通过哪些方法来分析和解读这一结果？

（江宁　陈蕾）

3.7 研究终点解读

引导问题

在主要研究终点为 PFS（无进展生存时间）的Ⅲ期研究中，试验药物显著降低了疾病进展的风险，但次要研究终点 OS（总生存时间）没有显著提高，这个研究算成功了吗？

章节导图

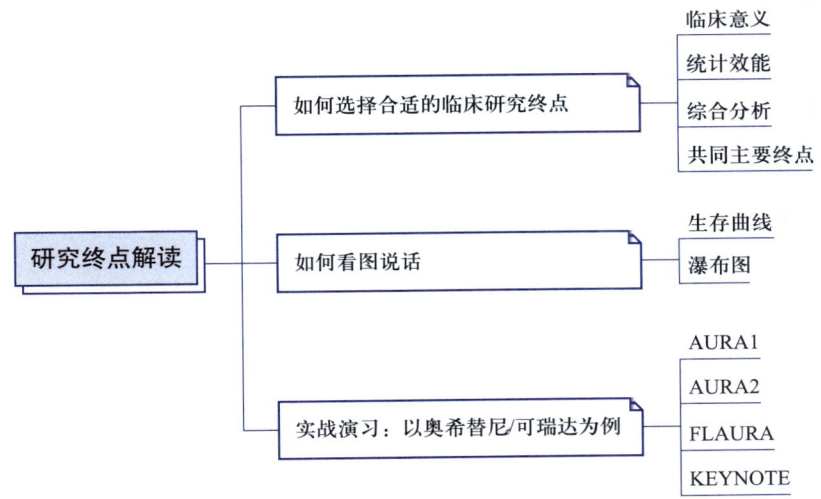

典型故事

总生存时间（overall survival, OS）是评价抗肿瘤药物临床价值的金标准。但是，随着抗肿瘤新药不断获批，患者生存期不断延长，以OS为主要研究终点获批上市需要的时间和成本也逐渐上升。为加快抗肿瘤药物的研发，药品监管机构针对抗肿瘤新药审批上市建立了采用替代终点的加速审评模式。然而，以替代终点支持上市药物临床试验的回顾性研究显示，替代终点的获益并非都能转化为总生存获益。一部分药物由于最终没有达到OS终点而被撤回适应证。我们应该如何看待无进展生存时间PFS获益，总生存时间OS差异无统计学意义的结果呢？

2004年2月贝伐珠单抗（Avastin，安维汀）首次获得FDA批准，一线联合化疗治疗晚期结肠癌。此后，Avastin又陆续获批非小细胞肺癌、胶质母细胞瘤、肾细胞瘤等适应证。E2100是贝伐珠单抗联合紫杉醇一线治疗HER-2阴性晚期乳腺癌的研究，结果显示与不含贝伐珠单抗的对照组相比，无进展生存时间（PFS）从5.8个月延长到11.3个月（HR=0.48，95%CI: 0.39～0.61）。基于此，FDA于2008年加速批准了贝伐珠单抗与紫杉醇联合用于HER-2阴性晚期乳腺癌的一线治疗。但E2100研究后续的公布OS结果显示，贝伐珠单抗联合紫杉醇的OS为26.7 vs. 25.2个月（HR=0.88，P=0.16），未能显著获益（图1）。

针对E2100、AVADO和RIBBON-1研究的Meta分析也显示，紫杉醇

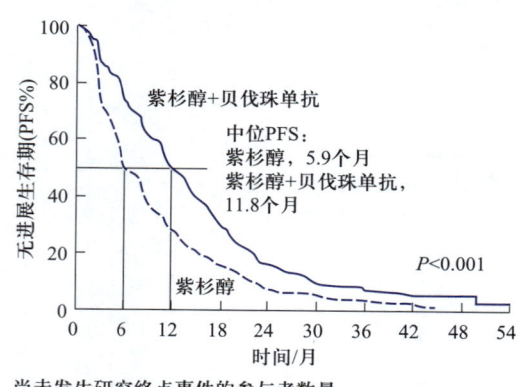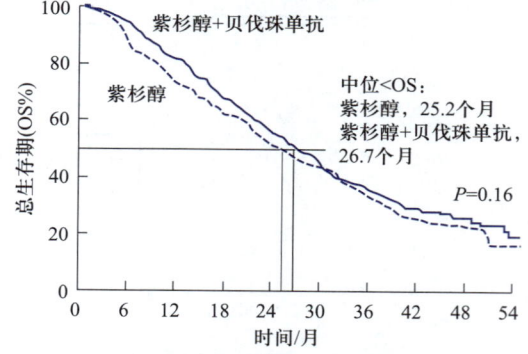

图1　E2100研究无进展生存时间及总生存时间结果

联合贝伐珠单抗并未显著延长 HER-2 阴性晚期乳腺癌患者的 OS（HR=0.95，95%CI：0.85～1.06），且严重不良反应的发生率较高。据此，美国 FDA 于 2011 年撤销了贝伐珠单抗的该项适应证。这表明在抗肿瘤药物临床试验中替代终点 PFS 获益并不一定能转化为 OS 获益。

因此，研究终点的选择可能决定一项临床试验的成败，设计临床试验时需要谨慎考量。

主要内容

1．临床研究终点的选择

前面的章节我们对具体临床研究终点的定义、应用、测量标准、优缺点进行了逐一阐述，体现了研究终点的多样性和复杂性，因此，如何选择合适的研究终点并不简单也非程式化。需要根据研究提出的临床问题、研究目的、目标人群、研究类别、试验药物的特点等综合分析，结合研究终点的特点进行合理选择，需要临床专家、统计学专家、伦理学专家及其他临床试验从业人员共同评估综合选择。

（1）临床研究终点选择的前提

研究终点应该具有临床意义且与疾病过程有较好的关联性。例如对于预后极差或没有标准治疗的肿瘤以及发病率低难以开展大型Ⅲ期研究的罕见肿瘤，选择 ORR 作为主要终点是可以被接受的，有可能基于Ⅱ期单臂研究的有效性获得监管机构的上市批准。

研究终点应该能够回答临床研究的主要问题，比如如果主要研究目的是疾病短期控制效果，可以选择无进展生存时间 PFS 作为替代终点。

研究终点的发生频率要足够高，在适当样本量的研究中达到统计效能。

研究终点设定时，需要判断是否存在评估偏倚与不确定性，并同时选择避免偏倚的方法如随机、双盲等。

研究终点设定时，需要判断加速审批还是常规审批，加速审批可以选择替代终点。

（2）选择临床研究终点的参考指标

研究药物的潜在获益人群，疗效安全性特点；

肿瘤预后与分期；

对照组标准治疗的特点；

是否符合伦理；

临床研究的可行性等。

（3）各期临床研究的终点选择（表1）

表1　不同阶段常用肿瘤临床试验终点选择

分期	研究目的	实用性	常用研究终点	主要终点选择
Ⅰ期	①人体对于新药的耐受程度和药代动力学； ②为制定给药方案提供依据。	药理学 人体安全性	安全性/DLT/ MTD/PK/PD	安全性（各级AE发生率）
Ⅱ期	①获得疗效的初步数据； ②继续安全性的评价和短期副作用的研究； ③为Ⅲ期临床试验研究设计和给药剂量方案的确定提供依据。	疗效初步评价	ORR/PFS/安全性/AE	ORR/PFS/DFS/MPR
Ⅲ期	①验证药物对目标适应证患者的治疗作用和安全性评价利益与风险关系； ②最终为药物注册申请的审查提供充分的依据。	治疗作用确证	OS/OS率/ PFS/DFS/ORR/QoL…	PFS或OS或OS率或复合或QoL DFS/EFS…
Ⅳ期	①广泛使用条件下的药物疗效和不良反应； ②评价在普通或者特殊人群中使用疗效和不良反应； ③评价在普通或者特殊人群中使用风险与获益。	新药上市后应用（真实世界）	AE/OS/OS率/PFS/DFS/ORR/QoL	AE OS或OS率

（4）关于共同主要终点

①定义：一个研究设定多个（≥2个）主要研究终点。

②优势

一个研究回答两个或多个问题；

可以批准多个适应证（分组：比如PD-L1≥50%，20%，1%作为不同终点；或者同时检测；IIT人群及PD-L1阳性人群）。

③劣势

分配α值，增加计算次数，增加Ⅰ类错误风险；

同一个研究中增加了样本量（但如果同一个研究批准两个适应证相当于减少了

样本量）。

④举例 KEYNOTE-010 研究（图2）

a. KEYNOTE-010 研究的统计学假设（图3）

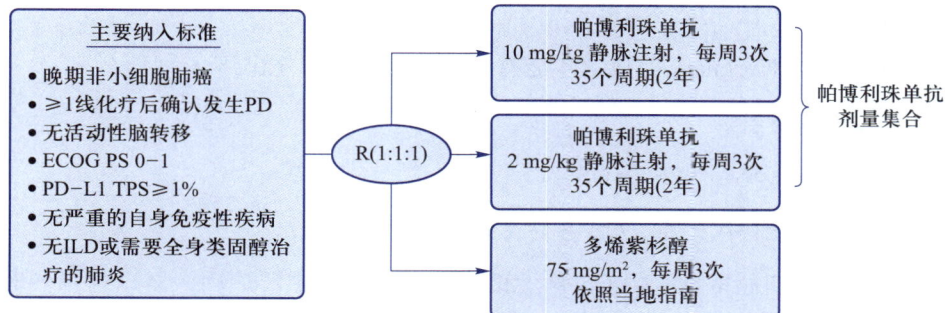

- 双重主要疗效终点：OS和PFS(依据1.1版本RECIST标准，独立中心评审)
- 次级终点：包括ORR和DOR(持续反应时间)
- 每9周评估一次反应，治疗结束后每2个月评估一次生存
- 由研究者审核，基于irRECIST标准做出治疗决策和确定是否适合接受第二疗程治疗

图2　KEYNOTE-010 研究设计

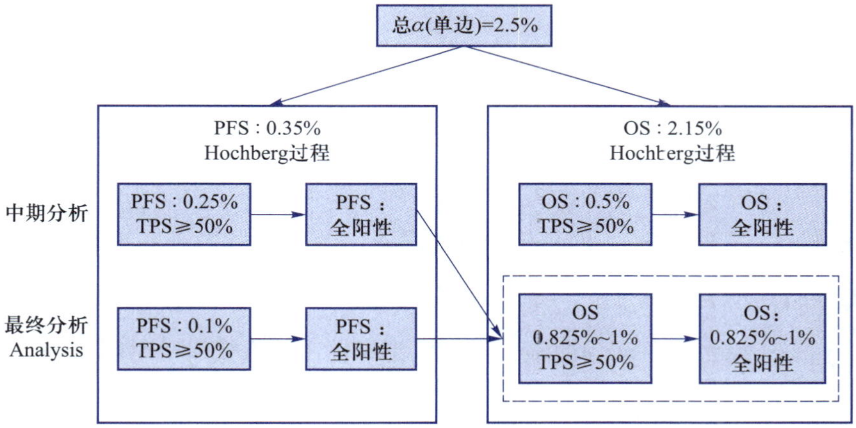

图3　KEYNOTE-010 统计计划

OS=总生存率(overall survival)；PD-L1=程序性死亡配体1 (programmed death ligand 1)；
PFS=无进展生存率(progression-fee survival)；TPS=肿瘤比例评分(tumour proportion score)。
"TPS>50%"指PD-L1肿瘤比例评分>50%的亚组。

- 共同主要终点，整体单侧 $\alpha=0.025$，分给 PFS 为 0.003 5，分给 OS 为 0.021 5 Primary 分析在 TPS ≥ 50% 人群中观察到 200 个死亡事件时分析；
- 80% power 检测 OS 获益 HR=0.55，单侧 $\alpha=0.008\ 25$；
- 总人群预计 550 个死亡事件，80% power 检测总人群 OS（TPS ≥ 1%）获益 HR=0.70；

- 多个共同主要终点以及加中期分析会增加 I 类错误的风险；
- 通过 α 分配和 α 传递来控制 I 类错误；
- 中期分析成功后 α 可以传递，不同终点之间也可以传递；
- 并列分配，任一成功即可；
- PFS 中期和 primary 都成功才能有 primaryOS 成功分配到 α。

b．关于双终点

- 双终点最多见是 PFS 和 OS；
- PFS 是最佳替代终点，OS 容易受到后续交叉影响；
- PFS 可以加速审批，但 OS 是上市后研究撤市的主要原因，所以如果同时可能达到一劳永逸。

2．实例

通过对临床研究终点的理论学习，对临床研究终点的基础知识有了一定的认识，下面通过临床研究中经常出现的图表做解读，帮助大家更好的理解。

（1）看图说话

①生存曲线

生存曲线是生存分析的直观展现，是将事件的发生与所经历的时间结合起来的一种统计分析方法，在肿瘤临床研究中最常见的分析图表。

以无进展生存期（PFS）的分析举例（图 4），事件指肿瘤进展或者死亡，时间则从开始随访到发生事件为止。所有受试者在某一时刻仍未发生事件的百分比称为无进展生存率；以生存时间为横轴，生存率为纵轴，并连接每个时间点的生存率，就得到了生存曲线。

②瀑布图

瀑布图主要直观展示数个特定指标之间的数量变化关系。

图 5 显示的是某种治疗方法肿瘤治疗的直接疗效数据，图中纵轴为病灶变化的百分比，柱子数量代表样本数量，柱子的长短为靶病灶"最大直径"和较基线的最大变化，柱子的颜色为治疗反应（综合靶病灶和非靶病灶），0 以上表示靶病灶的增大，0 以下为靶病灶的缩小，柱子在 0 下面越长说明病灶退缩越大。

- Median survival time（中位生存时间）：50% 的患者出现进展（PFS）或死亡（OS）的时间点（图 6）

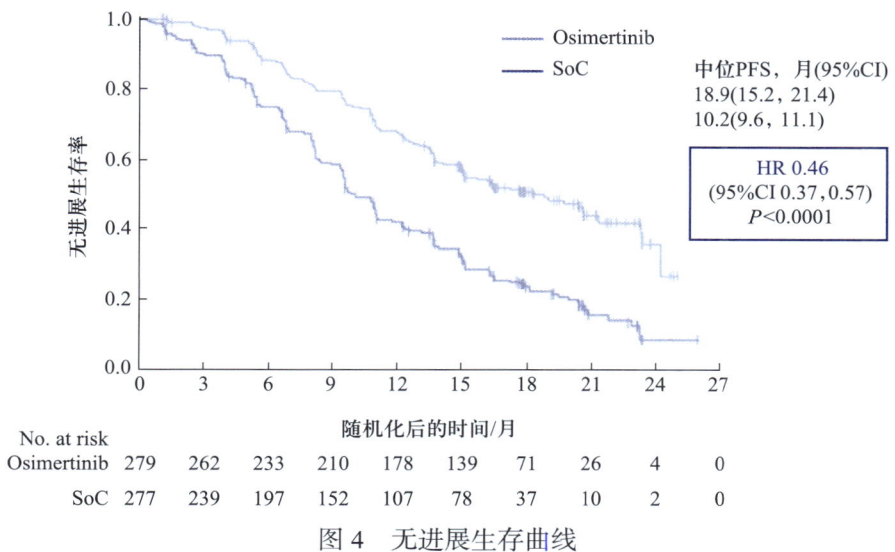

图 4　无进展生存曲线

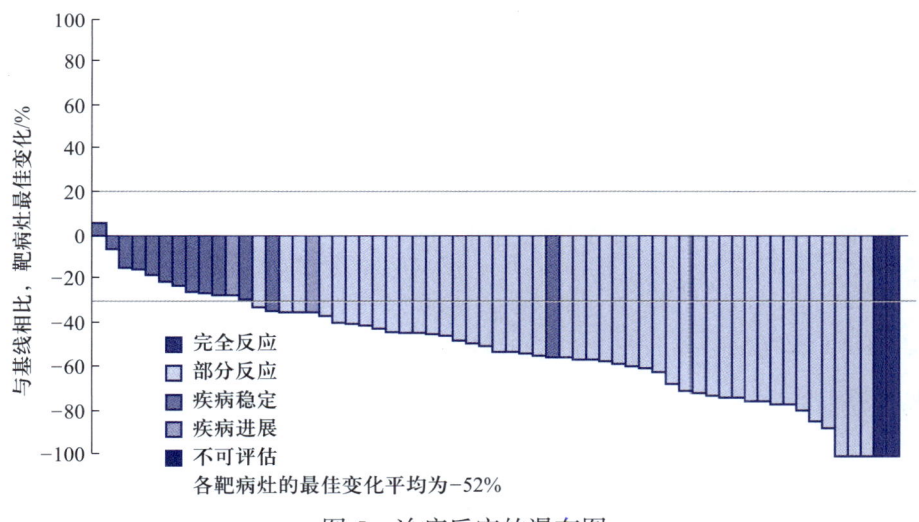

图 5　治疗反应的瀑布图

- 2年生存率：该时间点上各组的生存率
- HR：衡量 2 个 K-M 曲线之间的差异程度（所有的时间点）

P 值意义

- 具有差异的结果——来源是抽样误差（随机误差）的可能性；
- 通常定义 $P < 0.05$ 表示有统计学意义，即：当差异可以用误差来解释的可能性不足 5% 时，我们认为结果与抽样误差无关；
- 比如 $P < 0.001$：治疗组和安慰剂组在有效性的差异是由误差造成的可能性

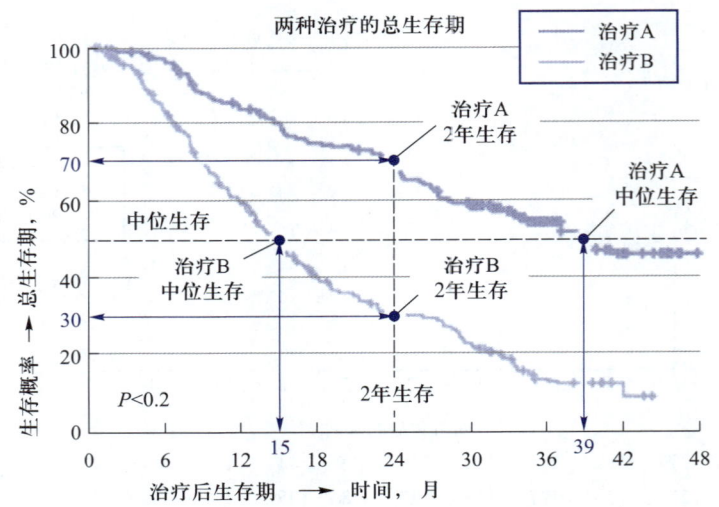

图 6 评价和比较肿瘤治疗的主要指标（改自 West H, et al., 2018）

不到千分之一（0.001）。

因此：

- P 值与差异大小无关，更与差异是否有专业价值无关；
- $P > 0.05$ 不是试验因素没有作用，而是目前还不能认定试验因素有作用。

（2）临床研究实例——奥希替尼的研发流程

① AURA1 Ⅰ / Ⅱ期研究

AURA1 研究是奥希替尼（AZD9291）在晚期 NSCLC 第一代 EGFR-TKI 治疗进展后的患者中评估剂量爬坡各组安全性、耐受性、PK 和抗肿瘤活性的一项多中心、开放性Ⅰ / Ⅱ期研究。

AURA1 第一阶段：剂量爬坡 + 剂量扩展

研究目标：评估奥希替尼的安全性和有效性

第一阶段研究目的：评估奥希替尼治疗 TKIs 耐药 NSCLC 的安全性、耐受性和有效性。

研究终点选择：

主要研究终点：安全性和耐受性（爬坡 + 扩展队列）、ORR by ICR（扩展队列）

次要终点：PK、PD、ORR（爬坡 + 扩展队列）、DoR、DCR、PFS、OS

探索性终点：PROs（患者报告的结局）、代谢物鉴定、遗传药理学

AURA1 第二阶段：有效人群拓展

研究目标：T790M 阳性人群疗效探索

第二阶段研究目的：探索 T790M+ 人群奥希替尼在 80mg 剂量的有效性和安全性

研究终点选择：

主要研究终点：由独立评估委员会 IRC 评估的 ORR

次要终点：ORR（CNS 集）、DoR、DCR、PFS、OS、安全性、耐受性、PK

探索性终点：PROs（患者报告的结局）

AURA1 研究的主要研究结果

各探索剂量均未出现剂量限制性毒性 DLT，最大耐受剂量未达到，安全可耐受；160 mg 和 240 mg 剂量 TKIs 相关的毒性显著增加，Ⅱ期剂量选择 80 mg；

扩展队列的总人群 ORR=50%，T790M+ 人群 ORR=60%，T790M- 人群 ORR=21%；

奥希替尼在 T790M+ 的一代 TKIs 耐药患者显示高度的治疗活性。

② AURA2 Ⅱ期研究

研究目标：评估奥希替尼治疗 T790M+ 的 1/2 代 TKIs 耐药患者的有效性和安全性。

研究终点选择：

主要研究终点：由独立评估委员会 IRC 评估的 ORR

次要研究终点：DCR、PFS、DoR、OS、安全性、患者报告的结局

主要研究结果

主要研究终点：ORR=71%

次要研究终点：DCR=92%、mPFS=9.9 m

③ FLAURA Ⅲ期研究

主要研究目的：EGFR 突变晚期非小细胞肺癌，奥希替尼与一代 EGFR-TKI 的疗效对比。

主要终点：PFS

次要终点：ORR，DOR，DCR，缓解深度（depth of response），OS（关键次要研究终点），PRO 和安全性

在这个研究中 OS 是一个关键的次要终点。

计划发生约 318 起死亡事件时进行 OS 的最终分析

采用 O'Brien-Fleming 方法，$P < 0.049\ 5$ 有统计学显著性差异

中期 OS 分析消耗 α 0.001 5

数据截止时，奥希替尼组 61 例（22%）患者和对照组 13 例（5%）患者仍在持续治疗中；556 例患者发生 321 个死亡事件：58% 成熟度

中位 OS：奥希替尼 38.6（34.5，41.8）个月；一代 TKI 31.8（26.6，36.0）个月；HR **0.799（0.641，0.997）**；P =0.046 2。

研究结果

FLAURA 研究达到了主要终点，奥希替尼组和一代 EGFR-TKI 组的 PFS 分别为 18.9 个月和 10.2 个月，HR=0.46［95%CI 0.37～0.57］，疾病进展或死亡风险降低 54%，$P < 0.001$。总生存时间 OS 结果为：奥希替尼治疗组的中位 OS 为 38.6 个月（95%CI：34.5～41.8），对照组的 31.8 个月（95%CI：26.6～36.0），HR=0.799；95%CI：0.641～0.997；P=0.046 2，是首个一线单药治疗 EGFR 突变阳性 NSCLC，OS 超过 3 年的临床研究结果（图 7）。

FLAURA 研究中对照组交叉到奥希替尼治疗组的比例非常高（图 8）。对照组交叉到奥希替尼治疗组的人数占到对照组所有发生进展人数的 47%，占对照组全部有效入组人数的 31%。如此之高的交叉比例，导致在 FLAURA 研究中，对照组使用第一代 EGFR-TKI 的 OS 也高达 31.8 个月，这是第一代 EGFR-TKI 单药治疗迄今为止所取得的最好的 OS 数据。从概率的角度考量患者获益，更加夯实了奥希替尼作为一线治疗优选方案的地位。是替代终点 PFS 和生存终点 OS 获得一致结果的经典案例。实现了奥希替尼一线治疗适应证的完全获批。

（3）临床研究实例——可瑞达/Keytruda（默沙东）［撤回适应证］转移性小细胞肺癌

2021 年 3 月 1 日，默沙东宣布自愿撤回其 PD-1 单抗可瑞达/Keytruda（帕博利珠单抗）在美国用于治疗接受过铂基化疗或至少一种其他既往治疗线后疾病进展的转移性小细胞肺癌（SCLC）适应证。根据 KEYNOTE-158（cohort G）和 KEYNOTE-028（cohort C1）研究的肿瘤缓解率和应答持久性数据，可瑞达于 2019 年 6 月获得 FDA 该适应证的加速批准，完全批准取决于上市后该药物总生存期（OS）的验证性试验结果。2020 年 1 月，该适应证的验证性Ⅲ期试验 KEYNOTE-604 研究达到了其联合主要终点之一（无进展生存期），但另一个主要终点总生存期（OS）没有统计学意义，因而未能获得完全批准（图 9）。

A. 全分析组的无进展生存期

	患者数量	中位无进展生存期 (95%CI)
Osimertinib	279	18.9(15.2~21.4)
Standard EGFR-TKl	277	10.2(9.6~11.1)

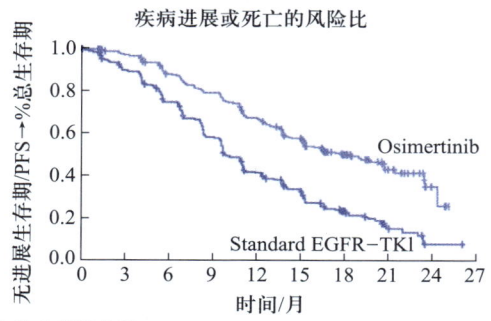

未发生终点事件人数

Osimertinib	279	262	233	210	178	139	71	26	4	0
Standard EGFR-TKl	277	239	197	152	107	78	37	10	2	0

B. 中枢神经系统转移患者的无进展生存期

	患者数量	中位无进展生存期 (95%CI)
Osimertinib	53	15.2(12.1~21.4)
Standard EGFR-TKl	63	9.6(7.0~12.4)

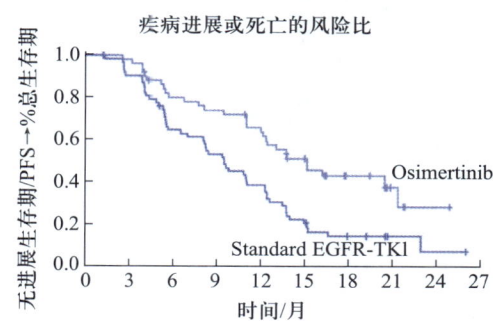

未发生终点事件人数

Osimertinib	53	51	40	37	32	22	9	4	1	0
Standard EGFR-TKl	63	57	40	33	24	13	6	2	1	0

C. 未发生中枢神经系统转移患者的无进展生存期

	患者数量	中位无进展生存期 (95%CI)
Osimertinib	226	19.1(15.2~21.4)
Standard EGFR-TKl	214	10.9(9.6~12.3)

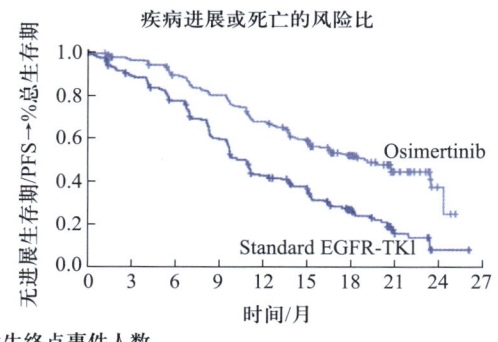

未发生终点事件人数

Osimertinib	226	211	193	173	146	117	62	22	3	0
Standard EGFR-TKl	214	182	157	119	83	65	31	8	1	0

D. 总生存期

	患者数量	中位总生存期 (95%CI)
Osimertinib	279	NC(NC~NC)
Standard EGFR-TKl	277	NC(NC~NC)

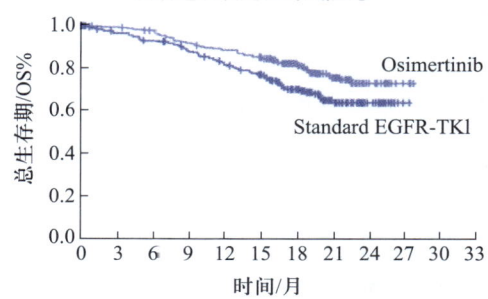

未发生终点事件人数

Osimertinib	279	276	269	253	243	242	154	87	29	4	0	0
Standard EGFR-TKl	277	263	252	237	218	200	126	64	24	1	0	0

图 7　FLAURA 研究结果汇总（改自 Soria JC, et al., 2018）

OS 一直是疗效指标的"金标准"。但以 OS 作为主要终点的试验样本量大、持续时间长，临床开展难度较大，所以研究者常会选择采用 PFS 等指标作为疗效替代研究终点。FDA、EMA、NMPA 均认可，对于部分癌种，只要观察到具有统计学差异及临床意义的 PFS 获益，即可批准药物上市。部分案例将 OS 作为次要终

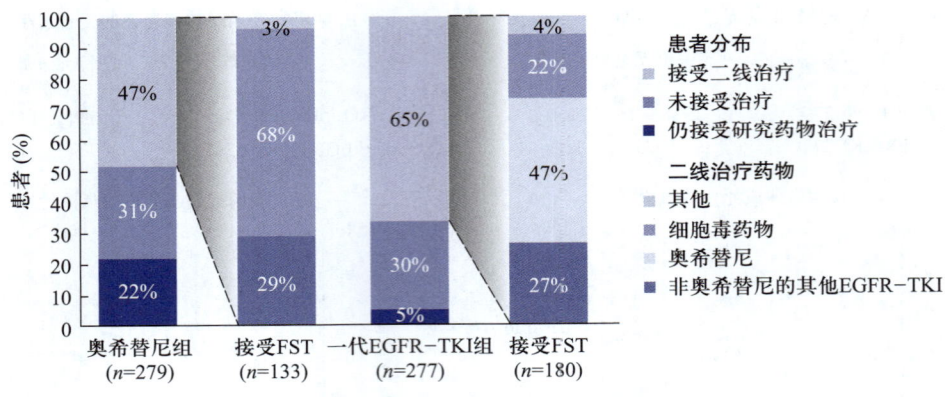

图 8　试验组与对照组交叉情况比较

点，即便不分配 α 值，若 OS 未显示获益趋势甚至表现出 OS 受损倾向，上市请求也可能会被拒绝。以替代终点支持上市药物的临床后续结果的回顾性研究显示，肿瘤患者替代终点的获益并非都能转化为 OS 获益。多终点选择需要基于前期研究数据，给予更加严谨的考量和统计学设计。

一句话概括

临床研究终点是一项临床研究的核心内容，服务于研究目的，是实现研究目的的可测量指标，是应用统计学"客观论证"临床问题的先决条件，决定研究的评估与随访计划制定，以及疗效及生存数据收集和分析解读，是研究成功的要素。

名词解释

- 终点（endpoint）：终点是可以被客观地测量、辅助研究者决定是否接受或拒绝无效假设的指标。在特定时限内的临床试验中，对临床结局的观测与评价：生存期、生活质量/临床症状等。

- 临床终点（CEs, clinical endpoints）：直接代表最重要的临床获益——延长生存、改善症状和生活质量，临床终点是研究中最重要的结果，用于确定治疗方法的有效性和安全性，用于常规批准新药上市（TA, traditional approval）。

- 替代终点（SEs, surrogate endpoints）：是指在临床研究中用作预测或代替临

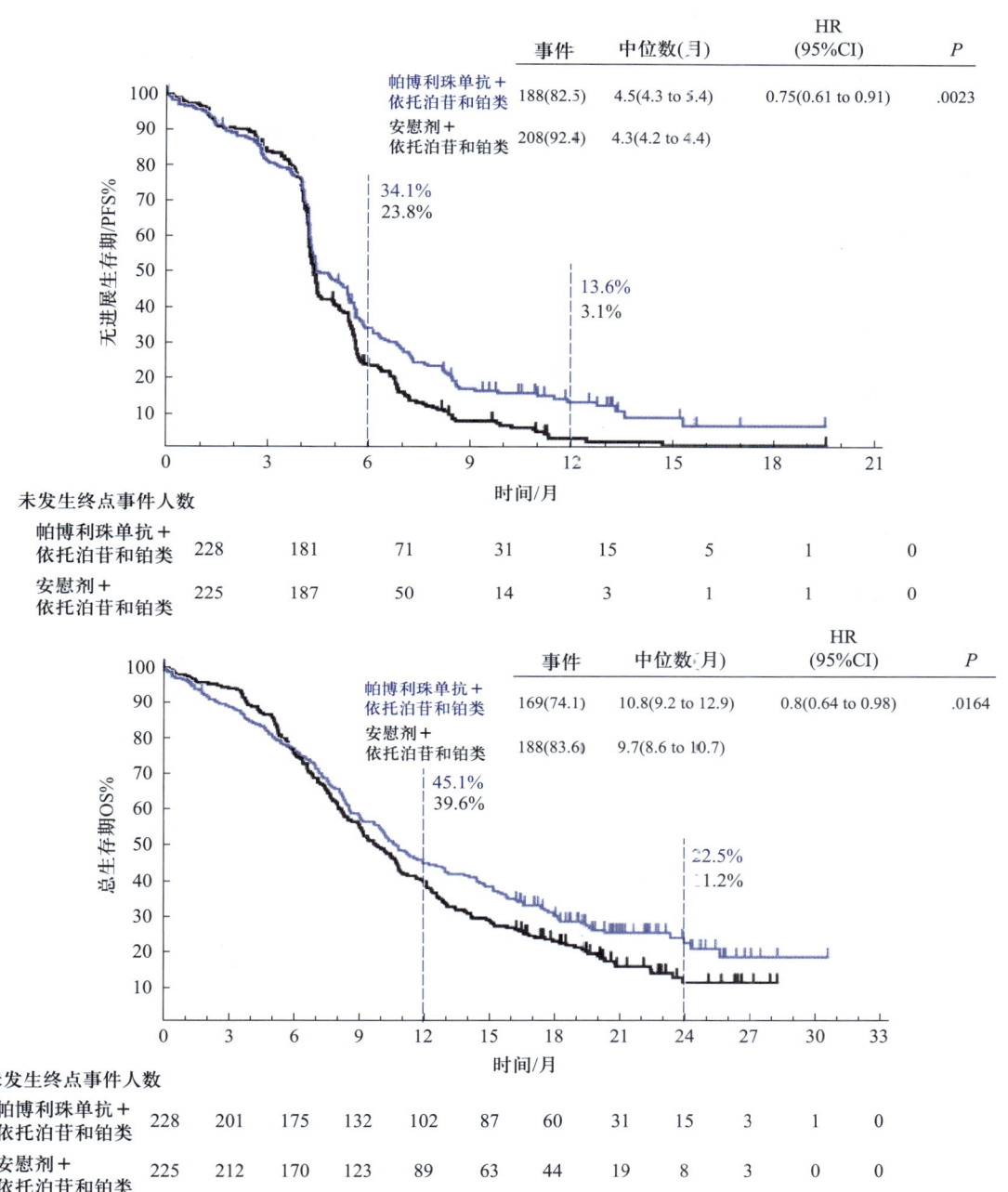

图 9 帕博利珠单抗或安慰剂联合依托泊苷和铂类治疗小细胞肺癌的 PFS 和 OS 结果（改自 Rudin CM, et al., 2020）

床终点的结果或指标。间接代表临床获益与直接临床终点相关，常用于加速批准（AA，accelerated approval）。

- 主要终点（PEs，primary endpoints）：主要终点是研究设计的核心，回答试验提出的主要（或最重要的）问题与研究主要目的直接相关的最好的量化指标。
- 次要终点（SEs，secondary endpoints）：回答关于同一研究的其他相关问题，被视为"共同主要终点"，需要统计学家的考量，在主要研究终点决定的条件下，可能产生差异，提供了对结果更全面的评估。
- 随机（random）：是指一种研究设计或方法，其中参与者被随机分配到不同的处理组或对照组，以减少偏倚和提高研究的可靠性。时间依赖性终点要求随机评价，对照研究。
- 对照（control）：是指在临床研究中用作比较基准的参照组或参照条件。对照组用于与接受特定干预或治疗的试验组进行对比，以评估干预的效果和确定其相对效力。时间依赖性终点PFS等要求对照评价，历史对照不可信（不同时间治疗选择不同）。
- 盲法（blinding）：是指在临床研究中采取措施，使参与者、研究人员或评估者对治疗干预或试验条件的情况保持不知情的状态。盲法旨在减少偏见和提高研究结果的可靠性。
- 测量的终点ORR/PFS/DFS等要求盲法评价，排除主观偏倚。
- 交叉（crossover）：是指一种研究设计或试验方法，其中参与者在不同治疗组之间交叉接受不同治疗干预或条件。在交叉设计中，每个参与者都接受多个治疗或条件，以便比较它们的效果。
- 独立终点审查委员会（DMC，independent data monitoring committee）：是在临床试验或研究中独立于研究团队的专家组织。DMC的主要职责是监督试验过程，评估中间结果和安全数据，并提供独立的建议和决策。要求独立终点审查委员会盲态评估（costly）的终点有基于测量的终点ORR，PFS等。
- 单臂临床研究（SCS，single-arm clinical study）：是一种临床研究设计，其中所有参与者接受相同的治疗干预或介入，而没有对照组进行比较。在单臂临床研究中，所有参与者都接受同一种治疗，并且研究人员评估治疗的效果和安全性。可单臂评价的终点有非时间依赖性终点如ORR，pCR等，可应用历史对照。
- 意向治疗分析人群（ITT，intention-to-treat population）：指的是按照研究方案中指定的随机分组和处理方案进行分配的所有参与者的总体。ITT人群的定义基于参与者最初的随机分组，而不考虑后续的处理或不完全遵循治疗方案，是指将受试者随机分入 RCT 中的任一组，不管他们是否完成了试验，或者是否真正接受了该组的治疗，都保留在原组进行结果分析。

- 置信区间（CI，confidence interval）：是统计学中用来估计总体参数的一种方法，在一定置信水平时，以测量结果为中心，包括总体均值在内的可信范围。它表示了对参数估计结果的不确定性范围。置信区间通常由估计值的上限和下限组成，给出了一个范围，在这个范围内有一定的置信水平（通常以百分比表示）包含了真实的总体参数值。（95% 置信区间，意味着 95% 置信水平，就是说做 100 次抽样，有 95 次的置信区间包含了总体均值。当用 OR 来评价时，都大于 1 是预后不良风险因素，小于 1 是获益因素。上下跨"1"则两组无差异。意义：对 OS 的确证。

- P 值（P-value）：具有差异的结果——来源是抽样误差（随机误差）的可能性；通常定义 $P < 0.05$ 表示有统计学意义，即：当差异可以用误差来解释的可能性不足 5% 时，我们认为结果与抽样误差无关；比如 $P < 0.001$：治疗组和安慰剂组在有效性的差异是由误差造成的可能性不到千分之一（0.001）；因此：P 值与差异大小无关，更与差异是否有专业价值无关；$P > 0.05$ 不是试验因素没有作用，而是目前还不能认定试验因素有作用。

参考文献

[1] Chauca Strand G, et al. Cancer drugs reimbursed with limited evidence on overall survival and quality of life: Do follow-up studies confirm patient benefits? Clin Drug Investig, 2023, 43(8): 621-633.

[2] Miller K, et al. Paclitaxel plus bevacizumab versus paclitaxel alone for metastatic breast cancer. N Engl J Med, 2007, 357(26): 2666-2676.

[3] Herbst RS, et al. Long-term outcomes and retreatment among patients with previously treated, programmed death-ligand 1-positive, advanced non-small-cell lung cancer in the KEYNOTE-010 Study. J Clin Oncol, 2020, 38(14): 1580-1590.

[4] Reckamp KL. Targeted therapy for patients with metastatic non-small cell lung cancer. J Journal of the National Comprehensive Cancer Network J Natl Compr Canc Netw, 2018, 16(5S): 601-604.

[5] Janne PA, et al. AZD9291 in EGFR inhibitor-resistant non-small-cell lung cancer. N Engl J Med, 2015, 372(18): 1689-1699.

[6] Ramalingam SS, et al. Overall survival with Osimertinib in untreated, EGFR-mutated advanced NSCLC. N Engl J Med, 2020, 382(1): 41-50.

[7] Tannock IF, Pond GR, Booth CM. Biased evaluation in cancer drug trials-how use of progression-free survival as the primary end point can mislead. JAMA Oncol, 2022, 8(5): 679-680.

[8] 以临床价值为导向的抗肿瘤药物临床研发指导原则. 国家药品监督管理局药品审评中心官网.

延伸问题

1. PFS 和 OS 同时作为主要研究终点在关键Ⅲ期上市研究中的必要性有哪些？
2. 不断涌现新的临床研究终点和替代终点如 MRD、TTNT、PFS2 的意义是什么？

（王书航　周家伟　陈晓媛）

3.8 治疗终止与研究终止

引导问题

患者不再继续接受治疗是不是就"出组"了?为什么治疗终止后还要随访?

章节导图

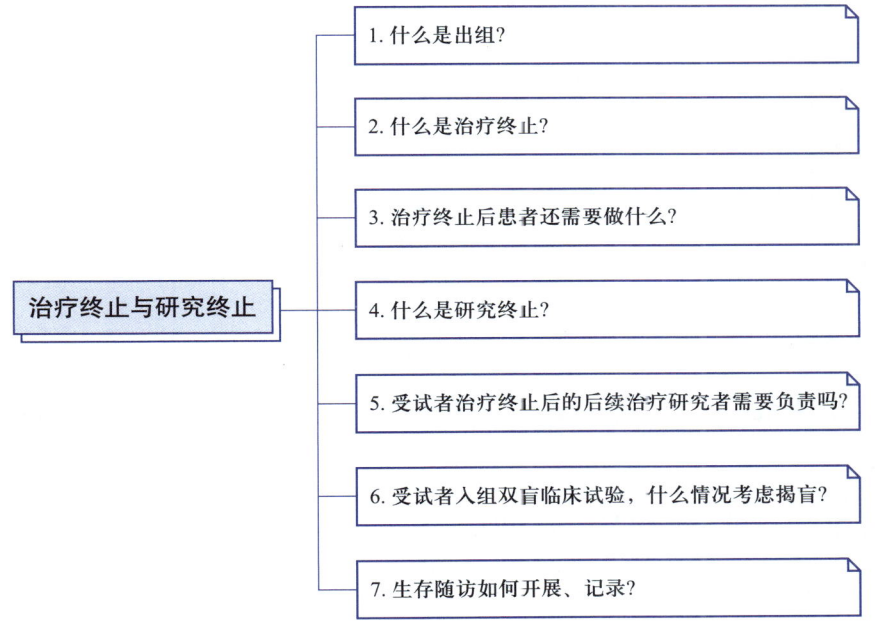

治疗终止与研究终止
- 1. 什么是出组?
- 2. 什么是治疗终止?
- 3. 治疗终止后患者还需要做什么?
- 4. 什么是研究终止?
- 5. 受试者治疗终止后的后续治疗研究者需要负责吗?
- 6. 受试者入组双盲临床试验,什么情况考虑揭盲?
- 7. 生存随访如何开展、记录?

典型故事

刘阿姨确诊恶性肿瘤晚期,患病后参加了多个临床试验,治疗疗效不错,刘阿姨目前病情稳定已经停药,经常收到临床试验人员的"慰问"电话,而且几乎每个慰问电话问的问题都一样,刘阿姨每次也客客气气、规规矩矩的有问必答。

刘阿姨的串门邻居说道:"您这病治疗效果真好!"

刘阿姨感叹:"托临床试验的福,免费用上了治疗我这病的新药,捡回来一条命!"

邻居听到临床试验又问:"您一直在治疗吗?看您老往医院跑?"

刘阿姨回答道:"药物治疗结束,出组了,要求去医院做检查!"

邻居更不理解了:"出组?出组还做检查!还月月电话慰问!这到底出没出啊?"

刘阿姨扑哧笑出了声:"我虽然已经出组,但也没完全'出',您说的'慰问电话'是临床试验的随访。前后参加了多个试验,每个试验都要了解我的状况,因此经常都有电话来'慰问'。也算是对我的关心吧!希望让我受益的新药通过我能让更多人受益啊!"

邻居又刨根问底:"那这'慰问电话'会一直打来吗?什么时候是个头啊?"

刘阿姨若有所思:"有的可能会一直随访,有的随访到特定的时候就不随访了。"

邻居感叹道:"出组了还要管,还管那么长时间,这临床试验真不简单!"

主要内容

导语:刘阿姨反复说道"出组",什么是"出组"?治疗终止与"出组"有什么关系?

1. 治疗终止、研究结束与"出组"

治疗终止,即患者接受最后一次治疗,不再继续接受临床试验的治疗,既包含完成了方案规定的用药,也包含因疾病进展、不能耐受毒副反应等不再继续治疗的情况。

研究结束的定义,由于临床试验过程包括临床干预(如治疗)、评估和随访,患者不再继续接受临床试验的治疗、评估和随访,是患者层面的研究结束。

"出组"是临研人约定俗成的说法,相对于"入组":患者签署知情同意书进入临床试验治疗而言,"出组"是出临床试验治疗组:停止临床试验治疗,不再继续接受治疗和评估。

由于临床试验方案中对评估、随访的要求不同，患者治疗终止不一定是患者的研究结束，即出现刘阿姨的情况，"出组"了但没完全"出"。只有患者治疗终止，且不再接受临床试验的评估，也不再接受后续的随访才是患者层面的研究结束，是真出组。

2. 治疗终止的各种情形

治疗终止：患者最后一次接受临床试验的治疗，不再继续接受治疗，具体情形如图 1 所示：

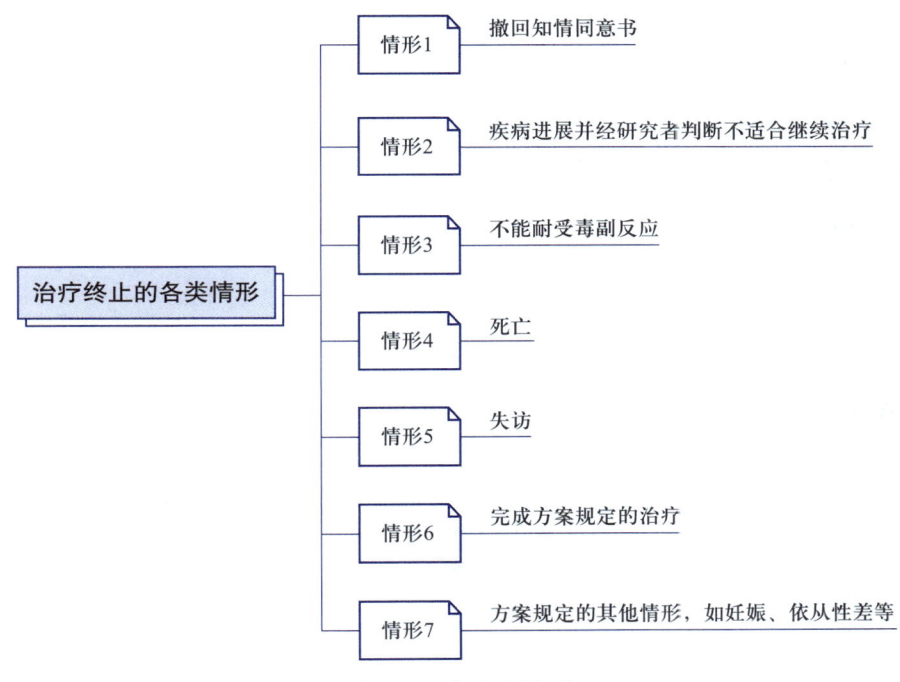

图 1　治疗终止情形

如图所示，治疗终止包括多种情形：

①撤回知情　患者签署知情同意书后，在治疗前或治疗过程中的任何时候，患者要求撤回知情，不再接受相关临床试验的治疗。

②病情进展　患者在治疗过程中出现病情进展，按照方案规定不再接受相关临床试验的治疗。

③不能耐受毒副反应　患者治疗过程中出现不能耐受药物的毒副反应而停止试验药物治疗。

④死亡 患者在治疗过程中死亡。

⑤失访 患者在治疗过程中失访,不再继续用药的情况。

⑥完成治疗 患者完成治疗 患者完成了试验方案中规定的治疗

⑦方案规定的其他情形 如妊娠、患者依从性差等,按照方案规定不适宜继续研究药物治疗。

3. 治疗终止后的随访

临床试验中治疗终止后,需要按照方案继续对患者进行随访。根据时间先后以及随访内容的不同,可大致分为治疗终止访视、安全性访视、疗效评估访视和生存随访。其中除生存随访外,前三个访视都是要完善相关检验、检查的,只有生存随访是跟踪随访,不需要患者返回医疗机构,可以通过电话等进行远程沟通。

(1)访视与随访

治疗终止访视:患者末次治疗后,通常需返回研究机构完善相关检查,明确治疗后的毒副反应(图2)。

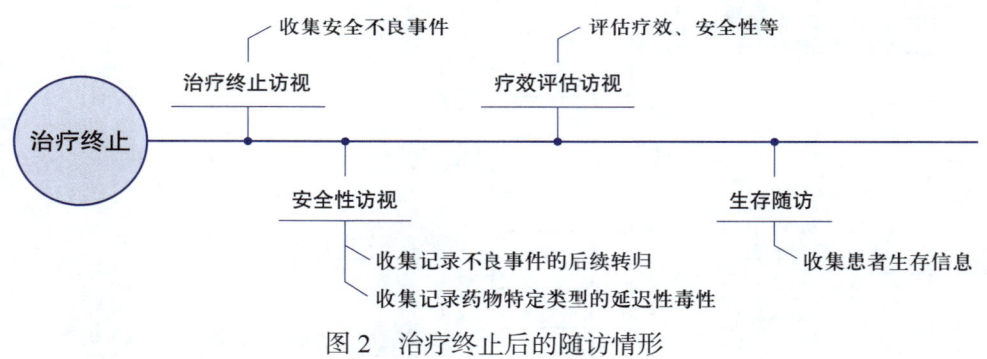

图2 治疗终止后的随访情形

安全性访视:临床试验根据试验药物在人体的代谢特点设置安全随访的期限,通常为1~3个月或更长。在此期间,会关注患者有无新发生的不良事件、既往的不良事件的转归等。

疗效评估访视:患者治疗终止后未出现方案中要观察到的治疗结局(如肿瘤进展),需按照方案规定继续进行疗效评估访视,直到观察到方案规定的结局指标或达到方案规定的时限或患者开始新的治疗措施等。

生存随访:生存随访是一种跟踪观察,是在患者治疗终止后的不良反应的转归、后续治疗、生存状况、死亡时间及原因的追踪。以肿瘤临床试验为例,临床试验患者治疗终止后需要了解药物的长期疗效，患者的总生存（OS）是最为关注的指标。因此，以 OS 为研究指标的临床试验治疗结束后需充分了解患者后续的长期生存状况，用来评估试验药物对临床试验整体患者人群的影响。如果临床试验以总生存（OS）或 2 年生存率等为最终的随访终点，研究方案会规定在疗效评估访视结束后或安全性访视结束后进入生存随访（Follow up）；按照一定时间频率（每 3 个月~6 个月不等），通过电话或者其他方式了解患者的生存状况、死亡日期以及死亡原因等。

（2）不进行生存随访的情形

①患者治疗终止时出达到了研究终点（如肿瘤进展或死亡），不需要进行生存随访，是治疗终止，也是患者的研究结束，是真出组。

②有些患者在临床试验过程中失访（失去联系），这类的患者不能进行后续的随访，是治疗终止，也是患者的研究结束，是真出组。

③患者由于种种原因（治疗效果不佳或者患者个人喜好等原因）撤回知情同意，拒绝接受治疗终止后的所有访视和随访，是治疗终止，也是患者的研究结束，是真出组。

关于撤回知情同意：不是撤回知情同意书，是患者主动要求退出试验，有多种情况：

患者终止治疗，仍愿意接受后续的访视和随访；

患者终止治疗，拒绝接受访视，只接受生存随访；

患者终止治疗，拒绝一切访视和随访。

其中前两种情况算部分撤回知情同意，后一种情况算撤回知情同意，前者撤回知情同意仍会继续对患者进行访视和 / 或随访，不是患者的研究结束；后者撤回知情，不再接受任何访视和随访，是治疗终止，也是患者的研究结束，是真出组。

④方案规定不进行随访　研究方案规定不进行后续的生存随访，常见于早期临床研究。

⑤研究终止　尽管患者没有完成方案规定的治疗或随访，但患者参与的临床研究整体结束或提前终止，此时患者也不在临床试验中继续治疗和随访。

4．案例分析：研究终止、研究结束与出组

2022.02 入组 001 临床试验（OS 为随访终点），2022.06 因不能耐受毒副反应治疗终止，生存随访中。

2022.08 入组 002 临床试验（OS 为随访终点），2022.10 自行撤回知情同意，研究结束。

2022.12 入组 003 临床试验（PFS 为随访终点），2023.03 肿瘤进展治疗终止，研究结束。

2022.05 入组 004 临床试验（PFS 为随访终点），2024.09 治疗完成，疗效评估、生存随访中。

如上所述，刘阿姨患病后先后参与 4 个临床研究，因各种不同原因治疗终止，由于 001 试验以 OS 为随访终点，刘阿姨仍在随访中，不是研究结束，不是真出组；002 试验中刘阿姨撤回知情同意，无需进行访视、生存随访，刘阿姨在 002 中研究结束；003 试验中刘阿姨因疾病进展治疗终止，疾病进展为随访终点，刘阿姨在 003 中研究结束，是真出组；刘阿姨在 004 试验完成方案规定的治疗而治疗终止，但治疗疗效好，未见肿瘤进展，仍在进行疗效评估、随访中，未出组，更不是真出组。

除撤回知情同意外，患者死亡和失访两种治疗终止情形是无需后续访视和随访，是患者层面的研究结束，也是真出组。

由于临床试验过程包括临床干预（如治疗）、评估、随访三部分，根据临床试验设定的目标终点不同，治疗终止的不同情形与出组、研究结束关系是不同的，以不同研究终点的试验研究举例，三者关系如表 1 所示。

表 1　治疗终止、研究结束与出组的关系

治疗终止情形	出组	研究结束	
		研究终点 ORR/PFS	研究终点 OS
病情进展	是	是	否
不能耐受毒副反应	不一定	不一定	否
依从性差开始新的抗肿瘤治疗	不一定	不一定	否
患者死亡	是	是	是
患者失访	是	是	是
患者撤回知情同意	是	是	是
患者部分撤回知情	不一定	不一定	否
患者治疗完成未进展	不是	否	否

5．研究终止与治疗终止

（1）研究终止

定义为研究整体结束，通常是末例受试者末次访视的时间点，之后研究将停止数据采集，进行最终统计分析。

（2）研究终止与治疗终止、研究结束的关系

治疗终止是相对于患者而言，患者不再继续接受临床试验治疗，其中有些治疗终止的情形如：失访、死亡等后续不再继续进行随访，也是患者层面的研究结束，是真"出组"（见表1）。

研究终止则是针对整个研究而言，一个临床试验只有一个研究终止时间，会有多个患者的治疗终止时间和患者研究结束时间；由于临床试验过程包括临床干预（如治疗）、评估、随访三部分，因此所有患者的治疗终止不一定是研究终止，而研究终止后会导致所有患者的治疗终止（针对仍在治疗且获益的患者可以开展延展研究、拓展用药/慈善赠药项目等，继续研究用药等）。

6．研究终止的各种情形

临床试验的终止可分为如期终止、提前或推迟终止。

如期终止，指的是严格按照试验设计且达到试验目的后终止，包括达到目标的样本量、终点事件数、随访时长、计划结束日期时。

计划内提前/推迟终止，常常出现在适应性设计或部分式验的期中分析里，在试验设计之初就考虑资源的配置，在达到一定的安全性、有效性之后才会继续临床试验，否则就按计划提前终止，或者期中分析已经达到主要终点，研究取得阳性结果提前结束，或者根据期中分许需要修改临床试验方案纳入更多患者，则会出现推迟研究终止。

计划外的提前终止则是由于一些试验本身或外部因素导致的，非预期的研究终止，例如因申办方原因（资金不足、入组困难等）、药政部门或者伦理委员会监管（临床研究损害患者利益、存在风险）等其他原因提前终止临床研究。

7．研究者需要对治疗终止后或研究终止后患者后续治疗负责吗？

答案是肯定的，无论是治疗终止后还是研究中之后，研究者需要对患者的后续治疗负责。

首先，在临床试验中发生的不良反应、严重不良反应在治疗终止后仍需要研究

者团队进行终止治疗访视、安全性访视，了解治疗期间的不良反应、严重不良反应的转归等；

其次，即使研究终止，研究整体结束时仍有在接受治疗的获益受试者，会转入另一项长期随访研究，或拓展用药/慈善赠药项目，继续研究用药。

再次，患者入组盲法临床试验，患者研究结束的后续治疗受到影响时，需要根据方案规定进行揭盲以保护患者的权益。

但是，研究者一般不能对患者后续所有治疗负责，例如患者依从性差，自行开始新的抗肿瘤治疗，研究者一般不再对患者的诊疗负全部责任。

一句话概括

治疗终止不代表研究结束，治疗终止后的随访非常关键，只有生存随访结束才是真出组；研究终止后研究者对患者的后续诊疗仍有责任。

延伸问题

1. 如何降低失访率？
2. 生存随访中关于获取死亡时间的途径拓展？

（崔丹丹　苗会蕾）

3.9 疗效评估

引导问题

肿瘤影像学评估果真像想象中那么简单吗？是主观的还是客观的？

章节导图

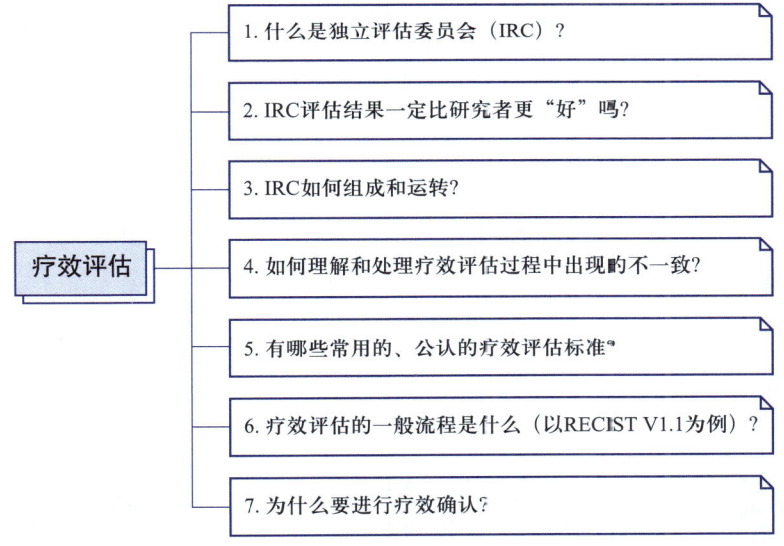

典型故事

小丫是一名晚期肾透明细胞癌的中年患者。在患病的前3年中先后经历了左肾切除术、靶向治疗、化疗、姑息性手术和放疗。不幸的是，依然出现了骨骼、腹腔内广泛的转移。该患者入组了一项免疫治疗临床试验，被给予单次剂量的纳武利尤单抗 100 mg（一种抗 PD-1 单抗）。然而 2 周后，患者突然出现急性肾衰竭，血清肌酐在随后的 5 周内从用药前的 117 μmol/L 逐步上升到 247 μmol/L。奇怪的是，除了肾实质肿瘤浸润和炎症性水肿外，没有发现任何其他可能导致急性肾衰竭的原因（图1）。

由于患者已经切除了一侧肾，考虑到单肾状态，没有对其进行肾活检。患者临床情况不断恶化，但拒绝血液透析或其他积极的抢救。在纳武利尤单抗用药后的5周，CT发现了多个部位的肿瘤恶化：骨骼肌、肝、脾、胰腺、腹膜结节、肺部、右肾结节肿块和其他软组织区域。在接下来的日子里，患者选择了家庭安宁服务，充分做好了死亡的准备。

不可置信的是，在用药后的第10周，患者却信步回到了医院。他觉得自己奇迹般地恢复了，尿量也增加了。血清肌酐改善到131 μmol/L，复查CT显示大多数受累部位的肿瘤状况有所改善，包括右肾在内肿瘤体积均有减小。此后患者的情况进一步改善，用药后第20周的CT显示肿瘤状态有了明显的改善，在肾等部位病灶基本上完全消失。

在该病例中，按照传统的疗效评估思路，在用药之后患者出现了病灶的明显增大，以及器官功能的急剧恶化，想必是要判定成疾病进展（progressive disease，PD）的。然而对于免疫检查点抑制剂的治疗而言，存在所谓的"假性进展"，也就是在用药后立即出现肿瘤负担的增加，这可能仅仅是免疫或炎症细胞的涌入造成的肿瘤体积增大；在疗效发挥作用后，肿瘤负担会出现明显的减少。看似是进展，实际上是缓解。疗效评估需要擦亮火眼金睛，准确地对临床情况作出最有益于患者的判断，以指导后续的治疗决策。

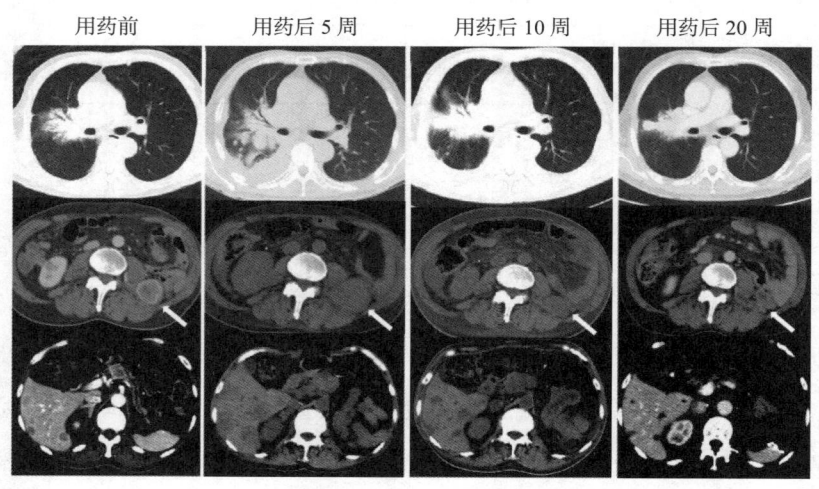

图1　患者肿瘤影像变化

主要内容

1. 什么是独立评估委员会（IRC）？

独立评估委员会（independent review committee，IRC），顾名思义，**独立**于各临床试验中心、**独立**于各研究者，对**主观**临床试验数据进行评估。由于避免了研究中心之间存在的各种客观的、主观的差异和偏倚，IRC 被认为是最高标准的临床试验数据评估标准。

本节所讨论的疗效评估及 IRC 更多地指在肿瘤研究中基于影像学进行疗效评估的场景。基于影像学的疗效评估作为替代终点，是在肿瘤等领域的药物研发发展过程中出现的必然趋势。总生存时间作为肿瘤治疗效果的金标准，在生存期较长的肿瘤以及一些辅助性的治疗场景中并不是最佳选择，因此到某一事件发生的时间（例如疾病进展、下一次治疗）等替代终点得到了广泛的应用。实际上，任何涉及人员测量、读取、判断的数据作为主要终点时都建议使用 IRC，包括各种需要人为判断的定量数据和需要通过主观来判断的定性数据，而总生存时间等客观终点一般无需行 IRC。分期上来看，Ⅰ～Ⅲ期试验建议全程 IRC，并且随着从Ⅰ期到Ⅲ期对于 IRC 的倾向性是逐渐增强的，而Ⅳ期时则通常不需要。

常见的采用 IRC 评估的终点如下：

- 以影像评估标准为主要终点：通常为用肿瘤大小变化反映疗效

  客观缓解率（objective response rate），可分为部分缓解（partial response，PR）、完全缓解（complete response，CR）、疾病稳定（stable disease，SD）、疾病进展（progressive disease，PD）。

  基于是否 PD 判定的无进展生存（progress free survival，PFS）。

  基于是否复发判定的无复发生存（recurrence free survival，RFS），可用于肿瘤疫苗类药物等预防复发治疗。

- 以病理图像为证据进行定性的主要终点数据，如新辅助治疗相关的临床试验。

- 以照片图像为证据的主要终点数据，如皮肤癌患者。

- 在结果模棱两可（边缘性显著）的情况下，可以通过回顾性 IRC 评估，对结果进行客观解读。

2. IRC 评估结果一定比研究者更"好"吗？

监管机构推荐在临床试验的评估中使用 BIRC（blinded independ review committee），即设盲的独立评审委员会，另一种叫法是 BICR（blinded independent central review）。评估者在不知道受试者治疗情况的前提下，距离产生美，能够更进一步地去除偏倚，避免对于终点判读的主观倾向性，使判定结果绝对中立，从而增加数据的可靠性和准确性。

然而事物总有两面性。在更为严谨和中立的同时，BIRC 增加了临床试验的成本和管理负担，至于到底是不是真的优于研究者评价的疗效，这点也存在争议。既往研究对比了 BIRC 和研究者评估的客观缓解率，在 75% 的研究中都观察到研究者容易高估疗效，此类现象在Ⅱ期和Ⅲ期临床研究都存在。基于该发现，如果注册研究中的主要终点是基于对肿瘤病灶变化的评估，建议使用 BIRC。即使在非注册研究中，使用 IRC 得到的数据更能够为该药物之后的一些重要发展路径的决策提供有力支持。

随着临床试验数据的不断积累，影像 BIRC 在 PFS 评估中究竟起到了多大的作用得以被充分研究。有学者发现肿瘤临床试验中 BIRC 并不是必需的，建议将其作为评价研究者的疗效评估是否存在偏倚的一种监督手段。在一项对于Ⅲ期肿瘤临床试验中 BIRC 和研究者评估的 PFS 结果一致性的荟萃分析中，二者之间并没有发现显著性差异，甚至在设盲的临床研究中，BIRC 评估的结果反而倾向于比研究者更为积极。通过另一组荟萃分析发现，Ⅲ期临床试验中 BIRC 和各研究中心研究者的 PFS 数据结果之间的关联性高达 0.947 6。因此是否需要设置 BIRC 并不是一个一概而论的绝对要求，而是可以基于风险模型进行判断决策（图 2）。

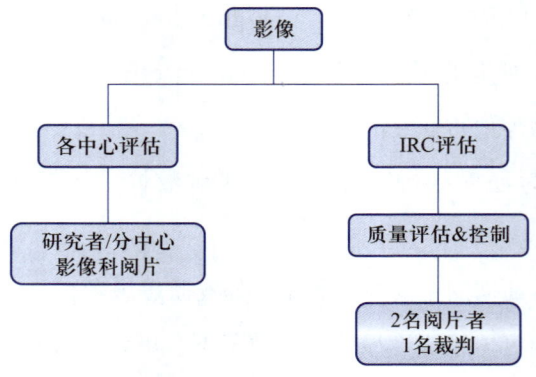

图 2　IRC 评估和分中心评估流程

尽管如上所述，BIRC 和研究者评估的疗效是否一致存在争议，但在实践中依然建议使用 BIRC 进行评估，尤其是对于非盲态、众多分中心的研究。坦率来讲，独立评估的结果除临床先验信息的影响之外，更容易被监管机构信任。此外，由于 BIRC 往往对各中心的影像有统一标准和要求，更能够保证影像的质量，并且在较为复杂的、多个中心的影像评估中保持相对一致性，避免各中心的标准解读或水平差异带来的影响（表1）。

表 1　协助决策是否采用 IRC 的问题

	推荐研究者评估	推荐 IRC 评估
是否为注册研究？	否	是
是否希望获得加速审批？	否	是
影像学检查方法是新颖的吗？	否	是
有预算限制吗？	是	否（也可以作为研究者评估的监督，单人阅片即可）
基于肿瘤测量终点是研究的主要终点吗？	探索或不是	是
研究设计中盲态对结果是非常关键的吗？	否	是

3．IRC 如何组成和运转？

由于 IRC 需要完全独立于医疗机构（研究者）和项目受托方（申办方），最合适的载体便是第三方研究机构。合同研究组织（CRO）协助组建独立中心评审团队，评审团队不可参与受试者的诊治，也不可与项目受托方有直接或间接的经济关系，充分保证其中立性，以及对试验评估过程和数据的终点结论最大程度的客观性。

IRC 完全不能知晓研究参与者的临床信息吗？这并不是绝对的。理论上应尽量保持 IRC 的独立性及盲态，使其能够对结果作出无偏的评估。在《抗肿瘤药临床试验影像评估程序标准技术指导原则》中建议，将患者基线的手术史、放疗史和病理活检结果等基线信息反馈给 IRC，为选择基线靶病灶提供必要的背景信息。如果上传的不良事件可能导致 IRC 评估偏倚，应避免上传（如与免疫检查点抑制剂相关的非感染性肺炎）。因此需要在 IRC 的独立性和影像结果评价的准确性之间做合理的平衡。

4. 如何理解和处理疗效评估过程中出现的不一致？

（1）IRC 的两名阅片者结论不一致

某研究中将 PFS 作为主要终点，ORR 作为次要终点，采用了双重阅片的 IRC 进行影像评估。评估者 A 和评估者 B 在第 1 个评效时间点作出了相同的判断，此时不需要由裁判（即第三名阅片人）审核结果。在第 2 次评效时，评估者 A 维持了 SD 的判断，而评估者 B 认为病灶有缩小，评为 PR，此时由裁判进行复核，他认同 B 的结论。如果恰好在该时间点进行中期分析，则该患者的疗效应记为 PR。在第 3 次评效时，评估者 A 发现了一个新病灶，认为疾病进展，而评估者 B 没有注意到该病灶，维持了 PR 的判断，再次出现了不一致的结论。此时裁判出马，发现确实存在新的病灶，认同 A 的评定。如果第二次中期分析设在这个时间点，那么该患者的疗效应记为 PD，并且第 2 次评效的结果应当参照评估者 A 的判定被修订为 SD，也就是说前一次期中分析的结果需要被更改。在这个研究中作出这样的判决，主要是因为 PFS 是主要终点，也就是说 PD 的时间点判定是最为关键的，更倾向于相信评估者 A 的结论（图 3）。

（2）研究者和 IRC 评估结果不一致

在研究中少量出现研究者或分中心的评估结果和 IRC 评估结果不一致的情况是可以接受的，这正是设置 IRC 的意义所在。在研究参与者的入排筛选时，以及

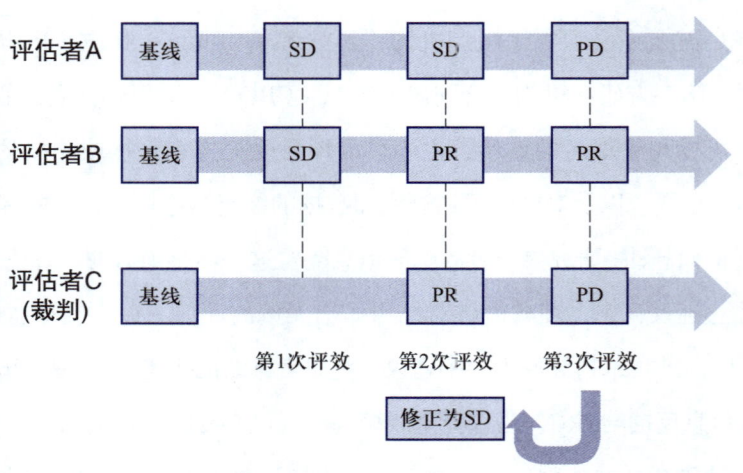

图 3　独立评估委员会双重阅片

决定是否进展出组时，这两者之间的不一致产生的对研究结果的影响较为关键。IRC 也不总是绝对比研究者更为正确，因为繁琐的流程会增加出错概率，比如图像上传不及时导致读片判定不及时、去标签化的盲态背景下上传对应受试者的编号错误等。通常以 IRC 评估的结果作为主要终点，研究者评估的结果作为次要终点，互为监督和佐证，全面阐释临床研究的结果。

5. 有哪些常用的、公认的疗效评估标准？

基于影像的疗效评估标准如何选择，主要的决定依据是适应证类型和药物作用机制的特点。适应证类型决定了最基础的评估方式，例如白血病需要通过骨髓和外周血中肿瘤细胞的残存情况判断疗效，而实体瘤上肿物本身大小的变化能够反映疾病负荷和对治疗的响应。药物作用机制对评估的影响更多地体现在细节上，比如免疫检查点抑制剂治疗后淋巴细胞的大量浸润可能导致肿块发生与肿瘤细胞本身的增殖无关的大小变化，或者瘤内注射导致瘤体发生的形态改变。

（1）血液系统肿瘤

急性白血病是否缓解的主要依据是骨髓中肿瘤细胞的比例是否降至预期、外周血血象是否恢复正常，以及临床上相关的症状体征是否消失。具体标准针对不同类型的急性白血病而不同。对于慢性白血病，如慢性髓性白血病而言，治疗反应不仅包括血液学，还需考虑细胞遗传学和分子学反应，如费城染色体和 BCR-ABL 的检测比例。

淋巴瘤的疗效评估较为常用的是 2014 年 Lugano 标准，基于 FDG PET-CT，构建了 Deauville 评分系统，观察病灶对 18F-FDG 的摄取与背景及参考血池的对比，对于病灶的代谢进行评估。免疫治疗在淋巴瘤上进一步得到拓展后，出现了 LYRIC 标准，引入了"不确定的缓解"的概念，区分免疫治疗后的局部反应和肿瘤的自身进展。

（2）RECIST

RECIST（response evaluation criteria in solid tumors）的 1.1 版是目前用于实体瘤疗效评估最为常用的标准。通过电子计算机断层扫描（CT）对选择的靶病灶在治疗前后的大小比较，靶病灶径线之和的前后变化即反映肿瘤对治疗的响应程度（表 2，图 5）。

表 2　RECIST 1.1 版评价标准

	靶病灶评价标准	非靶病灶评价标准
完全缓解（CR）	所有靶病灶消失 全部病理淋巴结（包括靶和非靶）短直径减少至 < 10 mm	非靶病灶消失 非靶淋巴结短径 < 10 mm
部分缓解（PR）	靶病灶总径与基线相比≥30%	非 CR/ 非 PD： 仍存在一个或多个非靶病灶
疾病稳定（SD）	介于 PR 及 PD 之间	
疾病进展（PD）	以靶病灶直径之和的最小值为参照，直径和增加≥20%；除此之外，必须满足直径和的绝对值增加至少 5 mm 出现一个或多个新病灶：大小无要求	现有非靶病灶"实质性"恶化 通常由研究者判断
无法评价（NE）	未按照方案要求进行影像获取 图像质量太差无法满足评估要求 影像学检查不完整并且缺失部分对疗效判定存在影响	

（3）mRECIST

介入治疗是肝原发或继发肿瘤的重要治疗手段之一，介入治疗常导致肿瘤坏死，密度降低较体积缩小更明显，这个问题在靶向治疗上也同样存在。此外介入治疗伴有碘油沉积，影响肿瘤径线判断。mRECIST 应运而生，引入存活肿瘤概念，通过动态 CT/MRI 辨认动脉期显示造影剂摄取的病灶，以这部分存活的病灶作为评价对象，排除坏死肿瘤对疗效评价的干扰。

（4）iRECIST

随着免疫时代的到来，出现了肿瘤假进展等新的问题。iRECIST 标准（Seymour et al., 2017）是目前在免疫检查点抑制剂治疗评价中选用的最为常见的一种。主要区别点在于对 PD 的判定上。当靶病灶最大径增大≥20%，或非靶病灶 PD，或新病灶出现时，被判定为免疫未确定的 PD（iUPD），至少 4 周后进行评估确认，如果仍满足 PD 条件，则判定为 iCPD（免疫确定的 PD）。

（5）其他

在肿瘤疗效评估中建议使用经过充分验证的、国际通用的、受到广泛认可的评估标准，如上文提到的适用于大部分实体瘤的 RECIST 1.1 版（Eisenhauer et al.，2009）、适用于淋巴瘤评估的 Lugano 标准（Cheson et al.，2014）、适用于肝癌的 mRECIST 标准（Lencioni & Llovet，2010）。除此以外，评估胃肠间质瘤时可选用 Choi 标准（Choi et al.，2007），评估脑胶质母细胞瘤时可选用 RANO 标准（Wen et al.，2010），评估前列腺癌时可选用的 PCWG3 标准（Scher et al.，2016）等。

6．疗效评估的一般流程是什么？（以 RECIST 1.1 版为例）

疗效评估主要由三个基本流程组成：基线评估、随访评估、疗效评价（图 4）。

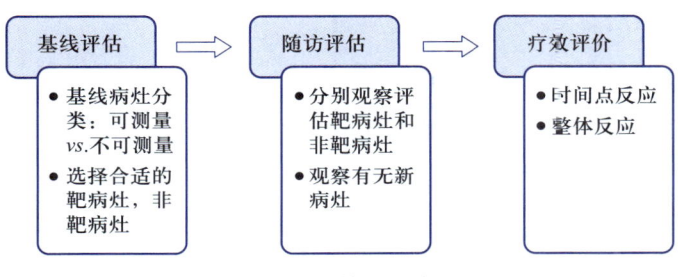

图 4　疗效评估的一般流程

（1）基线评估

选择可测病灶：至少可以进行一维精确测量径线的病灶（图 5）。

- 长径≥10 mm 的非淋巴结病灶（CT/MRI）。

- 短径≥15 mm 的病理淋巴结。

- 临床卡尺测量≥10 mm 的表面病灶。

- 胸部 X 线直径≥20 mm 的病灶（较少采用）。

- CT 扫描层厚不大于 5 mm，评估时间不早于用药前 4 周。

判定非可测病灶：

- 过小的病灶（＜10 mm）。

- 短径≥10 mm 但＜15 mm 的淋巴结、短径＜10 mm 的淋巴结一般不视为病理淋巴结。

- 其他不可测量病灶：软脑膜病灶、浆膜腔积液、炎性乳腺癌、皮肤或肺部淋巴管炎。

- 骨病灶：成骨病灶不可测量，有确定软组织成分的溶骨病灶可以作为可测量病灶；骨扫描、PET-CT 只能定性，CT/MRI 才能定量。
- 囊性病灶：可以是可测量病灶，但不优先选为靶病灶。
- 局部治疗过的病灶：一般是不可测量病灶，除非证实明确进展；研究方案应对这类病灶的可测量性做详细说明。

选定靶病灶：全身最多选 5 处病灶并且每个器官最多选 2 处病灶。
- 肯定是肿瘤。
- 足够大，有大的尽量选大的。
- 边界清晰，测量有可重复性。
- 尽可能代表所有受累器官。
- 非靶病灶数量不限。

基线靶病灶直径总和：所有靶病灶的直径求和（包括病灶的长径和淋巴结的短径）。

其余所有的病灶包括病理淋巴结可视为非靶病灶，无需进行测量，但应在基线评估时进行记录。如记录为"存在"，"缺失"或极少数情况下"明确进展"。

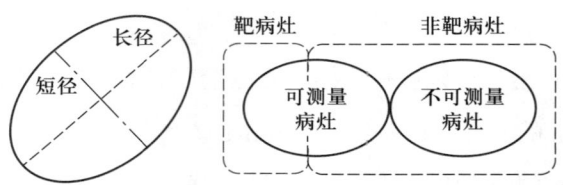

图 5　病灶评估及病灶定义之间的关系

（2）随访评估

整个过程中，靶病灶永远是靶病灶，非靶病灶永远是非靶病灶。
- 靶病灶选择最大横断面测量长径或短径。
- CT 尽量选择增强扫描，选择合适的窗宽和窗位，"增强边缘"也要考虑在径线内。
- 随访影像学拍摄条件尽可能与基线一致，覆盖所有靶病灶和非靶病灶。
- 每次随访计算所有靶病灶径线之和，观察非靶病灶状态及有无新病灶。

（3）疗效评价——时间点反应（图6）

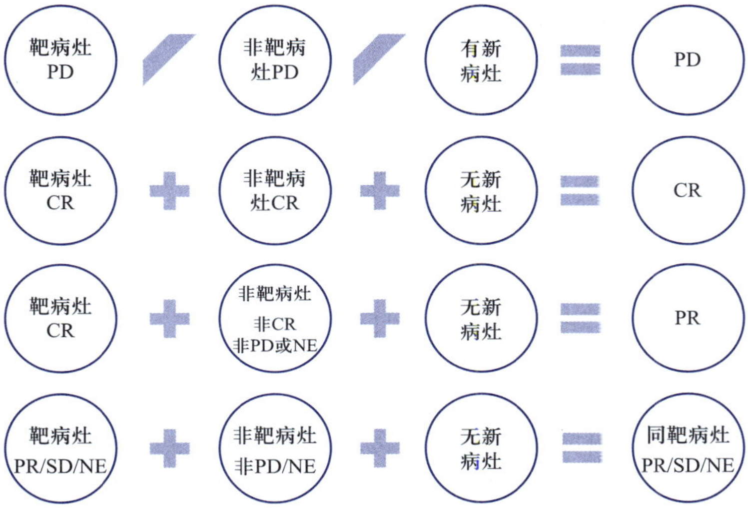

靶病灶PD / 非靶病灶PD / 有新病灶 = PD

靶病灶CR + 非靶病灶CR + 无新病灶 = CR

靶病灶CR + 非靶病灶非CR非PD或NE + 无新病灶 = PR

靶病灶PR/SD/NE + 非靶病灶非PD/NE + 无新病灶 = 同靶病灶PR/SD/NE

图6 时间点的疗效评价（基于RECIST 1.1版标准）

7．为什么需要进行疗效确认？

在以肿瘤缓解（如ORR、DCR）作为主要终点的非随机试验中必须对CR或PR进行确认，在随机、以生存或进展时间为主要终点的研究中，不一定要求确认缓解，可以根据最佳总体疗效（BOR）是否为关键次要终点进行调整。

BOR评估为SD是一个例外，不论是否需要确认，BOR判定为SD均要求在方案规定的间隔时间后重复评估确定（一般最小时限为6~8周）。

为了避免在替代终点上夸大药物疗效，对于缓解的评估往往是保守的，如果在确认评效时出现了疗效等级的下调（如CR变成了PR），则认为第一次的缓解结论无法得到确认（表3）。

表3 总体疗效确认

首次评效	确认评效	最佳总体疗效BOR
CR	CR	CR
	PR	确认首次评效结果修订为PR→则BOR为PR 否则，按是否满足SD最小时限判定为SD或PD
	SD/PD	按是否满足SD最小时限判定为SD或PD

续表

首次评效	确认评效	最佳总体疗效 BOR
PR	CR/PR	PR
	SD	SD
	PD	按是否满足 SD 最小时限判定为 SD 或 PD

一句话概括

疗效评估的可靠性直接影响干预效果大小和研究成败，需要被谨慎对待；应当根据实际情况选择最合适的评估方式和评估标准。

名词解释

- BIRC（blinding independent review committee）：盲态独立评估委员会，是 IRC 的进阶版本，要求评估委员会对于受试者的临床信息是设盲的，避免在评估过程中受到干扰产生偏倚。
- BOR（best overall response）：最佳总体疗效，是计算 ORR/DCR 等以肿瘤缓解为基础的疗效终点时的主要依据，是结合多个时间点的评效后得出的一个整体评估。各个时间点之间的评效结果可能是矛盾的，尤其是在隐藏了之前评估结果的情况下，给出一个最客观合理的结论。

参考文献

[1] Wong AS, Thian YL, Kapur J, et al. Pushing the limits of immune-related response: a case of "extreme pseudoprogression". Cancer Immunol Immunother, 2018, 67(7): 1105-1111.

[2] Dello Russo C, Cappoli N, Pilunni D, Navarra P. Local investigators significantly overestimate overall response rates compared to blinded independent central reviews in phase 2 oncology trials. J Clin Pharmacol, 2021, 61(6): 810-819.

[3] Tang PA, Pond GR, Chen EX. Influence of an independent review committee on assessment of response rate and progression-free survival in phase III clinical trials. Ann Oncol, 2010, 21(1): 19-26.

[4] Zhang JJ, Chen H, He K, et al. Evaluation of blinded independent central review of tumor progression in oncology clinical trials: A meta-analysis. Ther Innov Regul Sci, 2013, 47(2): 167-174.

[5] Dello Russo C, Cappoli N, Navarra P. A comparison between the assessments of progression-free survival by local investigators versus blinded independent central reviews in phase Ⅲ oncology trials. Eur J Clin Pharmacol, 2020, 76(8): 1083-1092.

[6] Amit O, Mannino F, Stone AM, et al. Blinded independent central review of progression in cancer clinical trials: results from a meta-analysis. Eur J Cancer, 2011, 47(12): 1772-1778.

延伸问题

1．如果在临床研究中因为各种不可控因素，导致了用药的提前或推迟，那疗效评估是否应当随着其用药时间的变化而发生调整呢？

2．对于肝肿瘤，如果同时涉及免疫治疗和靶向或介入治疗，宜采用什么样的评估标准？

（蒋雅乐　王书航）

3.10 质量控制

引导问题

什么是质量控制？临床试验是如何进行质量控制的？质量问题会为申办者/研究者带来什么样的后果？

章节导图

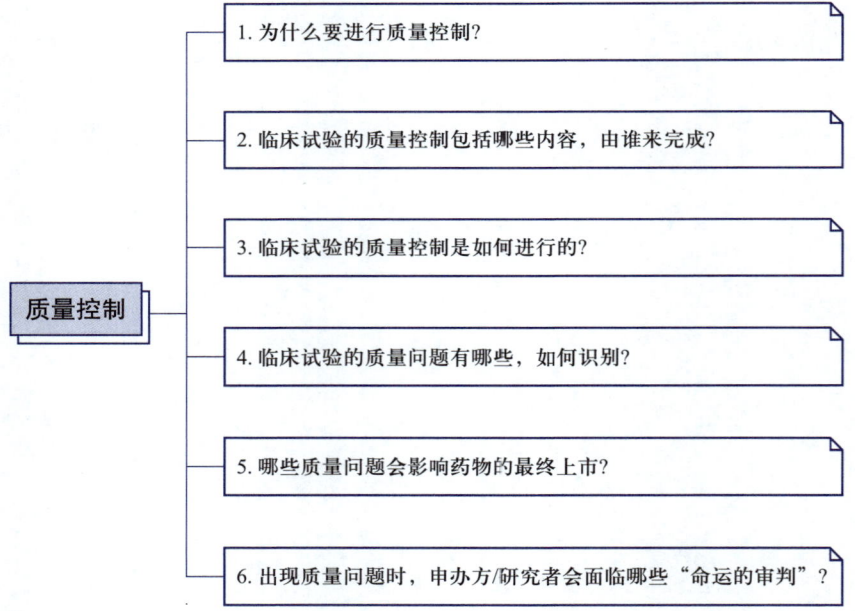

典型故事

2021 年 8 月，美国 F 公司收到重磅一击：美国食品和药品管理局（FDA）在审评的完整回复函中明确，FDA 不会批准该公司治疗肾性贫血的 R 药的新药上市申请，并要求 F 公司在重新提交申请前，必须对 R 药进行额外的临床研究。

R 药是全球首个小分子低氧诱导因子脯氨酰羟化酶抑制剂（HIF-PHI）类治疗肾性贫血的药物。来自 2017 年的数据显示，全球慢性肾炎的人数超过 6.97 亿，其中 C 国患者占比近 20%。因此，F 公司在研发时进行了相对"特殊"的战略部署，于 2010—2017 年，优先在 C 国，而非大多数企业选择的 M 国，开展 I 期和 III 期研究试验。最终随机对照的研究结果没有让 F 公司失望。结果显示相对于安慰剂（无透析的患者中）和对照药（长期透析的患者中），R 药在同样时间下可以显著改善基线血红蛋白水平，达到研究的主要终点且整体安全性可控。一时间，R 药名声大振，其在欧美等地的获批也备受期待。

然而，故事的转折发生在 2020 年 12 月，彼时，FDA 要求 F 公司和其联合开发的 A 公司澄清 III 期临床数据的分析，并将 R 药审评上市的时间推迟 3 个月。尽管具体细节不得而知，但敏感的从业者似乎能从中嗅到一些不同寻常的信息。

2021 年 4 月，F 公司发表声明，承认人为操控了 R 药的安全性数据，使数据符合 FDA 的审批标准。声明一经公布，业界哗然，F 公司当日股价暴跌 43%。

最终，并不意外的，在 R 药申报的慢性肾病适应证上，FDA 下属的心血管和肾药物咨询委员会投出压倒性的反对票。而 3 月份的最终回复函，也彻底碾碎了 F 公司的最后一丝希望。曾经被给予厚望的明星药，在美国的上市变得遥遥无期。F 公司至今仍未正面回应，到底是谁，如何"操控"了 R 药的临床数据。

因为试验质量导致药物无法上市的例子并不鲜见。从 20 世纪 80 年代美国仿制药事件导致数百个申报申请被撤回，到如今仍有公司尝试触碰"修改"数据的底线，质量管理一直是临床试验的热点问题之一。一份 FDA 12 年的审评数据显示，在 2000—2012 年，仅仅有 50% 的药物上市申请在首次提交时获得批准，其中因各个环节质量问题导致不能获批的占 8.1%。本节就聚焦临床试验的质量，来聊聊试验过程中质量控制的那些事。

主要内容

1. 为什么要进行质量控制?

药物上市,本质是一场竞速游戏。

临床试验作为药物上市的必经之路,其进行速度和相应产品在市场上能否抢占先机息息相关。例如,2017 年第一个在中国大陆上市的 PD-1 单抗 Nivolumab,和 2022 年第 13 款在中国上市的 PD-(L)1 单抗 Serplulimab,面临的市场挑战与机遇完全不同。因此,申办方倾向于把速度看做是临床试验的首要要求。

然而,正如同汽车的油门不能一直踩,速度也不是没有上限的。正所谓"欲速则不达",速度太快必然会导致问题增加。比如,在Ⅰ期试验中,观察期过短的接连入组,可能导致后入组患者暴露于早期尚未出现的安全性事件中。Ⅱ期或Ⅲ期临床试验单中心 1 月内入组 20 个患者可能导致研究者无法及时进行不良事件评判或错判率增加,临床研究协调员无法按时录入原始数据或数据录入错误。因此,需要相应的质量管理活动,保证问题的早期识别与纠正,防止其形成不可挽回的质变。就如同世界上最快的 F1 方程式比赛中,再快的车手也需要适当"进站"一样,质量控制是对临床试验执行进行的"换胎、加油与修补",也是临床试验中"以慢为快"的必要的一环。

此外,尽管有罪推定不适用于大多数严谨的研究者/申办方,但毕竟上市=利益,全球范围内各试验角色在利益驱动下篡改数据/编造数据的案例时有发生。因此,也需要适时的质量控制发挥传感器与报警器的作用,保证该类问题及时发现和纠正。

2. 临床试验的质量控制包括哪些内容,由谁来完成?

在临床试验中,问题/错误可能会发生在任一环节。《药物临床试验质量管理规范》(以下简称"GCP 规范")特别指出,质量控制是为确证临床试验所有相关活动是否符合质量要求而实施的技术和活动。因此,质量控制的范围实际上包括了从临床试验启动前的资格审查、伦理审查、遗传资源审查,到执行过程中患者管理、不良事件处理与上报、数据管理、药品管理、样本管理、实验室管理、设备设施管理、年度进展报告,到最终关中心结题等所有科学性内容与合规性内容,整个临床试验质量控制工作是非常琐碎和繁重的。

那么，体量如此之大的质控工作是由谁来完成的呢？在实际操作过程中，质控分为不同的类别。临床试验的日常质控是由监查员负责。监查员从事的质量控制活动叫监查，GCP 规范的官方定义为监督临床试验的进展，并保证临床试验按照试验方案、标准操作规程和相关法律法规要求实施、记录和报告的行动。监查员，也就是大家常提到的 CRA，是临床试验项目组的成员，接受申办方的委派，也是申办方与研究之间的主要联系人。在每个临床试验启动前，申办方都会出具一份监查计划，描述监查策略、方法、职责。监查员按照监查计划的要求，以一定的频率（例如，一月 1 次等）或累积到一定风险时到中心进行日常质控。并在每次质控后完成监查报告，记录发现的问题，分析相应的原因，方便后续进行整改。作为质控"一线"员工的监查员，承担着质量控制最琐碎的"溯源"工作（"溯源"将在"3. 临床试验的质量控制是如何进行的"具体描述）。监查，也是各类质控中的基础工作。多中心试验由于入组患者较多，数据量大，一个临床试验往往会有多个监查员，每个监查员负责 1~3 个中心。

一个简单的道理，检查作业，如果自己查自己，能发现多少问题呢？监查员作为试验项目组的人员，即便是非常认真，也还是有一些疏忽的可能。这时候，就需要一些独立于项目外的人员进行质控，跳出体系外，识别问题。这些独立于项目外的质控人员叫做稽查员，他们进行的质量控制活动称为稽查。稽查的查看内容和范围和监查并没有什么本质的不同，它和监查最大的不同在于除了质控员身份的独立性外，还有其系统性查找问题的特性。在稽查时，鉴于已经有了监查员对单个病例核对溯源的基础，稽查员可以对单中心的所有病例质量问题有一定的整体把控。就好比，种树木，一棵一棵地检查树木的生长好不好，与站在山上检查附近一片的树木的生长情况是有区别的。单个树木的生长问题可能归结为当时的技术操作等问题（个例），如果一片树木都生长不好那可能就是土壤的问题（系统问题）。与监查一样，稽查也是由申办方委派的，并非项目的日常质控，而是试验进行到一定时间、入组一定病例或出现特定事件发起的质控活动。它可以预先制定，比如在项目开始前就规定好项目入组多少例患者或者达到何种程度时进行稽查；也可以实时发起，比如项目在实际操作中提示可能存在一些潜在"风险"，拟通过稽查进行系统性排查发现。同样，同一个 / 同一批稽查员可以质控多中心临床试验的不同的中心。

依照《药物临床试验机构管理规定》："药物临床试验机构是承担药物临床试

组织管理的专门部门"，"统筹药物临床试验的立项管理、试验用药品管理、资料管理、质量管理等相关工作，持续提高药物临床试验质量"。因此，成熟的临床试验机构，会定期组织质控员对机构内的项目进行机构内部质控，完成相应的质量管理责任。和监查、稽查相比，机构质控的查看内容和范围并不是主要不同之处。机构质控的主要目的之一，是规范、监督试验中本中心研究者的行为，因此，研究者的部分也是机构质控的重点。临床试验的机构质控，可以在临床试验执行的任何时间进行，部分临床试验机构会规定在特定的时间点，比如入组1例患者，入组合同过半的患者时进行机构质控；同时，机构质控也可以预先定义"风险"，进行非固定时间点、基于风险的内部质控。当然，从权限来看，临床试验机构只能查看本机构内的临床试验项目，因此相对难以发现中心协调间的问题。

还有一个比较特殊的质量控制活动叫检查，和以上质控活动不同的是，检查的发起者不再是申办方或临床试验机构了，而是药物监督管理部门。检查与稽查、监查的内容和范围没有差异。它的出现，意味着①该项目可能存在的一些问题，已经到需要监管部门明确或干预的程度了，例如有因检查；②该项目已结题进行注册申报，需要通过检查明确相应临床试验质量是否能够满足支持药物上市的标准，例如现场核查。此时，临床试验现场核查可以算是药物上市前的最后一道"质量关"。

表1中列出了上述四种质控活动的区别，提醒大家注意的是，不同质控活动的区别重点不在查看权限大小与检查标准的不同，而是试验进行到不同阶段，按需要由不同角色进行的质量管理。

表1 不同质量控制活动的区别

	监查	稽查	检查	机构质控
发起人	申办方	申办方	药监部门	临床试验机构
执行人	本临床试验项目委派的监查员	申办方独立稽查部或第三方稽查公司的稽查员	各级药物食品审核查验中心检查员与外聘的检查专家	机构内部的质控员
查看权限	除盲态监查员不能查看盲态文件，其余质控员可查看临床试验文件不受限			
性质	过程质控 项目内部日常质控	过程或结题质控 独立于项目的人员进行系统性质控	过程（通常为有因检查）或上市前质控 独立于项目的监管人员进行系统性质控	过程或结题质控 临床试验中心负责的独立于项目进行的系统性质控

续表

	监查	稽查	检查	机构质控
质控频率	按要求以固定时间间隔进行，也可事件或风险触发	无固定时间要求，事件或其他需要触发	事件或风险（往往是提示可能出现质量问题）触发，药品申报上市前的终末质控	可以规定时间节点进行，也可事件或风险触发
问题预防	可前瞻性预防质量问题发生	可前瞻性预防质量问题发生	有因检查可防止潜在质量问题进一步恶化，有一定前瞻预防作用。上市前检查重点在评估，只回顾性发现问题	过程质控可前瞻性预防质量问题发生，结题质控回顾性发现问题

值得注意的是，尽管研究者不是临床试验中具体质控活动的主要执行者，但是遵照 GCP 中的定义，"研究者，指实施临床试验并对临床试验质量及受试者权益和安全负责的试验现场的负责人"。也就是说临床试验中的研究者，不仅像临床常规的医生一样，负有医疗决策的责任，还需要承担相应试验的质量管理责任。这就要求研究者在临床试验中，首先要一丝不苟地做好 GCP 要求的研究者工作，其次，还需要配合申办方进行的监查、稽查及药监部门的检查以及机构的内部质控，对已出现的问题进行及时修正并对可能出现的潜在风险采取相应的预防措施。举个例子，如果一个研究者，不及时审阅受试者的化验检查结果，在检验检查出现异常后数天才发现患者可能出现的并发症，该研究者是否承担了其应尽的职责，对研究参与者的安全、权益进行了良好的保护？同样，如果研究者拒绝对质控发现进行进一步沟通，怎样保证潜在的质量问题得到及时地解决？怎样保证后续同类问题会不会一而再再而三地出现？

3．临床试验的质量控制是如何进行的？

如上所述，不管是监查、稽查还是检查、内部质控，所有的类型质量控制都是为了评估和/或保证临床试验相关活动按照试验方案、标准操作规程和相关法律法规要求实施、记录、分析和报告的行动。因此，质控首要的一点，是质控员必须熟悉研究方案、研究所有操作手册以及临床试验领域的法律法规，即知道"正确"的是什么，"标准"是什么。所有质控员，不管来自企业或是监管，在开展工作前均需要进行严格的法规培训。

在熟悉"标准"之后，剩下似乎就可以按部就班的"挑错"了。实际操作中，质控员们往往有不同的分工，比如一个人查伦理部分，另一个人查资质和药品部分，一个去抽查筛选和后续入组执行。

质量控制中，有一个必须完成重要工作，叫做"溯源"，即查看临床试验的所有记录（包括初始记录和修改记录），是否都有其对应的"源文件和/或源数据"支持，是否记录真实、完整、步步留痕。对于"没有记录，就没有发生"的临床试验来说，是否可溯源可重建，是评价临床试验的质量最重要指标。和各位分享一个重要概念，源文件。在GCP规范中，源文件是指"临床试验中产生的原始记录、文件和数据，如医院病历、医学图像、实验室记录、备忘录、受试者日记或者评估表、发药记录、仪器自动记录的数据、缩微胶片、照相底片、磁介质、X光片、受试者文件，药房、实验室和医技部门保存的临床试验相关的文件和记录，包括核证副本等。源文件包括了源数据，可以以纸质或者电子等形式的载体存在。"也就是，源文件是所有数据产生的一手资料。研究中的病例报告表不是"源"，是需要被支持的二次记录，质控员在质控过程中，需对照医疗的 His / Lis / Pacs 系统和/或单独的，进行病例报告表和源文件的逐一核对，保证临床试验所有条目与源文件一致，试验记录是真实、准确、完整、可溯源的。

尽管溯源的工作琐碎耗时，但它相对简单易于理解。毕竟，能看出表面的"错误"，是质量控制中最基础的要求。临床试验质量控制中最考验功力的部分，还是质控员对发现质量问题的思考解读。对于一个没有经验的质量员来说，看到任何的不一致都认为是个例问题，能否从一个个不一致中提取分析出可能导致共性问题的体系性原因，修复导致批量错误的系统Bug，才是质量控制的关键。这一点，我们将在下文向大家统一举例说明。

4．临床试验的质量问题有哪些，如何识别？

上述提及，临床试验的任何环节都有可能产生质量问题。不同的质控员可以按照伦理、知情同意、试验用药品等分类分别记录。此处的记录方式并无行业统一的标准。保证所有记录有逻辑、有条理、清晰可读就好。临床试验各方面的质控发现，基本可以总结为以下情况：

（1）个体性问题

这种发现，大多是一些粗心大意引起的问题，比如某例临床试验中，"病历记录 2021.1.31—2021.2.1 使用左氧氟沙星注射液治疗尿路感染。未见临床试验电子数据采集系统（EDC）记录合并用药，未见合并疾病/不良事件记录尿路感染"，此类问题一般是可溯源的，即使未按时改正可能并不会导致其他病例产生类似问题。也是质量控制中最容易修复的发现。

（2）系统性问题

这种问题可能是试验设计、试验操作、试验设备的不完善导致的群体问题。不是由具体的、个别的或孤立的原因造成的。系统性问题的未按时修正，可能导致同样问题的持续出现。当质控员发现同样的问题在不同的病例间反复出现时，需要思考是否有系统性问题存在的可能。比如下面一个例子：

某中心质控员2021年4月12日回收核对A试验中于2021年4月9日的返还的试验用药品发现，包装序号为0095的2板均为吸收增强片（吸收增强片为配合试验用药品服用的辅助片剂，在该试验中为每服用1片试验用药，同时服用1片增强片。同时产品包装为一半试验用药品，搭配一半吸收增强片）。经研究者与家属确认，患者按研究方案正确使用了药物（即试验药与错误的"吸收增强片"1∶1服用），但由于包装差错，导致了实际用药发生错误。申办方回复：因该药品为返还药品，不再服用，按药品管理要求，该药品后续回收后统一进行销毁，产生该情况如实记录。

如果质控员仅停留于此，不再追究，就可能导致了一些潜在严重性问题的疏漏。实际操作中，质控员在记录问题时同时很敏锐地给出了以下判断："此问题务必重视，如确实包装错误需溯源生产包装过程，每个药盒都有编号，核实原始记录，查明原因，谨防群体问题非个例问题！"毕竟，包装是统一的流水化的工程，谁能保证该错误不会同时发生在其他患者身上，患者吃进云的，也许一直是看似"正确"但实则错误的包装问题药物呢？

（3）真实性问题

指试验记录、试验数据的不可溯源。真实性问题，是临床试验中最严重的问题。当出现大量无法溯源的试验数据和/或记录时，需要高度警惕数据造假的可能。需要提醒各位的是，随时临床试验的发展，凭空捏造的数据已经比较少见了。试验记录的逻辑性不合理也是可能存在真实性问题的一种表现，例如某试验中，质控员发现，不同患者同日输液起止时间完全重合，累计涉及了22名患者。这当然就需要注意了，研究护士不是机器人，也没有三头六臂，是如何做到不同的患者同时开始输液，精准控速后又同时结束的呢？

在对某支持注册上市的大型回顾性真实世界临床试验项目的质控中，质控员发现，按照临床试验方案规定的关键词在医院His系统内进行筛选时，符合条件的病例有1 285例，而实际入组、纳入收集的病例仅有1 168例，部分病例的删除未明确说明理由。

入组病例的选择是支持上市的回顾性研究最重要的内容，也是最容易产生质量问题的地方。因为病例的治疗已经完成，疗效结果可见，理论上研究者有根据期望结果选择特定疗效病例可能。因此，对于无合理原因剔除的病例，在回顾性研究的质控中，需要反复查看，特别小心。毕竟，不仅仅是不可溯源与逻辑不合理，"隐瞒试验数据，无合理解释地弃用试验数据，以其他方式违反试验方案选择性使用试验数据"也是真实性问题的一种。

（4）合规性问题

该类的问题是理论上可以避免的基本问题。比如说试验的主要研究者，既往无参与三项临床试验的证明记录（法规要求）；理论应进行申报的项目未进行人类遗传资源的审查许可或是采集了超过国家卫生健康委员会允许范围外的遗传资源样本；或是试验在获得伦理批件前，即签署了首例知情。问题大多集中在资质问题和需要严格遵守的程序性问题上。满足相应的条件是开展试验的基础，没有可以讨论的空间。

5．哪些质量问题会影响药物的最终上市？

可以肯定是，在上一节中提及问题分类中，个体性的问题一般不会作为严重的质量问题影响药物上市。毕竟此类问题在数据量相对较大的关键注册研究中，是一定程度上在所难免的，同时，因其独立性，也不会产生严重的危害性后果。

真实性问题和合规性问题是可能影响药物的最终上市的关键问题。真实性问题，决定了临床试验整体数据是否可靠可信。合规性问题，是试验启动各方面的基本和底线要求。如果出现真实性问题和合规性问题，有可能在最终的上市前检查中被一票否决。

对上市影响异质性最大的是系统性问题。一个系统性问题是否会影响到药物的上市，需要从患者的安全性及权益保护和数据可信度两方面进行考量。比如以下案例：

在一项比较药物 C 或安慰剂联合化疗一线治疗局部晚期/转移性某癌种患者的随机、双盲、多中心、Ⅲ期临床研究中，2020 年 4 月 26 日，随机系统的系统管理员在内部质控发现，随机系统的药物配置中，对照组中的一个体重剂量组配药设置错误，即：导致该体重范围的受试者，被错误给予了试验药。经查证，从 2019 年 6 月 27 日第一例患者随机到 2020 年 4 月 26 日，该体重剂量组入组患者总数为 51 例，其中 1/3 有 15～17 例进入对照组的患者被错误给予了试验药。

如此一来，试验最终的数据分析该如何进行？我们都知道，临床试验的样本量均是经过科学的统计学和临床假设、严格的设计与计算的，随机也是根据预设基线特征进行的系统性分配。在经过如此错误后，现有的试验数据能支撑初始的统计分析，说明试验组与对照组安全性与疗效的问题吗？

更有趣的是，实际操作过程中，建库人员在发现问题的当天，在未经多方沟通的情况下修正了系统设置错误，将对照组该体重范围分配试验药改为分配对照药。于是，上述涉及 51 例患者，在经过了一段时间"错误"地试验组治疗后，按照其随机分配的组别，即对照组，不知情地，再次开始了"正确"的治疗。

如果说第一次错误是非故意"失误"引起的问题。那么显然，建库人员的二次操作进一步增加了问题的复杂性和严重性。这个"二次操作"最大的问题是：存在人为的"故意"，以及不知情、不合规的"修正"。这两点加起来，相当于某种程度上的"隐瞒"，其实已经不仅仅是系统性问题，而是上升到真实性问题的范畴了。现试问，治疗方案被人为"修正"，患者本人是否应该知情呢？在不知情的情况下接受了和初始治疗不同的治疗用药，患者权益是否能到了很好的保护呢？而不告知的"隐瞒"，还怎能保证临床试验准确、真实地反映试验药物与疗效、安全性的因果关系？出现了违反临床试验根本原则的问题，可能使患者试验相关方的基础权益遭受重大损害，更别提对试验进行有效补救，达到临床试验目的了。

在本例中，当系统管理人员发现相应的配药设置错误后，应依照 GCP 规范，及时向伦理委员会报告"增加患者风险或者显著影响临床试验实施"的改变，和伦理委员会共同讨论试验后续决策处理。同时，对于药物错配立进行及时的告知，保证患者的基本的知情权，如果不擅自进行不合规的"修正"操作，试验结果的损失或许还可能通过增加样本量、统计学调整等方法进行弥补，当出现人为故意的"补救"时，对试验本身的打击反倒不可挽回了。

6．出现质量问题，申办方/研究者会面临哪些"命运的审判"？

GCP规范中提及，申办者是临床试验数据质量和可靠性的最终责任人。因此，一旦出现影响产品上市的临床试验质量问题。申办方是首先接受"审判"的研究角色。

2017年4月，最高检和最高法发布的《最高人民法院、最高人民检察院关于办理药品、医疗器械注册申请材料造假刑事案件适用法律若干问题的解释》标志着临床试验数据造假等行为入罪；5月，国家食品药品监督的管理总局（NMPA）正式公布《总局关于药物临床试验数据核查有关问题处理意见的公告（2017年第63号）》，定义了七种数据造假的行为；2020年12月，新的《中华人民共和国刑法》新增"妨害药品管理罪"。结合《药品管理法》《药品注册管理办法》等法律法规，近年来我国对于临床试验质量问题的惩处越来越规范和严格。对于出现严重质量问题的临床试验，申办方可能收到责令限期整改，罚款，不予批准，不再受理药品注册申请，不得开展临床试验，加入黑名单，吊销许可证，禁止从事药品生产经营等相应的惩处。可以肯定的是，不管最终是何种的处罚决定，大家最想追求的上市速度肯定是想都不要想了，申办方轻则花费高昂的时间成本，重则赔上全部身家，背负罪名与罪责在行业内彻底消失。

作为对临床试验负有管理责任的试验现场负责人，研究者也对临床试验数据真实性、完整性、规范性承担直接法律责任。如果出现国家药监局《总局关于药物临床试验数据核查有关问题处理意见的公告》（2017年63号）认定的七种临床试验数据造假行为，同样需要承担相应的法律惩处。同时，对于出现严重质量问题的临床试验，也会面临从限期整改、不得开展临床试验到吊销执业执照等严重程度不等的惩罚。

其实不仅仅是出现严重问题，实际操作中，一旦研究者出现质量管理方面的问题，还会受到一些隐性的"惩罚"。试想，如果临床研究者依从性不好，不能按时完成不良事件处理、严重不良事件上报的临床试验医疗及管理工作，或是不能保证及时对质量控制发现的问题进行及时的沟通，申办方后续还会找这会研究者进行合作吗？所谓"研究者"，也是希望从临床试验中提炼"研究"价值，增加学术影响力，没有研究，学术上的产出又从何而来呢？

同样，即便是潜在多来源的质量问题，也可能会给研究者带来某种程度上的损失。比如，某Ⅲ期随机对照临床试验，试验前估计的脱落率是10%，而实际操作中，对照组的脱落率高达22%。我们当然知道导致脱落的因素可能是多方面的，不仅仅研究者的原因，但在具体问题中，一个非常容易提问的点是：在此情况，研究者是否对对照试验的本质进行了充分的解释与告知？是否不适当地暗示了试验组可能有更好的疗效？如果一个随机对照试验有如此高且不平衡的脱落率，试验相关的文章就很难在高分杂志上发表了，对于辛辛苦苦做试验的研究者来说，也是一种遗憾。所以及时的质量控制、有效的质量管理，适时纠正及规避偏倚，对于试验本身、对于申办方和研究者，均十分重要。

一句话概括

质量控制是保证临床试验"底线"的重要活动，损害患者安全和权益、试验数据可靠与可信性的系统性问题、真实性问题、和不符合基本要求的合规性问题可能影响药物上市。申办方和研究者均对临床试验质量负有管理责任。

名词解释

- **质量控制**：指在临床试验质量保证系统中，为确证临床试验所有相关活动是否符合质量要求而实施的技术和活动。
- **临床研究协调员**：是指经过专业学习和培训、掌握了临床试验必备技能并获得研究机构和主要研究者授权后，在临床试验中协助研究者进行非医学判断处置的事务性工作人员。
- **监查**：指监督临床试验的进展，并保证临床试验按照试验方案、标准操作规程和相关法律法规要求实施、记录和报告的行动。
- **稽查**：对临床试验相关活动和文件进行系统的、独立的检查，以评估确定临床试验相关活动的实施、试验数据的记录、分析和报告是否符合试验方案、标准操作规程和相关法律法规的要求。
- **检查**：指药品监督管理部门对临床试验的有关文件、设施、记录和其他方面进行审核检查的行为，检查可以在试验现场、申办者或者合同研究组织所在地，以及药品监督管理部门认为必要的其他场所进行。
- **源文件**：指临床试验中产生的原始记录、文件和数据，如医院病历、医学图像、实验室记录、备忘录、患者日记或者评估表、发药记录、仪器自动记录的数据、缩微胶片、照相底片、磁介质、X光片、患者文件，药房、实验室和医技部门保存的临床试验相关的文件和记录，包括核证副本等。源文件包括了源数据，可以以纸质或者电子等形式的载体存在。
- **源数据**：指临床试验中的原始记录或者核证副本上记载的所有信息，包括临床发现、观测结果以及用于重建和评价临床试验所需要的其他相关活动记录。
- **病例报告表**：指按照试验方案要求设计，向申办者报告的记录患者相关信息的纸质或者电子文件。

参考文献

[1] 国家药监局，国家卫生健康委. 药物临床试验质量管理规范. 中国政府网，2020.

[2] Sellers JW, Mihaescu CM, Ayalew K, et al. Descriptive analysis of good clinical practice inspection findings from U.S. Food and Drug Administration and European Medicines Agency. Ther Innov Regul Sci, 2022, 56(5): 753-764.

[3] 国家药监局，国家卫生健康委. 药物临床试验机构管理规定. 中国政府网，2019

[4] 国家药监局. 总局关于药物临床试验数据核查有关问题处理意见的公告. 国家药品监督管理局，2017.

延伸问题

1. 临床试验的质量控制活动是否可以借助人工智能的手段进行？
2. 关于临床试验真实性问题，怎样区分"瞒报""故意"和"漏报""疏忽"呢？

（俞悦　房虹）

4 临床研究分析

4.1 数据整理

4.2 统计分析数据集

4.3 期中分析与最终分析

4.4 生存分析

4.5 风险比

4.6 亚组分析

4.7 联合用药与析因分析

4.8 偏倚评估

4.1 数据整理

引导问题

数据可以随心所欲进行修饰和清洗么？

章节导图

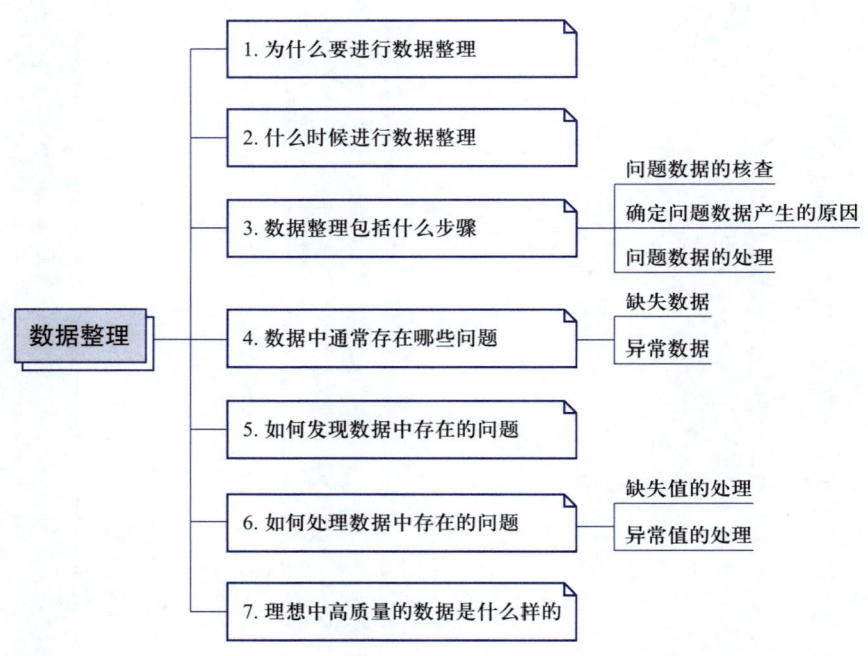

典型故事

利伐沙班是一种新型 Xa 因子抑制剂，可降低急忙冠状动脉综合征患者心血管事件的风险。为了拓宽利伐沙班在急性冠状动脉综合征的适应证，杨森公司完成了 ATLAS ACS 2-TIMI 51 试验。

ATLAS ACS 2-TIMI 51 是一项随机双盲安慰剂对照研究，旨在评估利伐沙班在 15 526 名患者中的有效性和安全性，证明利伐沙班在减少心血管死亡、心肌梗死和卒中的复合终点方面优于安慰剂。研究分为标准治疗联合 2.5 mg 或 5 mg 利伐沙班组和标准治疗联合安慰剂组，标准治疗为单独接受阿司匹林治疗或双重抗血小板治疗。与安慰剂相比，2.5 mg 利伐沙班分别将心血管死亡、心肌梗死或卒中的复合终点和仅心血管死亡终点发生率降低了 16%（$P=0.02$）和 34%（$P=0.002$）；5 mg 剂量组的复合终点发生率也减少了 15%（$P=0.03$）。

然而 2012 年 5 月 23 日，FDA 心血管和肾功能药物咨询委员会就是否批准利伐沙班用于治疗急性冠状动脉综合征遵行投票表决时，11 名专家小组成员经过 8 小时的激烈讨论，最终以 6 票反对、4 票支持、1 票弃权的结果否决了利伐沙班治疗急性冠状动脉综合征的适应证。在 1 294 例撤回同意的患者中，有 1 117 例未确定生命状态，考虑该研究的数据缺失率很高，委员会担心过高的缺失率会影响临床试验的真实结果。可以说，杨森公司的这项临床试验拿到了满意的数据结果，却折戟沉沙在数据质量上。

主要内容

1. 为什么要进行数据整理

数据是临床试验的核心目的，而一切的数据分析都依赖于高质量的原始数据，因此保证数据的高质量是临床试验的基础。

在临床试验中存在的各种不同数据（表 1），数据的纷繁复杂程度可能超乎研究者的想象。就拿看起来最客观简洁的实验室检查数据为例，不同医院的实验室检查仪器可能有不同的参考值，而同一医院急诊、门诊、病房的检查仪器可能也有不同，导致不同实验室检查数据之间很难直接比较。而对于更主观的数据的记录，仅是发热就可能有发烧、发热、高体温、体温升高、异常发热等不同记录,而同一种退烧药物可能同时被记录为乐松、洛索洛芬、洛索洛芬钠等不同名字。临床试验中数据的复杂性由此可见。

表 1 临床研究中常见的数据

数据种类	数据内容	举例
基本信息	人口学资料 访视信息	出生日期、年龄、性别、种族、民族 访视日期
临床特征	既往病史 个人嗜好	既往病史、伴随疾病、过敏史 吸烟史、饮酒史
治疗用药	用药记录 合并用药 诊疗操作	药物名称、单次剂量、频率、开始日期、结束日期 药物名称、单次剂量、频率、开始日期、结束日期 手术史、非药物治疗、放疗史
研究事件	研究过程 临床事件 不良事件	知情情况、随机情况、破盲情况 疗效、心血管事件、癫痫发作 事件名称、发生时间、结束时间、转归、药物关系
检验检查	生命体征 实验室检查 心电图 量表	身高、体重、BMI、呼吸、心率、脉搏、体温、血压 血常规、血生化、尿常规、凝血、甲状腺功能 心率、PR、QRS、诊断 mRS、NIHSS、生活质量评分

如果我们可以获取准确而完美的数据,自然不需要大费周折去进行数据整理,直接用现成的数据进行分析就可以了。但临床试验的数据质量远远称不上完美。由于临床试验是在真实世界中完成的,执行者在完成临床试验的过程中可能会出现各种各样的意外事件,设计者在设计临床试验时设计方案可能不够完善。同时由于临床试验依赖大量人员的参与,而只要是人就会犯错误。因此不难想象,临床试验里,大量数据中存在或多或少的纰漏才是临床试验数据的常态。

数据是临床试验结论的来源,再优秀的厨师如果没有合格的食材也无法做出一道令人满意的菜品。同理,如果不对原始数据中存在的各种"脏数据"进行清洗整理,建立的模型会失真失效,难以获取到有价值的信息。数据整理,也被称为数据清洗,就是在对数据背后的信息进行解读之前,对数据本身进行查漏补缺,提高数据质量的过程。

2. 什么时候进行数据整理

数据整理从第一个数据出现之时起就应该开始进行，直到所有数据的质量得到确认，完成数据库锁定的操作（图1）。

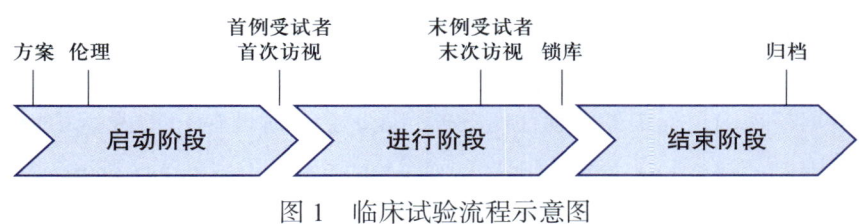

图1 临床试验流程示意图

或许有人要问了，为什么不能等数据收集完成后再进行统一的数据整理呢？这是临床试验的自身特点决定的。正如前文所说，随着数据的产生，数据错误也随之而来。而临床试验中的许多数据的采集都是具有很强时效性的，需要及时地进行采集。有些数据问题如果没有及时发现，错过了数据采集时间窗，很难再通过后续操作进行弥补。比如研究某些浓度敏感型抗生素的药代动力学曲线时，如果没有及时在峰值附近采集到血药浓度，此次采集的意义将大打折扣，只能进行新的试验。

虽然数据整理贯穿了临床试验数据产生的全程，但通常而言，数据整理工作量最大的时候还是锁库前。在此期间临床试验累计采集的数据量达到了最大值，但是临床试验对各环节时间控制的要求又决定了这段时间必须要尽可能地短，需要在此期间进行高频的数据清洗工作。

3. 数据整理包括哪些步骤

数据整理包括问题数据的核查、确定问题数据产生的原因、问题数据的处理三个核心内容。

在一个典型的临床试验团队中，数据整理的不同内容需要由项目团队中不同人员来执行，主要有以下几方面人员的参与：临床监查员（clinical research associate, CRA）、医学经理（medical manager, MM）、数据经理（data manager, DM）、研究者等。

CRA执行源文件核查，也称原始数据一致性确认，即确认记录在病例确认报告的数据和源数据的一致性。

数据经理主要执行系统核查和非医学的手工核查，根据试验设计阶段规定的数据特征进行较大规模筛查。

针对已经完成源文件核查和数据清理的数据，由医学经理负责进行医学方面的判断。医学经理主要负责完成患者特征核查，通常是在事先规定的时间节点去核查患者数据之间的一致性和医学上的相关性以及患者的数据是否按照试验要求被合理地采集，并进行医学方面的判断（图2）。

在数据核查的过程中如发现任何数据问题，会及时地在EDC系统中或通过数据澄清表向研究者发起人工质疑，在发现疑似问题后会第一时间向CRC发出数据质疑，与研究团队一同进行分析疑似问题产生的原因，以期解决该数据可能存在的问题。而不断进行的数据整理保证了临床试验数据的不完美性尽可能地得到了补救。

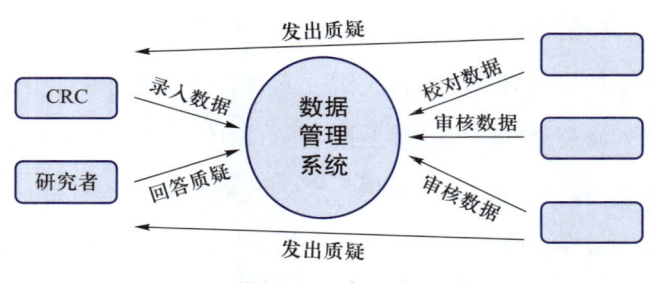

图2 数据整理参与者示意图

（1）问题数据的核查

数据问题核查可通过人工检查和电脑程序检查两种方式实现，建议通过电脑程序在CRF或人工录入的数据库中进行核查，能够提高效率、避免新错误的产生。在正式开始数据清理前，负责数据清理的研究人员应根据研究方案、CRF以及数据清理计划编写和测试逻辑核查程序。对于数值变量，应在程序中定义异常值的范围。同时还应该产生数据质疑表，应包括"问题数据"所对应的变量、原值、错误类型、对应的受试者ID、研究单位信息以及日期等，方便记录数据质疑的整个过程。

（2）确定问题数据产生的原因

该过程对不断改进数据清理过程具有重要作用，应由主要研究者、负责数据清理的研究人员、数据分析人员及其他主要研究人员共同参与。基于数据核查报告和质疑表，研究人员可以结合临床研究方案、CRF 以及临床实践，深入剖析每个或每类问题数据的原因以及产生问题的环节，进而确定处理问题数据的策略。此外，不仅要从某个变量角度出发，还要从研究单位的角度出发，分析问题数据是否存在研究单位聚集性，有利于发现研究实施过程中存在的问题，消除系统误差。最后，该过程还可以帮助研究人员对已建立的逻辑核查程序进行优化，包括数值变量合理取值范围是否需要调整，是否需要增加新的逻辑核查条件等。

（3）问题数据的处理

每次数据核查完成后，研究人员应将产生的质疑表以电子或纸质文档的形式发送给各研究单位。各研究单位工作人员对每个疑问进行认真核对，并逐一答复。负责数据清理的人员检查返回的质疑表后，根据质疑表对数据进行处理。处理方式包括更正、删除或保留原值。

4. 数据中通常存在哪些问题

（1）**缺失数据**

缺失数据是临床试验中常见但又不可避免的一个问题。缺失原因可能是受试者在试验中失访、依从性差、出现不良事件、缺乏疗效等原因提前退出试验未能筹集到，也可能是数据录入等失误或遗漏，如疫苗临床试验中因采取的血液样本过少而未能检测到有效的抗体滴度值可导致疗效指标缺失等。

缺失数据由缺失数据的量由少到多可以分为数据点缺失、表单缺失、访视缺失、受试者缺失（表2）。

表2 常见缺失数据类型

数据点缺失	基本信息：身高、体重
	里程碑事件：知情、筛选、随机、完成试验
	指示性变量：有无不良事件、有无合并用药
表单缺失	未录入某张表单
访视缺失	已完成试验的受试者缺失计划内访视
	未完成试验的受试者缺失安全性访视
受试者缺失	筛选号、随机号不连续

（2）异常数据

异常数据，也称离群值，指的是某个超出了正常值范围的数值。需要指出的是，该正常值范围是专业判断认为该数据应该处于的范围，存在一定主观性。为了尽可能减小主观性，对于某些相较而言有客观指标的数值，比如说实验室检查值，通过在人群中进行统计分析可以得到一个统计学分布，可以将 99% 范围视作该项实验室检查的正常值范围。一个离群值产生的原因可能有以下几种：

- 人体的复杂的生理因素导致该数据呈现多样性分布，该个体不巧处于分布的罕见区域。这属于正常的生理变异，不需要进行处理。
- 该个体体内的某些病理因素导致该数据偏离了我们认为的正常值范围，此时该离群值是有临床意义的，需要被识别且解读出对应的临床意义。
- 在临床试验中出现了一项或多项错误操作，导致该数值并不能反映该个体真实的身体状态，此时数据整理应该识别该错误，并进行修正或记录。

5．如何发现数据中存在的问题

简单地说，数据审核方法可以分为程序审核和人工审核。

顾名思义，程序审核就是通过编程来审数据。程序审核可以快速完成大量数据的审核，是一种非常高效的数据审核方式。

程序审核可以分为两类，第一类是在 EDC 电子病历系统里进行编程，把审核代码嵌入数据录入系统里，这样在录入错误数据的同时系统就会自动弹出质疑，可以实现实时审核。但是这种系统内预先设定逻辑判断程序进行审核的方式非常机械，只能完成逻辑非常简单的审核，比如某个录入项缺失、明显不合常理的时间（检测报告时间早于标本采集时间）、明显不合常理的数值（年龄超过 200 岁）等，也无法跨系统进行分析。

另一种方法是将数据导出后编程进行审核。这种方法的优势是可以实现多系统数据的整合，也可以分析数据与数据之间的关系（比如一个成年患者两次随访的身高差不会相差超过 40 cm）。但是导出数据进行编程审核的方式缺乏了实时性，也需要人工发送质疑，无法自动管理。

程序审核只能完成一些逻辑简单的问题数据识别工作，而对于复杂逻辑的数据问题程序审核无法实现，最后还是需要人工进行审核。显而易见，人工审核的工作量大，工作耗时长，实时性较差，而且容易出错和遗漏，但临床试验数据管理的现状就是无法达到 100% 的发现率，遗漏无法避免。

6．如何处理数据中存在的问题

（1）缺失值的处理

①什么样的缺失值需要处理？

可以说，数据缺失是临床试验中无法避免的现象。对于少数缺失的数据，我们是否可以简单粗暴地直接置之不理呢？

回到本章开始的例子，在 ATLAS ACS 2-TIMI 51 试验中，2 402 名患者（15.5%）过早停止研究，1 294 名患者（8.3%）撤回同意，有 1 117 名撤回同意的受试者在试验结束时的生命状态未确定。FDA 委员会认为，这项受试者撤回同意的比例，相比同领域的研究明显更高，会影响研究结果的可靠性。

既然在临床试验中，数据缺失是不可避免的现状，什么样的缺失水平是我们应该警惕的？

监管机构并没有给数据缺失水平规定一个绝对的指标，我们的关注点还是看缺失数据对试验结果的影响程度。在实际操作中，可以暂时借用一个经验法则来帮助我们进行初步的判断：

- 如果失访率超过结局发生率，结果可能值得怀疑。
- 如果缺失的数据分布因治疗组不同而存在差异，那么结果可能存在偏倚，特别是如果明确数据缺失与治疗效果或耐受性有关的情况。
- 如果数据中某一变量缺失率很低 (不超过 5%)，一般可将该变量缺失的数据（整行）剔除，用剩余的完整数据进行分析。
- 如果数据中某一变量缺失率过高（超过 40%），一般可将这一变量（整列）剔除，用剩余变量进行分析，讨论其缺失造成的局限性，并进行敏感性分析。
- 如果缺失变量在 5%~40% 之间，视具体情况可考虑数据填补，参考下文。
- 如果敏感性分析结论与主要结论有差异，说明主要结论不够稳健，需进一步分析造成差异的因素。"

在 ATLAS ACS 2-TIMI 51 试验中，生命状态未知的患者数量（$n=1\ 117$）超过了主要终点事件的总数（$n=1\ 002$）。尽管数据缺失率 < 20%，但两组人群的缺失率存在差异（安慰剂组 11%，利伐沙班组 12.4%，相差 1.4%），这无疑给缺失带来偏倚的疑虑敲响了警钟。更严重的是，两组缺失数据的差异和两组主要结局的差异达

到同样的水平（安慰剂组 7.3%，利伐沙班组 6.1%，相差 1.2%），进一步增强了真实结果被缺失数据掩盖的可能性。

②数据缺失的处理

面对发现数据缺失的情况，我们是否束手无策了呢？

对于发现缺失的数据，首先应该想办法是否能补足。比如由于研究者或者 CRC 主观上的疏忽而漏填的缺失数据，应该在数据审核过程中及时发现并尽快补上，尽量减少缺失数据的比例。尤其是主要疗效终点数据，应该在程序审核之外进行人工审核，保证关键数据的完整性。

即使是面对受试者脱落的情况，也应该想办法补足数据，至少应努力补足关键数据。比如以总生存期为主要疗效终点的肿瘤临床试验中，即使受试者在试验过程中因不良事件等原因脱落，也应当在整个试验完成时尽可能地追踪到受试者的存活情况，若是脱落受试者发生死亡，也可以通过死亡登记系统等其余方法对患者死亡的时间、原因等进行详细记录，减少主要疗效终点的缺失。

对于由于某些原因确实无法补充的缺失数据则应该备注好造成数据缺失的原因，有助于后续对缺失数据的处理。

根据缺失数据产生的机制和原因，把数据缺失分为完全随机缺失、随机缺失和完全非随机缺失。

- 完全随机缺失（missing completely at random，MCAR）指数据的缺失与临床试验本身无关，因为临床研究之外的原因造成了数据缺失。比如因为受试者迁居或者家人突然去世所造成的失访脱落。完全随机缺失发生的比例与临床试验无关，因此理论上也不会给临床试验的结果带来偏移。只是由于有效样本的减少，缺失的数据会造成临床试验的统计学检验效能的降低。

- 随机缺失（missing at random，MAR）是指数据缺失是由于临床试验中如性别、年龄、治疗方案的选择等明确已知的原因造成的。例如，受试者在试验中因不良事件或治疗方案缺乏疗效而脱落从而造成的缺失就属于这一类型的缺失数据。这一类型的缺失不仅会带来统计效能的下降，还可能会造成偏移。

- 非随机缺失（missing not at random，MNAR）是指缺失数据的产生不仅与临床试验相关，还难以找到明确的原因。例如，受试者突然死亡、因未知原因造成的身体健康问题而产生的脱落就属于这一类型的数据缺失。

针对不同的数据缺失机制，有不同的数据处理方式：

对于完全随机缺失，由于理论上该种缺失不会给试验结果带来偏倚，因此若是缺失数据较少，可以采用直接删除包含缺失数据的受试者的方法。若是缺失数据较多，分布较分散，因为个别数据的缺失导致整个受试者的数据被舍弃的损失太大，可以采用适用于随机缺失的数据填补方法。

对于随机缺失的数据，有多种数据填补方式，包括末次观测值结转法（last observation carried forward，LOCF）、基线观测值结转法（baseline observation carried forward，BOCF）、最差观测值结转法（worst observation carried forward，WOCF）等，各有不同的侧重。LOCF是将缺失数据前面最近一次的观测值拿来进行替代填补，是最常见的缺失数据处理方法。BOCF是用疗效指标的基线值来对缺失数据进行填补，常用于因不良反应而脱落的受试者，由于他们经历了不良反应，可能并未真正从试验中获益，因此，为了体现这些患者的风险获益情况，可采用BOCF方法对缺失数据进行填补。WOCF方法是用已观察到的历次访视中最差的一次观测值对缺失数据进行填补，常用于因缺乏疗效而脱落的受试者进行缺失数据填补，而且为了确保受试者确实是由于药物的疗效不佳而脱落，一般要求受试者达到了一定疗程（如整个试验疗程的一半）后脱落，并最好结合受试者的其他客观指标，以避免药物疗效未显现即脱落或者个人其他原因。可以看出BOCF法与WOCF法进行缺失数据填补的方案比较保守，因此也将这样的试验设计方法称为缺乏疗效设计。除了使用LOCF等单一数据插补外，还可以使用更为复杂的多重差补法进行数据填充。

对于非随机缺失，LOCF法、WOCF法、BOCF法都会造成Ⅰ类错误的膨胀，目前还没有比较好的数据填补方案。

③缺失数据的预防

另外需要指出的是，对于数据缺失最好的应对方式是预防数据缺失的发生。

即使我们有统计学模型可以对缺失数据进行处理拟合，由于缺失的数据会直接减少有效样本量，统计学可信度会因此降低。同时由于统计学工具的拟合处理终究无法达到最真实的数据，尤其是对于完全非随机缺失的情况下更是没有有效的统计学模型进行拟合。因此预防数据的缺失依然是面对缺失数据最有效的方法。

缺失数据的预防需要从数据源入手。一方面，可以采取措施提高研究者端的数据完整性，比如：

- 重视对研究者的培训，如充分告知不可知、阴性结果等数据应有专门符号，与数据漏填相区别；
- 电子数据采集系统的数据录入应符合研究者习惯，如实验室检查各项指标的录入顺序应尽可能和该中心实验室检查报告各指标显示顺序一致；
- 电子数据采集系统可以嵌入实时数据审核程序，避免数据遗漏。

另一方面，在方案的制定中也应该尽可能提高受试者依从性，比如可以：

- 重视对受试者的培训，按时参与每一次随访；
- 选取可及性更好的检查测量方案作为疗效评价的指标；
- 尽量避免选取随访时间过长的终点指标；
- 尽量减少随访频率，或者改为线上随访形式；
- 在试验完成后可进行补偿治疗，减少脱落率；
- 筛选时避免依从性差的受试者，如基础情况很差、交通很不方便等。

缺失数据不仅会降低试验结果的统计学置信度，也会给试验结果的评价带来偏倚。因此，一方面在数据统计分析时，采用适当的统计分析方法提高试验的检验效能，减少因缺失数据所带来的研究偏倚，以客观评价药物的疗效；另一方面，在临床试验的执行和数据管理过程中，应注意缺失数据的核查，提高数据质量，尽量减少不必要的数据缺失。

（2）异常值的处理

每次数据核查时，研究人员应将发现的异常值以质疑表的形式发送给各研究单位，负责数据清理的人员则根据质疑表对异常值进行处理，处理方式包括更正、删除或保留原值。对于异常值的不同处理同样应该根据异常值的来源进行分类处理。

首先应判断这个异常值的来源属于"真"异常还是"假"异常。若是判断由于临床试验中的错误操作导致该数值并不能反映该个体真实的身体状态，属于错误数据，应该及时记录并修正结果。若无法找到异常值所对应的正确数值，则删除该异常值；若研究单位对可能存在问题的数值变量进行再次测量，且两次结果相近，可用两次测量结果的均值替换原有数值。若是该异常值属于真实数据，可以反映受试者真实身体状态，则应该真实地记录该数据，并进行分析。

而对于真实的异常值，是否记录分析、是否存在临床意义、是否认定不良事件都有不同的标准。对于所有判定真实的异常值，无论是否有临床意义，统计部门都应对异常数据进行统计，列出引起某项化验值异常的病例数。而对于在试验前作出临床诊断的异常数据、在试验过程中出现不能合理解释的异常升高且复查持续升高的数据、健康受试者出组后的异常数据均可以判定有临床意义。而如果某项检查指标异常会影响安全性评价且需特殊处理一定有临床意义，则需要判定为不良事件。

7. 理想中高质量的数据是什么样的

如何评价数据质量向来是一件难事，对于什么样的数据算好数据，简单来说可以从 ALCOA 标准（可溯源性 Attributable、清晰易读性 Legible、及时同步性 Contemporancous、原始性 Original、准确性 Accurate）的 5 个原则进行评价，满足 ALCOA 五个标准的数据可以被称作好数据，而数据整理自然也是按照这样的标准进行整理。但是数据问题的广泛存在的，数据整理的时间和资源客观上是有限的。在不同的临床试验中有不同的执行情况，不同的执行情况会出现不同的数据问题，根据对临床试验执行的具体理解和认知有所侧重地整理数据才能达到尽可能优质的数据质量。

关于数据质量的探讨详见本书 3.5。

一句话概括

临床试验中的数据质量问题主要包括数据缺失和异常值，严重的数据缺失可能导致整个临床试验的失败，应该在数据采集前、采集中、采集后都采取相应措施进行问题发现和质量控制。

名词解释

- MCAR（missing completely at random）：完全随机缺失，指由临床研究之外的原因造成的数据缺失。
- MAR（missing at random）：随机缺失，指由于临床试验中如性别、年龄、治疗方案的选择等明确已知的原因造成的数据缺失。
- MNAR（missing not at random）：非随机缺失，指由不明确的原因造成的数据缺失。
- LOCF（last observation carried forward）：末次观测值结转法，指使用缺失数

据前最近一次的观测值用作缺失值的替代填补方法。

- BOCF（baseline observation carried forward）：基线观测值结转法，指使用基线观测值用作缺失值的替代填补方法。
- WOCF（worst observation carried forward）：最差观测值结转法，指使用历次访视中最差的一次观测值用作缺失值的替代填补方法。
- DBL（database lock）：锁库，指的是在临床试验中，经申办者、项目经理、生物统计师、医学经理等试验各方确认数据到达数据质量的要求后，数据管理人员依据数据管理计划关闭临床试验数据库，使之无法更改的操作。

参考文献

[1] Wallentin L, Becker RC, Budaj A, et al. Rivaroxaban in patients with a recent acute coronary syndrome. N Engl J Med, 2012, 366: 9-19.

[2] Van BJ, Cunningham SA, Eeckels R, et al. Data cleaning:detecting, diagnosing, and editing data abnormalities. PLoS Med, 2005, 2(10): e267.

[3] Enders CK. Multiple imputation as a flexible tool for missing data handling in clinical research. Behav Res Ther, 2016, 98: 4-18.

[4] Li T, Hutfless S, Scharfstein DO, et al. Standards should be applied in the prevention and handling of missing data for patient-centered outcomes research: a systematic review and expert consensus. J Clin Epidemiol, 2014, 67(1): 15-32.

[5] Akl EA, Briel M, You JJ, et al. Potential impact on estimated treatment effects of information lost to follow-up in randomised controlled trials (LOST-IT): systematic review. BMJ, 2012, 344: e28094-18.

[6] 张强，单爱莲. 临床试验中异常值有无临床意义的若干思考. 中国临床药理学杂志，2017，33（17）：4.

[7] 路甲鹏. 临床研究数据清理经验和实例. 中国循环杂志，2018，33（8）：810-811.

推荐阅读

1. National Research Council. The Prevention and Treatment of Missing Data in Clinical Trials. National Academies Press, 2010.
2. European Medicines Evaluation Agency. Guideline on Missing Data in Confirmatory Clinical Trials. Committee for Medical Products for Human Use, 2009.

延伸问题

1. 因受试者脱落产生的数据缺失有更好的处理方法么?
2. 有无简易可行的办法评估数据整理的质量?
3. 数据清洗过程对临床试验的结论有多大影响呢?

（余伟杰　何翰卿）

4.2 统计分析数据集

引导问题

本来应该接受试验组治疗的患者，因为某些原因接受了对照组治疗，这个患者怎么算？还可以纳入分析吗？应该算在哪组分析？

章节导图

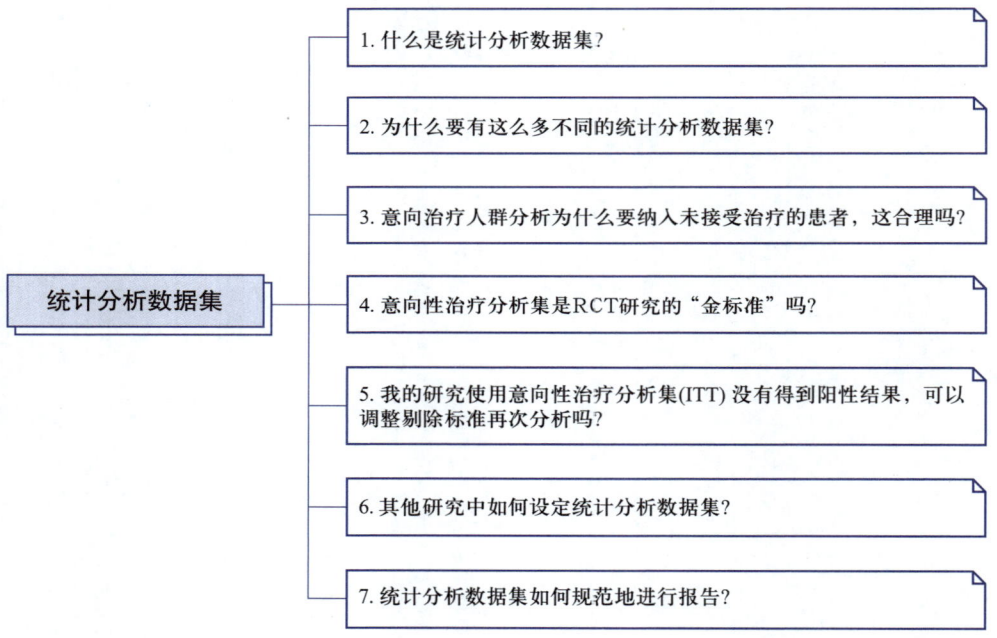

典型故事

20世纪70年代，抗血小板药物在急性心梗后的应用是人们研究的热点之一，亟需研究数据的支持。Anturane Reinfarction Trial 正是这样一项研究。该研究针对心肌梗死患者设计，旨在探讨使用苯磺唑酮（anturane,

一种降尿酸药物，同时具有抗血小板的效果）是否可以降低这部分患者发生猝死的风险。

在试验中，患者被随机分配到使用苯磺唑酮或安慰剂组。结果显示，苯磺唑酮可显著降低心肌梗死后早期的猝死率（减少74%，$P=0.003$），并且可以近乎显著地降低心脏相关死亡（$P=0.07$）。同期进行试验的药物还有目前已被纳入指南的阿司匹林，但在当时因试验设计不当而没有得到阳性结果。因此，苯磺唑酮的这一结果引起了广泛的关注和讨论，被认为是一个重要的突破。其结果也成功发表于《新英格兰医学杂志》。

然而好景不长，不久后对于这项研究的质疑逐渐增加。其中的原因之一就是研究中对于最终统计分析数据集的设定。研究中，研究人员以"不合适"或"不可分析"的理由排除了部分患者进入最终的统计分析，即使其中几例患者全程参与了研究并在接受治疗过程中死亡。对于排除患者的具体情况进行分析，则发现排除的结果几乎都是有利于苯磺唑酮的。如果纳入所有进入研究的患者进行分析，那么研究结果的显著性将大大降低（表1）。

表1 Anturane Reinfarction Trial 分析人群与数据概览

分析人群	苯磺唑酮	安慰剂	P 值
研究分析人群	64/775（8.3%）	85/783（10.9%）	0.07
全部随机人群	74/813（9.1%）	89/816（10.9%）	0.20
未纳入分析人群	10/38（26.3%）	4/33（12.1%）	0.13

最终，FDA 拒绝了批准苯磺唑酮用于治疗心肌梗死患者，并在《新英格兰医学杂志》发表评述文章批评试验中对于统计分析数据集的设定。在此之后，如何正确地选择统计分析数据集、如何避免为了让结果达到阳性而有意筛选分析数据开始得到大家的关注，而纳入全部随机人群进行分析也逐渐成为一种标准。

主要内容

1. 什么是统计分析数据集？有哪些常用的统计分析数据集？

在我们开始分析临床试验数据的时候，最先遇到的问题就是：要分析哪些患者？他们应该被算在哪个组里？在理想的情况下，患者的分组和实际接受的治疗完全一致，患者是完全服从我们安排的，研究过程是不会出错的。那么这个时候情况就很简单，所有患者都毫无疑问应该按照所接受的治疗分组纳入最终的分析。

但是真实情况下总会有各种各样的意外情况发生。比如，在非盲的研究中，患者随机到了对照组，于是就不愿意参加了；对照组的患者通过某些渠道获取到试验组药物，自己吃上了；应该在 1 周内完善的化验检查过了半个月才做；方案要求用药 4 次，用到第 3 次的时候患者不想用了，等等。遵循方案进行研究看起来是件非常简单的事情，但实际操作起来才会发现处处都可能出差错。

那么在这些情况下，到底应该分析哪些患者，就成了我们需要考虑的问题。而根据我们设定的条件所筛选出用于后续统计分析的患者集合，就称作统计分析数据集。

常用的统计分析数据集包括安全性分析集（safety set，SS）、意向性治疗分析集（intention-to-treat，ITT）、全分析集（full analysis set，FAS）、符合方案集（per-protocol，PP）等等，具体定义如下（图 1）：

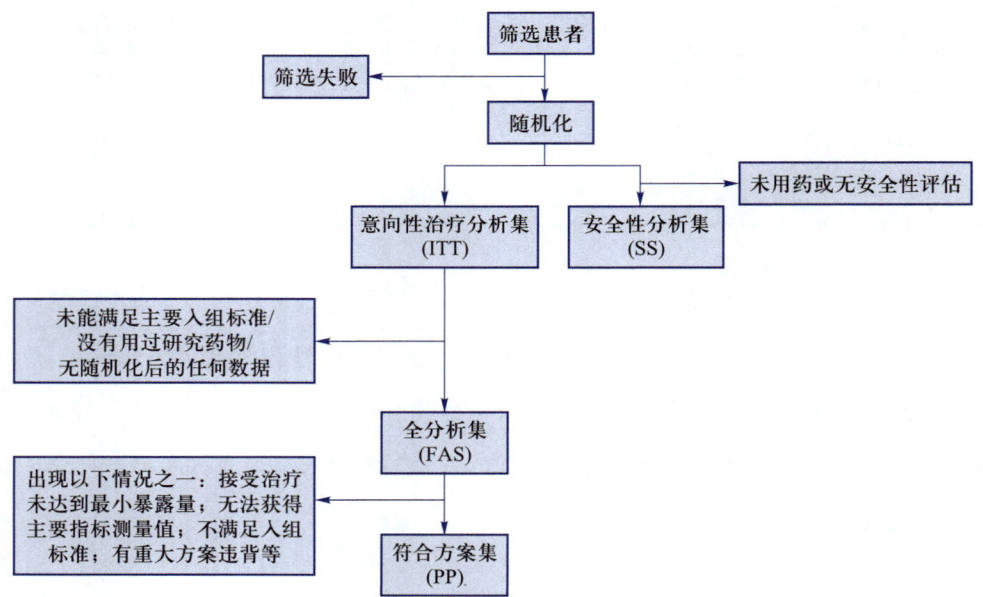

图 1　不同分析集间的关系：以 RCT 研究为例

（1）安全性分析集（SS）：指在试验期间至少接受过一次治疗的患者（包括试验组和对照组），无论他们是否遵循了研究方案，用于对药物或操作的安全性进行分析。对于联合用药的研究，接受一剂研究治疗则应纳入安全性分析。同时，患者应根据实际接受的治疗进行分组。

此处的关键之一是对"治疗"的定义，通常应在研究方案中列出。比如，一项对比 A 药与 B 药疗效的研究，A 药与 B 药均为研究治疗；一项对比 A 术式与 B 术式术后无病生存情况的研究，则两种术式为研究治疗，包括手术过程中的所有分离、暴露等操作，而如果只接受了麻醉没做手术，则不纳入分析。

（2）意向性治疗分析集（ITT）：包括所有经过随机化的患者，无论接受治疗情况如何，将根据随机时的分组进行后续分析。比如，某患者被随机至 A 组，但在后续接受了 B 组的治疗或没有接受治疗，那么在进行 ITT 分析时，这一患者将作为 A 组中的一员。

这一定义主要适用于随机对照临床试验中，在其他前瞻性非随机对照研究中，也可指所有入组的患者。回顾性分析中相应的定义尚不清晰，将在后续进行阐述。

（3）全分析集（FAS）：也称为修订后意向性治疗分析集（modified ITT，mITT），是意向性治疗分析集的子集，是在所有随机化患者中以最小和合理的方法剔除不符合条件后得到的患者集合。最常见的定义是 ITT 集中接受过至少一次治疗的患者。然而，不同的研究中对于这一分析数据集的定义也可能存在差异。其他可能导致患者被排除的常见原因包括：①不满足入选标准；②没有用过一次试验药物；③在进行随机化后没有任何数据。

但是需要注意的是，这些排除不是常规的操作，需要慎重，应该尽量在研究中避免。如果由于特殊情况确实需要排除，应该在开始试验前制定好详细的排除标准，并最好可以由独立的、盲态的裁决委员会来进行判断。

（4）符合方案集（PP）：是全分析集（FAS）的子集，只包括按研究计划接受治疗的患者，通常符合以下标准：①至少接受了治疗方案中所设定的最小暴露量；②可以获得主要指标的测量值；③无任何重大方案违背，包括入组标准违背。

具体的定义应在方案中和统计分析计划给出，在方案中应尽可能地提供详细信息，最终的定义必须要在得到任何结果或揭盲前确定，并写在统计分析计划中提交。

2．为什么要有这么多不同的统计分析数据集？哪个数据集是我们应该关注的？

如本章开篇所说，我们在研究中的理想情况是：所有随机入组的患者都满足全部的入组标准，100%完成研究用药方案，无失访，并且具有完整的数据记录。在这种情况下，我们将所有的患者都纳入分析是显而易见的。但是在实际中很难达到这样的理想状态，所以我们需要做的就是尽可能地接近它。出于这样的目的，不同的分析数据人群被提出，以满足不同的研究目标。

一般我们进行一个临床试验的目标主要是判断药物安不安全，有没有效。那么针对这两种不同的目标，我们首先可以划分出两种不同的分析数据集——安全性分析数据集和疗效分析数据集。安全性分析数据集（SS）相对来说是好理解的：吃了药，哪怕只吃了一片，我们也要去记录他们有没有出现不好的反应。

而对于疗效分析数据集来说则比较复杂。通常我们的直觉会认为纳入疗效分析的人群应该是那些正确接受了治疗，且接受治疗达到了一定量的患者——只吃了一片药没有效果不是很正常？与这样的想法相符的即为符合方案集（PP）。但实际上还要考虑的是：两组之间是否具有可比性。我们之所以认为随机对照研究是好的，是因为对患者随机分组的过程可以平衡很多难以控制的混杂因素，屏蔽研究相关人员对结果有意或无意的干扰，进而更好地得到治疗和疗效之间的因果关系。但是一旦我们在随机化后人为删除了部分患者，那么就可能导致两组之间的可比性消失，引入偏倚，无法得到真实可靠的结果。比如，假设试验组中病情更重的患者更倾向于退出，那么就会使试验组和对照组中的病情严重情况不匹配，导致得出错误的结论。

所以，多数情况下，当我们关注药物的疗效时，意向性治疗分析集（ITT）是我们优先关注的分析集，因为它保留了我们对于患者的随机，控制混杂因素，减少偏倚，不会破坏组间的可比性。同时从另一个角度讲，意向性治疗分析集（ITT）更加透明，人为操作的空间小，可以更真实地反应药物在临床中的疗效，结论更容易让人信服。

但也有例外，比如在早期临床试验阶段，我们关注的重点在于药物的生物效能和剂量选择，那么意向性治疗分析集（ITT）可能不是最合适的选择。这种情况下，药物剂量过大、患者无法耐受副作用等原因可能导致患者服药依从性变差，进而影响意向性治疗分析集（ITT）的结果。此时，符合方案集（PP）可能是更合适的分析数据集,因为我们更关心的是可耐受新疗法的患者中的效果。或者,当我们想了解治疗可以带来的最大效果,也就是依从性好、可以完全按照治疗方案接受治疗的患者所能获得的疗效时,关注符合治疗方案(PP)的人群是更为合理的选择。

总而言之,我们应该关注的分析人群并不是一成不变的,而是需要根据研究目的和研究问题的不同,调整所关注的分析人群。

3. 意向性治疗分析集为什么要纳入未接受治疗的患者,这合理吗?

没有接受过治疗却要被纳入疗效分析,还是优先关注的分析集,这听起来似乎是一件匪夷所思的事情。然而实际上,意向性治疗分析集(ITT)是合理的,并且有着不可替代的优势。举一个简单的例子,欧洲冠脉手术研究小组开展的一项随机对照研究中,对比了冠脉搭桥手术和药物治疗在冠心病患者中对生存预后的影响。手术治疗组中,26例患者未能接受手术;药物治疗组中,50例患者在后期因无法耐受的症状接受了手术治疗。由于手术准备需要时间,6例手术治疗组的患者在手术前死亡,此时如果使用符合方案集(PP)进行分析,就会导致手术组的死亡率被错误地低估(表2)。而对于药物治疗来说,如果药物的不良反应严重,或者疗效不如患者预期,那么患者就有更大的可能性退出试验。在这种情况下,如果将这部分患者从分析中剔除,就会导致疗效被错误地高估。

表2 冠心病药物治疗对比手术治疗临床试验结果

	分配干预(实际干预)				
	药物(药物)	药物(手术)	手术(手术)	手术(药物)	手术与药物组死亡率差异(95%CI)
生存人数	296	48	353	20	
死亡人数	27	2	15	6*	
死亡率/%	8.4%	4.0%	4.1%	23.1%	
意向性治疗人群分析	7.8%(29/373)		5.3%(21/394)		2.4%(-1.0%至6.1%)
符合方案集分析	8.4%(27/323)		4.1%(15/368)		4.3%(0.7%至8.2%)

*6例患者在接受手术前死亡。

此外,在实际情况中,治疗的有效性不仅取决于其单纯的生物学效应,同样还受到医生对患者的管理能力或患者遵从医嘱坚持治疗程度的影响。某种疗法的真实疗效应是其生物学效应、患者依从性以及其他可能影响这个过程的因素的综合结果。举例来讲，假如某种疗法需要患者每天打三次针，那么患者的依从性就会显著降低，导致最终疗效变差。在这种情况下，使用符合方案集（PP）进行分析显然是不符合临床应用结果的，因为理想的"生物学效应疗效"在临床上很难达到。

从监管的角度来看，我们对疗效的估计应遵循保守性原则，即疗效评估应优先反映干预措施在真实临床环境中的最差可能效果，避免因试验条件理想化而高估实际获益，从而确保实际临床应用的风险可控。一般在临床试验中，研究会对患者设定较为严格的入排标准，筛选出相对健康的患者，并在密切随访和良好的临床照护下获得"优化版"的疗效数据。而在真实世界中，患者的异质性、依从性差异等往往会导致实际疗效低于试验结果。意向性治疗分析集（ITT）通过纳入所有随机化分配的患者（包括中途退出、未完成治疗或更换方案者），模拟真实临床中可能存在的治疗中断或管理疏漏，使疗效估计偏向于"最差情况"，从而避免因选择性分析（如仅纳入依从性高的患者）而高估干预措施的实际获益。

同样重要的一点是，使用意向性治疗分析集（ITT）可以保留前期的随机化结果，进而排除一些混杂因素的影响，更利于我们得出因果关系，这是其他分析数据集都不具备的。CodeBreak200是一项开放标签、随机、III期临床试验，旨在研究KRAS G12C突变的非小细胞肺癌患者中二线使用索托拉西布（一种靶向药）对比多西他赛（一种化疗药）的疗效。研究中，多西他赛组13%的患者未接受治疗就退出了试验，而索托拉西布组仅有1%的患者退出。经过对比，多西他赛组退出的患者有脑转移比例更高、体能状态更差等预后不佳的因素，如此一来，留在研究中的患者病情严重程度不再可比。此时，如果不使用意向性治疗分析集（ITT）进行分析，这些潜在的差异则可能被忽视，进而导致得出错误的结论。

4．意向性治疗分析集是"金标准"吗？

既然意向性治疗分析集（ITT）有这么多的优势，那么它是否就成为我们在进行疗效分析时的"金标准"了呢？我们是不是只关注这一数据集的分析结果就足够了呢？答案是否定的。因为意向性治疗分析集（ITT）同样存在许多不足之处。

首先，意向性治疗分析集（ITT）会倾向于低估治疗的最佳效果。由于在意向性治疗分析集（ITT）分析过程中包含了所有参与随机化过程的患者，即使没有接受治疗或未完全按预期接受治疗的患者也会被包含进去，自然会导致研究中疗效的降低。

其次，失访的患者不一定是完全随机的，有可能与结局相关，比如疗效差的患者可能更容易失访。所以，如果有大量的患者失访，意向性治疗分析集（ITT）的分析结果就会偏离真实情况。因此，在理解临床试验结果的时候，除了关注分析结果的数值，还需要注意研究中失访患者的比例。而在我们自己进行临床试验时，则要尽可能提高患者依从性，并在患者退出临床试验后尽可能保持随访。

综上，只关注意向性治疗分析集（ITT）的结果是不够的。在对一项研究的结果进行分析和解读时，应该综合不同分析人群的结果。如果它们之间的结果一致，那么可以增加结果的可信度，而如果结果不同，则需要做进一步的分析和探讨。

以 CABANA 研究为例（一项比较房颤患者接受射频消融治疗和药物治疗的效果的随机对照临床试验）：在这项研究中，102 名（9%）随机至射频消融组的患者未接受手术，而 301 名（27%）随机至药物治疗组的患者最终进行了射频消融手术。可以预想到，如此比例的组间交叉将会导致两组间的差异被稀释，最终导致三个不同的分析数据集得到了三种不同的结果。在意向性治疗分析集（ITT）中，两组间疗效没有显著差异（HR 0.86，95%CI 0.65～1.15）；在符合方案集（PP）中，结果显示射频消融有疗效更优的趋势，但统计学不显著（HR 0.74，95%CI 0.54～101）；而在实际治疗集中（as-treated，AT，即按实际接受的治疗进行分组）则发现射频消融的疗效显著优于药物治疗。

那么该如何解读这样的结果呢？如果我们只看意向性治疗分析集（ITT）的结果，就会得出结论：射频消融和药物治疗在疗效上没有显著差异。但实际上这样的结果也提示我们，或许当患者可以接受手术时，射频消融术能带来更大的益处，但需要进一步的分析和研究以排除未随机所引入的混杂偏倚。

5. 我的研究使用意向性治疗分析集（ITT）没有得到阳性结果，可以调整剔除标准再次分析吗？

如果在前期的统计方案设计中，没有提前设定好患者的剔除标准，那么不可以在后期调整研究的分析数据集。

通常来讲，我们需要提前定义拟分析的数据集并设定标准，并将其写入统计分析计划中。在临床试验过程中，我们可以在需要时对计划进行修改、补充和完善，但是必须要在揭盲前完成最终的计划。也就是说，在揭盲以后就不可以再调整统计分析数据集了。如果因为在意向性治疗分析集（ITT）中没有得到阳性结果而调整分析数据集，那么将涉及学术不端和操纵数据的嫌疑。即使是在揭盲前，对于患者的剔除也应是有理有据且符合设定标准的，并应该详细记录每个患者被剔除的原因，否则将可能遇到开篇故事那样的困境。而对于采用非盲法的临床试验来说，更容易引入偏倚，也更容易操纵数据而获得阳性结果，因此，需要在入组的任何患者达到终点前提交最终的统计分析计划。

因此，对于分析数据集的定义一定是在前期规定好的，切不可在揭盲后或得知结果后因为没有得到阳性结果而随意更改分析数据集。

6．其他研究中如何设定统计分析数据集？

在前面的内容中，我们主要介绍了对于RCT研究该如何对统计分析数据集进行设定和解读。除了RCT以外，还存在多种其他类型的研究，在统计分析数据集方面具有不同的设定原则。此处，我们将具体对非劣效研究和回顾性研究的内容进行展开。

（1）非劣效研究

非劣效研究的主要目的是证明一种在安全性、易用性等方面具有优势的疗法，在疗效上不劣于对照组干预。在此场景下如果使用意向性治疗分析集（ITT）会面临一个问题：新疗法可能具有更好的易用性或者副作用更少，患者的接受度会提高，从而使完成治疗的受试者更多，药物暴露剂量更高，进而达到更优的疗效，更容易得出非劣效的结论。因此，出于对疗效估计的保守性原则，在非劣效研究中采用符合方案集（PP）更加合适。

（2）回顾性研究

在回顾性研究中，患者的分组是由医生或患者自主选择的，很难进行与RCT一致的统计分析数据集设定。

更常见的方法是根据对缺失值的处理来定义不同的分析群体。可能的做法包括使用完整病例进行分析或通过统计方法对缺失值进行插补后进行分析，其中使用完整病例进行分析是更常见的方法。STROBE指南是对于观察性研究报告内容的规范，其中包括了回顾性研究，建议应在结果发表时详细描述处理缺失数据的方法、用于分析的患者数量，以及未纳入分析的原因。

此外，需要强调的是，与随机对照研究不同，回顾性研究应该在研究开始前就设定好纳入分析数据集的标准，并且不可在研究过程中修改。许多人可能会在产生想法的时候就开始收集数据，边收集边思考下一步应该怎么做，这是万万不可取的。因为在回顾性研究中，如果研究者对于研究结果存在预判，则很容易在筛选数据的过程中引入偏倚，即倾向于保留与自己预期一致的数据。而如果可以在已经接触到数据后修改纳入标准，则会增大这一偏倚，得出错误的结论。只有在认真思考、调研之后进行课题的设计，制定详细的纳入、排除标准，数据分析计划，才能完成一项高水平的回顾性研究。

7. 统计分析数据集如何规范地进行报告？

此前，即使是在顶级期刊中，对于统计分析数据集的描述也存在不充分、不准确的情况。一项研究对1997年发表于四大医学期刊的临床试验进行了分析，发现其中119项研究（48%）声明自己使用了意向性治疗分析集（ITT）。然而实际上，其中的17项研究并没有真正纳入所有随机化的患者。即使是没有报告排除患者的研究，也仅有34项研究清晰地陈述了研究中的分析人群。为了规范临床试验中对统计分析数据集的报告，提高临床试验报告的质量，CONSORT规范应运而生。其中对于统计学方法、参与者流程及纳入分析的研究参与者数量建议如表3：

表3　CONSORT声明中对于报告内容的建议

统计学方法	用于比较各组主要和次要结局（包括危害）的统计学方法 对每项分析纳入了哪些人群（如所有随机化研究参与者）及其所属的组别 分析中如何处理缺失数据 附加分析的方法（如亚组分析和敏感性分析），区分预设分析和事后分析
研究参与者流程，包括流程图（参考图2）	每组随机分配、接受预期干预及纳入主要结局分析的研究参与者数量 各组随机化后的脱落和排除情况，并说明原因
纳入分析的数量	对于每个主要和次要结局指标，按组别报告： 　纳入分析的研究参与者例数 　在结局评估时间点具有有效数据的研究参与者例数

综上所述，临床研究中对统计分析数据集的设定有着很高的可操作空间，也正因如此，这才更是严肃、重要的事情，不可随心所欲。意向性治疗分析集（ITT）

是公认的可以保留随机、减少偏倚的分析集，然而对于我们自己的研究是否足够，值得思考。对于疗效探索性研究，如果根据既往的经验判断，可能有较大比例的患者无法按方案接受治疗（比如 CABANA 研究），那么或许就应该增加设计全分析集（FAS）或符合方案集（PP）。但是切记，对于非 ITT 分析集的定义和设计并不是随意的。一方面，需要遵循普遍的规则，尽量接近 ITT 分析集，保留随机；另一方面，则要在揭盲或获得任何结果前进行规定并上传。即使是回顾性研究，也要在开始之前，就写好数据分析的计划和方法，通过一切办法展示自己没有刻意操纵纳入分析的人群（图 2）。

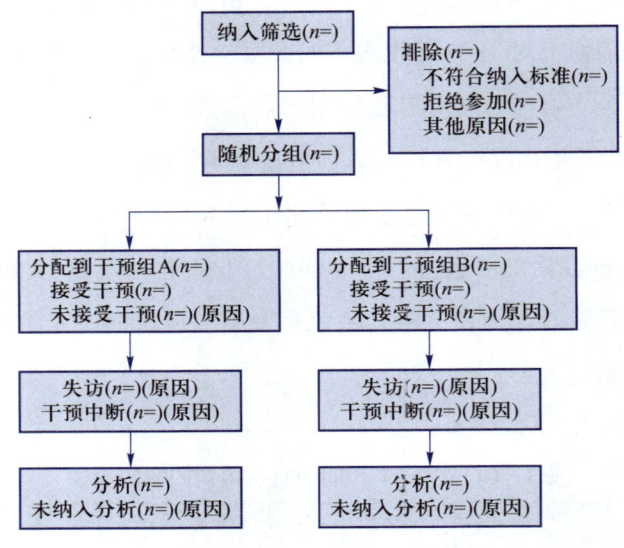

图 2 参与者流程图示例

没有阳性结果的临床研究不一定是失败的研究，但没有详细的方案设计和分析计划、无法控制偏倚、无法体现数据可靠性的研究，一定是。

一句话概括

统计分析数据集的正确选择和清晰的事先定义是研究分析结果可靠的基本前提，需要基于保守性原则、研究目标和研究设计等科学制定，只有制定详细且科学的分析计划，才能得到正确的结论，发表高水平文章、改写指南。

名词解释

- HR（hazard ratio）：风险比，指在一定时间内，治疗组相对于对照组发生某个事件的概率。例如对于总生存而言，HR 比 1 越小，提示在治疗组中发生死亡事件的概率越低，即药物越有效。
- 方案违背：指在研究过程中，患者或研究者没有遵循预先设定的研究方案的行为。如入组了不符合标准的患者、未能按计划进行随访等。
- 非劣效研究：非劣效研究的目的是证明某种干预措施的效果即使比阳性对照差，也在接受范围内。通常试验干预较阳性对照有着疗效以外的优势，比如易用性更强、安全性更好、成本更低，等等。
- 回顾性研究：指干预发生在研究开始前的研究，通常是通过整理分析已有的数据进行，如既往的病历资料、数据库等。

参考文献

[1] Anturane Reinfarction Trial Research Group. Sulfinpyrazone in the prevention of cardiac death after myocardial infarction. The Anturane Reinfarction Trial N Engl J Med, 1978, 298: 289-295.

[2] European Coronary Surgery Study Group. Coronary-artery bypass surgery in stable angina pectoris: Survival at two years. Lancet Lond. Engl, 1979, 1: 889-893.

[3] Packer DL, et al. Effect of catheter ablation vs antiarrhythmic drug therapy on mortality, stroke, bleeding, and cardiac arrest among patients with atrial fibrillation: The CABANA randomized clinical trial. JAMA, 2019, 321: 1261-1274.

[4] Elm E von, et al. The Strengthening the Reporting of Observational Studies in Epidemiology (STROBE) statement: guidelines for reporting observational studies. The Lancet, 2007, 370: 1453-1457.

[5] Hopewell S, Chan A-W, Collins GS, et al. CONSORT 2025 statement: updated guideline for reporting randomised trials. The Lancet, 2025, 405: 1633-1640.

推荐阅读

1. Detry MA, Lewis RJ. The intention-to-treat principle: How to assess the true effect of choosing a medical treatment. JAMA, 2014, 312: 85-86.

2. Smith VA, Coffman CJ, Hudgens MG. Interpreting the Results of Intention-to-Treat, Per-

Protocol, and As-Treated Analyses of Clinical Trials. JAMA, 2021, 326: 433.
3. DeMets DL, Cook T. Challenges of non-intention-to-treat analyses. JAMA, 2019, 321: 145.
4. Fergusson D, Aaron SD, Guyatt G, Hébert P. Post-randomisation exclusions: the intention to treat principle and excluding patients from analysis. BMJ, 2002, 325: 652-654.

延伸问题

1. APPROVe 研究是一项随机双盲安慰剂对照研究，旨在评价罗非昔布在预防结肠直肠息肉复发中的作用。该研究在 2005 年和 2008 年发表的两次分析结果中，对于血栓发生情况的结果不一致，该如何解读？

2. 如果在给予干预前没有条件明确诊断（比如对于需要抢救的患者，某些治疗可能需要在确诊前进行），该如何划分统计分析人群？

3. 对于组间交叉的患者（比如分配至 A 组，但一段时间后开始接受 B 组的治疗）除去按意向治疗人群分析或符合方案集分析外，是否还有其他的分析方法？

（韩彦杰　黄慧瑶）

4.3 期中分析与最终分析

引导问题

临床试验可以随时进行数据总结吗？如果有阳性结果是否可以立刻停止？

章节导图

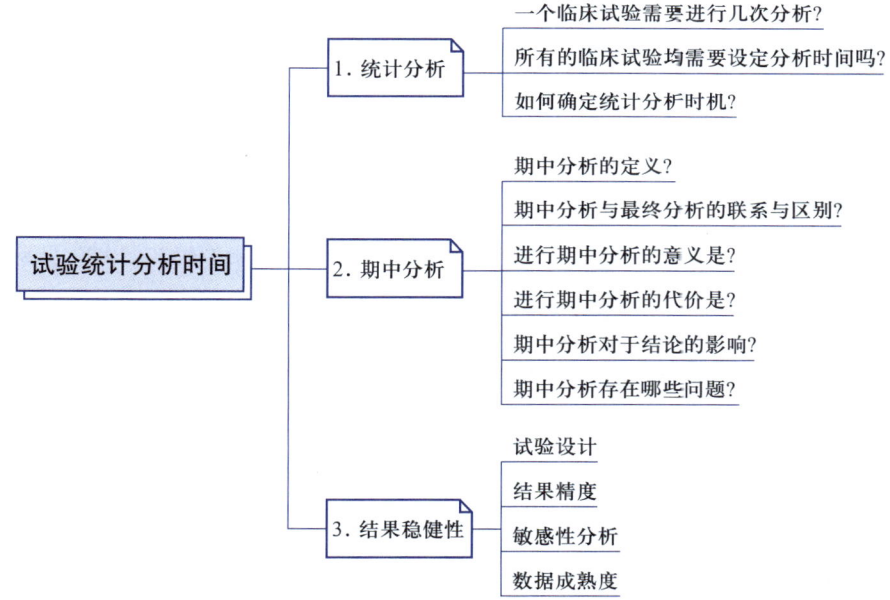

典型故事

本节先以 CheckMate 9LA——一项开放、多中心、随机Ⅲ期研究为例，该研究旨在评估纳武利尤单抗＋伊匹木单抗联合化疗 vs. 化疗在一线非小细胞肺癌患者中的疗效和安全性。试验比较一线使用纳武利尤单抗（360mg，Q3W）＋低剂量伊匹木单抗（1 mg/kg，Q5W）＋2 周期化疗

（Q3W）vs 常规 4 周期化疗（Q3W）的疗效和安全性。主要研究终点为总生存期（OS），次要研究终点包括无进展生存期（PFS）、客观缓解率（ORR）和 PD-L1 表达分层下的疗效（图 1）。

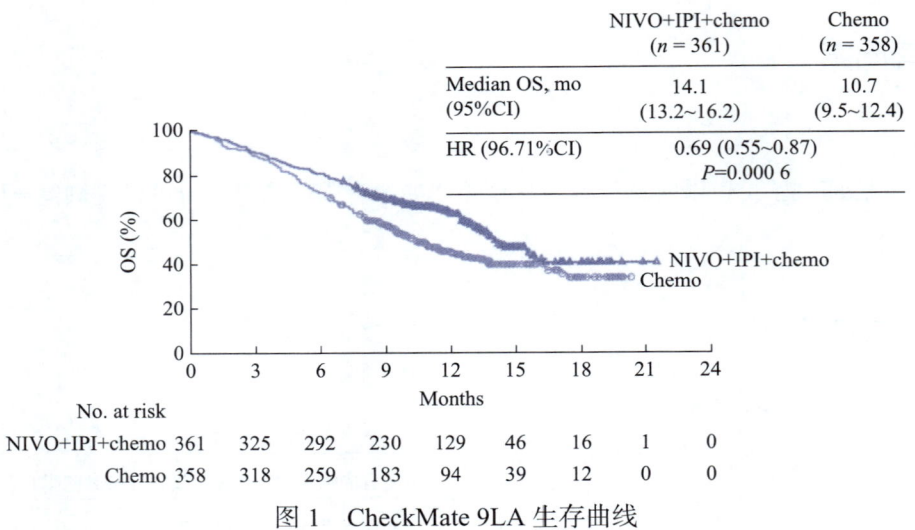

图 1　CheckMate 9LA 生存曲线

根据试验方案，试验在收到了 351 例 OS 事件数时进行了期中分析（调整后 α 值 0.033），由于中位 OS 组间差异 P=0.0006 < 0.033（14.1 月 vs. 10.7 月）。因此，根据期中分析结果，本项研究提前达到主要研究终点。

从后续两年随访数据更新的结果来看，与单独接受四周期化疗相比，纳武利尤单抗联合伊匹木单抗及两周期化疗能够为一线晚期非小细胞肺癌患者带来持久的生存获益，mOS（15.8 月 vs. 11.0 月）。

读到这里，大家可能会有很多个问题，这个试验为什么可以分析两次？什么是期中分析？期中分析的时间如何确定？什么是 α 值？为什么会出现非 0.05 的显著阈值？期中分析和试验的最终分析有哪些区别和联系？希望通过本章的讲述，让大家充分理解期中分析与最终分析这个议题。

主要内容

1. 如何设定分析时间？

考虑到使用不同终点的临床试验设定总结时间需考虑的因素和策略不尽相同，本章节将主要针对以生存或疾病进展作为终点的试验如何设定总结时间进行讲述。

在实际临床试验执行过程中，通常无法保证所有参加试验的患者同时完成筛选和用药，临床研究分析所需数据是一个不断完善收集的过程。对于一个临床研究而言，筛选期和用药期所需时间往往相对固定，所以确定总结分析的时间的核心落在了随访期上。

最理想的情况当然是分析时所有受试者都达到试验终点（如疾病进展或死亡）。俗话说"理想很丰满，现实很骨感"。真实情况要复杂得多，比如治疗开始时间不同、事件发生速度不同以及患者失访等问题。那么我们作为研究者应当如何确定进行总结分析的时间呢？对于以生存或疾病进展作为终点的试验（肿瘤领域研究最常见的主要终点类型），现行临床试验大多基于事件数原则。

临床试验中的事件数原则是指在分析研究终点（如生存时间、无病生存时间等）时，需要达到一定数量的事件（如死亡、疾病进展等）才具有足够的统计效能和可靠性来对假设进行比较和评估。

事件数原则的目的是确保分析结果具有足够的统计效能，从而得出可靠的结论。根据研究的具体假设和设计，确定需要达到的事件数量，其基本原则如下：

①客观事件：需要根据研究终点，如死亡、疾病进展等。要求这个事件是客观可测的，有一套确定的判定标准。

②统计效能：根据研究的假设和可靠性要求，通过统计学方法（如功效分析）来确定所需的事件数。需要足够的事件数才能检测到预期的差异，并获得统计学上的显著性。

③一经设定，不可中途随意更改：即随着统计分析方案的确定，在揭盲前，研究分析时间就已经确定。

读到这里，大家可能发现，总结分析时间的确定比我们预想的要复杂得多。临床试验的本质是用部分代表整体，因此需要统计学的参与来在一定概率内保证结论的可靠性。那么总结分析时间的选择尤为关键，要保证分析时能够尽量可靠地反映参加试验患者的实际风险获益情况，同时要尽早报告研究结果以保证时效性。

（1）所有试验都要设定分析时间点么？

所有的前瞻性试验都建议提前考量分析时间点，具体时间点确认因研究指标而异。上文所述的事件数原则适合以时间事件终点为主要指标的研究，针对分类变量或连续性标量为主要终点的试验，需结合指标评估所需时间综合确定。

在肿瘤领域中，单臂试验多见于临床试验早期，通常使用 ORR 作为主要终点，用于评估治疗方法对肿瘤患者的直接治疗效果。对于事件数原则，它在 ORR 分析中并不适用。事件数原则通常适用于生存分析或时间至事件的分析，例如生存率或进展生存期等。在这些情况下，可以设定一个预定的事件数量作为分析时间点，以确保有足够的事件发生来进行有效的分析。对于 ORR 的分析时间点，它可以根据试验设计和观察期的长度进行设定。观察期是指患者接受治疗后的随访时间，在这段时间内观察和记录患者的疾病反应。观察期的长度应该足够长，以确保患者有足够的时间来展现治疗的效果，并收集足够的数据来进行分析。

（2）一个临床试验需要进行几次数据分析？

从理论上来说，试验的完成至少需要一次最终分析，具体次数取决于试验设计的类型和研究目标。在传统设计中，常规做法是仅在试验结束后进行一次终末分析，以评估药物的安全性和有效性。然而，随着临床研究对灵活性和效率要求的提高，越来越多的试验采用适应性设计（adaptive design），在试验过程中预设一次或多次期中分析。在适应性设计中，依据中期数据结果，可以对样本量、治疗组别、入组标准等关键要素进行调整，从而提高试验成功的概率并优化资源配置。理论上，最终分析之前的期中分析的次数是没有限制的。以 Keynote 240 为例，该研究是一项关于帕博利珠单抗二线治疗晚期肝细胞癌患者的随机、双盲、Ⅲ期临床研究。在该研究中，对 OS 终点初始分配了 0.023 的 α 值，并事先设计了两次有效性期中分析。这两次分析分别在事件数比例为 67% 和 85% 时进行，采用了常见的 OBF α 消耗法对显著性水平进行调整。对应的 α 值分别为 0.005 5 和 0.012，最终分析的 α 值为 0.018 7。最终的结果显示，在两次期中分析时均无法拒绝原假设，且最终分析时的 P 值为 0.023 8，大于 0.017 4（使用实际 284 例事件数重新计算出的 α 值）。因此，最终结果并未达到统计学显著性的意义。本例研究包括最终分析在内，进行了三次分析，其中有两次期中分析，均为方案事先设计。

2．期中分析

根据 GCP 规范，期中分析在临床试验结束之前，根据事先制定的统计分析计划，对处理组间的有效性和安全性进行分析。这些比较的次数、方法和结果将对试验结果的解释产生影响，因此所有的期中分析必须在试验方案中预先计划并明确说明。在某些特殊情况下，可能在试验开始时并未确定期中分析。在这种情况下，必须在揭盲分析比较处理数据之前修改试验方案。期中分析的结果是决定下一步研究工作的依据。期中分析常由独立的第三方统计完成。

（1）期中分析与最终分析的联系和区别是什么？

期中分析和最终分析是临床试验中两个不同的分析阶段，它们在目的、时间点和数据使用上有所不同。二者之间的联系和区别见表 1：

表 1 期中分析与最终分析的联系与不同

	期中分析	最终分析
联系		
目标	均可用于评估治疗的有效性和安全性	
数据	均依赖于试验过程中收集到的数据，但数据完整性不同，最终分析数据完整性高于期中分析	
统计分析	二者均会进行统计学检验和统计推断；二者共用一个 α 值，即所有分析犯 I 类错误的概率之和小于 0.05	
是否支持审批	均可支持	
区别		
耗时	较短	较长
目的	对后续试验的进行有指导意义	评估最终结果和疗效以确定是否达到预定目标
数据稳健性	相对不稳健	稳健

（2）期中分析的意义如何

期中分析的主要目的是在试验过程中及时评估药物的安全性和有效性，并根据实际情况对试验方案进行必要调整。通过期中分析，可以在发现安全性问题时及时终止试验，以保障受试者的安全；在确认药物有效且达到预设标准时，提前因有效性结束试验，或在疗效不足时提前终止，亦可在多剂量对照试验中剔除无效或低效组。此外，鉴于试验设计阶段先验信息有限，期中分析还可用于重新估计样本量，通过计算条件概率或预测概率，调整样本量设置，以确保试验具备充分的统计把握度。

（3）期中分析的代价是什么

对于时间紧迫的临床试验来说，通过设定期中分析并获得阳性结果可以被视为一个利好因素。然而，现实情况往往复杂和残酷。

①期中分析失败导致 α 值浪费和最终分析难度增加：期中分析需要消耗 α 值来控制多次观测所增加的 I 类错误的概率。如果期中分析失败，确实会导致 α 值的浪费，最终分析需要以更严格的显著性水平来获得显著结果。这意味着，与对照组相比，试验组需要显示出更大的临床获益才能达到研究终点。

②期中分析结果和最终结果的一致性：期中分析的结果并不能保证转化为切实的生存获益。这可能是由于多种因素导致的，例如样本量较小、随机误差、观察时间较短等。最终的生存获益可能需要更多的数据和更长的随访时间来证实。E2100 研究是一项关于贝伐珠单抗联合紫杉醇一线治疗 HER-2 阴性晚期乳腺癌的研究。该研究结果显示，中位无进展生存期（mPFS）从 5.8 个月延长到 11.3 个月（风险比 HR=0.48，95%CI 0.39~0.61）。基于这一 PFS 结果，美国食品药品监督管理局（FDA）于 2008 年加速批准了贝伐珠单抗与紫杉醇联合用于 HER-2 阴性晚期乳腺癌的一线治疗。然而，随后公布的 E2100 研究的总生存期（mOS）结果显示，贝伐珠单抗联合紫杉醇的 mOS 为 26.5 个月对比 24.8 个月（HR=0.87，95%CI 0.72~1.05），HR 界值超过 1，未能显著获益。后续对 E2100、AVADO 和 RIBBON-1 研究的后续 Meta 分析也显示，紫杉醇联合贝伐珠单抗并未显著延长 HER-2 阴性晚期乳腺癌患者的总生存期（HR=0.95，95%CI 0.85~1.06），且严重不良反应的发生率有所增加。基于这些结果，美国 FDA 于 2011 年取消了贝伐珠单抗在该适应证下的批准。由此可见，期中分析的结果并不能保证转化为切实的生存获益，尤其是期中分析主要终点与最终分析终点不同时，其意义更需要理智看待。

（4）期中分析对结论的影响有哪些

期中分析在临床试验中发挥着重要的积极作用。一方面，通过对安全性数据的动态监测，期中分析有助于及时识别潜在风险，保护受试者的健康与权益。另一方面，期中分析能够加速决策过程，在药物疗效明确时提前结束试验，提高研发效率，缩短药物上市时间，尽早惠及患者。此外，期中分析还可以根据中期数据对样本量进行科学调整，提升试验设计的合理性与统计效能，避免因初始估计偏差导致的资源浪费或试验失败。总体而言，期中分析在保障受试者安全、优化资源配置、加快创新药物开发进程等方面具有重要的正面价值

当然，期中分析的结果可能对最终结论产生负面影响，这是因为期中分析的数据较为不完整和不成熟，样本量有限，可能存在偏差和误差。因此，期中分析的结果可能不够稳健和可靠，与最终分析的结果不一致。

假设一个临床试验的期中分析显示治疗组的治疗效果优于对照组，于是研究团队决定让部分对照组患者交叉使用治疗药物，然后继续观察。这样的操作可能会引入多个不确定因素，如交叉治疗的影响、后续治疗的变动以及可能的遗漏数据等，从而对最终结果产生负面影响。此外，期中分析可能会造成过早的终止试验，导致数据不足以支持结论。

由于样本量少，期中分析可能会更快地得到结果，但这也意味着结果的可靠性可能会受到影响。在进行研究时，我们确实需要在效率和可靠之间进行权衡。期中分析提供了一些早期的信息，可以帮助我们迅速了解研究的趋势和可能的效果，这对于研究者和决策者来说是非常有价值的，特别是在需要快速做出决策的情况下。然而，我们更需要认识到期中分析的局限性。由于样本量有限，期中分析的结果可能不够稳健和可靠，与最终分析的结果可能存在差异。因此，在考虑期中分析的结果时，我们仍然需要进行最终分析和长期随访的数据验证，以获得更准确和可靠的结论。

（5）期中分析有哪些存在的问题？

期中分析是临床试验中的一个重要环节，其中涉及复杂的统计学设计，因此会存在一些潜在的灰区和争议。

比如关于期中分析结果的发表。当试验的期中分析得出阳性结果时，申办方和研究者往往会选择将中期披露结果在国际会议上进行发表。首先，这并不意味着试验已经获得成功。中期阳性的结果需要谨慎看待，避免过度解读。期中分析的结果只能说是一个治疗潜在有效的信号，最终的结论应该基于最终分析和完整数据集的结果。其次期中分析的过早披露也会带来一些其他方面的影响，如患者后续入组倾

向性，研究者自身揭盲，审评员偏倚等，为后续试验的正常进行带来一定的挑战。比如今年 ODAC 会议上，GSK 公司就曾提出过 Dostarlimab 的疗效已被广泛报道，近 100% 的临床响应率导致研究者及患者并不意愿参与随机研究，也为后续随机对照临床研究的开展带来了阻力。

此外，对于非注册临床研究而言，无视 α 值分配，在进行多次分析并选择最小 P 值的结果进行发表是不提倡的行为，这种分析甚至不能称之为期中分析，因为并没有控制整体分析过程的第Ⅰ类错误概率。即使 IIT 本身就是探索性质的研究，其分析结果应视为初步且需要进一步验证和确认的，多次分析也容易引发数据操纵的嫌疑，因此更需要谨慎处理。

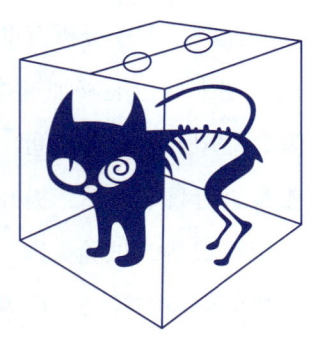

图 2　薛定谔的猫

综上所述，期中分析更像是一把双刃剑，又如薛定谔的猫、潘多拉的盲盒。接下来我们举例来进行阐述，根据两种分析结果的不同，将设定有期中分析的试验分为四组：

分组	期中分析结果	最终分析结果	举例
A	成功	成功	CheckMate 9LA
B	成功	失败	E2100
C	失败	失败	Keynote 240
D	失败	成功	Keynote-042

对于 A 组，自然是皆大欢喜，既能够节约成本提前上市，最终结论的一致性也保证了药物后续不撤市。对于 B 组而言就有点悲惨，期中分析的有利信号最终未能转化为切实的生存获益。对于 C 组而言，则是"赔了夫人又折兵"，比如前文提到的 Keynote 240 两次预定的期中分析均得到了阴性结果，白白浪费的 α 值，自然最终分析也难以达到预期的目标。对于 D 组而言，可称之为逆境翻盘、柳暗花明，举一个 PFS 未获益但最终 OS 获益的例子，KEYNOTE-042，一项探索帕博利珠单抗在 PD-L1 > 1% 的Ⅲ期或转移性的非小细胞肺癌患者群体中作用的研究，该研究 PFS HR 甚至大于 1，为 1.07（0.94 vs. 1.21），但最终 OS HR 0.81（0.71 vs.

0.93)表现为切实的临床生存获益。因而,临床实践中,如何更好地使用期中分析是一个值得深入探索和讨论的议题。

3. 分析结果的稳健性如何评价

评价分析结果的稳健性可以考虑以下几个方面:①试验设计:试验设计的合理性直接决定了分析结果的稳健性。应综合考虑以下要素:a. 设计类型:包括传统设计(如随机对照试验)和适应性设计(adaptive design)。适应性设计可以在试验过程中根据中期分析结果进行适当调整,提高效率,但也需确保控制偏倚风险;b. 效能设定:需根据疾病特性和研究目标,合理设定临床终点和效能指标,避免过高或过低导致解释困难;c. 样本量计算:样本量估算必须科学合理,基于前期数据进行充分的统计学推演,以保证试验具备足够的统计效能(power)检出真实差异;d. 对照设置:对照组应具备明确的临床意义,且符合临床实践,确保比较的有效性和推广性。

②结果精度:结果的精度也反映了稳健性,需关注以下方面:a. 估计值的可信区间(confidence interval,CI)宽度:较窄的可信区间提示结果估计更为精确和稳定;而较宽的区间可能提示样本量不足或数据波动较大;b. P 值的稳健性:不仅关注 P 值是否达到统计学显著,还应考虑 P 值的绝对大小,P 值越小,通常结果越稳健;c. 多重比较调整:若存在多重终点或多组比较,应进行适当的多重检验校正(如 Bonferroni 或 FDR 方法),防止假阳性结果;d. 敏感性分析:如试验中几乎不可避免的删失数据量的影响:在生存分析中,删失数据是指在随访过程中失去联系的患者。删失数据的比例较高可能会影响结果的稳健性和可靠性。一种常见的方法是通过 Kaplan-Meier 曲线评估删失数据对结果的影响。如果删失数据较少,并且 Kaplan-Meier 曲线的细分曲线之间的差异较小,则结果更加稳健和可靠;以及针对不同分析集的分析结果进行比较等;e. 数据成熟度:数据成熟度是指数据收集的完整性和可靠性。在临床试验中,数据成熟度可能会随着时间的推移而增加,尤其是在长期随访的情况下。因此,当分析结果基于较早的数据时,结果可能不够稳健和可靠。随着数据的不断成熟,结果可能会发生变化。因此,在评估分析结果的稳健性时,需要充分考量数据成熟度,谨慎解读结果。

综上,基于试验分析的设计基础和结果本身,评价分析结果的稳健性需要综合考量试验设计、结果精度、敏感性分析、数据成熟度等因素。在进行数据分析时,应该遵循科学的分析原则，并根据具体的研究目的和数据特点进行合理的评估。此外，试验执行质量、结果外推性和结果的临床意义等也是评价结果可靠性的关键，篇幅限制，本章节不再展开。

一句话概括

最终分析和期中分析旨在不同阶段评估试验结果，保护受试者安全，最大化试验效率，为临床实践提供可靠的依据。

名词解释

- 广泛期小细胞肺癌（ES-SCLC）：是指小细胞肺癌的一种疾病阶段，表示肿瘤已经扩散到肺部以外的其他部位。
- 无进展生存期（PFS，progression-free survival）：指从治疗开始到疾病进展或死亡之间的时间间隔，表示在这段时间内患者没有出现疾病的进展。
- 总生存期（OS，overall survival）：指从治疗开始到患者死亡的时间间隔，反映了治疗对患者的生存时间的影响。
- 客观缓解率（ORR，objective response rate）：指患者在治疗期间达到完全缓解或部分缓解的比例，反映了治疗对肿瘤的直接影响。
- α 值（alpha value）：在统计学中，α 值是指用来判断研究结果是否具有统计学意义的显著性水平。通常用来设定拒绝原假设的临界值。
- Ⅰ类错误：在统计学中，Ⅰ类错误是指拒绝原假设，即认为有差异存在，而实际上差异并不存在。也称为假阳性错误。
- 研究者发起的临床研究：由研究者（主要指临床医师）申请发起的对已上市的药品、医疗器械或诊断试剂等开展的临床研究。
- 意向治疗人群（intention-to-treat population）：在临床研究中，意向治疗人群是指完成随机分组并开始治疗的所有患者，不论其是否完成整个研究，以保持研究的随机性和真实性。
- ODAC 会议：该委员会是由医疗专业人士组成的团体，其任务是提供对提交给FDA的肿瘤药品的评估和建议。委员会的建议对FDA在药物审批过程中起到重要的指导作用。

参考文献

[1] Paz-Ares L, Ciuleanu TE, Cobo M, et al. First-line nivolumab plus ipilimumab combined with two cycles of chemotherapy in patients with non-small-cell lung cancer (CheckMate 9LA): an international, randomised, open-label, phase 3 trial. Lancet Oncol, 2021, 22(2): 198-211.

[2] Finn RS, Ryoo BY, Merle P, et al. Pembrolizumab as second-line therapy in patients with advanced hepatocellular carcinoma in KEYNOTE-240: A randomized, double-blind, phase Ⅲ trial. J Clin Oncol, 2020, 38(3): 193-202.

[3] Miller KD. E2100: a phase Ⅲ trial of paclitaxel versus paclitaxel/bevacizumab for metastatic breast cancer. Clin Breast Cancer, 2003, 3(6): 421-422.

[4] Mok TSK, Wu YL, Kudaba I, et al. Pembrolizumab versus chemotherapy for previously untreated, PD-L1-expressing, locally advanced or metastatic non-small-cell lung cancer (KEYNOTE-042): a randomised, open-label, controlled, phase 3 trial. Lancet, 2019, 393 (10183): 1819-1830.

推荐阅读

Pembrolizumab or Placebo Plus Etoposide and Platinum as First-Line Therapy for Extensive-Stage Small-Cell Lung Cancer: Randomized, Double-Blind, Phase Ⅲ KEYNOTE-604 Study.

延伸问题

期中分析的设计应该是哪一方主要负责？临床医生、申办方，还是统计学家？

1. 期中分析结果阴性怎么办？申办方可以通过操控期中分析时间来得到满意的结果吗？

2. 最终分析时间越晚越好吗？

（周家伟　黄慧瑶）

4.4 生存分析

引导问题

如何对临床试验中得到的生存数据进行分析和对比？如何解读文章中的生存分析结果？只观察生存曲线的上下关系就可以确定不同干预方式的优劣了吗？

章节导图

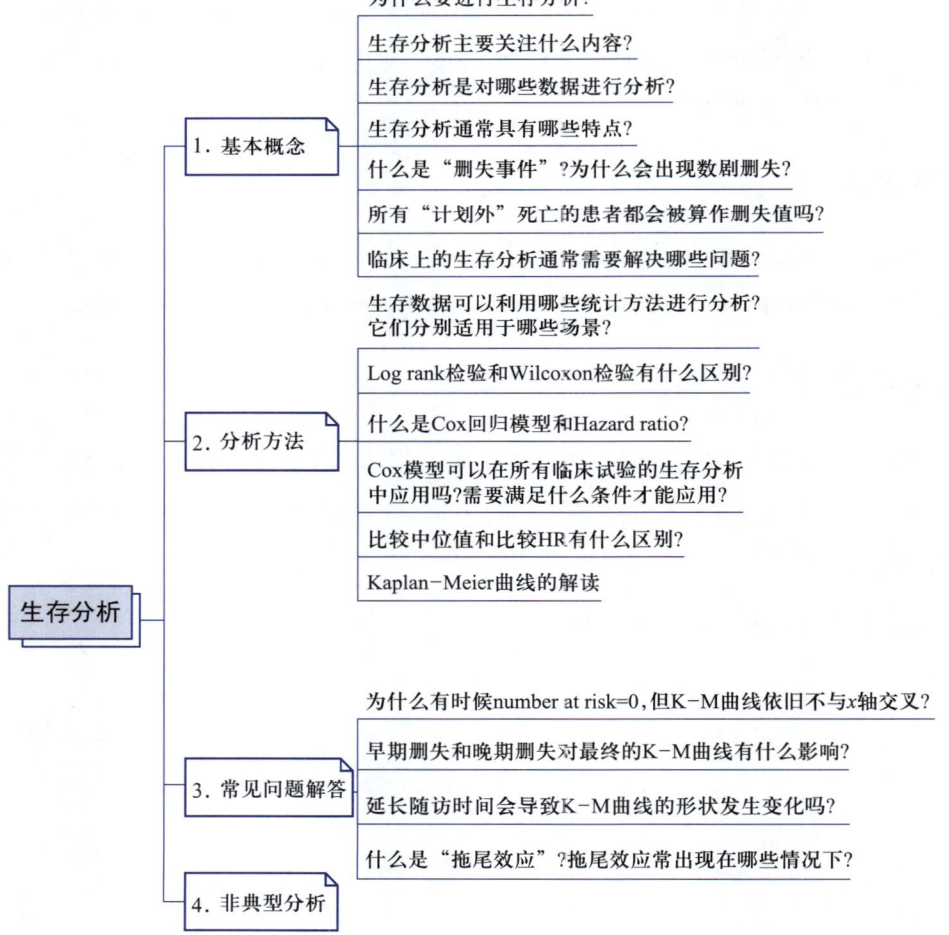

典型故事

奈拉替尼（Neratinib）是一种酪氨酸激酶抑制剂（TKI），通过靶向 HER1/HER2/HER4 起到抑制肿瘤的作用，在 HER2 阳性乳腺癌患者的治疗中有很大的应用前景。由于它对 HER2 家族具有广谱靶向作用，即使是既往已经接受过 HER2 靶向治疗又出现疾病进展的患者，依旧有可能从奈拉替尼中获益。因此，奈拉替尼在 HER2 阳性乳腺癌患者后线治疗中的有效性一直备受临床医生的关注和期待。

拉帕替尼（Lapatinib）是另一种小分子 TKI，通过靶向 HER1 和 HER2 起到抗肿瘤作用。NALA 研究旨在奈拉替尼联合卡培他滨对比拉帕替尼联合卡培他滨在既往接受≥2 种抗 HER2 药物治疗的 HER2 阳性转移性乳腺癌患者中的疗效，其中也包括无症状的脑转移患者。作为一个 Ⅲ 期随机对照研究，NALA 以 PFS 和 OS 作为主要终点。

遗憾的是，不论是 PFS 还是 OS，两条曲线在治疗前期都几乎完美重合，常规方法估计出的中位生存时间虽然存在差异，但都不具有统计学意义，HR 几乎等于 1（图 1）。

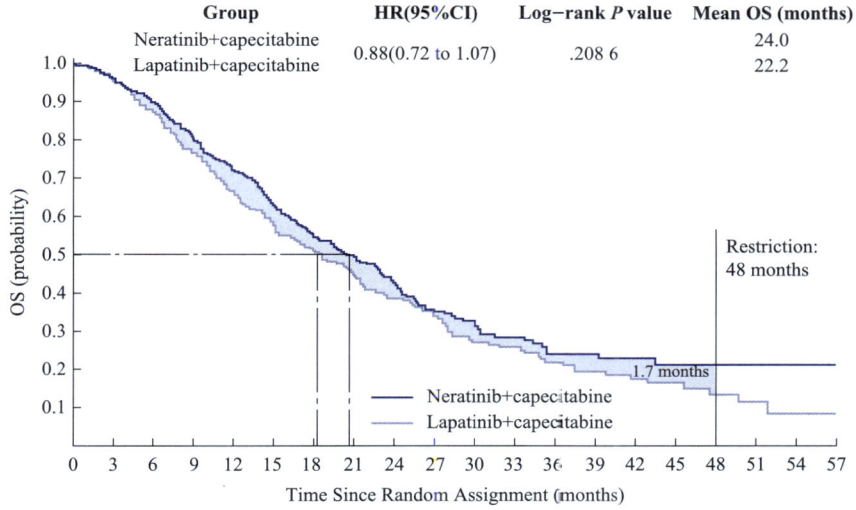

图 1 NALA 研究以 OS 为终点的 K-M 曲线

试验组和对照组的生存曲线高度重合，尽管 K-M 曲线上直接读出的中位生存时间存在差异，但由于前期曲线的重合，这种差异不具有统计学显著性，即运用传统生存分析方法无法得出奈拉替尼对比拉帕替尼的优效性通常来说，这些证据提示了临床研究的失败，无法支持试验药物的获批。但 NALA 研究却支持了奈拉替尼联合卡培他滨这一治疗方案进入临床。当我们仔细分析 NALA 研究的生存曲线时，会发现对药物不敏感的患者会在试验开始前期大量出组，导致试验组和对照组的生存曲线在前期高度重合；虽然生存曲线在后期会因为"响应者"（responder）的出现而拉开差距，两组的中位生存时间也不尽相同，但经典统计学方法会使前期的重合"掩盖"后期的差异，无法得出有显著性差异的结果。此外，试验组的 K-M 曲线在后期出现长期持续的平台，这是试验药物远期疗效的体现，但常用的分析方法并未考虑这一特点。

出现了几乎重合的生存曲线，这对申办方和研究者来说都不是一个好消息，这意味着奈拉替尼的药效无法被证实。然而，在 NALA 研究中，研究者对生存数据进行了进一步分析，发现 PFS 曲线在研究后期出现了明显差距，并通过计算曲线下面积得到了具有显著性差异的结果，即奈拉替尼＋卡培他滨组可以将平均 PFS 延长 2.2 个月（图 2）。NCCN 2020 年第三版乳腺癌指南根据 NALA 研究的结果，将奈拉替尼＋卡培他滨方案用于 HER2 阳性乳腺癌的后线治疗，推荐证据为 2A 级，进一步改变了抗 HER2 治疗的临床实践方案。2020 年 2 月 26 日，FDA 正式批准了该适应证。那么，在主要终点 OS 失败、次要终点 PFS 在中位时间并未展现出优势的前提下，为什么 NCCN 和 FDA 依旧接受了 NALA 的研究结果？

进一步思考，当研究的前半程出现 K-M 曲线重合甚至交叉，是否意味着整个研究的失败？我们如何利用恰当的生存分析方法对临床试验数据进行解释，并找到最科学的分析方法？

此外，不同临床试验得到的生存结论之间是否具有可比性？当缺乏头对头研究时，我们能否利用各自独立的临床试验结果指导临床用药的倾向？希望在阅读本章后，读者们可以有自己的见解。

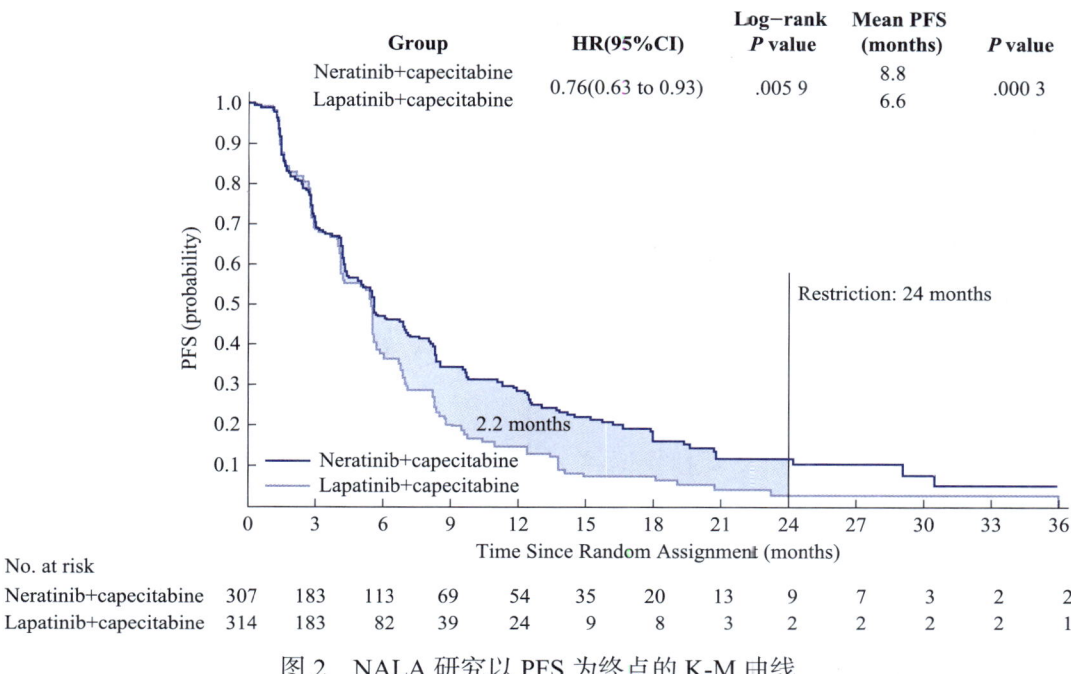

图 2　NALA 研究以 PFS 为终点的 K-M 曲线

中位 PFS 未表现出差异，而计算曲线下面积得到的平均 PFS 体现出了试验组的治疗效果

主要内容

1. 基本概念

（1）为什么要进行生存分析？

在一个新药上市前，我们往往需要进行一系列前期试验，来分别验证这个药物的安全性、有效性，以及在人体内的分布和代谢情况、可能出现的不良反应等。如果这个药物的目标人群是肿瘤患者，我们最关注的无疑是肿瘤患者在接受治疗后是否能生存更长时间。

在进行抗肿瘤药物临床试验时，我们通常需要将患者分为两组，分别给予 A 药和 B 药的治疗，并在之后的一段时间内对患者进行定期随访，以观察其疾病变化和生存情况。此时，研究者有以下几种记录方式：

方式 1：只记录这段时间内两组患者是否发生疾病进展或死亡的情况，检验 A 药和 B 药两种治疗是否会影响疾病进程。

简单的卡方检验就可以评估 A 药和 B 药的效果是否存在显著差异，但这种方式有一个巨大的缺陷——没有考虑两组患者出现疾病进展或死亡时的时间。例如，三年后使用两种药物的患者都仅有 20% 的生存率，但使用 A 药的患者有 70% 在第一年就死亡了，而使用 B 药的患者有 70% 都活过了第二年，B 药的疗效显然优于 A 药，而仅对三年后的生存率进行检验显然无法体现这种差异。

方式 2：假设两组患者在这段时间内都会死亡，只记录患者死亡的时间。

使用 Wilcox 秩和检验可以对两组患者的生存时间进行比较分析，但这种记录方式同样存在问题——并非所有患者都会在这段时间内死亡，且会有一部分患者因为改变治疗方案、搬家等方式失访，这两种患者的数据都无法得到很好的应用，使得大量数据被浪费。

方式 3：同时记录这段时间内患者开始接受治疗和发生疾病进展或死亡事件的时间，同时对未出现事件和失访的患者进行标记，将他们的数据也应用在最后的分析中。这是目前临床研究最常应用的方法，也是本章着重介绍的部分。

当然，有些药物最关注的并非是患者的存活时间。例如，减重药物关注的是受试者在一段时间内体重下降的程度及停药后是否会出现反弹，眼科用药关注的是用药后患者视力是否改善等，这些药物的临床试验可能不涉及生存分析本身，但它们用来比较两组受试者发生病情变化的时间所使用的统计学方法是类似的。

（2）生存分析主要关注什么内容？

生存分析主要关注观察对象的生存率（死亡率）和生存时间。患者在一定时间内去世的越多，则"死亡率"越高、"生存率"越低，相应"生存时间"就越短。通过对上述内容的描述和比较，我们可以评估患者的生存情况、影响因素和受影响的程度。

（3）生存分析是对哪些数据进行分析？

生存数据首先包括受试者的分组信息（即接受目标治疗的试验组和不接受目标治疗的对照组），此外还包括两个结局相关指标：是否出现终点事件，以及患者从开始随访到出现终点事件所经历的时间。所谓"终点事件"是在临床试验设计过程中确定的，其中既包括患者死亡、疾病复发、改变治疗方案等"负面"事件，也可以包括患者出院、疾病被治愈等"正面"事件。

（4）生存数据通常具有哪些特点？

用于生存分析的数据通常具有以下特点：①同时包含了生存结局和生存时间，即不仅关注受试者"是否会死亡"，也要关注"何时死亡"；②通常含有删失数据；

③生存时间的分布往往是非正态的。

（5）什么是"删失"？为什么会出现数据删失？

如果某一患者在指定的随访期限内没有观察到终点事件（通常是死亡）的发生，导致准确的生存时间无法得到，则他会被记录为删失值，有时也被称为"截尾值"。数据的删失包括三种情况：①患者中途失访；②结局事件在随访期内未发生；③与试验无关的原因导致结局事件（如患者意外死亡）。图3中列举了常见的删失原因。

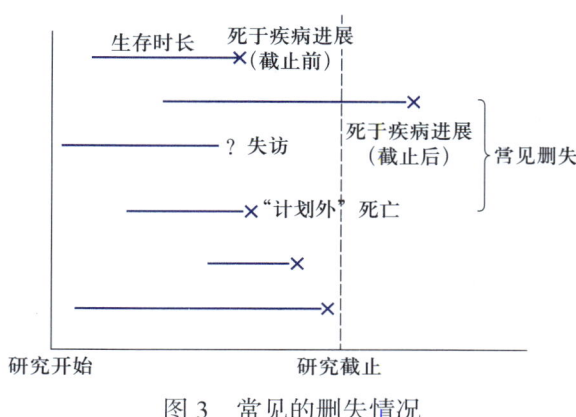

图 3 常见的删失情况

被删失的患者仍然可以提供部分生存信息，我们称为"不完全生存时间"。在计算累计生存率的时候，这部分患者在被删失前可以与其他患者共同参与计算，删失后则从观察队列中移除，在 K-M 曲线中用符号"+"表示。需要注意的是，数据删失并不会对生存率产生影响，我们将在后文中详细阐释。

（6）所有"计划外"死亡的患者都会被算作删失值吗？

在临床试验过程中，有一部分患者可能会出现"计划外"的死亡，即并非由于疾病进展而导致的死亡。例如在针对直肠癌患者的临床研究中，患者死于心血管意外或车祸等。这部分患者的死亡被看作删失数据还是终点事件，取决于研究的具体目的以及统计分析的方法。

在针对 PFS（无进展生存）的分析中，研究主要关注患者是否经历了疾病进展，那么意外死亡的患者通常会被视为删失数据。这是因为这些死亡事件与疾病进展无关，不应该被视为 PFS 的终点事件。

而如果研究的主要兴趣是 OS（总生存时间），无论患者因何种原因死亡，都被视为终点事件。这意味着患者因车祸死亡会被计入总生存的终点事件，除非事先在分析中明确说明了特定的排除标准或统计方法来处理这种情况。通常情况下，OS 的目标是评估从进入研究到死亡的时间，无论死因如何。

（7）临床上的生存分析通常需要解决哪些问题？

临床试验的目的是比较不同干预方式对患者生存情况的影响。为了达到上述目的，我们既可以比较在同一时刻不同干预方式的生存率，也可以直接比较各组患者的生存时间。因此，在临床研究中，我们希望通过生存分析得到以下信息：

①生存曲线上某一时间点对应的生存率是多少？
②某一治疗方式的中位生存时间有多长？
③检验试验组和对照组之间的生存时间是否存在显著差异
④检验某个因素对生存时间的影响程度

2．分析方法

（1）生存数据可以利用哪些统计方法进行分析，它们分别适用于哪些场景？

针对上一节（6）中提出的问题，我们有对应的分析方法（表1）：

表 1 生存数据的常用分析方法

目的	统计方法	统计量	统计量的意义
生存率估计和中位生存时间估算（绘制生存曲线）	寿命表法 Kaplan-Meier 法	生存时间和生存率	从图中直接读出
生存时间的比较	Log Rank 检验 Wilcoxon 秩和检验	P 值	$P<0.05$ 时存在显著差异
评价对生存的影响程度	Cox 回归模型	HR	HR 距 1 越远则影响越大

（2）Log Rank 检验和 Wilcoxon 秩和检验有什么区别？

二者都是对生存时间的差异进行显著性检验，P 值越小，试验组和对照组之间的差异越显著。需要注意的是，Wilcoxon 检验还可以算出两组生存时间的差值，差值和 P 值之间并没有任何相关性，可能会出现两组差距很大，但并不显著的情况，反之亦然。

简单来说，Wilcoxon 检验对不同时间点的样本进行了加权处理，所以结果上更突出早期随访过程中生存率的差异。目前大部分临床试验的生存时间比较使用的都是 Log Rank 检验，当一个研究特别注明自己使用了 Wilcoxon 检验时，往往表示这个研究更关注患者早期的生存情况。

（3）什么是 Cox 回归模型和 Hazard ratio 值？

当我们需要评估某种治疗方法与生存情况的因果关联性，或评估某种治疗方法对患者生存的影响程度时，往往需要借助 Cox 回归这一分析方法。需要注意的是，Cox 回归只能告诉我们发生终点事件的风险比值，不能被用来预测生存时间。

通过 Cox 风险回归模型，我们可以得到 Hazard ratio 值，即风险比。HR 被用来表示因为某种因素的存在而使得疾病复发/病情缓解/患者死亡等风险发生改变的倍数。简单来说，如果终点事件是死亡，那么 HR 表示在任何时间点，治疗组患者与对照组患者相比，患者发生死亡的可能性之比。HR＜1 表示治疗组患者死亡风险更低，HR＞1 则表示治疗组死亡风险更高。假设 OS 终点的 HR=0.75，则说明在整个随访过程中的任何时间点，试验组的死亡风险相比对照组而言降低了 25%。与 Log Rank 检验一样，HR 也有对应的 P 值。

（4）Cox 模型可以在所有临床试验的生存分析中应用吗？需要满足什么条件才能应用？

上一小节中我们提到，Cox 回归得到的结果表示的是在任何一个时间点两组患者终点事件发生的概率之比。这也体现了 Cox 回归的一个重要前提：假定两组患者在任何时间的风险比都是固定的，因此，在进行 Cox 回归前往往需要对生存数据进行检验，称为 Proportional Hazard test（PH 检验），即比例风险检验。直观而言，如果两组患者的 K-M 曲线斜率之比基本保持一致，则 PH 假设成立；如果斜率之比在前后相差较大，尤其是曲线出现交叉，则 PH 假设一般不成立。需要注意的是，在临床试验过程中出现轻微的 PH 扰动是可以被接受的（图 4）。

当生存数据符合 PH 假设时，Cox 风险模型和 Log Rank 检验往往会得出一致的结果；即 HR＜1 且其 95% 置信区间的上限也小于 1 时，Log Rank 检验的 P 值也小于 0.05。

当生存数据不符合 PH 假设时，通常采用的解决方法包括：①将不成比例关系的协变量（通常经过亚组分析得出）作为分层变量，再将剩余变量进行 Cox 回归分析；②采用时间依从性协变量进行分段 Cox 回归；③采用参数回归模型代替 Cox 回归模型。

临床研究学

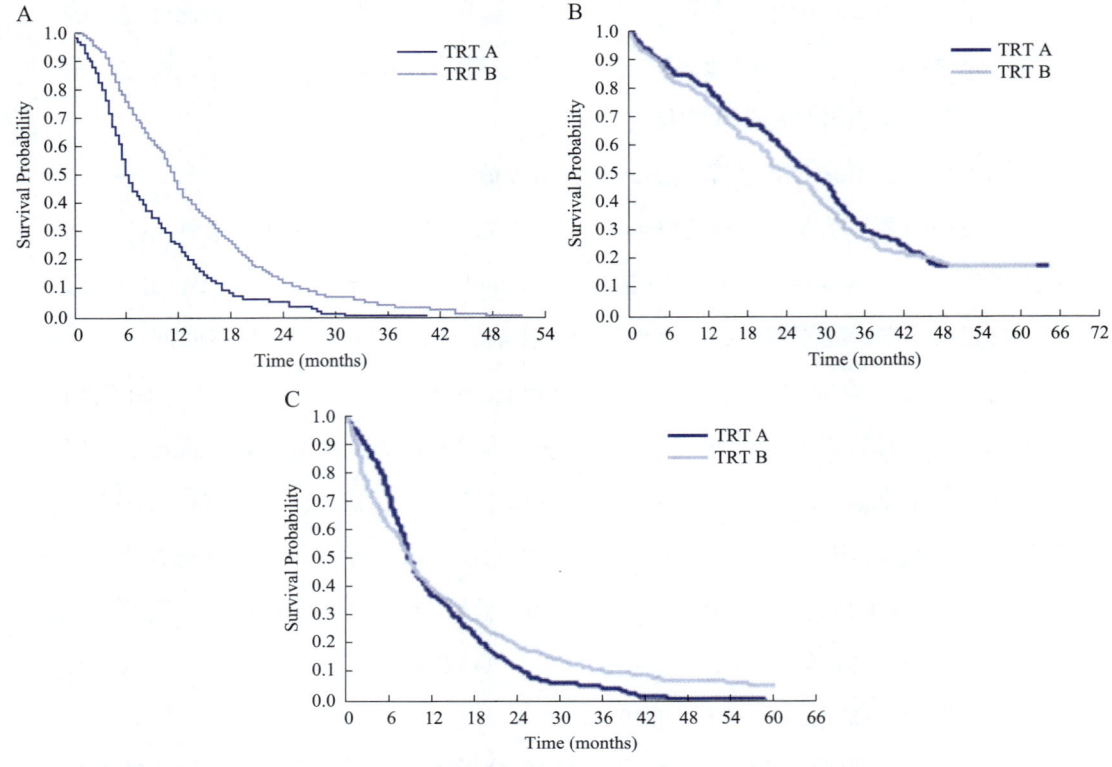

图 4 PH 检验时可能面对的不同情况
A. 两组曲线斜率之比保持一致，符合 PH 假设；
B. 两组曲线斜率之比存在少量扰动，基本符合 PH 假设；
C. 两组曲线交叉，不符合 PH 假设

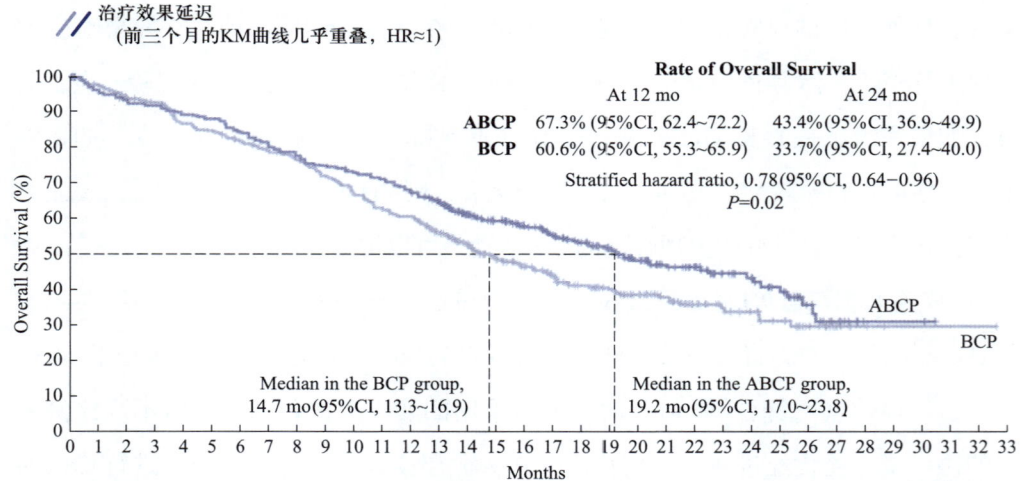

*来源于罗氏 IMpower150 项目：阿特珠单抗/贝伐珠单抗/卡铂/紫杉醇 vs 贝伐珠单抗/卡铂/紫杉醇治疗晚期小细胞肺癌。

图 5 不适合使用 Cox 模型的案例——IMpower150 项目
前三个月 K-M 曲线重合，HR≈1 使用 Cox 模型会导致 HR 假性升高，试验效能降低

需要注意的是，图 5 和图 6 中列举的情况会降低 Cox 模型的检验效能，即我们得出的 HR 可能大于实际值、或达到同等效果所需的病例数增加，换言之，我们可能会低估试验组药物的效果。在实际药物审批过程中，如果这些研究使用了 Cox 模型且 HR 达到要求，监管部门依旧可以接受研究结果。但如果是 K-M 曲线出现交叉，则监管部门可能无法批准使用 Cox 模型进行风险比较的研究。

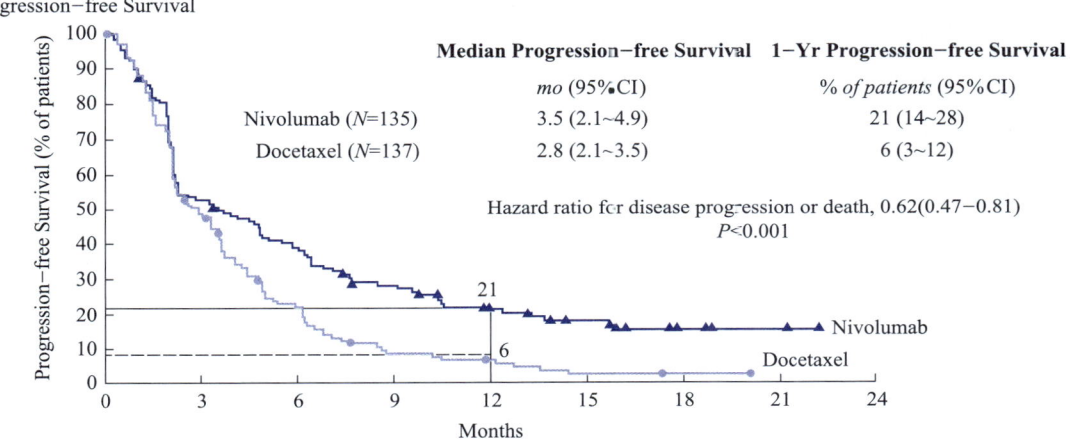

*来源于百时美施贵宝CheckMate 017项目：纳武利尤单抗VS多西他赛治疗晚期小细胞肺癌。

图 6 不适合使用 Cox 模型的案例

CheckMate017 项目，前三个月 K-M 曲线重合，后续效果持久由于存在持续缓解的患者，为满足 Cox 模型分析所需的终点事件数量，需大大延长随访时间

（5）比较中位生存期和比较 HR 有什么区别（表 2）？

表 2 中位生存期和 HR 在生存分析中的区别

	中位生存期	HR
	较大	较小
受数据结构影响	若随访时间不足，可能无法得出中位生存期	随访时间长短不影响 HR 的计算
	生存数据为偏态分布时，中位生存期不具有代表性	即使偏态分布或存在较多删失数据也可以进行分析

续表

	中位生存期	HR
包含信息	仅表示某一时间点上的生存率差异	使用截止到随访结束前全部的生存数据建立模型
混杂因素影响	根据 K-M 曲线推导获得的中位生存时间受到各种混杂因素影响,且难以校正	可以通过 Cox 模型去除混杂因素影响
	可能夸大或低估获益	可以用于不同研究间的间接对比

从前文中,我们可以看出:HR 的分析过程囊括了整个 K-M 生存曲线中的所有信息,因此总结了整个随访时间内的治疗效果。相比之下,中位生存期仅关注生存曲线上的一个点,作为个体患者疾病控制持续时间或 OS 的指标过于简单。很多研究的生存数据都是呈偏态分布的,此时中位生存时间就更难代表全程生存情况(图 7)。由于上述两种特性,临床研究进行优效性和非劣效性声明时往往基于 HR。

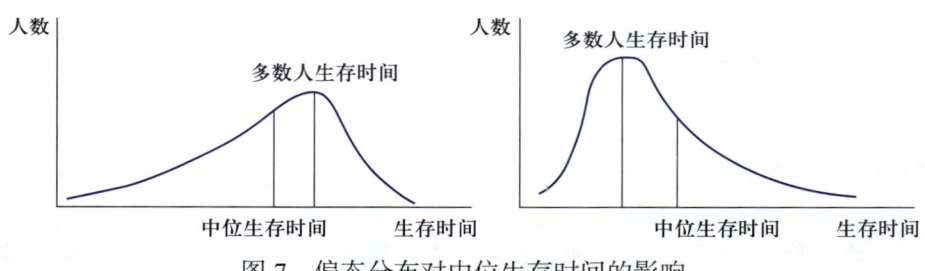

图 7　偏态分布对中位生存时间的影响
此时中位生存时间无法代表大部分患者的生存时长

此外,HR 可以给出本试验中两组患者之间的相对疗效,不仅可以用于本试验中治疗组的生存率推断,也可以和其他试验的 HR 值进行对比,是各种药物跨研究对比的一种间接途径。而中位生存时间会受到本试验招募患者的性别、年龄、合并症、病情严重程度等多重因素的影响,不适合进行跨研究的比较。

3．Kaplan-Meier 曲线解读

(1)如何根据生存数据绘制 K-M 曲线?

本节我们将利用一个小样本数据展示如何绘制 K-M 曲线,并借此回答一些解读 K-M 曲线过程中常见的问题。在绘制前,我们需要明确以下几点:

① Kaplan-Meier 曲线表现的是各个时间点的累计生存率,即之前所有时间点

的生存率的乘积；②删失数据不影响生存率的计算，但需要在图中以"+"表示；③在随访截止时未发生终点事件的患者全部被记录为"删失"，删失时间为该患者的末次随访时间。

首先，我们需要将所有患者的生存数据"平移"至从 t0 开始，之后计算每个随访区间的剩余观察人数、死亡人数和删失人数（图 8）。

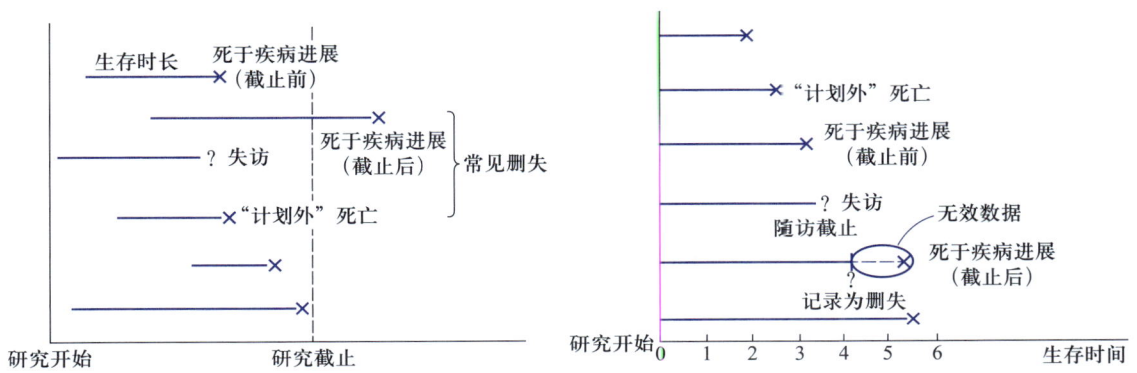

图 8　将患者的生存数据进行整理的过程

注意：随访区间的剩余观察人数以本区间开始时为准，死亡人数和失访人数均为在本区间内的发生数。即本区间剩余观察人数 – 死亡人数 – 失访人数 = 下一区间剩余观察人数。以图 9 为例，随访开始后，第一个随访周期中，没有终点事件发生，观察人数与起始人数一致，为 6 人，死亡和删失人数均为 0。在第二个随访周期中，起始观察人数（即生存时间为 1 时剩余的患者数）为 6 人，患者①死亡，无人删失。在第三个随访周期（即生存时间 2～3 之间）中，由于上一个周期有 1 人死亡，起始观察人数变为 5 人，患者②因计划外死亡记为删失，无人死于终点事件。以此类推，在第四个随访周期（即生存时间 3～4 之间）中，起始观察人（即生存时间为 3 时生存的患者）为患者③～⑥，人数为 4 人，周期内出现了 1 人死亡、1 人因失访删失。在第五个随访周期中，起始观察人数为 4–2=2 人，患者⑤的随访时间截止，但终点事件未被记录，属于删失数据。在第六个随访周期中，起始观察仅剩余患者⑥一人，他也在这个周期中出现了终点事件。

得到生存数据的总结后，我们可以开始计算生存率。每个区间的生存率 =（观察人数 – 死亡人数）/ 观察人数 ×100%；累计生存率 = 之前各区间生存率的乘积（图 9，图 10，表 3）。

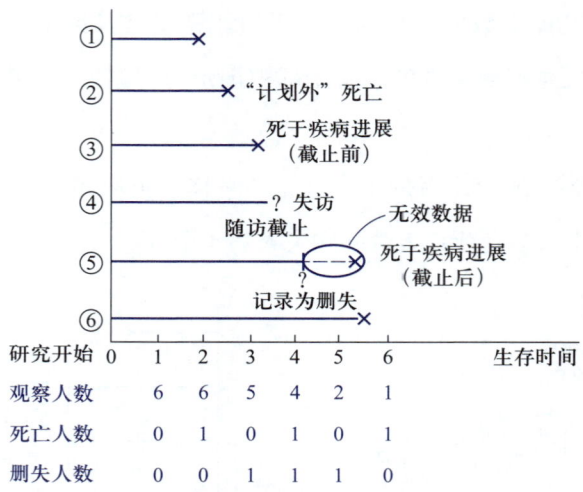

图 9　计算每个区间的剩余观察人数、死亡人数和删失人数
每个时间点对应的数字表示在前一个观察区间中的总人数、死亡人数和删失人数

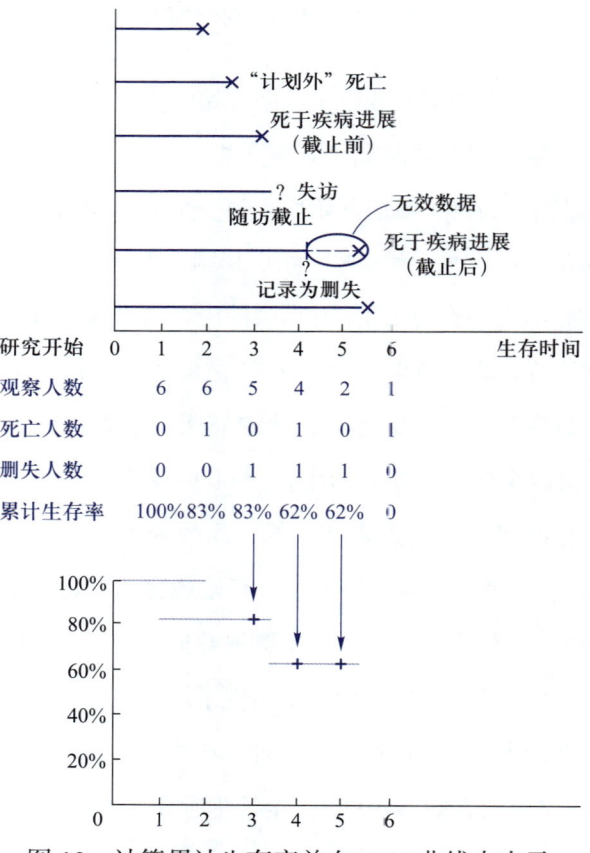

图 10　计算累计生存率并在 K-M 曲线中表示

表3 本案例中累计生存率的计算过程

随访周期	观察人数	死亡人数	删失人数	本区间生存率	累计生存率
1	6	0	0	100%	100%
2	6−0−0=6	1	0	（6−1）/6=83%	100%×83%=83%
3	6−1−0=5	0	1	（5−0）/5=100%	83%×100%=83%
4	5−0−1=4	1	1	（4−1）/4=75%	83%×75%=62%
5	4−1−1=2	0	1	（2−0）/2=100%	62%×100%=62%
6	2−0−1=1	1	0	（1−1）/1=0	0

最后，我们将各个节点的累计生存率表示出来，并用"+"标注出删失数据，连接后得到的就是我们常见的K-M曲线了（图11）。

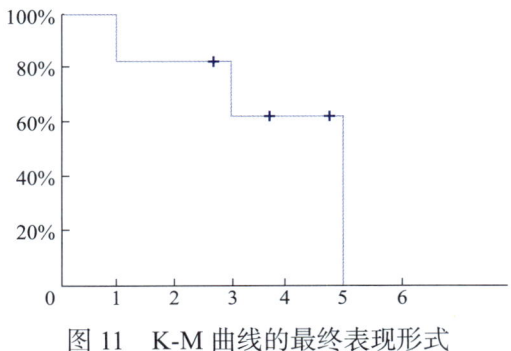

图11 K-M曲线的最终表现形式

通过动手绘制，我们可以观察到K-M曲线的几个特点

①删失数据的出现不影响生存率；

②结尾处剩余观察人数较少时，个别患者的生存情况会很大程度上影响K-M曲线的形状。

（2）我们可以从K-M曲线上得到哪些信息？

一般情况下，我们可以从K-M曲线上直接读出患者的中位生存时间，即生存率为50%对应的时间节点。此外，我们可以通过观察K-M曲线的斜率比较两组患者的死亡风险，斜率越大则患者死亡速度越快、死亡风险越高。两条曲线的斜率之比可以反映HR，试验组与对照组的斜率之比越小，HR往往越小，即两组患者的差距越大、试验药物的效果越明显。

（3）"Number at risk"是什么？解读生存数据时有什么意义？

Number at risk的定义是"曲线上各个时间点所对应的暴露于结局风险的人

数"，通俗来讲，就是这个时间点还有多少患者仍在被随访，即我们前文提到的"剩余观察人数"，往往被标注在 K-M 曲线下方。如前文提到的，当 Number at risk 较小时（往往出现在随访后期，即 K-M 曲线的尾部），即使个别患者的生存情况也会对 K-M 曲线的形状产生很大影响。因此，只关注 K-M 曲线的形状可能会使我们对尾部的生存率变化有错误的认知，需要结合 Number at risk 判断这些变化是不是由于个别案例导致的。此外，大部分 K-M 曲线尾部平滑的直线都是由众多长期随访过程中未出现终点事件的患者构成的，此时对应的 Number at risk 可以提示有多少患者处于长期随访状态中。

此外，Number at risk 是帮助我们了解有无删失及删失人数的重要途径。当一个研究出现大量脱落时，我们也许很难从 K-M 曲线上看出端倪，但 Number at risk 可以很好地提示我们这一点。

（4）常见问题解答

①为什么有时候 Number at risk=0，但 K-M 曲线依旧不与 x 轴交叉？

K-M 曲线与 x 轴交叉代表生存率为 0，即所有观察对象均死亡。但在实际研究中，有很多患者在随访结束时依旧存活，作为"删失数据"存在。如果随访时间最长的患者结局是死亡，如图 10、图 11 所示，那么 K-M 曲线将最终与 x 轴交叉；如果随访时间最长的患者结局是存活，如图 12 所示，那么这个研究的生存率将持续保持在最后一个死亡患者出现时的水平。这也提示我们：K-M 曲线尾部平台出现时，既有可能表示治疗效果的延续，也有可能是剩余患者删失导致的，其具体的参考价值需要结合 Number at risk 进行判断。

②早期删失和晚期删失对最终的 K-M 曲线有什么影响？

从 K-M 曲线的绘制原理角度来讲，"删失"本身并不会影响生存率，也不会影响 K-M 曲线的形状。但这一结论的前提是假设这些删失患者的生存情况与其他患者一致。在实际研究中，早期删失的患者往往存在依从性较差、治疗效果不明显等问题，这部分患者可能实际生存时间较短，在早期将他们删除会导致最终结果优于实际情况。而晚期删失往往是由于随访时间不足、部分患者未出现终点事件，这部分删失对最终生存率的影响是多样的。

③延长随访时间会导致 K-M 曲线的形状发生变化吗？

延长随访时间产生的影响主要是在之前的随访截止时未出现终点事件的患者，

他们可能会由之前的"删失数据"变成对最终生存率有影响的常规随访数据。由于这部分删失的患者往往被标记在 K-M 曲线的尾部，延长随访时间后产生的波动也主要出现在 K-M 曲线的尾部。如果大部分患者在延长的随访期内存活，则尾部生存率会提高，曲线会相对"上扬"；反之，如果延长随访期内出现了大量患者死亡，则尾部生存率会下降，曲线会"压低"。

④什么是"拖尾效应"？拖尾效应常出现在哪些情况下？

"拖尾效应"这一名词往往与免疫治疗相联系，是指响应免疫疗法的患者，在一定时间长度的免疫治疗结束后，抗癌的治疗效果依然持续存在的现象，也就是说免疫治疗可以给患者带来持久的免疫应答和长期的生存获益。表现在 K-M 曲线上，就是相比较对照组，免疫治疗组的患者在曲线尾部有一段维持在较高水平的平台，即生存率持续高于对照组。但并非所有 K-M 曲线结尾的平台都是由于拖尾效应导致的（图 12），需要结合实际生存的患者数及删失数据共同评估（图 13）。

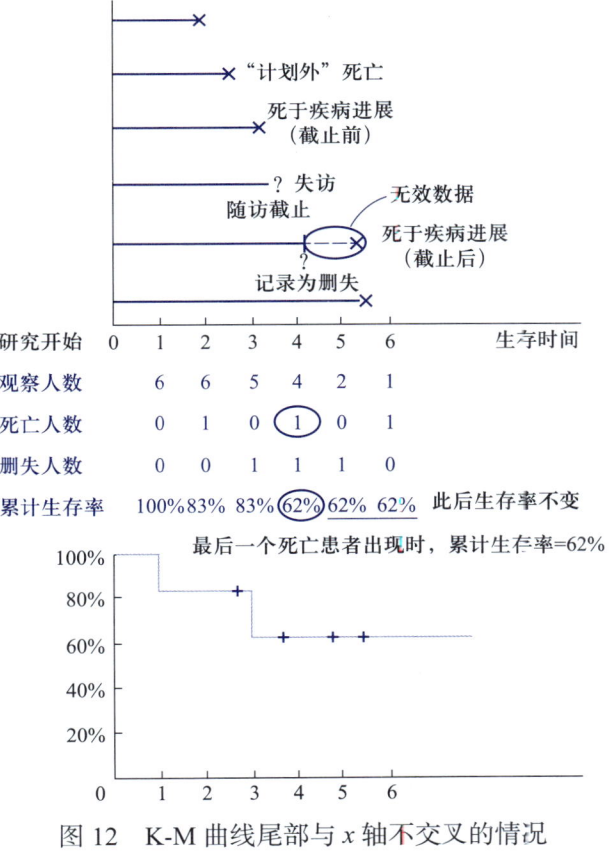

图 12　K-M 曲线尾部与 x 轴不交叉的情况

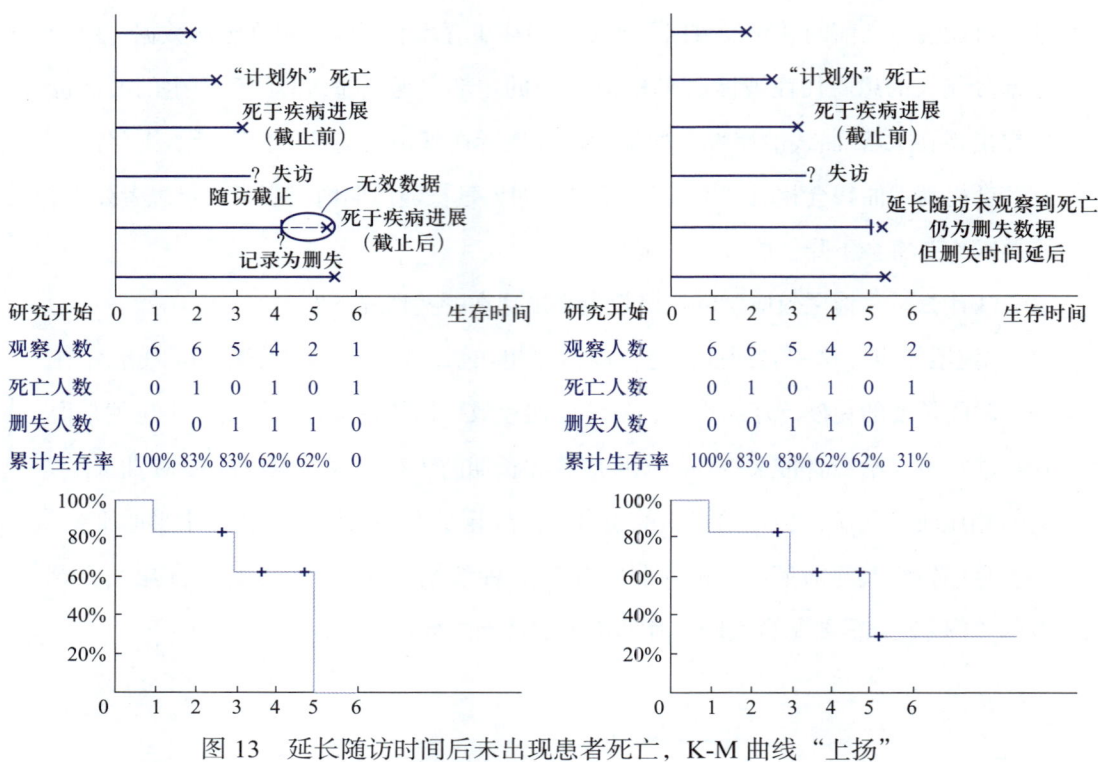

图 13 延长随访时间后未出现患者死亡，K-M 曲线"上扬"

4. 非典型分析

随着抗肿瘤免疫治疗的推行，很多临床试验都会出现"治疗延后"和"拖尾效应"（图 14），由于 Cox 模型会受到前期曲线重合的影响，且无法反映后期免疫治疗的长期生存平台期，Cox 模型得到的 HR 往往会低估试验药物的有效性，且会使得统计显著性下降。此时再应用 Cox 模型估计 HR 将不再合适。以本章引入故事中的 NALA 研究为例，研究者采用了 RMST（restricted mean time survival）模型进行分析，这是一种通过计算 K-M 曲线下面积得出两组治疗的平均生存时间，再比较两组间差异的方法（图 15）。这种方法不仅适用于 K-M 曲线前期存在重合的情况，同样也可以应用于 K-M 曲线后期重合和 K-M 曲线交叉的情况。需要注意的是，RMST 模型估算的是某段时间内两组患者的平均生存时间，具体时间段的选择可以由研究者根据临床意义自行确定。例如，当 K-M 曲线出现交叉时，研究者可以对交叉点前后分别用 RMST 模型估算平均生存时间，从而得出交叉点前后两组患者的生存率之间是否存在差异。

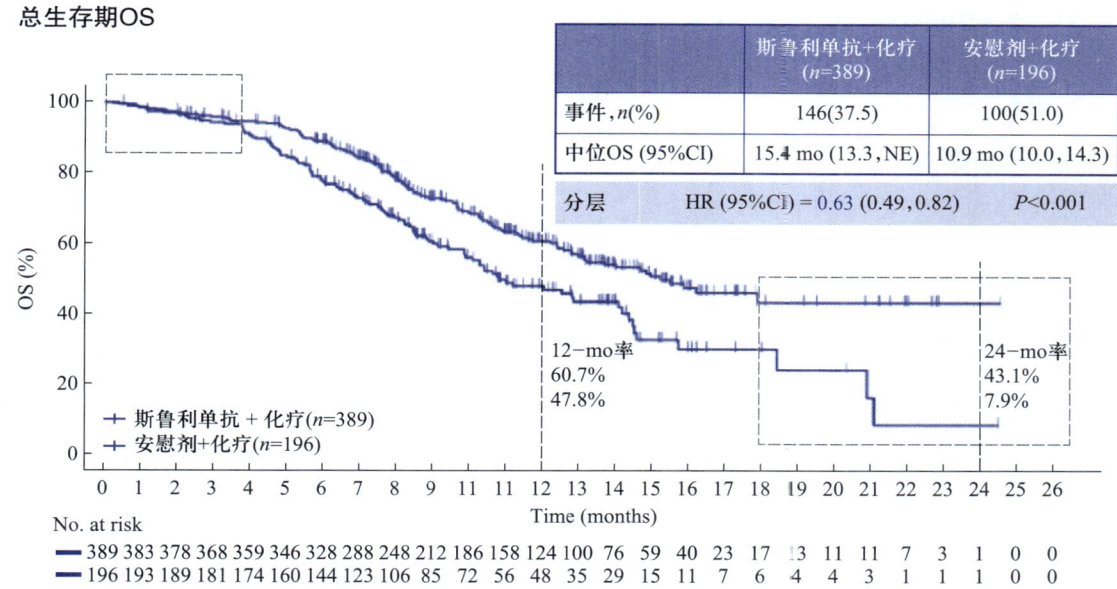

图 14　ASTRUM-005 研究中，PD-1 抑制剂斯鲁利单抗联合化疗组出现了拖尾效应
即在试验组（使用斯鲁利单抗＋化疗）的患者中，有一部分患者获得了长期生存
表现为在第 18- 第 24 周的 6 周中，17 名试验组患者均未死亡，生存率不变，K-M 曲线出现平台
需要关注的是，number at risk 不断下降是由于删失导致的，而非患者死亡导致
这部分删失值的出现往往不是由于意外死亡或失访，而是由于观察期截止导致的

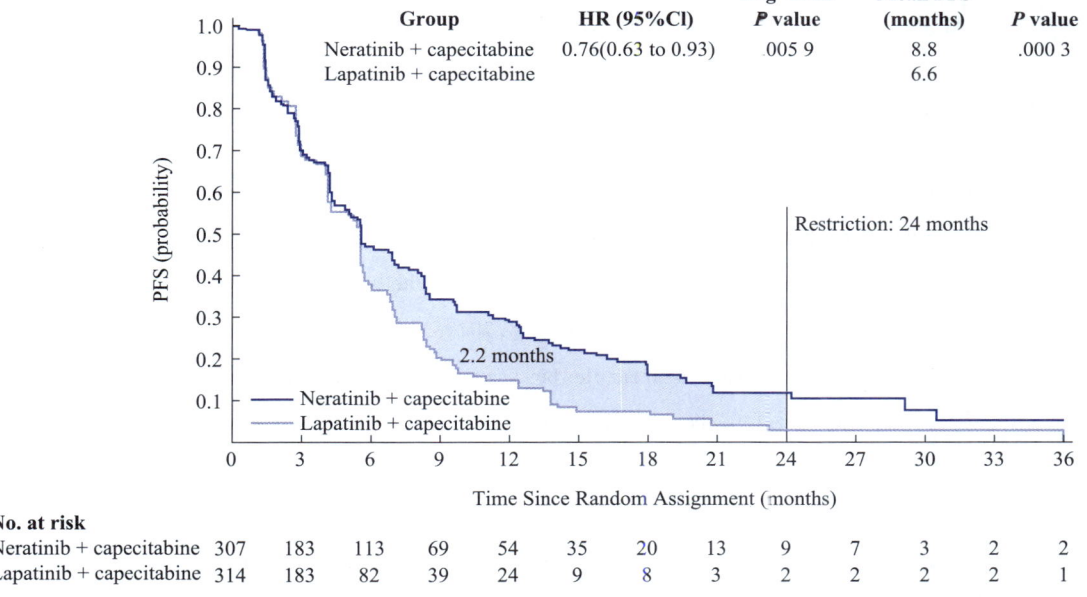

图 15　NALA 研究中，两组患者中位 PFS 和经典 Cox 模型得到的 HR 均无临床差异
研究者采用 RMST 模型估计两组患者随访的前 24 个月的平均 PFS 的差异并获得阳性结果

除了 RMST 模型，分层 Cox 回归、时依变量拓展 Cox 回归、参数生存分析等方法也被用于经典 Cox 模型不适用的临床研究中。

一句话概括

生存分析是评估临床疗效的核心方法，主要采用 Kaplan-Meier（K-M）曲线和风险比（HR）进行呈现。K-M 曲线可直观反映中位生存时间及生存率差异，当 HR < 1 时提示试验组具有生存优势。值得注意的是，在抗肿瘤免疫治疗领域，因可能出现早期疗效不显著等问题，需结合 Cox 模型以外的补充分析方法进行更全面的疗效评估。

名词解释

- RMST（restricted mean time survival，限制平均生存时间）模型：是生存分析中衡量预设时间窗内患者平均生存时长的指标，通过计算该时间段生存曲线下面积获得。其核心特点是不依赖比例风险假设，直接反映实际生存时间差异，常用于 K-M 曲线交叉等不满足 PH 假设的研究场景。

参考文献

[1] Friedman, Lawrence M., et al. Fundamentals of Clinical Trials (fifth edition).

[2] Saura, Cristina, et al. Neratinib plus capecitabine versus lapatinib plus capecitabine in HER2-positive metastatic breast cancer previously treated with ≥ 2 HER2-directed regimens: phase Ⅲ NALA trial. Journal of Clinical Oncology, 2020, 38 (27): 3138.

[3] Reck, Martin, et al. Atezolizumab plus bevacizumab and chemotherapy in non-small-cell lung cancer (IMpower150): key subgroup analyses of patients with EGFR mutations or baseline liver metastases in a randomised, open-label phase 3 trial. The Lancet Respiratory Medicine, 2019, 7 (5): 387-401.

[4] Horn, Leora, et al. Nivolumab versus docetaxel in previously treated patients with advanced non-small-cell lung cancer: two-year outcomes from two randomized, open-label, phase Ⅲ trials (CheckMate 017 and CheckMate 057). Journal of clinical oncology, 2017, 35 (35): 3924.

[5] Cheng, Ying, et al. Effect of first-line serplulimab vs placebo added to chemotherapy on survival in patients with extensive-stage small cell lung cancer: the ASTRUM-005 randomized clinical trial. JAMA, 2022, 328 (12): 1223-1232.

延伸问题

1. 如何处理生存曲线出现交叉的情况？有交叉一定表示试验失败吗？

2. 不同临床试验之间的生存数据能否进行对比？对比前应该关注哪些问题？该对比哪些数据？

（刘冬妍　唐玉）

4.5 风险比

引导问题

> 免疫治疗药物在近十年有了突破性的发展，其中免疫检查点抑制剂 PD-1 类单抗在我国就已有 12 款获批。不同 PD-1 单抗的临床试验结果各不相同。如何根据试验结果评估一项治疗的效应大小？有哪些参数可供参考呢？

章节导图

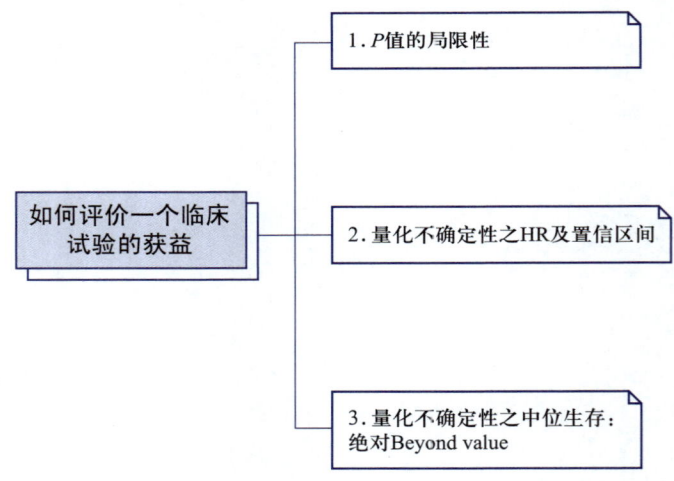

典型故事

2023 年 11 月，胸膜间皮瘤治疗迎来了一项重大结果更新。在 IND227 这项随机分配的Ⅲ期临床试验中，比较标准化疗 CP（铂类＋培美曲塞）与 CP 联合 PD-1 单抗（Pembrolizumab）在初治晚期恶性胸膜间皮瘤患者中的疗效获益。试验中显示，CP+pembro 组与单独 CP 组相比，联用免疫治疗组获得了更加的总生存期（OS）及无病进展生存期（PFS）的获益（图 1）。当我们进一步分析患者获益时，会发现 PFS 曲线在出现交叉的情况下，仍然取得了显著的 HR 及 P 值，这是为什么呢？

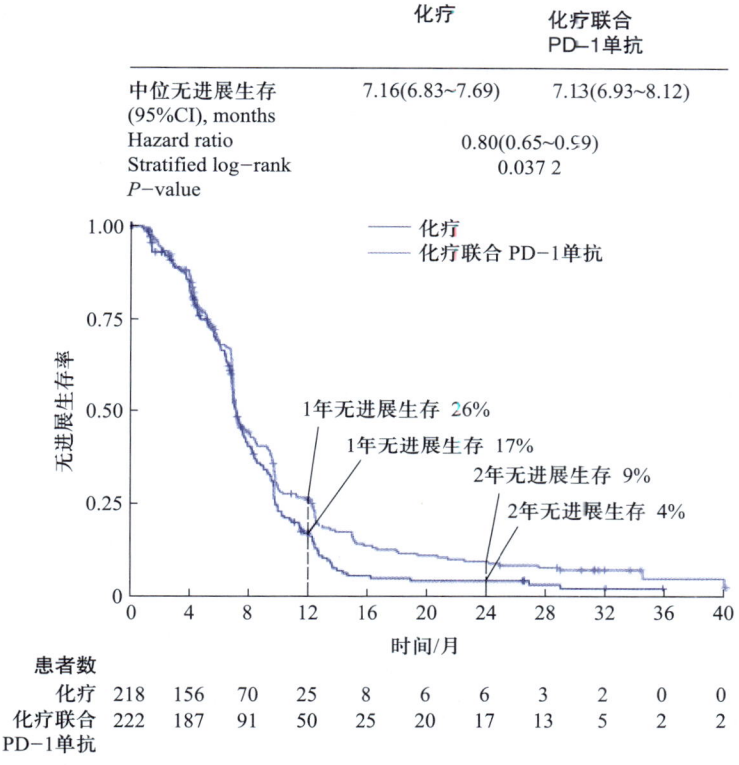

图 1　IND227 研究：胸膜间皮瘤一线化疗联合免疫对比化疗疗效的交叉 PFS 曲线与显著的 HR 及 P 值

IND227 研究证实化疗联合免疫治疗与化疗相比显著改善了初治恶性胸膜间皮瘤患者的无进度生存时间。为什么在生存曲线存在明显交叉的情况下，仍然可以得出这样的推论呢？可以看到在结果图中出现了 P 值、风险系数（HR）及置信区间等不同参数来描述这项试验的结果，本章来一一解读这些参数的意义。

主要内容

1. P 值评估治疗效应，局限在哪里？

P 值在评估治疗效应大小时存在显著局限性，其本质是基于假设检验的统计显著性指标，而非直接衡量效应大小的指标。P 值反映的是在原假设成立时观察到当前或更极端结果的概率，仅体现数据与假设的不匹配程度，与治疗效应的实际大小无直接关联。例如，两项样本量不同的研究可能呈现相同的效应差值（如生存时间差异 0.5 年），但因抽样误差导致 P 值不同（如 0.02 与 0.06），此时 P 值的差异仅反映统计检验的把握度，而非效应本身的强弱。此外，P 值易受样本量影响，大样本可能使微小的、临床无意义的差异（如绝对风险降低 2%）呈现统计学显著（$P < 0.05$），而小样本可能掩盖真实的治疗效应，导致"统计显著但临床意义有限"或"统计不显著但效应存在"的矛盾。

P 值的局限性还体现在其对科学决策的片面引导及对结果解读的误导性。过度依赖 P 值作为"金标准"易导致对效应大小的忽视，例如将 $P < 0.05$ 等同于"疗效显著"，忽略治疗效应的实际临床意义。在 $P < 0.05$ 这一先决条件下，我们应该结合风险系数（HR）、中位生存、效应值类型、置信区间、亚组分析及生物学合理性对治疗效应进行综合判断。

2. 衡量治疗效应，中位值和风险比 HR 是什么？

在聊这个问题前，我们首先回到常用来描述生存分析的 Kaplan-Meier 曲线；它可以描述在给定时间范围内个体生存率的变化情况。如图 2 所示，随着横轴时间的延长，不同组（A 和 B）之间患者生存率不断下降。自然地，当我们想要比较两组间差异时，我们可以直观想到用生存时间差异来衡量（如中位 OS）；这些临床试验常用指标显示了疗效的绝对差异。但同时我们也能够发现，中位数实际上只包含了前 50% 患者达到预计时间或者截尾时间的信息。如图 3 所示，K-M 曲线的形状受入组人群状态、试验药物特点（起效快的靶向药或发挥长期疗效的免疫药）、删失（患者失访或退出试验）及观察终点（PFS 或 OS）等因素影响很大，这个时候，上述只反映特定时间或特定事件数下治疗数据的指标，如中位值，就无法全面地描述整条曲线，以及比较不同治疗措施之间的整体治疗获益；以"百日必死丸"为例，那么很显然，单独一百天前、后的治疗数据都无法全面地代表这款药物的疗效。比如对于常常会产生"拖尾效应"的免疫治疗，早期的中位生存就无法完整反映免疫治疗的获益（图4）。

此外，临床试验生存数据还存在成熟度这一概念，以OS为终点的临床试验在初始的试验方案中就会预设在死亡事件数量达到多少时进行期中分析和最终分析。中位值可能会受到成熟度的影响而无法计算或无代表性。如一个肿瘤临床研究入组了100例患者，并计划在收集到80个死亡事件时进行最终分析。当收集到30个死

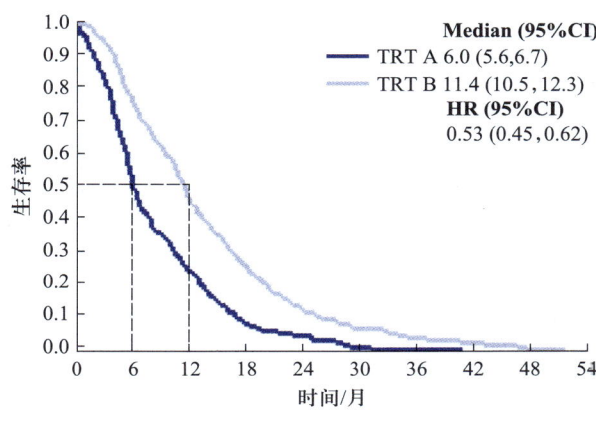

图2 Kaplan-Meier 曲线（示例）

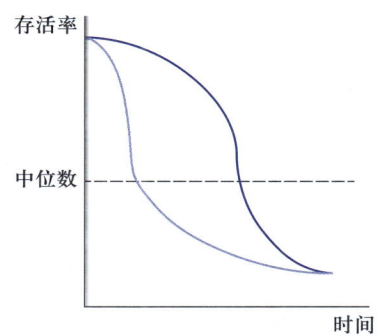

图3 K-M曲线的中位数据受到数据特征影响较大，无法很好地反映偏态分布中的患者生存获益

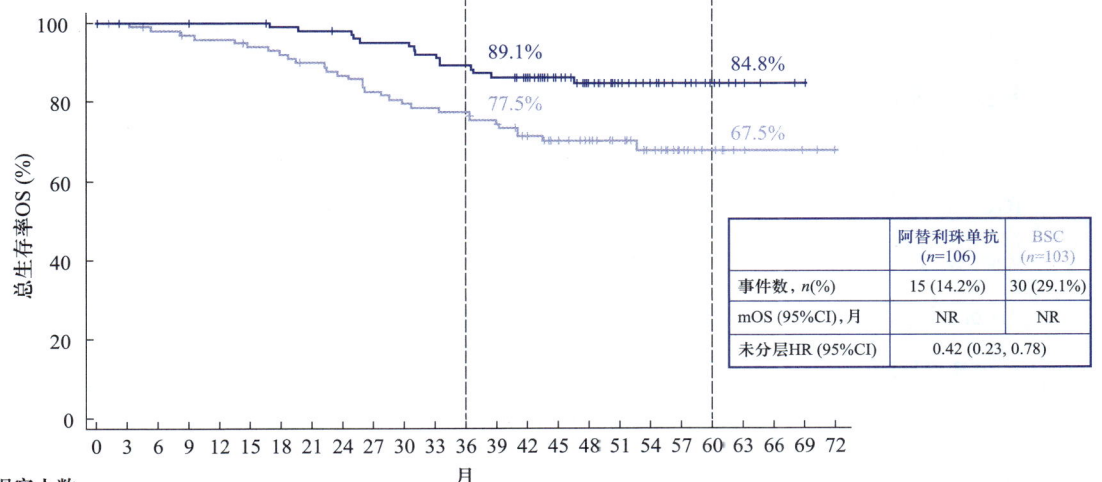

图4 IMpower010研究结果CSCO 2022墙报：在PD-L1 ≥ 50%的IB-ⅢA期NSCLC术后辅助患者中，阿替利珠单抗维持治疗疗效更为突出，5年OS率达到84.8%

亡事件时，我们做了一次数据分析，哪怕是阳性结果。这时的结果我们不能称为"成熟"。因此我们还使用风险比（Hazard ratio，HR）来评估治疗效应比例。

风险比 HR 是生存分析中用于评估两组事件发生风险差异的核心指标，其定义为治疗组与对照组在单位时间内发生目标事件（如疾病进展、死亡等）的瞬时风险率之比。HR 的计算考虑了事件发生率，均值（如中位 OS），及随访时间等参数。值得注意的是，作为比例，HR 是有方向的（A *vs.* B 或 B *vs.* A），在临床试验中，我们通常默认 HR 是试验组比对照组，HR 小于 1 意味着试验组治疗更有优势，如 HR=0.75，意味着试验组比对照组降低了 25% 的死亡风险（以 OS 为终点）。

由于 HR 利用了整段 K-M 曲线时间内的疗效数据，因此 HR 相比中位值及固定时间节点数据，具有受数据结构及成熟度影响小，结果更全面稳定等优点；但需要注意的是，在临床试验里，HR 并不是衡量一款药物的获益程度的唯一指标。如一项广泛期小细胞肺癌中免疫联合化疗对比化疗的临床研究 CAPSTONE，尽管中位 OS 的 HR=0.72（0.58~0.90），*P*=0.001 7，但中位 OS 的数值获益仅仅较对照组多了 2.5 月（15.3 月 *vs.* 12.8 月），PFS 更是只有 0.2 个月获益（5.8 *vs.* 5.6，HR=0.67）。在这个时候，我们应该综合考虑药物的价格，副作用，疗效获益等多方面因素来考虑患者是否应该使用这款药物，这点在 3.7 有进一步阐述。

在实际应用时，我们可能会把同样是用于比较组间风险的指标 OR（比值比），RR（relative risk，相对危险度）和 HR（风险比）混淆。它们有着各自的应用场景。当队列研究的结局指标涉及时间因素时（中位 OS 等），需要用到 HR（在临床试验中最常用到生存类结局，因此常用 HR），不涉及时间因素时的前瞻性研究选用 RR（理想状态下的暴露因素引起的发病率改变）。对于病例对照研究，我们使用回归模型计算它的 OR，OR 基于病例对照中的发生人数得到的 Odds 而非实际发生率 Probability，它的风险预测的把握性相对也较弱。

3．HR 的应用场景有哪些，HR 可以横向比较吗？

作为反映治疗效应的指标，HR 除了可用于全面衡量两组生存曲线的整体差异比例外，还被用于以下更多的场景。

（1）作为优效性及非劣效性临床试验的关键量化参数

HR 作为可以反映临床试验治疗效果的指标，可以量化临床治疗效应的大小；在设计临床试验时，我们首先需要对试验药物的治疗效果进行评估，根据这款药物的前期临床试验结果,或同类药物的数据预估它对关键终点如患者 OS 的影响程度(通常以 HR 表示),结合预设的显著性水平等其他参数计算试验应当入组人数;HR 值越小,证明试验药物的对于关键终点的影响越大(药越好),入组需要的人数就越少。

在监管层面上,通常对于确证性药物临床试验(Ⅲ期为主),通常认为一款药物应当对比当前入组患者的标准治疗有小于 0.8 的 HR 值获益(更严格地说,HR 的 95% 置信区间下限应当高于对照值);对于非劣效性研究,则要求 HR 的 95% 置信区间下限大于非劣效界值(预先设定)。以晚期肾癌一线的 COMPARZ 研究设计为例,试验以 1∶1 随机化分组,拟探究帕唑帕尼对比舒尼替尼的非劣效性。欧洲药监会评估认为该非劣效研究主要终点 PFS 的 HR 上限应不得高于 1.25(对应 PFS 的缩短为 2 个月)。最终 PFS 的 HR=1.05;95%CI 0.90~1.22,且服用帕唑帕尼患者安全性,患者生活质量等方面培唑帕尼存在显著优势,从而获得了批准。在这里,我们比较的是 HR 的置信区间上限与预设值(1.22 小于 1.25),而非 HR 数值本身(图 5)。

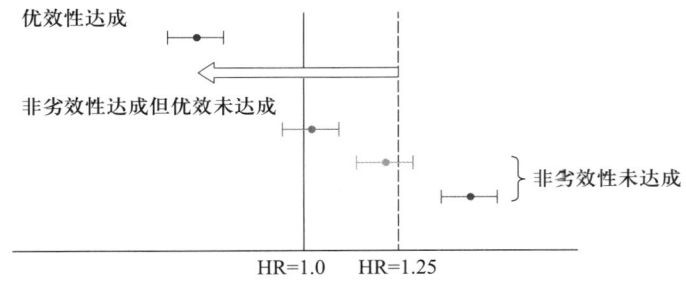

图 5 基于 HR 置信区间的优效/非劣效假设判定

(2)研究具体亚组人群或除外影响因素后人群中试验药物的治疗效果

在临床试验中,因为入组的人群具有多种与试验相关的特征,自然地会产生不同的亚组人群。通过在临床试验开始时统计不同的特征人群数量,我们可以计算不同亚组人群的获益效应 HR,帮助我们发现试验药物的获益/不获益因素。这也是临床试验中最常见到的手段和数据之一。以免疫检查点药物的 PD-L1 表达为例(图 6),在 CheckMate-057 研究中,不同 PD-L1 表达患者 PD-1 抗体治疗疗效存在差异,PD-L1 表达越高,患者越可能从靶向 PD-1 治疗中获益。

除了由患者自身因素导致的亚组外,对于一些已知或事后知晓,可能对临床试验结果产生影响，且在两组间分布不均的变量，我们可以使用多变量 Cox 模型对 HR 进行矫正，将例如年龄、性别、疾病分期和体能状态等对 HR 的影响进行校正，从而得到校正后 HR，排除已知重要预后因素对试验结果造成的影响，从而确认临床试验药物对患者的实际效益。

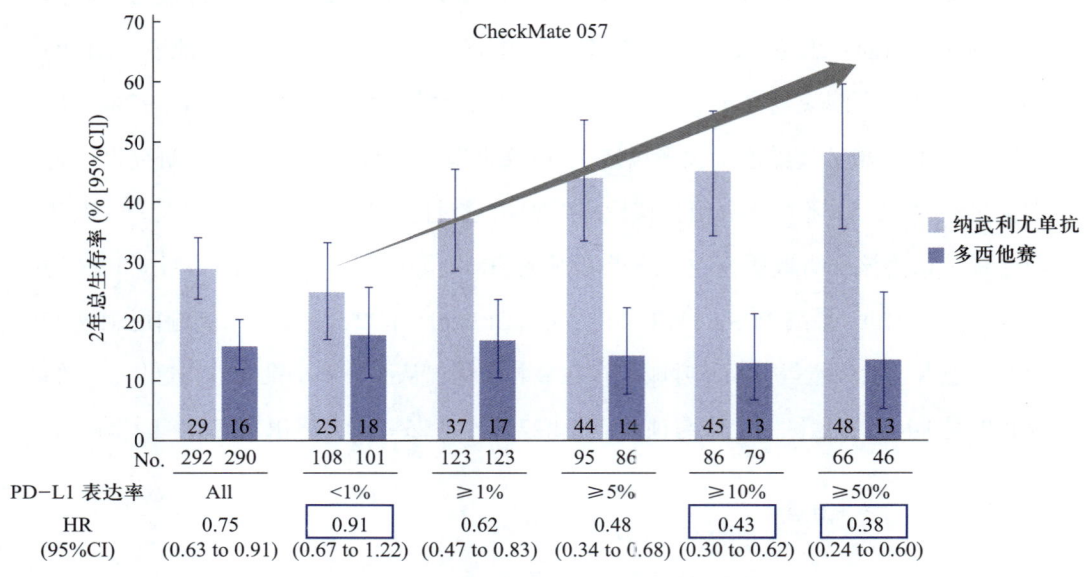

图 6　HR 可用于展示重要亚组的获益情况

（3）在不同研究间进行间接比较，或纳入荟萃分析提供更高级证据

有了 HR 值作为临床试验获益效应的判断，我们自然的就会产生这样的想法，同一类型、同一适应证的不同药物，我们能否通过比较它们从不同临床试验中获得的 HR 值，来比较不同药物的优劣呢？以 PD-1 抑制剂为例，图 7 列举了几个不同的 PD-1 抑制剂临床试验及疗效，那么是否可以根据 HR 最小原则，简单地推测纳武利尤是最佳 PD-1 抑制剂了呢？答案是否定的。因为不同临床试验入组人群的基线特征有所不同，可以看到，即使是同样药物治疗的对照人群，其中位生存数据在不同药物试验中也有所不同。因此通过不同研究 HR 值直接比较的结论往往是武断的，它给我们提供的是该类型药物效应值的参考范围区间。而最严谨的比较方法，是头对头的研究 HR 值，然而这样的同类药物比较研究往往在现实中很少见到。

当然，对缺乏直接比较证据的不同干预措施 A 与 B，我们也可以通过统计学手段，在临床研究层面，将不同临床研究的特征视作分类因素，通过收集 A *vs.* C，

B *vs.* C 的临床研究效应 HR，通过网状 meta 分析（network meta-analysis）等手段对 A 与 B 的治疗效应进行比较。网状 Meta 分析是传统 Meta 分析的扩展，旨在通过整合多个干预措施的直接比较（即头对头试验数据）和间接比较（即通过共同对照间接推断的干预间差异），对两种或两种以上干预措施的疗效或安全性进行综合评价的统计方法。例如，三国演义中，尽管吕布与马超未曾交手，我们也可以从与张飞这一共同对手的交手结果中间接推断吕布与马超的实力差距。网状 meta 在多干预措施的疗效比较与优选、卫生技术评估与指南制定、安全性与不良反应综合评估、罕见病或证据稀缺领域的证据整合等场景逐渐发挥更多的作用。

药物	临床研究	靶点	人群	分组	结局指标	中位值(月)	HR (95%CI)
帕博利珠单抗	KEYNOTE-062	PD-1	PD-L1CPS≥1	免疫+化疗 *vs.* 化疗	mPFS	6.9 *vs.* 6.4	0.84(0.7~1.02)
					mOS	12.5 *vs.* 11.1	0.85(0.7~1.03)
信迪利单抗	ORIENT-16	PD-1	PD-L1CPS≥5	免疫+化疗 *vs.* 化疗	mPFS	7.7 *vs.* 5.8	0.628(0.489~0.805)
					mOS	18.4 *vs.* 12.9	0.660(0.505~0.864)
纳武利尤单抗	CheckMate 649	PD-1	PD-L1CPS≥5	免疫+化疗 *vs.* 化疗	mPFS	7.7 *vs.* 6.0	0.68(0.56~0.81)
					mOS	14.4 *vs.* 11.1	0.71(0.59~0.86)
纳武利尤单抗	CheckMate 649 中国亚组	PD-1	PD-L1CPS≥5	免疫+化疗 *vs.* 化疗	mPFS	8.5 *vs.* 4.3	0.52(0.34~0.77)
					mOS	15.5 *vs.* 9.6	0.54(0.36~0.79)

图 7　不同 PD-1 抗体临床试验结果汇总

最后，我们还应该简单了解 HR 的局限性，对于 HR 的解释基于"成比例风险"原则：假设研究期间每个时间间隔内的风险率比值近似恒定（图 8A）；理论上可通过一些统计方法和图表来确定 PH 假设是否成立。更直观的，我们可以通过回顾 K-M 生存曲线的形状来初步确立假设是否成立。由于 Cox 模型对于不同时间间隔内较小的扰动有较大的耐受度（图 8B），因此仍可以在分离度轻微下降的情况下继续采用 HR 值（图 8B）；当两条生存曲线存在显著的交叉后分离，也即违反了成比例风险原则时，基于全段时间的 HR 值很显然无法完全地描述治疗获益（图 8C），在这种情况下，对试验人群进行亚组分析或分时段分析，是常常被推荐的方法。

（4）全面评价一项临床试验的获益，有哪些 HR 之外的内容呢？

P 值，HR 值，中位数值和它们的置信区间仅仅在一定程度上为临床试验的显著度及临床获益幅度提供了参考，而临床获益的评估，还要涉及以下多方面的考虑：

① $P < 0.05$ 是否足够？（$P=0.05$ 代表着 1/20 的概率结论出错，20 个患者接受治疗，其中就可能有一个患者没有显著获益。临床上要进一步基于综合情况评估药物治疗疗效，而非借助特定 P 值进行是或否的二分类）

②主要终点的 HR 及其置信区间数值是否能给对应患者当前治疗带来获益，需结合绝对值在内的指标综合分析（如只延长 1 周无进展生存时间的小细胞肺癌研究）。

③亚组分析的结果是否一致，有无更加获益 / 不获益人群？能否应用到多地区人群（基于试验结果的事后分析只能作为差异可能性的提示，确证性仍需要通过试验来验证。因此鼓励在试验开展前引入合理的分层因素或多终点设计）。

④试验设计及执行是否合理并使结论具有可信性：样本量是否充足，是否提前终止试验，有无设计执行缺陷，是否有充分的数据成熟度避免过早分析引入的偏移。

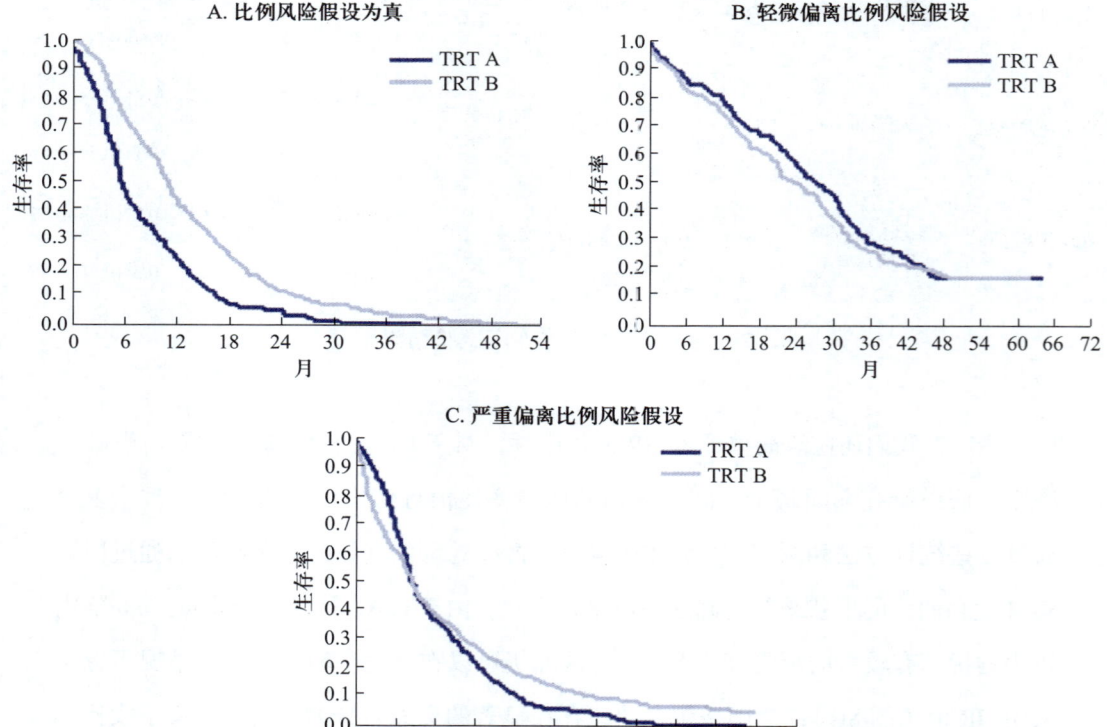

图 8 HR 的应用基于"成比例风险"原则
TRT：Treatment，治疗措施

⑤安全性如何：是否存在足以抵消治疗获益的安全性问题，安全性是否存在患者特异性等等。

4. 总结

评价一项临床试验数据的指标包括 P 值、绝对效应大小、HR 及其置信区间等；可以直观反映疗效的中位数据受到数据结构，数据成熟度等影响。相比之下，纳入全部生存节点数据的风险系数能够更加全面稳定的描述疗效数据，同时为不同临床试验的间接对比，类似治疗的疗效荟萃分析提供数据参考。除了上述指标外，全面完整的评价一项临床试验治疗效益，还应当结合研究背景、研究设计、研究实施、多种数据分析结果做综合的科学推断，没有任何单一的指标可以取代科学推理。

参考文献

[1] Weber JS, et al. Adjuvant therapy of Nivolumab combined with ipilimumab versus Nivolumab alone in patients with resected stage Ⅲ B-D or stage Ⅳ Melanoma (CheckMate 915). Journal of Clinical Oncology, 2023. 41(3): 517-527.

[2] Cannon CP, et al. Ezetimibe added to statin therapy after acute coronary syndromes. New England Journal of Medicine, 2015, 372(25): 2387-2397.

[3] Pocock SJ, Stone GW. The primary outcome is positive—Is that good Enough? New England Journal of Medicine, 2016, 375(10): 971-979.

[4] Pocock SJ, Stone GW. The primary outcome fails—What next? New England Journal of Medicine, 2016, 375(9): 861-870.

[5] Barraclough H, Simms L, Govindan R. Biostatistics primer: what a clinician ought to know: hazard ratios. J Thorac Oncol, 2011, 6(6): 978-982.

延伸问题

1. 如何评价 IND227 研究中的临床获益？

2. 结合风险/获益的临床疗效评估是一件复杂的事情，请进一步回顾 2022 年 PI3K 抑制剂度维利塞三线治疗 CLL/SLL 的适应证因不充分的获益/风险数据被 ODAC 驳回适应证案例。

（马培文　李宁）

4.6 亚组分析

引导问题

> 主要研究终点失败了,在某个亚群中发现组间差异,$P < 0.05$,结果可信么?能单独发文章么?

章节导图

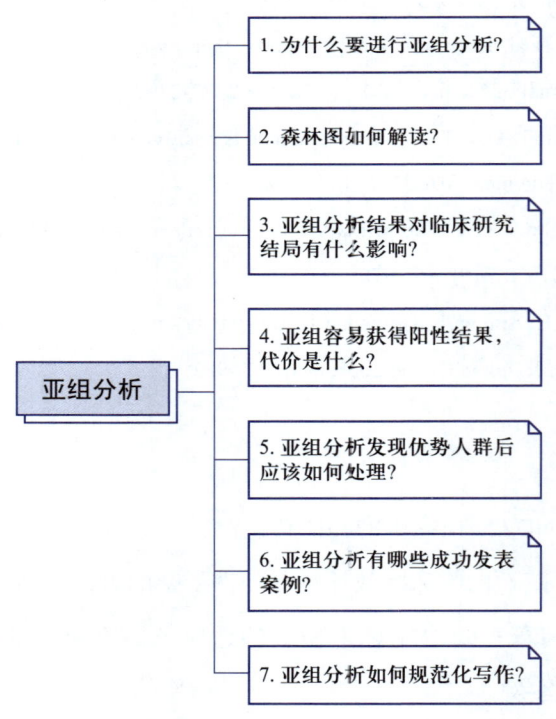

典型故事

2005年的冬天，对于易瑞沙的研发人员来说，一个好消息和一个坏消息混杂着到来了。好消息是易瑞沙和化疗头对头比较治疗肺癌的文章在 Lancet（《柳叶刀》）上发表了，坏消息是这项研究的 P 值差了一点点，0.087，没有达到预期的阳性结果，试验失败了。

上市药物的试验失败，会引发一系列的后续反应。果然，文章发表的庆功酒还没喝完，FDA 就要求在美国市场不可以向新的肺癌患者出售易瑞沙。这个要求几乎和退市没有太大差别了，随着治疗患者的逐步退出，2011年，易瑞沙黯然做出了彻底在美国退市的决定。

如果研发团队就这样放弃了，那么也不会有精准医学的时代快速来临了。在这项研究中，确实有不少肿瘤可以明显消退的患者，那就说明有个隐藏因素在起作用，虽然当时的研究者们还不知道是什么，但他们通过仔细的亚组分析，找到了几个对易瑞沙明显敏感的人群。分别是"女性""腺癌""不吸烟""亚裔"（图1），并把这个结果发表在 Journal of Thoracic Oncology 上。

更加可贵的是，亚洲的研究者没有到此为止，他们在这些特征人群上设计了确证性研究——IPASS 研究，果然1 217名"亚裔不吸烟女性腺癌"患者的治疗结果证明了在这些人群中，易瑞沙比化疗更好，$P < 0.0001$。进一步研究发现 EGFR 突变与易瑞沙的疗效更加直接相关，从而开启了肿瘤靶向精准治疗的大门。如果没有项目组进行亚组分析，富集优势人群，寻找更加直接的因果联系，近20年的肿瘤诊疗故事都要改写了，我们可能还停留在化学毒药物时代。

故事的结尾，2015年，易瑞沙也重新在美国上市，适应证从非小细胞肺癌患者变成了有 EGFR 突变的非小细胞肺癌患者这个亚组，皆大欢喜，happy ending。

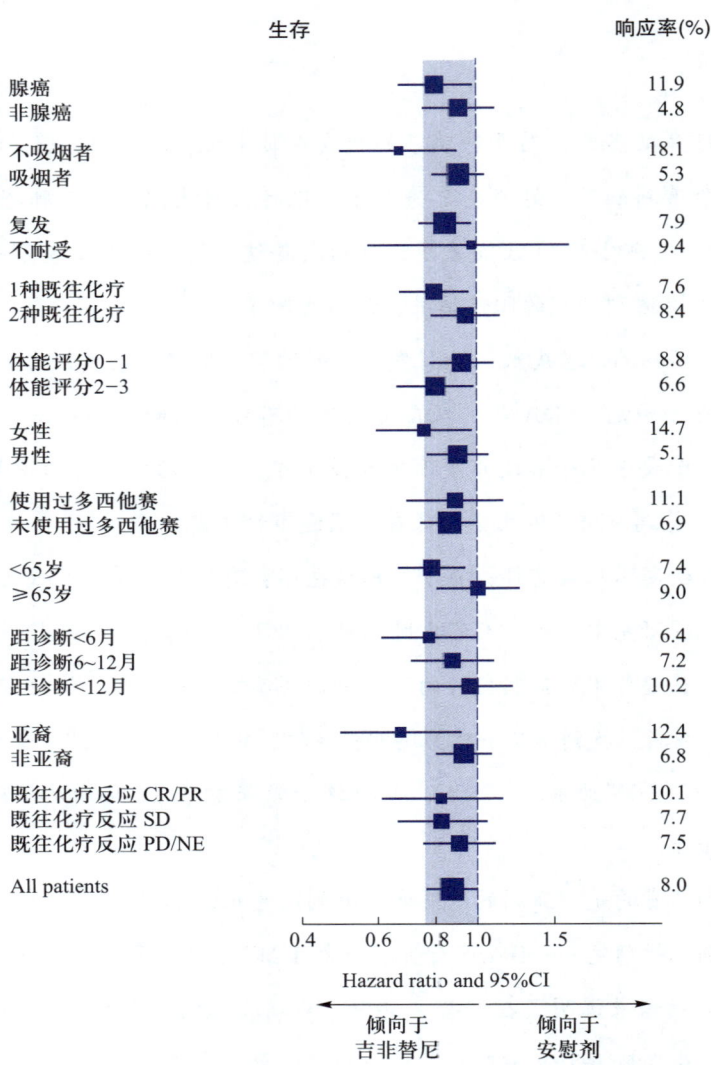

图 1 易瑞沙在特定亚组中显示出显著获益

主要内容

1. 为什么临床研究中需要亚组分析？

亚组分析，是一种补偿措施，是一种没有办法的办法。

为什么会出现亚组分析呢？是因为人与人之间，人种与人种之间，疾病与疾病之间客观存在的差异，这些差异将会影响到我们研究的治疗结果。所以总体试验人群的结果，和某个特定人群的结果会不一样，这种差异在整体统计分析中会被忽略掉。我们就要进一步来看，从总体阳性结果中，寻找阴性结果的人群，避免让他们陪绑；

也需要从总体阴性结果中，寻找阳性结果的人群，让他们受益。

什么时候可以不做亚组分析了呢？当我们真正获得药物与疗效之间的确定因果关系，即近乎全部的患者都可以获得同样的疗效，例如全反式维甲酸治疗急性早幼粒细胞白血病，易瑞沙治疗 EGFR L858R 突变非小细胞肺癌患者。真正的因果，是不需要附加条件的，揭示真正的因果，向 100% 有效努力，不用再做亚组分析，也是我们努力的目标。

例如在对比替格瑞洛（一种心血管新药）和氯吡格雷（一种心血管老药）在急性冠脉综合征患者中的疗效研究中发现，相比于老药，总体人群中使用新药的研究对象主要终点事件发生率降低了 16%（$P < 0.001$），非常不错的阳性结果。然而在亚组分析中，看到了令人震惊的差异，在使用大剂量阿司匹林（≥300 mg）（心血管患者常见的长期预防用药）的人群中，替格瑞洛（新药）疗效不佳，不能获益，反而显著增加风险（图 2），与低剂量阿司匹林（＜300 mg）人群中显著获益的结果正好相反。这种结果就不能被忽视了，需要认真的分析，美国 FDA 也据此发布了相应警示，避免在该亚组人群中的用药风险。

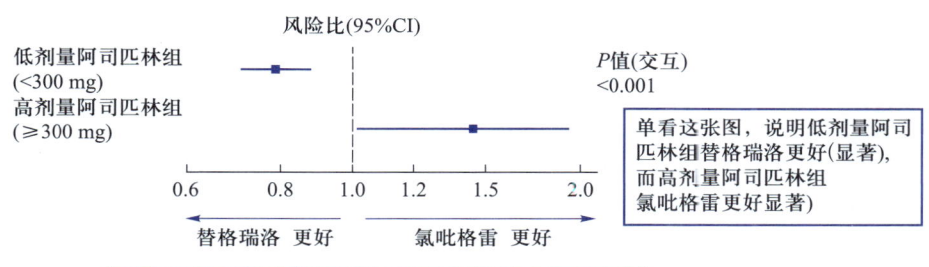

图 2　替格瑞洛对比氯吡格雷在不同阿司匹林亚组的疗效，及 FDA 对替格瑞洛的黑框警告

根据亚组分析的目的，可对亚组因素进行不同设计（图 3）。

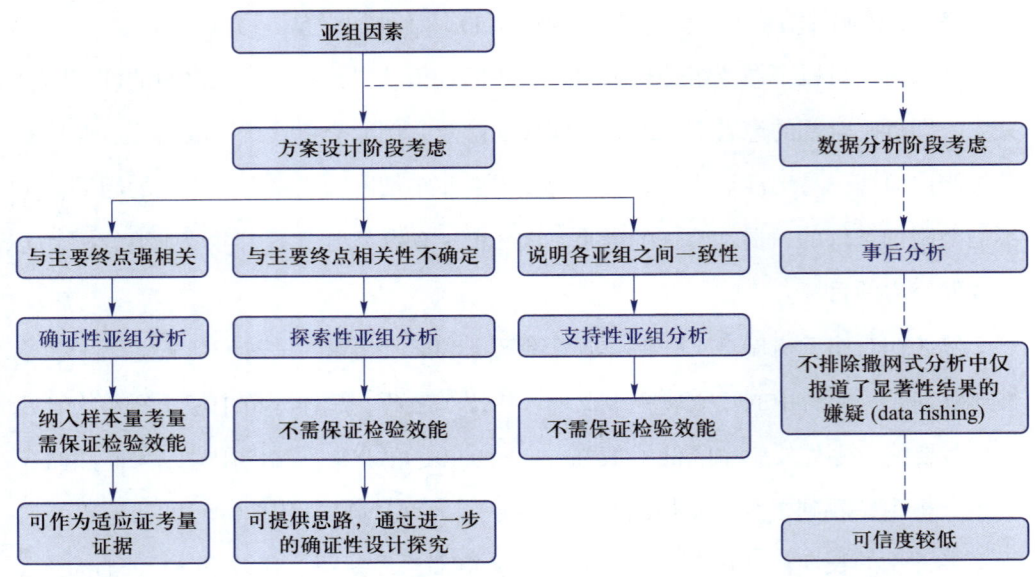

图 3 亚组分析类型

2. 森林图详解（图4）

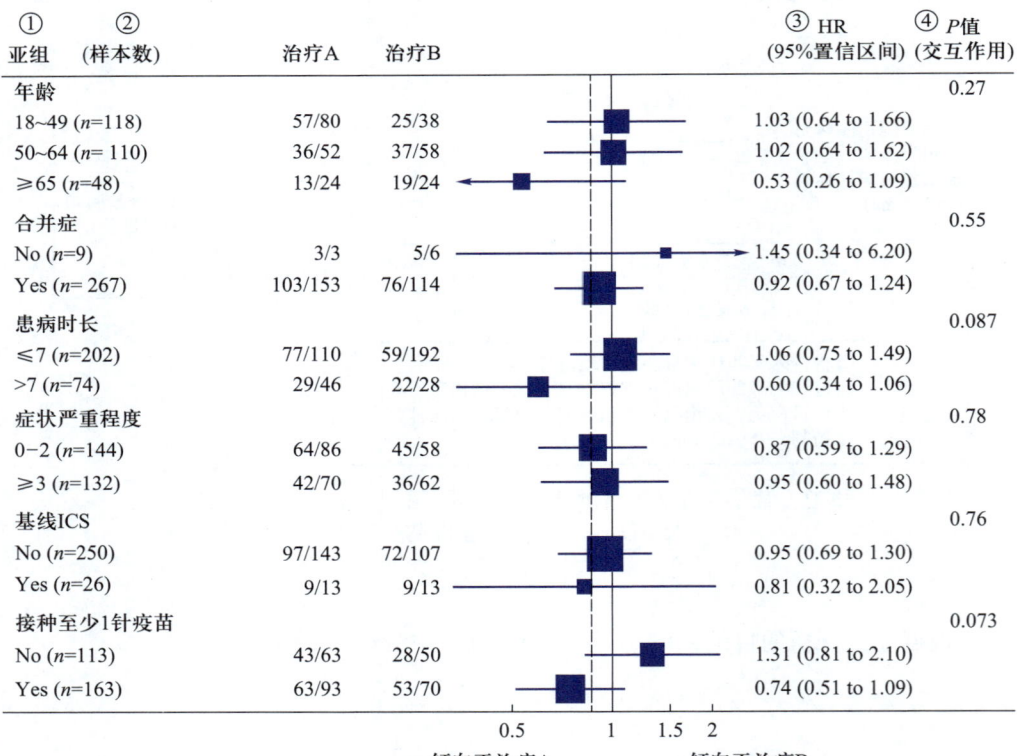

图 4 森林图示例

（1）亚组因素条目

①所列亚组条目并无统一要求。所有研究者认为可能引起主要终点差异的因素均可列出。一般建议有效性数据按性别、年龄、人种、疾病分级分型、患者情况等列出。

②对于已知、公认的影响因素（如免疫治疗中 PD-L1 表达）、干扰性伴随用药以及随机研究中的分层因素，应当明确列出。

③亚组因素列举不全或不当不是硬性错误，但可能造成研究结果（或文章）说服力下降、研究证据等级降低；

④每个亚组因素分组个数无限制，通常 2~5 个，过多则样本量过少，会引起变异较大，于作者不利。

（2）样本数

①提示各亚组在总体人群中的比例，也可将两个治疗组分别人数同时列出，提示两组之间是否均衡，作为解读亚组中疗效数据的辅助依据。

②各组样本量越大，通常误差越小，右侧横线越短，方块越大。

③各分组的样本量总和，在有部分未知的情况下可小于总样本量（常见于分子分型，无检测结果部分可以不列出）。

（3）各亚组中分别观察疗效（图5）

①■位置代表在该亚组人群中治疗 A 相对于治疗 B 的获益（风险比 HR 中位值）；穿过■两端的横线表示 95% 置信区间（两侧对称），线越长表明置信区间越大，研究结果的可信度越小。

②图中的垂直实线 | 表示无效线，也即干预组与对照组无区别。置信区间跨过无效线即提示无统计学差异。无效线的设置取决于统计假设，例如对于风险比、比值比等比率而言，无效线为 1；对于绝对值差异而言，无效线为 0。

③图中的垂直虚线 ┆ 表示总体人群中的 HR，置信区间跨过该线可作为该亚组与总体人群之间存在一致性的重要参考（即跨过该线提示相对一致，不跨过该线提示存在差异）。

（4）建议亚组分析森林图展示亚组分析的交互作用检验结果（P 值），如 $P < \alpha$，提示疗效在不同亚组之间的差异是有统计学意义的。

3. 有个亚组的结果特别好，好过整体人群，会带来什么影响？会对适应证批准造成什么影响？

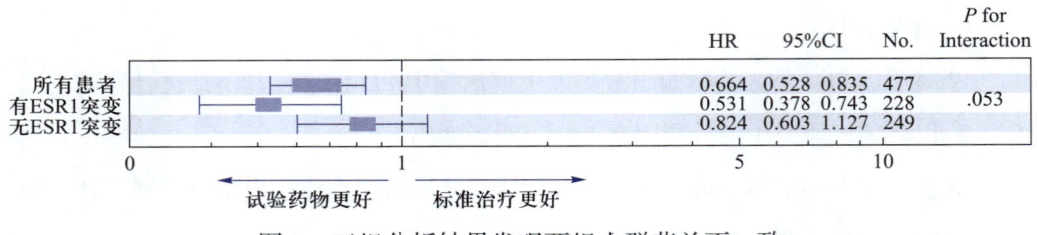

图 5　亚组分析结果发现两组人群获益不一致

一项研究，总人群研究药物有效，差异显著；但满足 A 条件的亚组更有用，也就意味着，不满足 A 的亚组没那么有用（未见显著差异）（图 5）。某种程度上是说总体人群中的疗效借的都是 A 亚组的光。

这种情况下，监管部门会不会只承认 A 条件亚组人群获益，排除掉不满足 A 亚组的人群呢？面对不同的试验、不同的药物机制，会有不同的结果。

放行的例子：KEYNOTE-042 研究帕博利珠单抗（一种 PD-1 抗体药物）对比化疗用于晚期非小细胞肺癌的研究中，针对 PD-L1 的表达（PD-1 药物的理论靶点）进行了亚组分析，发现在肿瘤细胞表达 PD-L1 阳性百分比大于 50%（TPS＞50%）的患者受益明显，而在 PD-L1 阳性百分比 1%～49%（TPS 1%～49%）的亚组人群中，总生存时间（OS）并没有得到显著改善（HR=0.92，95%CI 0.77～1.11）。尽管在预设的亚组分析中未达到终点，但考虑到该研究采用了活性药物作为对照的设计，且 OS 没有明显不利影响，也就是说虽然没有明确好，但跟有效药物比也不差，最终在 TPS≥1% 的总体人群中获批了适应证。

不放行的例子：PAOLA-1 研究中整体人群达到了主要终点，奥拉帕利（一种 PARP 抑制剂）联合贝伐珠单抗（一种抗血管生成药物）在卵巢癌患者中 PFS 显著改善。然而探索性亚组分析发现，其中贡献几乎全部来自于 HRD 阳性（存在同源重组修复缺陷）的亚组人群，在 HRD 阴性（不存在同源重组修复缺陷）人群中并未观察到获益，甚至 OS 还有不利趋势。基于奥拉帕利的作用机制，HRD 划分的两个亚组之间存在疗效差异是科学合理的，且能够被临床前及临床数据证实。因此最终适应证限制在了 HRD 阳性人群中。

有人会觉得很亏，本来整体人群都成功了，现在却被限制在一个亚群里面，未来的人群和市场以及影响力都被限制了。那干脆成功的研究，我们就都不做亚组分析了，岂不更好？那就要从另外的角度考量这个问题了，首先，这就违背了我们做临床试验的初心，为患者寻找到更加合适的治疗方法，更精准有效地治疗疾病；其次，机制更明确，有效率更高，更能证明药物设计研发的机理，可靠性更加提高，学术影响力是会显著提升的，市场培育难度会显著下降的，医生接受起来更加容易；最后，治疗机理很明确的药物的Ⅲ期确证性临床研究，在方案设计之前，就要和监管部门充分沟通，想把和机理明确相关的亚组分析模糊过去，监管部门的科学家们可不会那么容易就同意的。

4. 亚组分析很容易获得阳性结果，都能发表么，其代价是什么？

正如前面所讲，任何一种分组方法都可以进行亚组分析，从性别到年龄，从职业到收入，从血型到性格；更现代点的方法，可以从 *EGFR* 突变类型到某个位点 SNP，从甲基化到 microRNA，从蛋白组到微环境，无不可以用来分组进行研究。

亚组分析的宽容性，给 Data Fishing 很大的机会——为了获得 $P < 0.05$ 阳性结果（阳性结果相对更容易发表文章）来进行多重，多维度检测分析——"为赋新词强说愁"。只要功夫深，一组数据会产生非常多的阳性结果，也就是看上去有价值的"敏感"亚组，比如患者星座、星期几手术都可能获得阳性结果，但并不是每一个亚组分析结果都是"真实的"，都具有临床意义。相当一部分阳性结果是"假阳性"（即Ⅰ类错误，α 值），纯粹是偶然的结果，是一种错误的结论。这也是为什么确证性研究要在执行之前，就明确研究的目标，并且通过方案设计，把阳性结果是偶然错误引起的可能降低到 5% 以下（约定俗成，$\alpha < 0.05$）。

所以，亚组分析得出结果的证据等级要远远低于确证性研究的主要研究目标，得出结果是否可信，更多的是通过分组的方法与结论之间的科学逻辑联系来主观判断的。比如 *EGFR* 基因突变分组来分析 EGFR-TKI 药物的疗效，就明显比通过患者种族（亚裔）来分析疗效更加可信，虽然两者都是客观事实。

无论如何，亚组分析的结果，都是具有一定科学价值的，可以用来提示后续工作方向，也可以发表文章，申请课题。不过，一定要深深牢记的是，亚组分析，不能推导出因果结论，可信度存疑，结论不要下得太过肯定。

5. 发现优势亚组人群后，能下结论么？下一步该怎么做？

由于不满足确证性研究的要求条件，例如样本配比和样本总量，探索性亚组的结果往往不足够可靠，需再重新设计并进行确证性试验验证结果是否可靠。

Veliparib（一种PARP抑制剂）在非小细胞肺癌上就是典型的例子。一项Ⅱ期对照研究探索Veliparib联合化疗能否增加疗效。在对分层因素（鳞癌、非鳞癌）进行亚组分析时发现，联合治疗疗效非常显著，更显著优于非鳞癌组（鳞癌组可降低57%进展或死亡风险，非鳞癌组为27%），并且在吸烟者中有更明显的获益趋势。随后在鳞癌人群中进一步开展的Ⅲ期研究，然而结果却不复乐观。吸烟患者未能从Veliparib治疗中获得明显的OS收益（HR=0.91，95%CI 0.74~1.10）。该药物至今未能在该适应证获批。

由此可见，基于临床研究发现的优势亚组人群不能排除为偶然因素，其证据等级不能支持确切的结论，也不能替代严格的随机对照临床试验。吉非替尼的传奇故事并不是总能重演，因此对于探索性亚组分析结果需要辩证看待。

6. 非主要终点的亚组分析可以以哪些形式被发表？

不作为主要终点的亚组分析往往不需要被在总体人群的主研究中报告，可以作为单独的文章进行发表。通常发表时间略滞后于主研究，借助其影响力发一篇高分文章也不是难事。决定亚组分析是否能够被发表的因素不是样本量、是否预设、或是否与主研究一致，而是亚组分析的结论是否探索了在该领域尚未被前瞻性研究探索过的问题，是否具有临床价值，能够为临床诊疗中的亚组人群提供用药指导。

（1）预设的亚组分析——年龄

- 主要研究2018年发表于 *Lancet Oncology*．亚组分析2022年发表于 *Gastric Cancer*
- 与总人群结果是否一致：是
- 是否预先设计：是
- 样本量：228+279/507（100%）

在Ⅲ期TAGS研究中，Trifluridine和tipiracil（FTD/TPI，一种新型化疗药物）在转移性胃/胃食管交界癌患者的后线治疗中显示出生存获益，安全性可控。通过预先计划的亚组分析考察了不同年龄段的疗效及安全性结果。

在年龄＜65岁、≥65岁和≥75岁的三个亚组中，均观察到接受FTD/TPI治疗的患者的无进展生存期得到改善。且任何原因的≥3级不良事件（AE）发生频率在各年龄亚组中相似（均大致为80%），虽然≥3级中性粒细胞减少在老年患者中更为常见（≥65岁和≥75岁40%；<65岁29%），但AE相关的停药率并不随年龄增长而增加（<65岁14%，≥65岁12%）。该亚组分析的结果显示，该方案在转移性胃/胃食管交界癌中的疗效和耐受性不受年龄限制。

（2）预设的亚组分析——既往治疗

- 主要研究2014年发表于 *Lancet Oncology*，亚组分析2014年发表于 *Lancet Oncology*
- 与总人群结果是否一致：是
- 是否预先设计：是
- 样本量：526 + 395/921（100%）

Ⅲ期ALSYMPCA试验的主要结果显示，与安慰剂相比，镭-223改善了去势抵抗且有骨转移症状的前列腺癌患者的总生存率，且耐受性良好。由于尚未有确证性研究关注在既往未使用过多西他赛的前列腺癌患者，预设的亚组分析旨在评估既往使用多西他赛对镭-223的疗效和安全性的影响。

既往是否使用多西他赛是预设的分层因素。研究发现镭-223对总生存的改善与以前是否使用多西他赛无关。在既往使用多西他赛的亚组中，HR=0.70（95%CI 0.56~0.88）。既往未使用多西他赛亚组中，HR=0.69（95%CI 0.52~0.92）。在大多数安全性及疗效终点方面，镭-223与安慰剂相比，无论既往是否使用过多西他赛均有获益，且两个亚组间无显著性差异。

（3）区域人种分析

- 主要研究2020年发表于 *J Clin Oncol*，亚组分析2022年发表于 *ESMO Open*
- 与总人群结果是否一致：是
- 是否预先设计：否
- 样本量：231/628（36.8%）

在Ⅲ期KEYNOTE-181研究中，与化疗相比，Pembrolizumab延长了晚期食管癌患者［(PD-L1联合阳性评分（CPS）≥10］的总生存期，其中有340名亚洲晚期/转移性食管鳞状细胞癌（ESCC）患者，在该亚洲人群中尚未报道疗效及安全性的分析结果。

在亚洲患者中，PD-L1 CPS＜1 的总生存 HR 为 0.99（0.56～1.72）；PD-L1 CPS≥1 的患者中 HR=0.57（0.44～0.75）。提示 Pembrolizumab 单药治疗在亚洲 ESCC 患者中表现出良好的疗效，且 PD-L1 CPS≥1 是一个合适的分界线，也是在亚洲 ESCC 患者中较好的疗效预测性标志物。

（4）生物标记物分析

- 主要研究 2019 年发表于 *Lancet*，亚组分析 2022 年发表于 *J Clin Oncol*
- 与总人群结果是否一致：不完全一致
- 是否预先设计：否
- 样本量：128+381/882（56.8%）

Pembrolizumab 治疗复发性或转移性头颈部鳞状细胞癌（HNSCC）的Ⅲ期 KEYNOTE-048 研究中对总人群和 PD-L1 联合阳性评分（CPS）≥1 和 CPS≥20 进行了分析。为了进一步确定 PD-L1 表达对结果的预测价值，在 KEYNOTE-048 中对 PD-L1 CPS＜1 和 CPS 1-19 亚组进行了事后疗效分析。

对于 Pembrolizumab 与西妥昔单抗分别联合化疗，在 PD-L1 CPS＜1 的亚组中，中位总生存为 11.3 个月对比 10.7 个月（HR=1.21，95%CI 0.76～1.94），在 CPS 1～19 的亚组中为 12.7 个月对比 9.9 个月（HR=0.71，95%CI 0.54～0.94）。随着 PD-L1 表达的增加，观察到 Pembrolizumab 疗效增加。

（5）亚组 Meta 分析

- 主要研究 2014 年发表于 *Lancet Oncology*，亚组分析 2015 年发表于 *Lancet Onocology*
- 与总人群结果是否一致：不完全一致
- 是否预先设计：否
- 样本量：75/600（12%）

非小细胞肺癌的 *EGFR* 突变大多集中于第 19 号外显子缺失突变、第 21 号外显子 L858R 点突变等常见突变。然而在 *EGFR* 非常见突变的患者人群中（约 10%）对于 EGFR 靶向治疗的敏感性数据非常少。这是一篇结合了 3 项前瞻性临床研究数据（单臂 2 期 LUX-Lung 2 和随机 3 期 LUX-Lung 3 和 LUX-Lung 6）的事后亚组分析。

在 3 项试验中给予阿法替尼的 600 名患者中，75 名（12%）患者有罕见 *EGFR* 突变。将罕见突变分为：18～21 号外显子的点突变或重复（第 1 组）；含有 20 号外显子的 T790M 突变（第 2 组）；20 号外显子插入（第 3 组）。第 1 组的 27 名（71.1%）、第 2 组的 2 名（14.3%）和第 3 组的 2 名（8.7%）患者观察到客观缓解。中位 PFS 分别为 10.7 个月（95%CI 5.6～14.7）、2.9 个月（1.2～8.3）及 2.7 个月（1.8～4.2）。提示阿法替尼对携带某些类型的不常见 *EGFR* 突变的非小细胞肺癌具有活性，但在具有新的 T790M 和 20 号外显子插入突变的患者中，临床获益有限。这些数据有助于为携带不常见的 *EGFR* 突变的非小细胞肺癌患者的临床决策提供信息。

7. 亚组分析结果如何规范地进行报告？

基于 2002—2003 年间发表的 59 篇有亚组分析的临床研究文献，发现其中对于亚组分析的结果报告缺乏全面性及规范性。绝大多数报告亚组分析的研究甚至没有明确该分析为预设还是事后，干扰了对于研究结果的解读。为了保证研究结果报道的准确性、透明性，提出对于亚组分析的报告指南：

摘要部分	只需报告预先计划的、基于主要研究终点的亚组分析结果，并且需要基于该分组因素下的所有亚组结果进行阐释。
方法部分	报告预设了几组亚组分析，分别为哪些分组因素，并说明其中哪些是本文将报告的。 • 标出哪些是特别感兴趣的特定亚组分析，哪些是为评估疗效的一致性而进行的常规亚组分析。 • 说明每个亚组分析的评估终点，以及用于评估亚组间差异的异质性统计检验方法。报告有几组事后亚组分析，分别为哪些分组因素，并说明其中哪些是本文将报告的。 • 说明每个事后分析的评估终点，用于评估亚组间治疗差异的异质性统计方法。建议将详细描述放入附录。 说明亚组分析对 I 型错误（假阳性）的潜在影响。若使用了多重性校正，请说明；若没有严谨校正，需大致指出问题的严重程度，可参考此文。
结果部分	尽可能通过交互作用检验疗效的异质性，并将检验结果（通常为交互作用 P 值及置信区间）与疗效结果，按照研究设计的每个亚组分别列在一起。强烈建议以森林图的形式呈现。
讨论部分	避免对亚组差异的过度解释。应谨慎地评估其可信度，承认其局限性。如有其他研究中存在支持性或矛盾性数据，也应客观讨论。

一句话概括

亚组分析有价值，可以发现优势人群，可以引出研究新思路，可以发文章；但其证明能力上限很低，不能说明因果关系，需要确证性研究来证实。

名词解释

- HR（hazard ratio）：风险比，指在一定时间内，治疗组相对于对照组发生某个事件的概率。例如对于总生存而言，HR比1越小，提示在治疗组中发生死亡事件的概率越低，即药物越有效。
- EGFR（epidermal growth factor receptor）：表皮生长因子受体，在多种恶性肿瘤中扮演重要的致癌性驱动作用。其中一些EGFR敏感突变如19外显子缺失突变和21外显子L858R点突变与其靶向药物的疗效显著相关，但少见EGFR突变的肿瘤能否从靶向药物获益尚无明确证据。
- 亚组Meta分析：结合多个研究中相同或类似的亚组数据，弥补单个研究存在的样本量少或不具有代表性的问题。可在研究水平（即在多个研究中分别分析，结果互为验证）和个体水平（即将每个研究中个体的数据放在一起重新分析）进行。
- data fishing：也叫data dredging，数据捕鱼，指分析大批量的数据来寻找数据间可能的关系，在没有特定假设的情况下广泛分析数据，可能导致虚设的相关性或错误的结论。

参考文献

[1] Wallentin L, Becker RC, Budaj A, et al. Ticagrelor versus clopidogrel in patients with acute coronary syndromes. N Engl J Med, 2009, 361(11): 1045-1057.

[2] Ramalingam SS, Blais N, Mazieres J, et al. Randomized, Placebo-controlled, phase II study of Veliparib in combination with Carboplatin and paclitaxel for advanced/metastatic non-small cell lung cancer. Clin Cancer Res, 2017, 23(8): 1937-1944.

[3] Ramalingam SS, Novello S, Guclu SZ, et al. Veliparib in Combination with Platinum-based

chemotherapy for first-line treatment of advanced squamous cell lung cancer: A randomized, multicenter phase III study. J Clin Oncol, 2021, 39(32): 3633-3644.

[4] Shitara K, Doi T, Hosaka H, et al. Efficacy and safety of trifluridine/tipiracil in older and younger patients with metastatic gastric or gastroesophageal junction cancer: subgroup analysis of a randomized phase 3 study (TAGS). Gastric Cancer, 2022, 25(3): 586-597.

[5] Hoskin P, Sartor O, O'Sullivan JM, et al. Efficacy and safety of radium-223 dichloride in patients with castration-resistant prostate cancer and symptomatic bone metastases, with or without previous docetaxel use: a prespecified subgroup analysis from the randomised, double-blind, phase 3 ALSYMPCA trial. Lancet Oncol, 2014, 15(12): 1397-1406.

[6] Cao Y, Qin S, Luo S, et al. Pembrolizumab versus chemotherapy for patients with esophageal squamous cell carcinoma enrolled in the randomized KEYNOTE-181 trial in Asia. ESMO Open, 2022, 7(1): 100341.

[7] Yang JC, Sequist LV, Geater SL, et al. Clinical activity of afatinib in patients with advanced non-small-cell lung cancer harbouring uncommon EGFR mutations: a combined post-hoc analysis of LUX-Lung 2, LUX-Lung 3, and LUX-Lung 6. Lancet Oncol, J 2015, 16(7): 830-838.

[8] Wang R, Lagakos SW, Ware JH, et al. Statistics in medicine—reporting of subgroup analyses in clinical trials. N Engl J Med, 2007, 357(21): 2189-2194.

[9] Jackson RD, LaCroix AZ, Gass M, et al. Calcium plus vitamin D supplementation and the risk of fractures. N Engl J Med, 2006, 354(7): 669-683.

延伸问题

1. 有没有什么方法可以显著提高亚组分析的可信程度？
2. 研究富集人群和亚组分析之间是什么样的关系？

（蒋雅乐　李宁）

4.7 联合用药与析因分析

引导问题

通过随机对照研究，显示 A+B 联合用药与标准治疗相比疗效显著，这就成功了吧？

章节导图

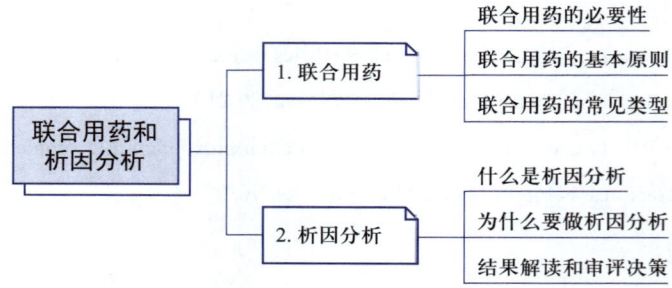

典型故事

2020 年 5 月，一项名为 IMbrave 150 的重磅研究发表在 NEJM（新英格兰医学杂志）上，如同名字里的 brave 一样，这项研究勇敢地挑战了过去 12 年来地位非常稳固的肝癌一线治疗药物索拉非尼，阿替利珠单抗联合贝伐珠单抗（Atezo+Bev，T+A）治疗取得了 PFS 和 OS 的显著延长，更将晚期肝癌患者的 12 个月生存率提高到了 67.2%（索拉非尼为 57.6%），突破了肝癌治疗十余年来的瓶颈。

5 月底，美国 FDA 批准 T+A 方案作为晚期肝癌的一线治疗方案，为肝癌的治疗翻开了新的篇章。那么 T+A 对索拉非尼的成功，究竟是来源于两者的联合增效，还是其中某一种药物起主要作用，单药本就可战胜索拉非尼？FDA 为何允许 AB 两药联合直接对比 SOC（标准治疗）的试验设计，而无需再设 A or B 单药的臂作为对照呢？有趣的是，同样是治疗肝癌的 HIMALAYA 研究，旨在对比曲美木单抗＋度伐利尤单抗与索拉非尼的研究中，却设计了至少 3 个组别的对比，分别是：曲美木单抗＋度伐利尤单抗、度伐利尤单抗、索拉非尼，为什么该研究中就需要设置单臂对照呢？其玄机又在何处？

由于肿瘤的复杂性、耐药性，合理的联合治疗是抗肿瘤治疗中非常重要的手段，因此明确联合治疗的疗效是来源于 A 或 B 的单药疗效，还是有联合增效是贯穿联合治疗药物开发始终的。即使看到联合治疗的阳性结果，也不能草率定论为这是合理的联合。

主要内容

1. 联合用药的必要性

由于肿瘤治疗的复杂性，单药治疗往往会出现耐药或疗效欠佳，可能存在以下局限性：①疗效有限，抗肿瘤药物单用时可能仅对部分患者有效，且疗效可能随着时间推移产生耐药；②毒性集中：单药高剂量应用可能导致特定器官的毒性累积；③由于肿瘤异质性强，单药可能仅针对某个或某些亚群，导致肿瘤的耐药与复发。因此，为了更大程度的使患者获益，不同机制、不同靶点的药物联合治疗是提高疗效和克服耐药的重要手段。

联合治疗的核心目标是提高疗效，可能通过以下方式克服单药的局限性：①通过不同机制药物的联合以多种方式杀伤肿瘤，例如化疗联合免疫治疗，一方面通过化疗杀伤快速分裂的肿瘤细胞，一方面激活 T 细胞清除肿瘤；②克服耐药，例如 EGFR 耐药的患者可能产生 MET 等突变，可以通过联合 MET 抑制剂阻断旁路激活延缓耐药；③协同增效，例如放疗和免疫治疗存在潜在协同作用增强全身/局部免疫。同时联合治疗可能覆盖单药无效的患者群体以扩大适应人群，例如抗血管生成药物可能逆转肿瘤微环境的免疫抑制状态，具有将"冷肿瘤"转"热"的潜力。综上所述，联合治疗对于抗肿瘤治疗是必要的。

2. 联合用药的基本原则

目前抗肿瘤联合治疗的药物开发十分活跃。那么只要把有效的内容联合在一起，治疗效果就一定越好吗？FDA 和 NMPA 的回答是否定的，原因是一种药物的疗效可能不是确定的，但不良反应是确定存在的，多种药物的联合不一定增加疗效，但是不良反应的增加却概率很大。其次，多种药物联用，其代谢途径可能有重叠，例如都是从肝脏、肾脏代谢，可能会对肝肾功能造成很大的影响；另外多种药物联用，药物之间的作用可能是协同增效、也可能是相互拮抗，这是难以预测的。这样的方案如果一旦获批应用，其结果只能是患者吃的药更多、经济负担更重，不一定获得更好的疗效还可能承受更多的副作用风险，而商家卖的药却更多了，也是最终的利益获得者。因此，FDA 和 NMPA 在药物联合的时候都是非常谨慎的，合理的联合治疗可以为肿瘤患者带来更好的治疗选择，但是不恰当的联合治疗将增加受试者的风险、降低临床研发效率，浪费时间、财力和医疗资源，反而阻碍了真正有效的联合治疗开发。因此，建立科学、规范的联合治疗研发路径具有关键意义。

抗肿瘤联合治疗的研发必须建立在科学合理的基础之上，应具备充分的合理性依据。理想的联合方案应当基于互补或协同的抗肿瘤作用机制。在开展联合治疗前，应在深入探索单药作用机制的基础上，开展联合治疗的机制研究，药物自身的非临床结果或拟联合治疗的参考文献结果，或同类药物联合治疗的临床研究结果等都可以作为合理性的依据。以本文的典型案例为例，IMbrave 150 研究正是基于充分的早期探索，Atezo 和 Bev 均表现出一定的抗肿瘤活性势，机制上免疫联合抗血管治疗创造了有利于免疫细胞发挥的环境。早期试验 GO30140 也提示相比于 Atezo 单药，Atezo 联合 Bev 改善了 PFS，进一步证明了两种药物对于联合治疗的疗效提升均有贡献。因此 FDA 批准其直接开展了联合治疗的Ⅲ期研究。

另外，在开展联合治疗前，通常要求各单药已显示出确切的疗效和安全性，或者有充分的机制研究或前期证据提示支持药物联合的合理性。联合治疗的主要目标是通过协同作用显著提高疗效，包括延长患者生存期、降低毒性反应以及克服耐药问题，这一点在 HER2 阳性乳腺癌的双靶向联合化疗方案中已得到充分验证。

除了跟谁联合，什么时机开展联合治疗的探索也非常关键。临床试验设计方面需要从剂量探索开始，特别是以联合治疗开展的首次人体试验，采用科学方法确定最佳给药方案，并重点关注药物间的相互作用和叠加毒性。随后的疗效验证阶段应当设置合理的对照组，选择恰当的临床终点，同时严格监测安全性指标。在实践过程中，必须避免机制拮抗或毒性重叠的不合理组合，这些教训在既往失败的临床试验中已有体现。成功的联合方案如 PD-1 抑制剂联合化疗在非小细胞肺癌中的应用，以及 BRAF 与 MEK 抑制剂在黑色素瘤中的组合，都充分证明了科学联合的价值。总的来说，抗肿瘤联合治疗的开发应当遵循"基于深入的机制研究数据、探索联合治疗的临床优势，并最终确证临床价值"的基本原则，通过系统化的研发路径来确保治疗方案的安全性和有效性，最终为肿瘤患者提供更优质的治疗选择。

3. 联合用药的常见类型

在抗肿瘤治疗的联合用药策略中，常见的模式是药物 A 联合标准治疗对比单纯标准治疗，这种设计通常以要求 A+ 标准治疗组相比（安慰剂 +）标准治疗组展现出优效性，从而证实临床获益以支持药物获批。例如，2023 年世界肺癌大会上公布的 FLAURA2 研究便是一个典型案例，该研究是全球首个探索三代 EGFR 靶向药物奥希替尼联合化疗一线治疗 EGFR 突变晚期非小细胞肺癌的 Ⅲ 期随机临床试验。目前指南推荐的标准一线治疗为奥希替尼单药，耐药后再采用化疗，而 FLAURA2 研究将这两线治疗合并为一线方案，对比单药奥希替尼。结果显示，联合治疗组的中位无进展生存期（PFS）显著延长近 9 个月（25.5 个月 *vs.* 16.7 个月；HR=0.62，$P < 0.0001$），证实了联合策略的临床优势。

另一种常见的联合用药模式是两种新药 A+B 联合对比标准治疗 C，但这类研究的结果解读更为复杂，需要明确联合治疗的疗效是源于 A 或 B 的单药作用，还是真正的协同增效。例如，我们故事中 Atezo 联合 Bev 对比索拉非尼的研究就属于这种情况，其结论不仅涉及联合方案的合理性，还需深入分析两种药物的相互作用机制。A+B 模式下更为复杂的情况是，当 A 的同类药 A′ 已通过优效于 SOC 在目标适应证获批，那么在开发 A+B 模式时应证明 A 已优于 SOC，避免 A 的疗效无法优于 SOC，而通过联合治疗的形式上市。需要更为复杂的设计（下文详述）。此外，联合用药策略还包括其他探索性组合，如靶向药物与免疫治疗的联合、不同作用机制药物的序贯使用等，这些方案均需通过严谨的临床试验验证其安全性和有效性，以优化肿瘤患者的治疗选择。

4. 什么是析因分析以及为什么要做析因分析？

析因，顾名思义就是分析原因、拆解因素，临床试验中是指在≥2种药的情况下，探究各个药物的主要作用和药物之间的相互作用效应。探索联合治疗疗效来源于单药还是有联合增效，因为可能存在A药单药疗效显著已经好于标准治疗SOC，A+B的结果可能也好于SOC，但疗效主要甚至是全部来自于A，而B可能在其中滥竽充数还有增加安全性问题的风险。因此疗效析因的目的在于找到真正起作用的药物，并且发现滥竽充数的药物，保证联合治疗的合理性、带来真正的增效。否则，就像"我和科比合砍81分"，我在其中并没有发挥任何作用。类似的，带有无用药物的联合治疗一旦获批，每次都要带着它，是极其不合理的。而如果明确了是合理、优效的联合，则又涉及获益风险比的问题。

因此，当存在≥2种试验药物需要探究各个药物的单独作用及相互协同作用，均应采用析因设计。析因设计（facorial design）是指在临床试验中包括两个或多个研究因素，对各研究因素各水平所有组合进行比较的一种研究设计方法。这里介绍几个概念，单独效应是指某一个因素单独作用时效应的变化。主效应：是指当一个因素水平发生变化时，其试验效应的改变。联合效应：是指两因素均处于高水平时与均处于低水平时的效应变化。如图1，用A药和B药治疗肿瘤，用B药时A药的效应为24，不用B药时A药的效应为30，则A药与B药可能存在拮抗。同样，用A药时B药效应为24，不用A药时B药效应为40。则A药单独效应为30-10=20，B药单独效应为40-10=30，但联合效应为24-10=14＜20，两药确实存在拮抗。若A2B2为50，联合效应为50-10=40＞30＞20，即大于A或B任何一个药物单独使用，即为联合增效，也就是1+1＞1。更好的情况是，若A2B2为60，联合效应为60-10=50=30+20，则A药和B药为独立作用，依然联合增效，为1+1=2。若A2B2为70，联合效应为70-10=60＞30+20，则为协同增效，即1+1=2。在真实的肿瘤研究中，1+1＞1即为联合增效而非1+1＞2。

析因设计具有以下优点：①一个试验可以解决多个药物的试验效应，采用同一个对照组，节省样本量；②可以探究各药物之间有无交互作用；③能选择出最优条件组合。对于抗肿瘤联合治疗，不恰当的联合可能不仅不会提升疗效，还会增加受试者风险、降低研发效率，疗效欠佳的单药又会增加受试者的无效暴露。因此析因设计的思路应当贯穿抗肿瘤药联合治疗开发始终：在早期探索性研究中就应当特别关注联合是否增效，指导确证性研究的析因设计。

是否使用B药	是否使用A药	
	A1=否	A2=是
B1=否	10	30
B2=是	40	24

图 1　2×2 析因设计示例

5. 联合治疗 A+B 确证性试验析因设计考量与结果解读

在早期探索性研究的基础上进行联合治疗的确证性研究，还应结合适应证的临床实践和循证医学证据变化综合考虑 SOC，以及同靶点药物的研发进展等。常见的联合治疗模式有 A+SOC、A+B、A+B+SOC 等。本章示例为 A+B 模式，即 A、B 均非 SOC，以下将以 A+B 模式为例，详细介绍 A+B 确证性试验析因设计考量。

（1）A+B 模式中的 A 的同类药 A′ 已在目标适应证获批（图 2），需要证明：A 也有效且 A+B ＞ A。

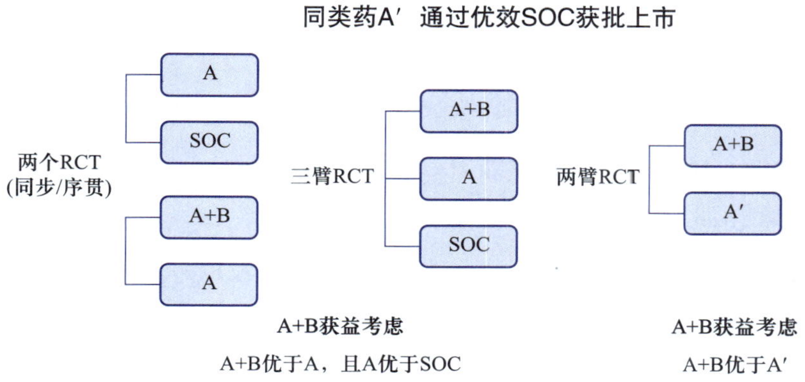

图 2　A+B 模式中 A 的同类药 A′ 已获批的设计考量

常有以下 3 种确证性试验设计方法：①两个 RCT 同步/序贯：A *vs.* SOC & A+B *vs.* A；②三臂 RCT：A+B *vs.* A vs SOC；③两臂 RCT：A+B *vs.* A′。

- 应参照"同类优，则需优"的原则，A′ 已经确证优效，那么无论如何设计，A 都优于 SOC，不能仅用 A+B vs SOC 的设计，避免 A 的疗效不如 SOC 却

331

通过联合治疗上市。
- 若 A′ 已是目标适应证下的最优选，也可以 A+B vs. A′。
- 若 A′ 是等效/非劣效于 SOC，A 可以与 SOC 和/或 A′ 比，避免 A 劣效于 A′，但通过联合治疗上市。

（2）A+B 模式中尚无 A/B 同类药在目标适应证获批（图 3），需综合前期试验考虑 A+B vs. SOC 的预期获益，以及 A/B 中较强单药 A 的疗效设计。

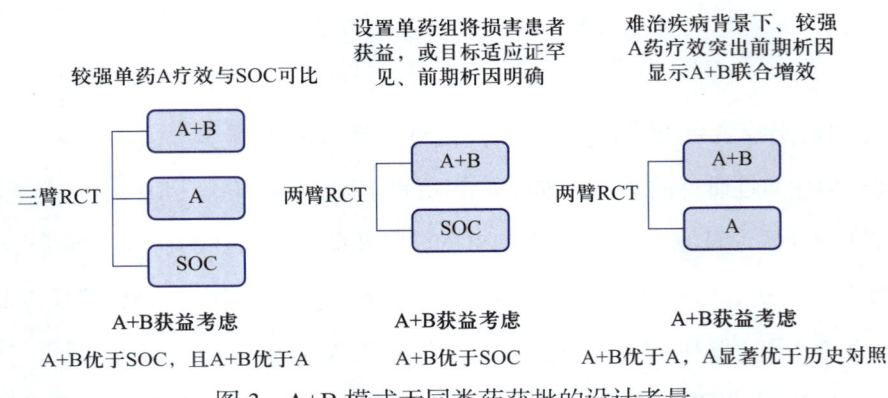

图 3　A+B 模式无同类药获批的设计考量

- 若较强单药 A 预计有较好的疗效，建议 A+B vs. A vs. SOC 的三臂设计，需证明：A+B＞SOC，A+B＞A。
- A+B vs. SOC：前期析因明确，A/B 单药都不够强可能损害受试者获益，（IMbrave 150 研究），目标肿瘤适应证罕见（Checkmate743 研究，纳武利尤单抗+伊匹木单抗治疗恶性胸膜间皮瘤）。
- A+B vs. A：难治性疾病中，A 足够强＞SOC，B 单药不够强却可以增效 A，可以设 A+B vs. A。例如：达拉非尼+曲美替尼在 BRAR V600E 突变的非小细胞肺癌患者中，仅设置达拉非尼队列和两药联合两臂。

6．析因分析与审评决策

在抗肿瘤联合治疗的临床开发策略中，析因分析对审评决策具有重要影响，这一点在肝癌治疗的关键研究中得到了充分体现。以典型故事中的 IMbrave150 研究和 HIMALAYA 研究的不同设计为例，我们可以深入理解联合治疗方案开发中的关键考量因素。

IMbrave 150 研究直接开展阿替利珠单抗（Atezo）联合贝伐珠单抗（Bev）对比标准治疗索拉非尼的Ⅲ期随机对照研究，而没有设置单药对照组。这一设计决策是基于充分的早期探索数据：虽然 Atezo 和 Bev 均表现出一定的抗肿瘤活性，但单药疗效均未超越索拉非尼。然而，早期试验 GO30140 显示，相比于 Atezo 单药，Atezo 联合 Bev 显著改善了无进展生存期（PFS）。且从机制上看，免疫治疗联合抗血管生成治疗能够创造有利于免疫细胞发挥作用的微环境，具有明确的协同作用基础。这些数据支持 FDA 批准其直接开展联合治疗的Ⅲ期确证性研究。

相比之下，HIMALAYA 研究采用了更为复杂的析因设计，设置了曲美木单抗＋度伐利尤单抗联合组、度伐利尤单抗单药组和索拉非尼对照组。这种差异反映了联合治疗方案开发中的三大基本原则：联合治疗的生物学合理性、各单药及联合治疗的安全性特征，以及联合治疗的额外疗效与各单药的贡献程度。这些原则在早期开发阶段就需要充分验证，因为动物模型数据往往难以准确预测临床效果，即使是单臂临床试验的结果也难以可靠预测Ⅲ期研究的获益。因此，随机对照试验，尤其是采用析因设计的研究，在联合治疗开发中获得了广泛认可。

在早期开发阶段，证明联合治疗的额外疗效至关重要。申办方应在启动确证性试验前与监管机构就所需的效应大小和统计学显著性水平达成共识。采用替代终点、能够明确证明联合治疗优于单药和标准治疗的析因设计及其统计分析方法，特别受到监管机构的青睐。同时，申办方和监管机构需要基于现有数据，审慎权衡批准所需的证据水平，在确保科学严谨性的同时加快开发进程。其他监管考量如 IND 申请、风险控制计划以及 NDA 策略等也需要提前规划。

关键研究的设计选择通常基于多方面因素的综合考量，包括：联合方案中各药物是否已有同类药物获批、单药和联合治疗的现有疗效证据、设置单药治疗组和标准治疗对照组的可行性，以及领域内的最佳实践等。对于计划开发联合治疗的申办方而言，在研发早期与监管机构开展深入对话至关重要，这有助于确认是否符合开展确证性试验的标准，并确定最优的开发路径。虽然这些讨论主要针对两种新型抗肿瘤药物的联合，但其核心原则同样适用于更复杂的多药联合治疗方案开发。

一句话概括

抗肿瘤联合治疗的开发应当遵循"机制合理性及临床前证据、疗效早期优势,并最终确证临床获益"的基本规律,析因分析在这一过程中必不可少。

名词解释

- SOC(standard of care):标准治疗,通常是指已经获得当地药监部门的批准,并被现行指南和临床实践接受的治疗方案

参考文献

[1] Finn RS, et al. Atezolizumab plus Bevacizumab in unresectable hepatocellular carcinoma. N Engl J Med, 2020, 382(20): 1894-1905.

[2] 国家药品监督管理局. 抗肿瘤药联合治疗临床试验技术指导原则. 2020.

[3] Cder, Food and drug administration. Guidance for industry codevelopment of two or more unmarketed investigational drugs for use in combination (FINAL GUIDANCE). 2013.

[4] Janne P, Planchard D, Cheng Y, et al. Osimertinib With/Without Platinum-Based Chemotherapy as First-line Treatment in Patients with EGFRm Advanced NSCLC (FLAURA2). 2023 WCLC. Abstract PL03.13

[5] 潘建红. 两种抗肿瘤新药联合治疗的关键注册临床试验设计的常见类型. 中国合理用药探索, 2020, 17 (11): 4.

[6] 邹丽敏, 唐凌, 杨志敏, 等. 抗肿瘤药物申报联合用药早期临床试验的考虑. 中国新药杂志 2020, 29 (6): 625-628.

延伸问题

A+B 联合对比标准治疗的析因分析如文中所述,那么如果是 A+B+ 标准治疗对比标准治疗,又该如何析因呢?

(苗会蕾 黄慧瑶)

4.8 偏倚评估

引导问题

临床试验的代表性如何、执行质量怎样、结论是否可靠、评价标准里面有一项,叫做偏倚评估,你知道么?

章节导图

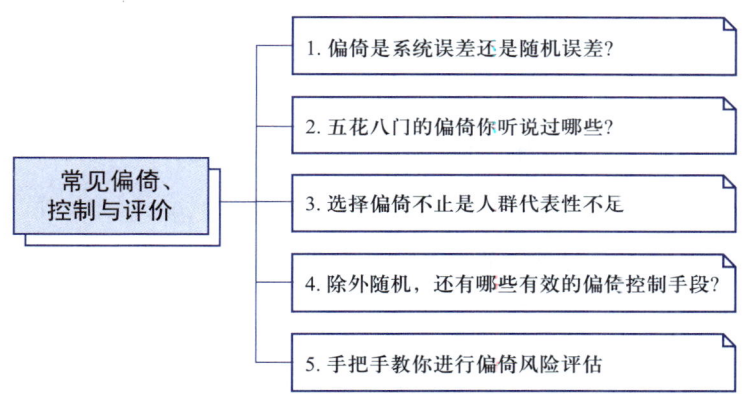

典型故事

在过去的20年里,晚期黑色素瘤患者的预后得到了极大的改善。早在2010年,晚期黑色素瘤患者曾经几乎被判死刑,平均寿命为6~7个月,5年生存率不到10%。直到全新的癌症免疫疗法——纳武利尤单抗横空出世,给晚期黑色素瘤患者带来了曙光。

2012年12月,百时美施贵宝启动了纳武利尤单抗在黑色素瘤的首个大规模随机对照试验(Checkmate 037)。针对既往一线治疗进展的黑色素瘤患者,试验组接受纳武利尤单抗治疗,对照组接受化疗药物治疗,采用客观缓解率和总生存期双终点设计。两年后,研发人员公布了短期疗效数据，纳武利尤单药治疗客观缓解率是化疗组的 3 倍（31.7% *vs.* 10.6%）。

凭借着优秀的短期疗效获益，纳武利尤单抗成功获得美国 FDA 加速批准。总生存期（OS）是癌症领域公认评价患者疗效获益的金标准，业界也非常期待纳武利尤单抗长期获益结果，但事情没有预期的顺利。2018 年 2 月，完整数据公布，纳武利尤组和化疗组的中位 OS 没有显著性差异（15.7 m *vs.* 14.4 m）。如何科学解读该结果，纳武利尤单抗是否真的无法带来长期获益，还是另有隐情？

正确识别潜在的偏倚正是科学解读 Checkmate 037 研究 OS 结果阴性的关键所在。Checkmate 037 是一项随机、开放标签的试验。也就是说，虽然研究采用了随机，避免了治疗分组受人为影响，但由于开放标签，患者和医生都知道治疗分组的情况。这也直接导致了在治疗前，化疗组就已经出现了 23% 的患者脱落（随访偏倚）；在化疗组中，更有 41% 患者在疾病进展后接受了免疫药物治疗（实施偏倚），抬高了化疗组的生存曲线。在敏感性分析中，当研究团队把治疗交叉后的患者数据作删失处理后，发现中位 OS 绝对值差异明显扩大（16.4 m *vs.* 11.8 m）（图 1）。此外，事后分析还显示纳武利尤组患者的健康状况更差（混杂偏倚），拉低了纳武利尤组生存曲线。

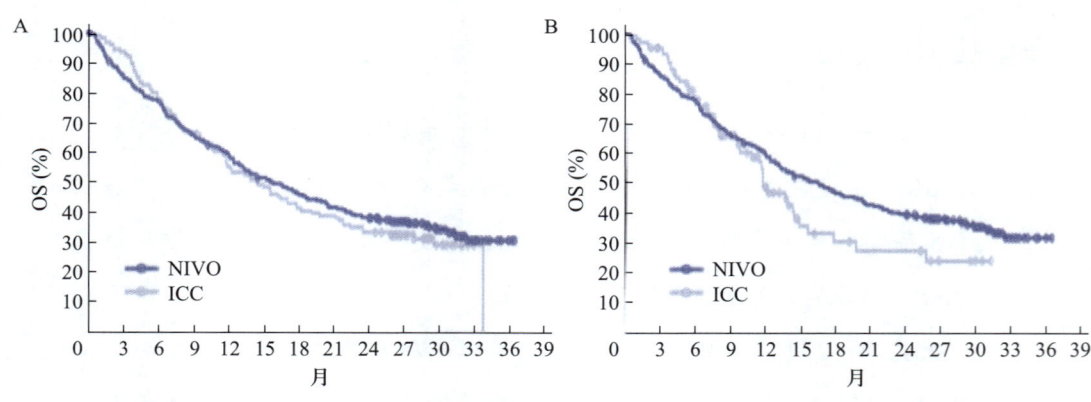

图 1　Checkmate 037 患者 OS 曲线
A. 所有随机分配的患者的生存曲线；B. 治疗交叉的患者数据删失后的生存曲线

上述提及的实施偏倚、随访偏倚和混杂偏倚，很好地解释了纳武利尤组患者为何获得更高的客观缓解率、更长的客观缓解时间却未能观测到长期获益。因此，尽管 Checkmate 037 研究未能发现总生存获益，FDA 并没有因此改变批准纳武利尤单抗的批准决定。传闻道，人不能逃离两件事，死亡和纳税；临床研究也不能逃离两件事：伦理和偏倚。

主要内容

1. 正确认识偏倚

偏倚（bias）又可称为系统误差。为了加深大家的理解，我们首先来看一个常见场景。为了监测血压水平，某成年女性每天都会使用电子血压计进行测量，假设该女性的实际舒张压平均水平为 80 mmHg，由于电子血压计未进行校准归零，实际观察到的舒张压一直在 100 mmHg 左右波动（图 2）。在流行病学中，我们把真实值和观察值之间的距离称作误差（error）。误差按照来源分为随机误差和系统误差，两者在成因、特点和影响都显著不同。

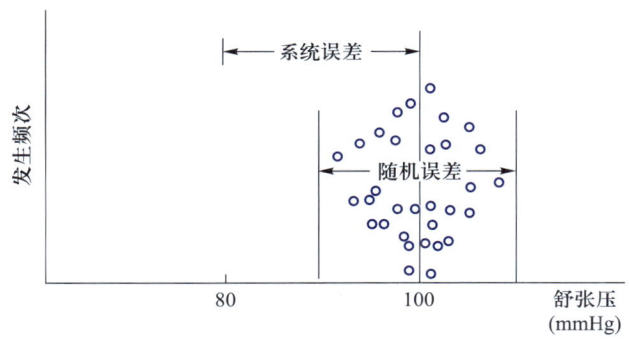

图 2　血压计法测量舒张压值的分布

随机误差通常是由于偶然因素或不可控制的因素所引起的误差，对测量结果的影响不具有倾向性，即随机误差的大小和正负都不固定，通常会围绕真实值两侧分布，引起的是结果精准性问题，而不是真实性问题。正如血压测量，仅在随机误差的作用下，使用同一个血压测量仪，对同一个人观察到的舒张压结果应如图 3，由于测量时室温、湿度、气压及静息状态等不同，舒张压在 80 mmHg 上下波动。随机误差虽然不可干预，但通过增加测量次数可减小随机误差。

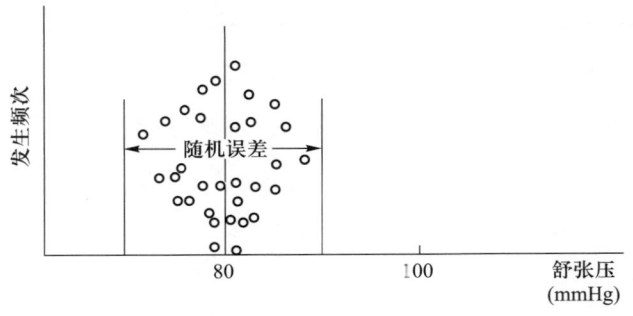

图 3　血压计法测量舒张压值的分布

系统误差是在重复性条件下,对同一被测量进行无限多次测量所得结果的平均值与被测量的真值之差,可以是方法、仪器、试剂、恒定的操作人员、恒定的环境等因素引起。正如图 2 所示,由于电子血压计未进行校准归零,多次测量的结果与被测量的真值始终存在 20 mmHg 之差。倾向性差异是系统误差与随机误差最大区别,即系统误差的方向性始终保持一致。系统误差往往直接损害了研究结果的真实性,而不是准确性问题,增加测量次数或样本量并不能减轻系统误差。

2．临床研究中的常见偏倚及控制

医学研究中,我们习惯把各种系统误差称为偏倚,它可产生于研究设计、研究实施、数据处理和分析,以及结果解释等各个环节,导致研究结果与真实情况之间出现倾向性差异。根据 Cochrane 偏倚风险评估工具,将随机对照试验研究中的偏倚主要归为五类:①选择偏倚;②实施偏倚;③测量偏倚;④随访偏倚;⑤报告偏倚。

在实际研究中,我们永远无法知道研究观察到的结果是否真实,甚至不知道它离真实值有多远。即使观察值与真实值一模一样,我们依然不知道它是否真实。换句话说,如果知道真实值,我们就没必要再做研究了。那么,我们怎么来评估研究观测结果的真实性呢?唯一可行的方法是从研究设计及实施程序等方面进行判断。具体来说,就是从研究使用的控制偏倚方法及执行质量来分析。这也就意味着控制偏倚的基本策略是尽可能了解各种偏倚发生的形式、条件和规律,并采取相应措施进行预防。

为了加深理解和指导实际应用,我们将基于 Checkmate 037 随机对照试验研究,逐一阐述常见偏倚类型是如何产生,应当如何预防和控制(图 4)。

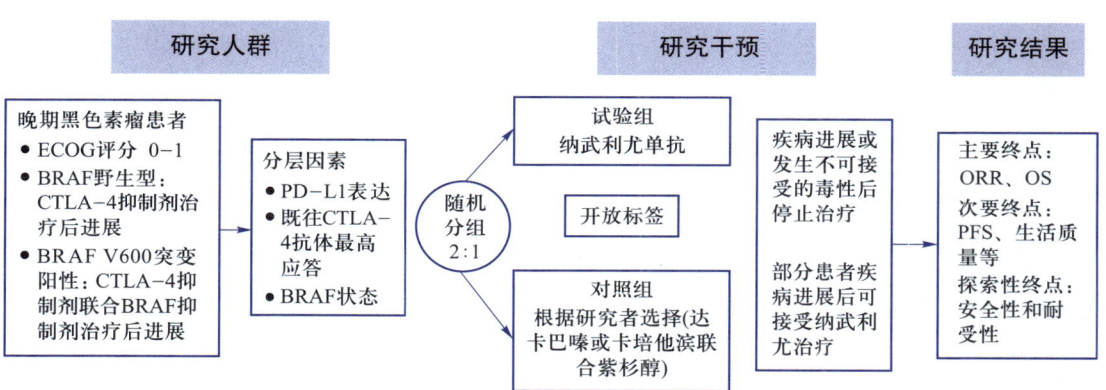

图 4　Checkmate 037 试验设计

（1）选择偏倚及其控制

选择偏倚是指由于纳入研究对象或分组不当，使得研究样本缺乏代表性，研究对象组间缺乏同质性和可比性，进而产生的偏倚。在观察性研究中，选择偏倚的本质是由主观选择或抽样方法不当等，导致研究对象的代表性不足所致的偏倚。事实上，人群代表性不足所致的选择偏倚广泛地存在于随机对照研究中。

以肿瘤药物临床试验为例，随着年龄增加，肿瘤的发病率越来越高，实际肿瘤患者有很高一部分比例超过 65 岁，甚至是 75 岁。出于临床试验安全性考量及其他临床管理等实际挑战，很多研究会把研究入排条件限制在 75 岁以下，甚至 70 岁以下。对于试验申办方而言，老年患者意味着较差的身体机能和更多的合并症，纳入试验后，患者若出现死亡或严重不良反应往往难以归因于药物还是患者本身，为了尽可能避免这类因素对试验成功的影响，限制年龄成为申办方设计试验的重要考量。除外年龄问题，临床试验患者在一般健康状态、生化指标、病毒感染、器官转移等多方面要求都会有所限制，研究人群代表性不足，进而导致临床试验研究结果的外推性不足，其本质是来源于选择偏倚。比如 Checkmate 037 研究限制了 ECOG 评分为 0~1 人群方能入组，通常学界建议评分为 2 的患者应当尽量纳入。可喜的是，我们看到以美国国家癌症研究所为代表的学术界，和以美国食品药品监督管理局为代表的监管机构，对这个问题已经足够重视并发布了系列指导原则，呼吁应当适当放宽临床试验的入排标准。

在随机对照研究中，除外人群代表性不足，还可能由于分组不当等原因，导致两组人群的可比性不足而产生选择性偏倚。我们都知道随机化分组是非常有效的控制这类选择偏倚的手段，但并不是说随机化分组就可以消除这类选择偏倚。比如，在 Checkmate 037 研究中，尽管研究采用了随机化的方法，但在脑转移、乳酸脱氢酶升高等多个可能影响两组效应大小评估的因素上依然分布有所不同。因此，在这类选择偏倚中，我们想强调的是，研究团队需要事先明确影响处理效应的混杂因素，并进行影响程度排序，针对影响程度较大的混杂因素，通过分层随机化方法，以确保他们在两组间是可比的，以最大化减少选择偏倚给结果评估带来的影响。

在数据分析阶段，若发现两组人群的基线分布存在不均衡，为了提高两组人群的可比性，通常还会采用分层分析来控制混杂偏倚。分层分析即是将数据按照某个需要控制的混杂因素进行分层，然后再估计处理因素与研究结局之间的关联性，进而帮助检测由于治疗方案带来的真正效果差异。需要注意的是，分层因素不宜过多，否则会导致各层内研究样本过少，统计效能下降等问题。在 Checkmate 037 研究中，基线分布基本均衡，因此分析阶段并未采用分层分析方法。

（2）实施偏倚及其控制

实施偏倚，顾名思义是指在研究实施阶段，由于研究方案提前破盲或本身就是开放试验时，研究实施者与研究对象知道了研究分组而产生的偏倚。仍以 Checkmate 037 研究为例，该研究采用了中央随机化系统进行分层随机，但研究开放标签，也就意味着研究医生和研究对象都知道分组情况。试想以下情况是否可能会发生，以及会给研究带来何种影响：

①研究医生人为挑选患者，破坏研究的随机性；
②研究医生对试验组更加关心，对其不良反应给予更加积极的处理；
③研究对象知道分到对照组，提前退出研究；
④研究对象知道分到对照组，通过各种途径，偷偷接受其他免疫药物治疗；
⑤研究对象知道分到治疗组，心情大好，充满信心，积极配合治疗。

不难看出，如果研究方案提前破盲或者采用开放设计，不仅会影响研究随机性，也会改变研究医生和研究对象在研究的行为，破坏研究的完整性和执行质量，进而引起诸多实施偏倚。这也就是我们常说的——研究质量既是设计出来的，也是做出来的。此外，这里也提醒我们，单靠随机化并不能保证研究质量，随机化是前提，需要配合使用分组隐匿和盲法，才能真正避免研究执行过程中的主观影响。

（3）测量偏倚及其控制

测量偏倚也称观察偏倚或信息偏倚，是在研究实施阶段，由于仪器未校准、操作不规范、对信息测量伴有主观性等方面的原因而引起的偏倚。测量偏倚来源常包括以下三种类型。

①测量工具：研究者在信息采集过程中，使用不同厂家或不同标准的测量仪器，或仪器在使用前未经校正等均有可能产生测量偏倚。使用调查量表或调查问卷的信效度较低时可能产生测量偏倚，如采用不成熟的量表或问卷。

②测量人员：当以主观指标作为结局指标时，测量人员的主观态度、调查经验和技能水平对测量结果的准确性和可靠性至关重要，若测量人员未经培训或对研究对象可能的情况有自己的主观态度，则可能产生较大的测量偏倚。例如，做肿瘤疗效评估时，对于疗效介于部分缓解和稳定之间的患者，测量人员可能会有意识将治疗组患者评估为部分缓解，对照组评估为稳定，而给效果引入偏倚。

③研究对象：研究对象可能因为知道治疗分组或对研究者依从性不同等，在研究结果评估方面引入测量偏倚。例如，在患者自报结局评估方面，容易出现分配到试验组的研究对象自评结果更加积极的倾向，而引入测量偏倚。

在测量偏倚控制方面，建议首先应当尽可能使用盲法，包括研究者、测量人员和研究对象等；其次，尽量采用客观评价指标，比如肿瘤药物疗效评估基于总生存期；再者，应当制定明确的资料收集方法，做好测量人员的统一培训，并从质量控制等方面做好制度保障。

（4）随访偏倚及其控制

随访偏倚是指由于在随访过程中，研究对象未能依照试验设计安排配合到底，出现提前退出、失访等导致研究数据缺失，进而导致治疗效果的高估或低估。随访偏倚广泛存在于随机对照试验中，常见情形包括：①药物副作用提前退出或失访；②研究对象对研究不感兴趣，退出试验或失访；③研究对象病情加重提前退出或失访；④研究对象情况发生变化，如住址，提前退出或失访等。

图5中，浅色部分代表理想情况下，即随机化后的所有患者完全按照研究方案执行，两种治疗方法改善预后的程度。①表示为，理想情况下，相比于化疗，纳武利尤疗效提升程度。深色部分代表实际执行过程中，两组之间的疗效差距，即②。根据文献报告，化疗组部分患者由于疾病进展或者无法耐受不良反应等原因，接受

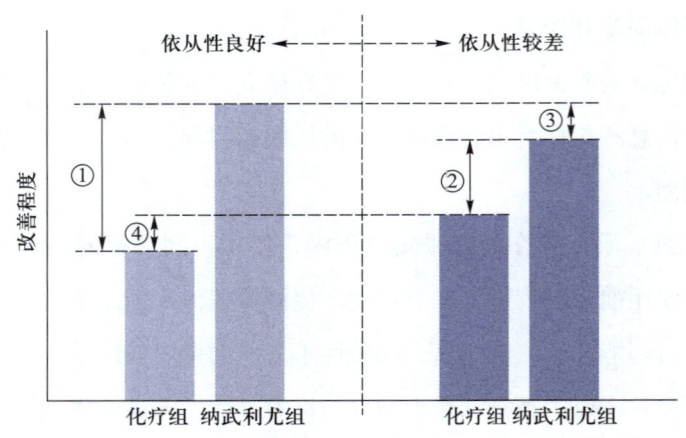

图 5 依从性对研究结果可能的影响

了抗 PD-1/PD-L1 药物治疗。这导致化疗组整体预后被高估,即图示④的情况。另外,部分患者随机化后并没有接受治疗或者失访,疗效统计时也将该部分患者纳入统计,故纳武利尤组出现图示③的情况,即疗效被低估了。

研究对象的随访率和依从性直接影响了研究质量,甚至关乎研究的成败。如何提高研究对象的随访率和依从性,既是科学问题,也是实施关键。常用的方法包括充分知情,优化随访管理,采用远程随访技术、提升服务体验、奖励或激励等。

(5)报告偏倚及其控制

RCT 研究中报告偏倚属于信息偏倚的一种,是指在临床研究结果的报告中,研究人员倾向性的选择报告或不报告某些结果,从而导致结果出现误差和不准确。报告偏倚的表现形式如下:

①选择性报道:研究对象在报道研究结局时倾向于报道仅与研究假设一致的结果,而对不一致的结果选择性报告或不报道。

②利益冲突:受到某些机构或公司资助的研究者所进行研究,可能是这些资助者出于某种目的而进行的,从而导致结果偏差。

研究者应当报告所有的测量结果,而不仅仅是符合研究假设的结果,这样可以最大程度的减少报告偏倚,并提高研究的透明度和可重复性。临床研究注册及制定预分析计划都是很好的控制选择性报道结果的方法。研究人员应该在公开注册平台上注册研究计划,包括研究的目的、设计、方法和预期的结果,并制定分析计划,预分析计划应包括数据收集、分析和结果报道。对于利益冲突,研究者应当公开透明地披露任何潜在的利益冲突，例如研究资金提供者、研究人员的利益关系等。或进行第三方评估，研究者可邀请第三方机构或专家进行独立的评估，以确保研究结果的可靠性。

3．偏倚控制措施

尽管我们知道，偏倚是无法被消除的。但为使研究更加科学真实，必须对研究中可能出现的偏倚加以控制以尽可能减少偏倚对研究真实性的影响。在流行病学研究中，控制偏倚的常见措施包括：选择具有代表性的研究人群；设置合理的对照组；保证比较组的可比性；测量方法准确、可靠和一致；足够的随访时间。

除了以上常见措施，随机对照研究作为控制偏倚最有效的设计，如随机化、分组隐匿、盲法、提高依从性和基于意向性分析原则是常见的举措。

①随机化：随机化的原则是指每个研究对象都有相同的概率被随机分配到试验组或对照组中去。目的是使研究因素或非研究因素在各组间保持基线平衡，使各组之间有较好的可比性。常用的随机化的方法有简单随机化、区组随机化和分层随机化、动态随机化。简单随机化：简单随机化是随机对照试验中最简单、最常用的方法。其实现方法有如下几个：掷硬币、抽签、随机数字表、利用计算机统计软件进行随机化。区组随机化：首先将研究对象按照区组因素进行分类，然后在每个区组内再进行简单随机分组，分别分配至干预组或处理组。分层随机化：将研究对象按照某一种或几种因素进行分类，然后在每个类别中随机抽取一个子样本，然后再合并成为最终的样本。

②分组隐匿：是为了防止分组方案提前解密所引起的一系列偏倚而进行的一种手段。根据临床研究规模的大小，通常采用信封法和中心随机化。信封法适用于单中心、小样本的临床研究，在每个研究对象入组前对其进行编号并写在卡片上，然后每张卡片装入一个信封，将所有信封随机排列，然后依次抽取信封，每个信封中卡片所代表的研究对象即可分入试验组或对照组。中心随机化适用于多中心、大样本的临床研究，是指通过第三方机构进行随机分组，然后将随机分组结果反馈给研究者，在分组完成之前，研究对象和研究者均不知道研究对象会被分入哪一组。

③盲法：设盲是指使得一方或多方不知道研究参与者治疗分组的程序，以避免研究实施者和研究对象由于主观因素对试验观察、评价、分析、结果等造成的影

响。在临床研究中可以实施盲法的对象包括研究参与者、研究者、监察员和统计师等。根据设盲程度RCT研究中可以分为开放实验、单盲、双盲、三盲。单盲指研究参与者不知道治疗分配，研究者清楚。双盲：指研究参与者和研究者都不知道分组结果，包括申办者的监查员和其他涉及该临床研究的人员。三盲：指研究对象、研究实施和资料收集分析者都不知道研究对象接受的治疗或干预方式。

临床药物研究中盲法设置通常采用双盲双模拟。双盲双模拟是指在临床试验中研究参与者、研究实施者、效应评价者和数据统计分析人员都不知道参与者的分组情况，并为试验药物模拟一种安慰剂。

④提高随访率/依从性：提高依从性对于干预性研究质量至关重要。常见的提高依从性和随访率的主要措施包括：a. 设置合适的随访时间。避免随访时间过长或过短，造成研究对象的失访率较高、依从性变差或预期研究结局未出现。b. 建立良好的沟通和信任，在研究开始前需要同研究对象进行充分的解释和说明，在整个研究过程中应体现对研究对象的尊重。c. 个性化的护理方式。在一项关于青光眼药物依从性改善的干预措施的Meta分析中，研究结果表明个性化的护理方式能够显著提高研究对象的依从性。d. 多样化随访方式。可通过电话随访、微信随访等方式进行随访，采取多样化随访方式需注意随访方式的规范化，避免因随访方式不规范而产生其他偏倚。e. 提供支持。研究实施者应针对研究对象在随访与依从性方面遇到的问题，提供必要的支持，包括提供随访时的产生的行程费用、提供停车位、餐食等。f. 激励和奖励。研究者可对在随访期内按照要求完成随访的研究对象设置奖励、礼品或纪念品等，增加研究对象的参与度和依从性。g. 建立监督和反馈机制。研究者应对研究对象的依从性和随访情况进行监督，例如通过电话或微信高效沟通方式提醒研究对象进行随访，对于不依从或未能进行随访的人员需调查其原因，并及时反馈。h. 为研究对象提供指导和说明：例如提供试验期间应注意的事项、随访要求和时间表等，以便研究参与者了解和遵守试验的要求。

⑤意向性分析原则（Intention-TO-Treat，ITT）：意向性分析即是指随机分入RCT研究中任意一组的研究对象，无论他们是否完成了试验或者是否真正接受了该组的治疗措施，都保留在原组进行结果分析（图6），ITT分析是比较①+②组和③+④组。ITT原则的分析结果反映了试验方案的真实效果，而不只是试验过程中符合试验方案的研究对象的效果。且在ITT分析中，对于缺失数据或丢失随访

数据的研究对象，应该采用合适的方法进行填补或估算，以尽可能减少偏倚。此外还可以进行深入的 ITT 分析，例如通过分层或亚组分析，以了解试验效果在不同研究对象中的差异。

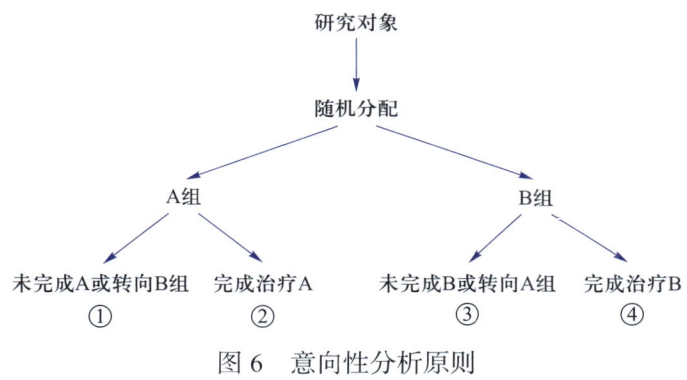

图 6　意向性分析原则

以 Checkmate 037 随机对照试验为例，文中分析方法采用 ITT 分析。研究共有 405 名研究对象接受治疗，通过随机分配，理论上应有 272 名研究对象接受纳武利尤单抗，133 例研究对象接受化疗（ICC）。但是由于研究是开放性的 ICC 组中只有 41% 的患者接受了后续的治疗，纳武利尤单抗组中只有 11% 接受了后续治疗。在后续的生存期分析中，研究仍需根据随机分配的组别进行分析。

在临床试验中，为了控制偏倚，除严格执行随机化和盲法等，还有两个非常关键的控制偏倚的方法，分别是预先制定统计分析计划和建立数据监察委员会，以减少分析阶段引入的偏倚。

先计划后分析是临床试验设计的基本原则，尤其是针对确证性研究。研究设计、数据管理、数据分析等均需事先认真做好计划，然后严格按照计划实施。既包括主要研究终点、检验假设和多重性调整原则，数据的整理、清洗、离群值的处理方法，各指标的定义、分析方法和结果表达的方式，也包括研究分析使用的统计学模型、模型中需要校正的协变量、模型的评价方法等，都需在分析数据前确定下来，并列出详细的计划。有些事先不能确定的，需要在方案中将各种可能考虑到。以减轻数据管理、统计分析过程中带来的偏倚。

独立的数据监查委员会（independent data monitoring committee，IDMC）是为一个临床试验专门设立的，由临床医生、生物统计学人员、有关实验技术人员和生物伦理学家组成的专家组。设立数据监查委员会的主要任务是定期地评定临床试验的进程、研究参与者的安全性、试验的质量，对研究结果进行评价，进行计划内的期中分析，以确保试验的伦理性和完整性。并根据监察的结果，必要时向申办者提出是否继续、修改或终止试验。

IDMC 的工作必须是独立的，他们不可以是本研究中的研究者，也不可以是临床试验的委托人，不可以与研究者和委托人有经济利益关系，也不可以是委托人的发言人，同时也独立于本研究的统计分析人员。数据监察委员会的独立性是保障研究参与者的安全，维护临床试验的完整性和科学性，防止临床试验过程中一些不必要的信息外泄，将临床试验的风险降到最低，同时也能最大程度避免临床试验结果分析和解读偏倚。

4．如何评估随机对照试验研究中的偏倚

（1）随机对照临床试验质量评估工具概述

现阶段评价 RCT 质量的方法有很多，主要分为清单式、量表式和领域式。清单式采用"是""否"或"不知道"的方式对不同评价条目作答，代表性的有 CASP 清单、Delphi 清单、Weintraub 清单等。量表式采用评分量表的方式对临床试验质量作评价，比如 PEDro 量表、Jadad 量表、Chalmers 量表等。领域式从不同领域对偏倚风险进行评价，目前仅有 Cochrane 偏倚风险评估工具一种，它不仅采用文字和表格描述，同时也可用图片生动比较不同 RCT 的偏倚情况。该工具弥补了前两种评价方法的缺陷，如量表式评分权重不合理、清单式评价条目过于冗杂，减少了评估者主观因素的影响，保证评估可靠性，故成为 RCT 评价的主流工具。本小节将重点介绍 Cochrane 偏倚风险评估工具。

Cochrane 偏倚风险评估工具 risk-of-bias tool 由 Cochrane 协作网络的方法学家、编辑和系统评价员共同开发和制作。它于 2008 年首次推出 1.0 版 RoB1，期间经过多轮修订，形成 RoB2 最新版（2019 年版）。RoB2 重点针对临床研究常见的选择偏倚、实施偏倚、失访偏倚、测量偏倚和报告偏倚五大领域进行风险评估。基于个体平行设计、整群平行设计及个体交叉设计三种 RCT 设计类型，在偏倚领域信号问题设置方面存在一定差异（表 1）。

表1　不同 RCT 设计方式中 RoB2.0 偏倚领域区别

偏倚类型	个体平行设计	整群平行设计	个体交叉设计
选择偏倚	领域1：随机化过程中的偏倚	领域1a：随机化过程中的偏倚	领域1：随机化过程中的偏倚
	—	领域1b：确认或招募研究参与者时机的偏倚	领域S：阶段效应和延滞效应的偏倚
实施偏倚	领域2：偏离既定干预措施的偏倚	领域2：偏离既定干预措施的偏倚	领域2：偏离既定干预措施的偏倚
失访偏倚	领域3：结局数据缺失导致的偏倚	领域3：结局数据缺失导致的偏倚	领域3：结局数据缺失导致的偏倚
测量偏倚	领域4：结局测量的偏倚	领域4：结局测量的偏倚	领域4：结局测量的偏倚
报告偏倚	领域5：选择性报告结果的偏倚	领域5：选择性报告结果的偏倚	领域5：选择性报告结果的偏倚

（2）偏倚风险评估案例演示：Checkmate 037 研究

RoB2 为不同 RCT 设计的评估工具提供了完整配套教程和评价软件，包括《完整版指导文件》(Full Guidance Document)、《领域评价问题简表》(Cribsheet Summarizing the Tool)、《评估模板》(Template for Completing the Assessment) 和 Excel 评估软件及操作说明 (an Excel tool to implement RoB2)。结合 Checkmate 037 案例，本节将选用个体平行设计版本进行案例演示。

①软件下载及基本信息填写：进入 RoB2 的官方网站下载并打开 Excel 文件，在 Intro 表单中单击"Rob 2 Assessment Form"运行评价软件，并根据参考文件填写基本信息和领域评价（图7）。

②领域评价填写：个体平行设计 RoB2 工具根据五维度领域针对性设计了不同的信号问题，评价人员需要根据 RCT 已有资料，如文献、试验方案、统计分析方案等，客观回答上述问题。

信号问题有五种供选答案：是（Yes，Y）、很可能是（Probably Yes，PY）、很可能否（Probably No，PN）、否（No，N）、没有信息（No Information，NI）。个别信号问题不允许回答 NI。部分信号问题之间存在逻辑关联，即若前面的信号问题选择了某些选项，而导致后面部分信号问题可以跳过，跳过的问题会标记为不适用（Not Applicable，NA）。Checkmate 037 各领域评价的信号问题参考答案及判定依据见表2。

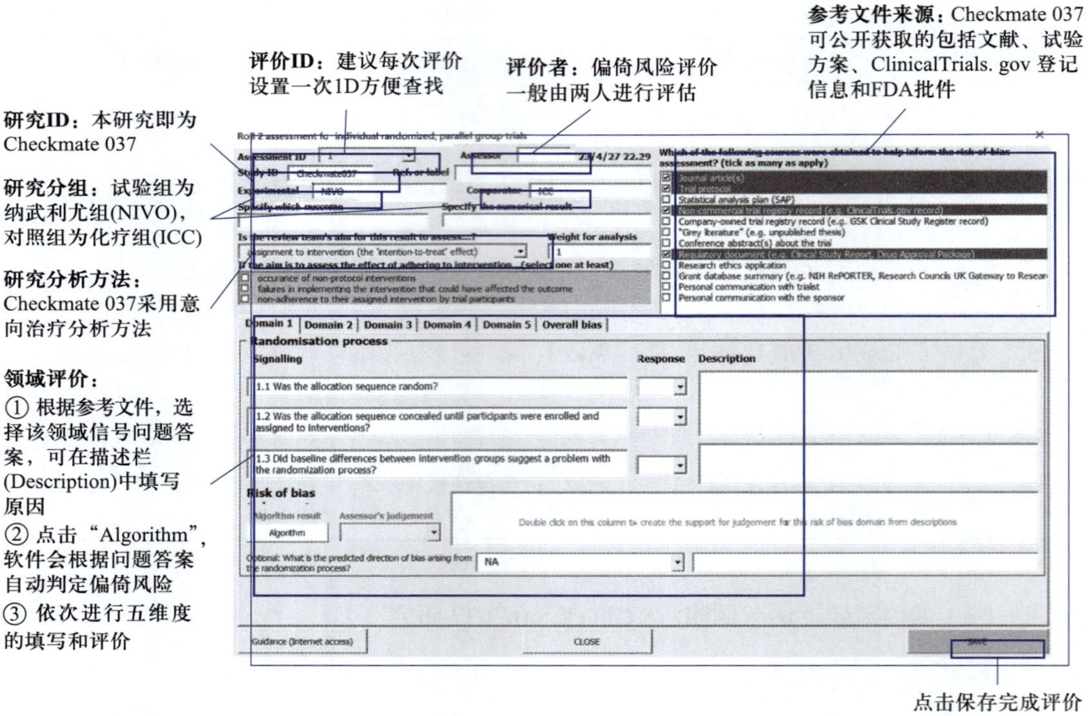
参考文件来源：Checkmate 037可公开获取的包括文献、试验方案、ClinicalTrials. gov 登记信息和FDA批件
评价ID：建议每次评价设置一次1D方便查找
评价者：偏倚风险评价一般由两人进行评估
研究ID：本研究即为Checkmate 037
研究分组：试验组为纳武利尤组(NIVO)，对照组为化疗组(ICC)
研究分析方法：Checkmate 037采用意向治疗分析方法
领域评价：
① 根据参考文件，选择该领域信号问题答案，可在描述栏(Description)中填写原因
② 点击“Algorithm”，软件会根据问题答案自动判定偏倚风险
③ 依次进行五维度的填写和评价
点击保存完成评价
Domain 1
Domain 2
Domain 3
Domain 4
Domain 5
Overall bias
Randomisation process
Signalling
Response
Description
1.1 Was the allocation sequence random?
1.2 Was the allocation sequence concealed until participants were enrolled and assigned to interventions?
1.3 Did baseline differences between intervention groups suggest a problem with the randomization process?
Risk of bias
Algorithm
Guidance (Internet access)
CLOSE

图 7　Rob 2 Assessment Form 运行评价软件界面介绍

表 2　Checkmate037 各领域评价的信号问题参考答案及判定依据

领域	信号问题	结果判定	判定依据
随机化过程中的偏倚	1.1　分配序列是否随机？	Y	方案中明确规定了采用中央随机化系统分配患者
	1.2　直至研究参与者参加并分配到干预措施，分配序列是否隐藏？	Y	
	1.3　组间基线差异是否提示随机化过程中有问题？	PN	纳武利尤组有较多脑转移（19% *vs.* 14%）和乳酸脱氢酶升高（51% *vs.* 35%）患者，但是可以认为是偶然性事件，整体上而言人口统计学组间差异没有显著性
偏离既定干预措施的偏倚（干预措施分配的效果）	2.1　在试验中研究参与者是否知道他们分配到哪种干预措施？	Y	这是开放标签实验
	2.2　在试验中护理人员和干预施提供者是否知道研究参与者分配到哪种干预措施？	Y	

续表

领域	信号问题	结果判定	判定依据
偏离既定干预措施的偏倚（干预措施分配的效果）	2.3 若2.1或2.2回答Y/PY/NI：是否存在由于研究环境造成的偏离既定干预措施的情况？	PY	41%化疗组和11%纳武利尤组患者后续接受了抗PD-1/PD-L1药物治疗，考虑到当时有多个抗PD-1免疫治疗药物正在开展临床试验，并且当时已有证据证明能对患者产生获益，所以研究环境会影响患者偏离既定干预措施
	2.4 若2.3回答Y/PY：偏离既定干预措施的情况是否很可能影响结局？	Y	
	2.5 若2.4回答Y/PY/NI：偏离既定干预措施的情况是否在组间均衡？	N	
	2.6 是否采用了恰当的分析方法估计干预措施分配的效果？	Y	采用ITT人群进行统计分析
	2.7 若2.6回答N/PN/NI：分析受试者时分组错误是否有（对结果）造成实质影响的潜在可能？	NA	
结局数据缺失的偏倚	3.1 是否可以获取全部或者几乎全部受试者的结局数据？	Y	文章采用意向分析原则进行分析，所有终点指标均纳入所有ITT人群
	3.2 若3.1回答N/PN/NI：是否有证据证明结局数据的缺失没有对结果造成偏倚？	NA	
	3.3 若3.2回答N/PN：结局数据的缺失是否有可能依赖于其真值？	NA	
	3.4 若3.3回答Y/PY/NI：结局数据的缺失是否很可能依赖于其真值	NA	
结局测量的偏倚	4.1 结局测量方法是否不恰当？	N	ORR和OS是肿瘤临床研究认可的临床结局，并且试验方案通过伦理委员会审核，数据收集过程符合GCP
	4.2 结局测量或认定是否有可能有组间差异？	N	两组均采用影像学方法进行终点评估，并且数据收集的方法两组没有差异，并且设立盲态独立评估委员会评估ORR、PFS、OS的判定不受研究人员主观性影响
	4.3 若4.1回答N/PN/NI：结局测量者是否知道受试者接受哪种干预措施？	N	

续表

领域	信号问题	结果判定	判定依据
结局测量的偏倚	4.4 若4.3回答Y/PY/NI：如果知道接受哪种干预措施，是否有可能影响结局测量？	NA	
	4.5 若4.4回答Y/PY/NI：如果知道接受哪种干预措施，是否很可能影响结局测量？	NA	
选择性报告结果的偏倚	5.1 结果的数据分析是否与在获取揭盲的结局数据之前就已预先确定的分析计划相一致？	Y	试验结果报告内容为意向分析人群的OS、ORR、PFS和生活质量，并且与方案规定一致
	5.2 正在评价的数值结果是否很可能是从多个合格的结局测量（例如：多个分值、多个定义标准、多个时间点）的结果中选择性报告的？	N	
	5.3 正在评价的数值结果是否很可能是从多个合格的数据分析的结果中选择性报告的？	N	

③评价完成并保存后，在Excel的Intro表单中单击"Summary"按钮，所有评价结果都会出现在Summary表单中。表单右下方会出现偏倚风险图（图8）

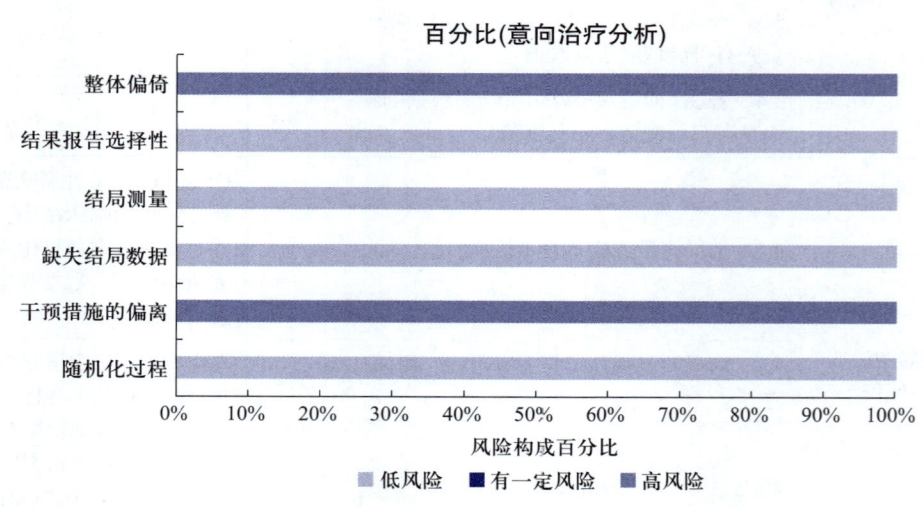

图8 Checkmate 037 偏倚风险图

④在 Intro 表单中单击"Figures",自动生成偏倚风险总结图(图 9)

意向治疗分析	评价ID	研究ID	试验组	对照组	结果	加权	领域1	领域2	领域3	领域4	领域5	整体
	1	Checkmate037	NIVO	ICC	NA	1	+	−	+	+	−	+

➕ 低风险
❗ 不确定风险
➖ 高风险

图 9　Checkmate 037 偏倚风险总结图

图 9 表示,Checkmate 037 试验整体偏倚风险评估结果为高风险。该试验采用随机化方法,将随机化后患者全部纳入分析,故领域 1(随机化过程)和领域 3(结局数据缺失)均为低风险。在领域 4(结局测量)和领域 5(结局数据选择性报告)方面,试验设立盲态独立评估委员会,采用 ORR、OS、PFS 等业内公认肿瘤临床试验终点并按照方案报告所有患者数据,因此两者均为低风险。由于采用开放标签,11% 试验组和 41% 对照组患者接受治疗后发生沾染。同时开展试验时免疫治疗已被证明对患者存在获益,偏倚领域 2(偏离既定干预措施)存在高风险。

一句话概括

偏倚不能消除,鼓励文章中科学探讨潜在的偏倚。及早识别偏倚来源,通过科学设计与分析、严格实施可有效控制。

名词解释

- ITT(intent-to-treat analysis):意向治疗分析,基于最初随机分配的患者进行分析,而不是以最终给予的治疗的患者。

参考文献

[1] Weber JS, D'Angelo SP, Minor D, et al. Nivolumab versus chemotherapy in patients with advanced melanoma who progressed after anti-CTLA-4 treatment (CheckMate 037): a randomised, controlled, open-label, phase 3 trial. Lancet Oncol, 2015, 16(4): 375-384.

[2] Larkin J, Minor D, D'Angelo S, et al. Overall survival in patients with advanced melanoma

who received nivolumab versus investigator's choice chemotherapy in checkMate 037: a randomized, controlled, open-label phase Ⅲ trial. J Clin Oncol, 2018, 36(4): 383-390.

[3] Hollis S, Campbell F. What is meant by intention to treat analysis? Survey of published randomised controlled trials. BMJ, 1999, 319(7211): 670-674.

[4] Sterne JAC, Savović J, Page MJ, et al. RoB 2: a revised tool for assessing risk of bias in randomised trials. BMJ, 2019, 366: l4898.

[5] 朱涛, 刘津池, 刘畅, 等. 整群随机试验和交叉试验偏倚风险评价工具RoB2.0（2021修订版）解读. 中国循证医学杂志, 2022, 22（7）: 842-852.

[6] 刘津池, 刘畅, 华成舸. 随机对照试验偏倚风险评价工具RoB2（2019修订版）解读. 中国循证医学杂志, 2021, 21（06）: 737-744.

延伸问题

随机、分组隐匿和盲法的区别与联系？

（黄慧瑶　张永明）

郑重声明

高等教育出版社依法对本书享有专有出版权。任何未经许可的复制、销售行为均违反《中华人民共和国著作权法》，其行为人将承担相应的民事责任和行政责任；构成犯罪的，将被依法追究刑事责任。为了维护市场秩序，保护读者的合法权益，避免读者误用盗版书造成不良后果，我社将配合行政执法部门和司法机关对违法犯罪的单位和个人进行严厉打击社会各界人士如发现上述侵权行为，希望及时举报，我社将奖励举报有功人员。

反盗版举报电话　　（010）58581999　58582371
反盗版举报邮箱　　dd@hep.com.cn
通信地址　　北京市西城区德外大街4号　高等教育出版社法律事务部
邮政编码　　100120

读者意见反馈

为收集对教材的意见建议，进一步完善教材编写并做好服务工作，读者可将对本教材的意见建议通过如下渠道反馈至我社。

咨询电话　400-810-0598
反馈邮箱　gjdzfwb@pub.hep.cn
通信地址　北京市朝阳区惠新东街4号富盛大厦1座
　　　　　高等教育出版社总编辑办公室
邮政编码　100029

防伪查询说明

用户购书后刮开封底防伪涂层，使用手机微信等软件扫描二维码，会跳转至防伪查询网页，获得所购图书详细信息。

防伪客服电话　　（010）58582300